Aktienstrafrecht

Kommentar

zu den §§ 288—304 des Aktiengesetzes

Von

Dr. Ulrich Klug

Professor an der Universität Köln

Berlin 1964

Walter de Gruyter & Co.

vormals G. J. Göschen'sche Verlagshandlung · J. Guttentag, Verlagsbuchhandlung
Georg Reimer · Karl J. Trübner · Veit & Comp.

Sonderdruck aus Band 2 des

„Großkommentar zum Aktiengesetz" 2. Auflage
bearbeitet von Dr. C. H. Barz, Dr. R. Fischer, Dr. U. Klug,
Dr. K. Mellerowicz, Dr. J. Meyer-Landrut, Dr. W. Schilling,
Dr. W. Schmidt †

Archiv-Nr. 22 33 63 0

Satz und Druck: Walter de Gruyter & Co., Berlin 30

Vorwort

Obwohl das Aktienstrafrecht — und das gleiche gilt für die §§ 288 bis 293 — mit dem übrigen Aktienrecht in enger Verbindung steht, hat es gleichwohl in vieler Hinsicht eine so eigenständige Bedeutung, daß es ebenso wie schon anläßlich der ersten Auflage des Großkommentars zum Aktiengesetz als sinnvoll erscheint, die Kommentierung der §§ 288 bis 304 in einer Sonderausgabe erscheinen zu lassen.

Die Verhältnisse haben sich seit dem Erscheinen der 1. Auflage im Jahre 1939 stark verändert. Eine völlig neue Formulierung wurde erforderlich. Dabei war eine erhebliche Erweiterung des Umfangs unvermeidlich, und zwar nicht zuletzt deshalb, weil sich die Strafrechtsdogmatik durch intensive wissenschaftliche Arbeit sowie durch das mutige Beschreiten neuer Wege in der Rechtsprechung des Bundesgerichtshofs weitgehend gewandelt hat. Vor allem bei der Behandlung des Untreuetatbestands mußte daher auf Grundsatzfragen des allgemeinen Strafrechts ausführlicher eingegangen werden, als es sonst bei der Erläuterung nebenstrafrechtlicher Vorschriften üblich ist. All dies ändert aber nichts daran, daß die in jeder Hinsicht außerordentlich wertvollen Grundlagen, die Eberhard Schmidt seinerzeit mit gewohnter Akribie erarbeitet hatte, in vollem Umfang verwertet werden konnten und mußten.

Um die gedankliche Verbindung zur in Aussicht genommenen Reform des Aktienrechts zu erleichtern, wurden die amtlichen Reformvorschläge bei den einzelnen Paragraphen in besonderen Anmerkungen erörtert. In diesem Zusammenhang und bezüglich der rechtsvergleichenden Hinweise schulde ich meinem Mitarbeiter, dem Universitätsassistenten Assessor Dr. Günter Kohlmann Dank. Ferner habe ich zu danken Herrn Kollegen Professor Dr. Robert Plaisant von der Universität Caën dafür, daß er sich freundlicherweise für eine Kontrolle der Übersicht über das französische Aktienstrafrecht zur Verfügung gestellt hat sowie Herrn Bundesanwalt Wilhelm Herlan für Hinweise auf die höchstrichterliche Rechtsprechung, Herrn Rechtsanwalt Dr. Hans Licht für die Beschaffung von wichtigem Rechtstatsachenstoff und Herrn Referendar Herbert Peusquens für die Korrektur des Druckes.

Da es nicht leicht ist, einen umfassenden Überblick über die Theorie und vor allem über die Anwendung der den Gegenstand dieser Kommentierung bildenden Vorschriften zu bekommen, würde ich Richtigstellungen und Hinweise der Leser für eine künftige Neubearbeitung begrüßen.

Köln, im März 1963 Ulrich Klug

Inhaltsverzeichnis

Abkürzungsverzeichnis

aaO.	= am angegebenen Ort
ADHGB	= Allgemeines Deutsches Handelsgesetzbuch v. 1861
a. F.	= alte Fassung
AG	= Aktiengesellschaft
AktG	= Aktiengesetz
a. M.	= anderer Meinung
Anm.	= Anmerkung
Art.	= Artikel
Aufl.	= Auflage
AusfVO	= Ausführungsverordnung
AuslPolVO	= Ausländerpolizeiverordnung vom 22. 8. 1938
AWG	= Außenwirtschaftsgesetz vom 28. 4. 1961
BankArch.	= Bankarchiv (1. 1901—43, 1943; dann Bankwirtschaft)
BauersZ	= Der Handelsgesellschafter, hrsg. v. Bauer (ab. 5. 1897: Zeitschrift für Aktiengesellschaft u. Handelsgesellschafter, ab 11. 1903: Zeitschrift f. Aktiengesellschaften u. f. Gesellschaften m. b. H.)
Baumbach-Hueck	= Aktiengesetz, 11. Aufl. 1961
BB	= Der Betriebsberater (Band und Seite)
Bd.	= Band.
BetrVG	= Betriebsverfassungsgesetz v. 11. 10. 1952 (BGBl. I S. 681)
BVerfG	= Bundesverfassungsgericht
BVerwG	= Bundesverwaltungsgericht
BGBl.	= Bundesgesetzblatt
BGHSt.	= Entscheidungen des Bundesgerichtshofs in Strafsachen
BGH	= Entscheidungen des Bundesgerichtshofs in Zivilsachen
BörsG	= Börsengesetz v. 27. 5. 1908 (RGBl. S. 215)
Brodmann	= Brodmann, Kommentar zum Aktienrecht, 1928
DepG	= Gesetz über die Verwahrung und Anschaffung von Wertpapieren v. 4. 2. 1937
DJ	= Deutsche Justiz (Jahrgang und Seite)
DRZ	= Deutsche Rechtszeitschrift (Jahrgang und Seite)
Dreher-Maaßen	= Strafgesetzbuch, 3. Aufl. 1959
DurchfVO	= Durchführungsverordnung
DVBl.	= Deutsches Verwaltungsblatt (Jahrgang und Seite)
E 62	= Entwurf eines Strafgesetzbuches (StGB) mit Begründung, 1962
EG	= Einführungsgesetz
EGBGB	= Einführungsgesetz zum BGB
Erbs-Kohlhaas	= Erbs-Kohlhaas, Strafrechtliche Nebengesetze, 1958
EWG	= Europäische Wirtschaftsgemeinschaft
GA	= Archiv für Strafrecht, begründet v. Goltdammer, zitiert nach Bänden, seit 1953 nach Jahrgängen
GenG	= Gesetz betr. die Erwerbs- und Wirtschaftsgenossenschaften i. d. F. d. Bek. v. 20. 5. 1898 (RGBl. S. 810)
GewO	= Gewerbeordnung i. d. F. d. Bek. vom 26. 7. 1900 (RGBl. S. 871)
GG	= Grundgesetz
GmbHG	= Gesetz betr. die Gesellschaften mit beschränkter Haftung v. 20. 4. 1892 (RGBl. S. 477)
GmbH-Rdsch.	= Rundschau für GmbH (Jahrgang und Seite)

Godin-Wilhelmi	= v. Godin-Wilhelmi, Kommentar z. AktG, 2. Aufl. 1950
GVG	= Gerichtsverfassungsgesetz v. 27. 1. 1877 (RGBl. S. 41) i. d.F. d. Bek. vom 12. 9. 1950 (RGBl. S. 513)
Hachenburg	= Kommentar zum Gesetz betreffend die Gesellschaften mit beschränkter Haftung, Bd. I und II, 6. Aufl. bearb. v. Schmidt, Schilling, Klug, Goerdeler
HESt.	= Höchstrichterl. Entscheidungen, Sammlung von Entscheidungen der Oberlandesgerichte in Strafsachen
HGB	= Handelsgesetzbuch
Holdheim	= Wochenschrift für Aktienrecht und Bankwesen, Steuer- und Stempelfragen, hrsg. v. Holdheim, dann: Monatsschrift für Handelsrecht (bis 5. 1896: für Aktienrecht...) und Bankwesen, Steuer- und Stempelfragen, begr. v. Holdheim
HRR	= Höchstrichterl. Rechtsprechung (Band und Nr. der Entscheidung)
Jaeger	= Kommentar zur Konkursordnung, 1931, 1936
JW	= Juristische Wochenschrift (Jahrgang und Seite)
JZ	= Juristenzeitung (Jahrgang und Seite)
KG	= Höchstrichterl. Entscheidungen der Kammergerichte
KGaA	= Kommanditgesellschaft auf Aktien
KO	= Konkursordnung
Kohlhaas	= s. Erbs-Kohlhaas
Kohlrausch-Lange	= Strafgesetzbuch, 43. Aufl. 1961
KWG	= Gesetz über das Kreditwesen v. 10. 7. 1961
LK	= Strafgesetz, Leipziger Kommentar, begr. von Ebermayer, Lobe, Rosenberg, hrsg. v. Jagusch, Mezger, 8. Aufl. 1957/58
LM	= Lindenmaier-Möhring, Das Nachschlagewerk des BGH
LZ	= Leipziger Zeitschrift für Deutsches Recht (bis 7. 1913: für = Handels-, Konkurs- und Versicherungsrecht)
Maunz-Dürig	= Grundgesetz, Kommentar, 1958f.
Maurach	= Deutsches Strafrecht, Allgemeiner und Besonderer Teil, 2. Aufl. 1958 (Allg. Teil = AT) und 3. Aufl. 1959 (Bes. Teil = BT)
MDR	= Monatsschrift für Deutsches Recht (Jahrgang und Seite)
Mezger	= Strafrecht, Studienbuch, Allgemeiner und Besonderer Teil, 9. Aufl. 1960 (Allg. Teil = AT) und 7. Aufl. 1960 (Bes. Teil = BT)
MuW	= Markenschutz und Wettbewerb (Band und Seite)
NJW	= Neue Juristische Wochenschrift (Jahrgang und Seite)
OLGRspr	= Die Rechtsprechung des Oberlandesgerichts auf dem Gebiete des Zivilrechts, hrsg. von Mugdan und Falkmann (1. 1900—46. 1928)
Recht	= Das Recht, begründet von Soergel (Jahrgang und Seite)
RefEntw.	= Referenten-Entwurf eines Aktiengesetzes mit erläuternden Bemerkungen
RegEntw.	= Regierungs-Entwurf eines Aktiengesetzes mit Begründung
RGBl.	= Reichsgesetzblatt I = Teil I, II = Teil II
RGSt.	= Entscheidungen des Reichsgerichts in Strafsachen
RG	= Entscheidungen des Reichsgerichts in Zivilsachen
RJA	= Entscheidungen in Angelegenheiten der freiwilligen Gerichtsbarkeit und des Grundbuchrechts, zusammengestellt im Reichsjustizamt (1. 1900—17. 1922)
RKnG	= Reichsknappschaftsgesetz i. d. F. v. 1. 7. 1926 (RGBl. I S. 369)
RVO	= Reichsversicherungsordnung v. 19. 7. 1911 i. d. F. v. 15. 12. 1924 (RGBl. I S. 779)
Schlegelberger-Quassowski	= Aktiengesetz vom 30. 1. 1937, 3. Aufl. 1939
Schönke-Schröder	= Strafgesetzbuch, Kommentar, 10. Aufl. 1961

Scholz	=	Kommentar zum GmbH-Gesetz, 4. Aufl. 1960
Schwarz-Dreher	=	Strafgesetzbuch, Kommentar, 24. Aufl. 1962
Stenglein	=	Kommentar zu den strafrechtlichen Nebengesetzen des Deutschen Reiches, 5. Aufl. 1928f.
StGB	=	Strafgesetzbuch
StPO	=	Strafprozeßordnung
Teichmann-Koehler	=	Teichmann-Koehler, Kommentar z. AktG 3. Aufl. 1950
UWG	=	Gesetz gegen den unlauteren Wettbewerb v. 7. 6. 1909 (RGBl. S. 381)
VAG oder Vers.AufG	=	Gesetz über die Beaufsichtigung d. privaten Versicherungsunternehmungen und Bausparkassen i. d. F. v. 6. 1. 1931 (RGBl. I S. 315)
VerglO	=	Vergleichsordnung v. 26. 2. 1935 (RGBl. I S. 721)
vgl.	=	vergleiche
VO	=	Verordnung
Vorb.	=	Vorbemerkung
Welzel	=	Das deutsche Strafrecht, 7. Aufl. 1960
ZBH	=	Zentralblatt für Handelsrecht
ZStW	=	Zeitschrift für die gesamte Strafrechtswissenschaft (1. 1881—62. 1944, 63. 1950ff.) (Band und Seite)

Schrifttum

I. Kommentare und größere Gesamtdarstellungen:

Baumbach-Hueck, Aktiengesetz, 11. Aufl. 1961

Brodmann, Aktienrecht, 1928

Erbs-Kohlhaas, Strafrechtliche Nebengesetze, Bd. 1, Aktienrechtliche Strafvorschriften, bearb. von Erbs

Godin-Wilhelmi, Gesetz über Aktiengesellschaften und Kommanditgesellschaften auf Aktien, 2. Aufl. 1950

Katz, Die strafrechtlichen Bestimmungen des HGB und des Seehandelsstrafrechts, 2. Aufl. 1902

Schlegelberger-Quassowski, Aktiengesetz vom 30. 1. 1937, herausg. von Schlegelberger, Quassowski, Herbig, Gessler, Hefermehl, 3. unveränd. Aufl. 1939

Schmidt, Aktienstrafrecht, Kommentar zu den §§ 288—304 des Aktiengesetzes, Sonderabdruck aus Großkommentar zum Aktiengesetz, bearb. von Gadow, Heinichen, Eb. Schmidt, W. Schmidt, Weipert, 1940

Staub's Kommentar zum HBG, Bd. II, 14. Aufl. 1933

Stenglein, Kommentar zu den strafrechtlichen Nebengesetzen des Deutschen Reiches, 5. Aufl. 1928 f

Teichmann-Koehler, Aktiengesetz, 1950

Würdinger, Aktienrecht, Eine systematische Darstellung, 1959

II. Darstellungen von Einzelfragen:

Arens, Streitgegenstand und Rechtskraft im aktienrechtlichen Anfechtungsverfahren, 1960

Deuss, Das Auskunftsrecht des Aktionärs, 1961

Gessler, Auskunftsrecht des Aktionärs, Betrieb 57, 1254

Glattfelder, Die Aktionärsbindungsverträge, 1959

Gottschalk, Die Lehren aus den Aktienskandalen der Nachkriegszeit, 1934

Haumann, Entstehungsgeschichte, Zweck und Beschlußfähigkeit des Aufsichtsrates nach dem Aktiengesetz, 1956

Klug, Die Neuordnung des Bankenstimmrechts, in: Festschrift für W. Schmidt, 1959, S. 39f. mit weiteren Literaturangaben

Leo, Der Schutz der Aktionärsinteressen durch den Vorstand nach geltendem Aktienrecht, in: Die Aktiengesellschaft 57, 152

Leo, Die Rechte der Aktiengesellschaft gegen pflichtwidrig handelnde Aufsichtsratsmitglieder, in: Die Aktiengesellschaft 57, 265

Lindemann, Gibt es ein eigenes Wirtschaftsrecht?, 1932

Loschelder, Die Rechtsprechung des Reichsgerichts zum Verstoß gegen die guten Sitten im Aktienrecht, 1930

Möhring, Ph. Das Bankenstimmrecht im Referentenentwurf eines Aktiengesetzes, in BB 1958, S. 1177ff.
Die Ausübung des Stimmrechts durch Kreditinstitute im Referentenentwurf eines Aktiengesetzes, in: Beiträge zur Aktienrechtsreform, hrsg. v. H. Hengeler, Heidelberg 1959.
Sind auf dem Gebiet des Konzernrechts gesetzgeberische Maßnahmen gesellschaftsrechtlicher Art notwendig? in DRiZ 1957, S. 203ff.

Netter, Probleme des lebenden Aktienrechts, 1929

Rabben, Das kriminelle Strafrecht im Aktiengesetz nach deutschem Reichsrecht, 1912
Reiff, Die aktienrechtliche Bedeutung der staatlichen Aufsicht über die Banken, 1957
Reinicke, Das Auskunftsrecht des Aktionärs, in: Beiträge zur Aktienrechtsreform, 1959
Schlegelberger, Die Erneuerung des deutschen Aktienrechts, 1935
Schmalenbach, Die Aktiengesellschaft, 1950
Werth, Vorstand und Aufsichtsrat in der Aktiengesellschaft, 1960
Winter, Die wechselseitigen Beteiligungen von Aktiengesellschaften, 1960

III. Aktienrechtsreform:

Duden, Zum Referentenentwurf eines Aktiengesetzes, in: Der Betriebsberater 58, 1101
Eckardt, Vorstand und Aufsichtsrat nach dem Referentenentwurf eines Aktiengesetzes, in: NJW 58, 1945
Eckardt, Die Hauptversammlung der Aktiengesellschaft im Referentenentwurf eines Aktiengesetzes, in: NJW 59, 9
Fischer, C. F., Rechtsschein und Wirklichkeit im Aktienrecht — die Reform des Aktiengesetzes, in: AcP 154, (1955) S. 85 und 181
Flume, Der Referentenentwurf eines Aktiengesetzes, 1958
Flume, Grundfragen der Aktienrechtsreform, 1960
Franta, Die Verfassung der Aktiengesellschaft nach dem Referentenentwurf eines Aktiengesetzes, in: Betrieb 58, 1347
Gessler, Beiträge zur Aktienrechtsreform, in: Der Betriebsberater 59, 457
Kathollnig, Auskunftsrecht des Aktionärs und „strafbare Handlung“ im Referentenentwurf eines Aktiengesetzes, in: Die Aktiengesellschaft 59, 304
Rasch, Richtige und falsche Wege der Aktienrechtsreform, 1960
Reinhardt, Aktienrecht und Eigentumsordnung, in: Festschrift für W. Schmidt, 1959, S. 23f.
Strauß, Grundlagen und Aufgaben der Aktienrechtsreform, 1960
Schnellenbach, Die vorgesehenen Änderungen des Aktienstrafrechts im Regierungsentwurf zum Aktiengesetz 1960, Diss. Köln 1963
Wolany, Stellungnahme zu den verschiedenen Vorschlägen zur Reform des Aktienrechts, in: Die Aktiengesellschaft 58, 197f., 250f., 273f.
Würdinger, Zum Regierungsentwurf eines Aktiengesetzes, in: Die Aktiengesellschaft 60, 109

IV. Zu verfassungsrechtlichen Problemen:

Fechner, E.—Schneider, P., Verfassungswidrigkeit und Rechtsmißbrauch im Aktienrecht (§§ 9 und 15 des Umwandlungsgesetzes von 1956), 1960
Kohlmann, Nulla poena — nullum crimen sine lege, Art. 103 Abs. 2 GG und das Aktienrecht, in: Die Aktiengesellschaft 61, 309f.

V. Ausländisches Aktienrecht und Rechtsvergleichung:

Vgl. zunächst die in Anm. 7 vor § 294 angegebenen Schriften; ferner:
Coing-Kronstein, Die nennwertlose Aktie als Rechtsproblem, Rechtsvergleichende Untersuchung unter besonderer Berücksichtigung des amerikanischen Rechts, 1959
Hallstein, Die Aktienrechte der Gegenwart, 1931
Hüssy, Stimmrechtsausübung durch Stellvertretung im amerikanischen Recht, 1959
Jagmetti, Die Nichtigkeit von Maßnahmen der Verwaltung in der AG (Schweiz, Frankreich, Deutschland), 1958
Mestmäcker, Verwaltung, Konzerngewalt und Rechte der Aktionäre nach deutschem und amerikanischem Recht, 1958
Wiethölter, Interessen und Organisation der Aktiengesellschaft im amerikanischen und deutschen Recht, 1961

Viertes Buch

Aktiengesellschaft und Staat · Strafvorschriften

Erster Teil

Aktiengesellschaft und Staat

Vorbemerkung
zum ersten Teil: Aktiengesellschaft und Staat

1. In den §§ 288—291 regelt das Gesetz die Auflösung einer das Gemeinwohl gefährdenden Aktiengesellschaft durch staatlichen Eingriff und in den §§ 292—293 die Zulassung ausländischer Aktiengesellschaften zum Gewerbebetrieb im Inland.

2. Die Untersagung des Gewerbebetriebes aus strafrechtlichen oder sonstigen öffentlich-rechtlichen Gründen bei Verstößen gegen Wirtschaftslenkungsvorschriften fällt nicht unter diese Regelung.

3. Daß die gesellschaftsrechtlichen Bestimmungen eine Auflösung durch staatlichen Eingriff vorsehen, ist nichts Neues. Insbesondere kann dies nicht als ein Niederschlag nationalsozialistischen Gedankengutes angesehen werden. Bereits Art. 4 des PreußAusfG zum HGB besagte, eine Aktiengesellschaft (sowie eine Kommanditgesellschaft auf Aktien) kann aufgelöst werden, „wenn sie sich rechtswidriger Handlungen oder Unterlassungen schuldig macht, durch welche das Gemeinwohl gefährdet wird". Auch im allgemeinen Vereinsrecht des BGB ist bereits ein ähnlicher Auflösungsgrund bekannt. So erklärt § 43 BGB, daß einem Verein die Rechtsfähigkeit entzogen werden kann, „wenn er durch einen gesetzwidrigen Beschluß der Mitgliederversammlung oder durch gesetzwidriges Verhalten des Vorstandes das Gemeinwohl gefährdet."

Auch im ausländischen Aktienrecht ist eine Zwangsauflösung einer AG nicht unbekannt.

So kann beispielsweise nach niederländischem Recht (Art. 37b Wetboek van Koophandel) die Staatsanwaltschaft die Auflösung einer AG beantragen, wenn deren Tätigkeit gegen die guten Sitten oder die öffentliche Ordnung verstößt.

Nach Art. 167 des Brasilianischen Dekretgesetzes Nr. 2627 vom 26. 9. 40 werden gleichfalls auf Antrag der Staatsanwaltschaft eine AG oder KG auf Aktien auf gerichtlichem Wege aufgelöst, wenn sie einen unerlaubten Geschäftsgegenstand haben oder unerlaubten Zielen nachgehen oder sich einer unerlaubten oder durch Gesetz verbotenen Tätigkeit widmen.

4. Für Kreditinstitute, die in der Rechtsform der Aktiengesellschaft oder der Kommanditgesellschaft auf Aktien tätig sind, ist eine Sonderform der Auflösung durch staatlichen Eingriff jetzt in § 38 des Gesetzes über das Kreditwesen vom 10. 7. 61 (BGBl. I S. 881 ff.) vorgesehen. Einzelheiten hierzu vgl. Anm. 1 und 5 zu § 288.

5. Die geltende Regelung ist insbesondere im Hinblick auf § 291 verfassungsrechtlich nicht unproblematisch.

So halten Staudinger-Coing, Kommentar zum BGB, 11. Auflage 1954f., zu § 43 Anm. 5a, § 43 für unvereinbar mit Art. 9 GG, weil dieser es verbiete, Vereinen unter politischen Gesichtspunkten die Rechtsfähigkeit zu entziehen, „Gefährdung des Gemeinwohls" aber ein politischer Gesichtspunkt sei.

Näheres vgl. unten bei den Erläuterungen der einzelnen Bestimmungen.

§ 288

Wahrung des Gemeinwohls durch den Staat

(1) Gefährdet eine Aktiengesellschaft oder eine Kommanditgesellschaft auf Aktien das Gemeinwohl, namentlich durch ein Verhalten ihrer Verwaltungsträger, das gröblich gegen das Gesetz oder gegen die Grundsätze verantwortungsbewußter Wirtschaftsführung verstößt, so kann das *Reichs*wirtschaftsgericht auf Antrag des *Reichs*wirtschaftsministers die Gesellschaft auflösen. Der *Reichs*wirtschaftsminister stellt den Antrag im Einvernehmen mit dem *Reichs*minister der Justiz und den sonst beteiligten *Reichs*ministern.

(2) Nach der Auflösung findet die Abwicklung nach den §§ 205 bis 214 statt, wenn das *Reichs*wirtschaftsgericht nichts anderes bestimmt.

Übersicht

Anm. 1

I. Allgemeines

1. Vor dem Erlaß dieses Gesetzes fanden auf Aktiengesellschaften für die Auflösung durch staatlichen Eingriff die **§§ 43, 44 BGB** Anwendung. Vgl. Brodmann Anm. 6b zu § 292 HGB. Allerdings war das nicht unstreitig. Gegen die Anwendung — rückblickend — Eb. Schmidt in der Vorauflage und das dort zitierte Schrifttum. Der Streit wurde mit dem Erlaß des AktG gegenstandslos. Die §§ 288 bis 291 verdrängen als Sonderbestimmungen die §§ 43, 44 BGB. Gleichwohl können die zuletztgenannten Bestimmungen für die Auslegung des § 288 mit herangezogen werden. Andererseits wird § 288 nicht durch andere Spezialbestimmungen, wie etwa § 38 des Gesetzes über das Kreditwesen vom 10. 7. 61, ausgeschaltet. Die betreffenden Bestimmungen treten vielmehr neben § 288, so daß eine Auflösung je nach Lage des Falles aus der einen oder aus der anderen gesetzlichen Bestimmung begründet werden kann. Das gleiche gilt für § 87 Abs. 4 des Versicherungsaufsichtsgesetzes für die Versicherungsvereine auf Gegenseitigkeit.

Anm. 2

2. Obwohl der Gesetzgeber dem § 288 die Überschrift „Wahrung des Gemeinwohls durch den Staat" gegeben hat, darf aus der Tatsache, daß der Staat bei Gefährdung des Gemeinwohls durch eine Aktiengesellschaft oder eine Kommanditgesellschaft auf Aktien die betreffende Gesellschaft auflösen kann, nicht gefolgert werden, daß dem

Staat eine besondere **Aufsicht** über die Aktiengesellschaft und die Kommanditgesellschaft auf Aktien zusteht. § 288 soll nur im Notfall eingreifen. Eine besondere Konzessionspflicht oder ein besonderes staatliches Aufsichtsamt für das Aktienwesen kennt das geltende Recht nicht. Dies wurde für die Zeit vor der Geltung des Grundgesetzes bereits von Eb. Schmidt richtig erkannt. Vgl. Vorauflage Anm. 4. Dieser Grundsatz gilt jetzt nach Einführung des Grundgesetzes um so stärker. Es ist heute anerkannt, daß die Grundrechte nicht nur für natürliche Personen Geltung haben, sondern auch, soweit es ihr Wesen zuläßt, für juristische Personen gelten. Vgl. dazu auch Art. 19 Abs. 3 GG, wo es ausdrücklich heißt: Die Grundrechte gelten auch für inländische juristische Personen, soweit sie ihrem Wesen nach auf diese anwendbar sind.

Als zweifelsfrei wird heute von Rechtsprechung und Literatur (vgl. insbesondere Maunz-Dürig zu Art. 19 Abs. 3 Randnummer 53) angenommen, daß sich die juristischen Personen insbesondere auf Art. 3, 5, 8, 9, 10, 11, 14, 17 und 19 Abs. 4 berufen können. Kontrovers ist aber die Anwendung des Art. 2 GG auf die juristischen Personen des Privatrechts. Hier wird von der Kommentarwissenschaft (vgl. Maunz-Dürig zu Art. 2 Abs. 1 Randnummer 67) differenziert, ob die praktisch werdende jeweilige Erscheinungsform der allgemeinen Handlungsfreiheit ihrem Wesen nach nur als individuelles oder auch als kollektives Freiheitsrecht gedacht werden kann. Nach Auffassung von Maunz-Dürig, denen m. E. zuzustimmen ist, wird man aber Art. 2 Abs. 1 für die juristischen Personen dahingehend nutzbar machen können, daß sich für sie aus dieser Vorschrift eine wirtschaftliche Betätigungsfreiheit ergibt. Vgl. dazu bereits die Ausführungen von Scheuner in „Veröffentlichungen der Vereinigung der deutschen Staatsrechtslehrer", Band 11, S. 5 mit Anm. 12. Es kann hier nicht der Ort sein, in eine theoretische Ausführung darüber einzutreten, welches wirtschaftsverfassungsrechtliche System das Grundgesetz vertritt. Es mag hier dahinstehen, ob dem Grundgesetz eine wirtschaftspolitische Neutralität auferlegt ist, wie es insbesondere von Krüger in DVBl. 51, 361f. und von Hamann in „Rechtsstaat und Wirtschaftslenkung", S. 31ff. angenommen wird, ob man die Wirtschaftsverfassung des Grundgesetzes als soziale Marktwirtschaft ansieht, wie es Nipperdey „Die soziale Marktwirtschaft" (Heft 7 der Schriftenreihe der Landesvereinigung der industriellen Arbeitgeberverbände Nordrhein-Westfalen e. V.), S. 27f., tut, oder ob man schließlich mit dem BVerfGE 4, 7f. die Auffassung vertritt, daß die Verfassung der Bundesrepublik keine Entscheidung über die Wirtschaftsverfassung getroffen habe, sondern in den Grundrechten nur gewisse Schranken für Art und Grad wirtschaftslenkender Staatsakte aufgerichtet habe. Vgl. dazu im einzelnen die Ausführungen von Ballerstedt in Bettermann-Nipperdey-Scheuner, Die Grundrechte, Band 3, 1. Halbband, S. 1ff. Auf jeden Fall wird man aus den im Grundgesetz verankerten Grundrechten, die auch für juristische Personen des Privatrechts Geltung haben, den Schluß ziehen müssen, daß sich der Staat möglichst zurückhalten muß, in irgendeiner Form, etwa wie hier nach § 288 AktG, in den Bestand von juristischen Personen des Privatrechts einzugreifen. Auch noch unter dem Gesichtspunkt des Art. 103 Abs. 2 GG sind gegen § 288 Bedenken anzumelden. Vgl. die Ausführungen unten Anm. 13 und zur Vereinbarkeit der Norm mit Art. 14 GG, insbesondere die Ausführungen zu § 291 AktG. — Auch das Registergericht hat keine allgemeine Aufsichts- oder Überwachungsfunktion. Dort, wo der Gesetzgeber eine ständige Aufsicht für erforderlich hält, hat er dies, wie bei den Banken, den sonstigen Kreditinstituten, den Versicherungsunternehmungen, den Bausparkassen usw. in besonderen gesetzlichen Bestimmungen angeordnet. Vgl. §§ 5—9 KWG, wo ein Bundesaufsichtsamt für das Kreditwesen vorgesehen ist, das u. a. Mißständen im Kreditwesen entgegenwirken soll, § 6 Abs. 2 KWG; § 1 VAG.

Anm. 3

II. **Begriff der Auflösung**

1. Die **Auflösung** ist ein gestaltender öffentlicher Rechtsakt. Die Gesellschaft bleibt zwar als selbständige Rechtspersönlichkeit mit der rechtlichen Natur als Aktiengesellschaft oder Kommanditgesellschaft auf Aktien bestehen, es wird aber durch den rechtsgestaltenden staatlichen Eingriff der bisherige Zweck der Gesellschaft geändert. Neuer Gesellschaftszweck ist es, nunmehr die Abwicklung nach den §§ 204—214 vorzunehmen,

vgl. § 299 Abs. 2. Die Anordnung der Auflösung gemäß § 288 setzt den Auflösungsprozeß zwangsläufig in Gang. Vgl. Anm. 1 zu § 203.

Anm. 4

2. Zu unterscheiden von der Auflösung ist die **Beendigung** der Gesellschaft. Sie steht am Ende der Abwicklung. Erst mit der Beendigung verliert die Gesellschaft die Rechtspersönlichkeit. Auch insoweit gelten die in den §§ 205—214 enthaltenen Regeln für die Abwicklung der aufgelösten Gesellschaft. Das ist nach der Konstruktion des § 288 nur dann anders, wenn das die Auflösung anordnende Gericht etwas Abweichendes bestimmt. Vgl. unten Anm. 18.

Anm. 5

3. Von der Auflösung einerseits und der Beendigung der Gesellschaft andererseits ist die **Untersagung des Geschäfts- oder Gewerbebetriebes** zu unterscheiden. Sie berührt für sich allein den rechtlichen Bestand der Gesellschaft nicht. Sie richtet sich nach anderen gesetzlichen Bestimmungen, so etwa bei den Kreditinstituten nach § 37 des Gesetzes über das Kreditwesen vom 10. 7. 61, für Versicherungsgesellschaften nach § 87 VAG vom 22. 12. 54, für Gaststätten nach § 12 des Gaststättengesetzes usw. Diese Spezialbestimmungen werden ebensowenig durch § 288 berührt wie umgekehrt dieser durch jene. Allerdings kann zum Beispiel bei Kreditinstituten das Einschreiten gegen die Fortführung der Gesellschaft in einer Weise erfolgen, die zur Auflösung der betreffenden Gesellschaft führt. Nimmt das Bundesaufsichtsamt für das Kreditwesen die Erlaubnis zum Betreiben von Bankgeschäften zurück, so kann es gemäß § 38 des Gesetzes über das Kreditwesen bei juristischen Personen bestimmen, daß das Kreditinstitut abzuwickeln ist. Die Entscheidung des Bundesaufsichtsamtes wirkt dann, wie es im Gesetz ausdrücklich heißt, „wie ein Auflösungsbeschluß". — Die Aktiengesellschaft als solche ist nicht betroffen, wenn einem Vorstands- oder Aufsichtsratsmitglied im Rahmen eines Strafverfahrens die Ausübung des Berufes, Gewerbes oder Gewerbezweiges nach § 421 StGB untersagt wird. Allerdings kann ein solches Verbot die rechtliche Handlungsfähigkeit der Gesellschaft vorübergehend, nämlich wenn etwa das einzige Vorstandsmitglied von dem Verbot betroffen wird, in Frage stellen. Die strafrechtliche Untersagung der Ausübung des Berufs, des Gewerbes oder Gewerbezweiges kommt gemäß § 421 StGB nur dann in Betracht, wenn das betreffende Vorstands- oder Aufsichtsratsmitglied wegen eines Verbrechens oder Vergehens, das es unter Mißbrauch seines Berufes oder Gewerbes oder unter grober Verletzung der ihm kraft seines Berufes oder Gewerbes obliegenden Pflichten begangen hat, zu einer Freiheitsstrafe von mindestens drei Monaten verurteilt wird und das Verbot erforderlich ist, um die Allgemeinheit vor weiterer Gefährdung zu schützen. Das Verbot wird vom Strafgericht ausgesprochen.

Anm. 6

III. Die Auflösungsvoraussetzungen

1. Was unter **Gefährdung des Gemeinwohls** zu verstehen ist, wird in § 288 ebensowenig wie in § 43 BGB, § 62 GmbHG und § 81 GenG gesagt. Der Gesetzgeber hat die inhaltliche Ausfüllung dieses außerordentlich unscharfen Begriffs lediglich durch die Anführung von zwei Beispielen versucht. Eine Gefährdung des Gemeinwohls soll insbesondere dann vorliegen, wenn die Verwaltungsträger der Gesellschaft gröblich gegen das Gesetz verstoßen. Ein weiterer Fall der Gefährdung des Gemeinwohls soll dann gegeben sein, wenn die genannten Verwaltungsträger durch ihr Verhalten gegen die Grundsätze verantwortungsbewußter Wirtschaftsführung verstoßen. Es fragt sich, was aus diesen beiden gesetzlichen Beispielen für die Auslegung des entscheidenden Begriffs der Gefährdung des Gemeinwohls zu entnehmen ist. Zu beachten ist allerdings, daß nach dem Wortlaut des Gesetzes eine Auflösung der Gesellschaft auch dann möglich ist, wenn die Gesellschaft nicht durch ein Verhalten der Verwaltungsträger, sondern in sonstiger Weise das Gemeinwohl gefährdet.

Anm. 7

a) Zunächst einmal ist zu beachten, daß im Gesetz nur von **Verwaltungsträgern** gesprochen wird. Etwaige Beiräte im Sinne des § 128 Nr. 7, Verwaltungsräte, Regionalausschüsse und andere Nebenorgane sind also nicht gemeint. Das gleiche gilt sodann auch für die Abschlußprüfer gemäß § 135, da diese nicht zu den notwendigen Organen und daher nicht zu den Verwaltungsträgern rechnen. Auch die Abwickler scheiden aus, da eine Abwicklung erst nach der Auflösung der Gesellschaft stattfindet. Vgl. § 205 Abs. 1. Verwaltungsträger i. S. des § 288 sind der **Vorstand,** der **Aufsichtsrat** und die **Hauptversammlung.** Ebenso Baumbach-Hueck Anm. 1 A.

Anm. 8

b) Unter einer **Gefährdung des Gemeinwohls** wird man eine Gefährdung erheblicher allgemeiner Interessen der Volkswirtschaft zu verstehen haben. Eine Gefährdung der Interessen einzelner oder auch begrenzter Wirtschaftskreise reicht nicht aus, selbst wenn die Gefährdung erheblich sein sollte. Nicht erforderlich ist nach dem Wortlaut des § 288, daß die Gesellschaft oder ihr das Gemeinwohl gefährdendes Verhalten gegen das Gesetz verstößt. Ebenso ist es nach dem Gesetzestext denkbar, die Gefährdung des Gemeinwohls zu bejahen, obwohl das für die Gefährdung ursächliche Verhalten der Verwaltungsträger nicht gegen die Grundsätze verantwortungsbewußter Wirtschaftsführung verstößt. Schließlich ist noch der Fall denkbar, daß eine Gesellschaft durch ein Verhalten ihrer Verwaltungsträger das Gemeinwohl gefährdet und das genannte Verhalten zwar gesetzwidrig ist, aber nicht gröblich gegen das Gesetz verstößt. All dies folgt daraus, daß der Gesetzgeber den gröblichen Gesetzesverstoß und die Verletzung der Grundsätze verantwortungsbewußter Wirtschaftsführung nur als Beispiele genannt hat. Die einzige allein entscheidende Voraussetzung ist die Gemeinwohlgefährdung. Aus der Unabhängigkeit dieses Merkmals von den beiden Beispielsfällen ergeben sich allerdings schwerwiegende rechtsstaatliche Bedenken gegen die Wirksamkeit des § 288 in seiner jetzigen Form. Vgl. hierzu unten Anm. 13. Die Gefährdung des Gemeinwohls muß in dem Zeitpunkt vorliegen, in dem das zuständige Gericht auf Antrag über die Auflösung entscheiden soll. Ist der Auflösungsanlaß bis dahin beseitigt, so entfällt die Auflösungsmöglichkeit. Hierher gehören vor allem die in den Reformvorschlägen ausdrücklich geregelten Fälle, in denen die Verwaltungsträger, deren Verhalten den Auflösungsanlaß herbeiführte, abberufen und durch neue einwandfrei arbeitende Verwaltungsträger ersetzt worden sind. Die Auflösung ist, wie Eb. Schmidt schon in der Vorauflage zutreffend hervorhob, nicht Strafe für ein das Gemeinwohl gefährdendes Verhalten, sondern lediglich eine auf die Beseitigung der Gefährdung gerichtete, die Existenz dieser Gefährdung also voraussetzende Maßnahme. Daraus folgt zugleich, daß es auf ein **Verschulden** für die Gefährdung **nicht** ankommt.

Anm. 9

2. Die im Gesetz beispielhaft genannten Voraussetzungen müssen trotz der erwähnten Unabhängigkeit des Merkmals der Gemeinwohlgefährdung für die Auslegung des § 288 hinzugezogen werden. Als ersten Beispielsfall nennt der Gesetzgeber den **gröblichen Verstoß gegen das Gesetz.**

a) Unter **Gesetzesverstoß** ist hier nicht nur ein Verstoß gegen das Aktiengesetz gemeint, es kommen auch Verstöße gegen andere Bestimmungen der Rechtsordnung in Frage. Zu denken ist vor allem an den Bereich des Wirtschaftsrechts, wobei wiederum Verstöße gegen das Außenwirtschaftsgesetz vom 28. 4. 61 und gegen die VO z. Df. des Außenwirtschaftsgesetzes (Außenwirtschafts-Verordnung) vom 22. 8. 61 eine besondere Rolle spielen können. Auch Verstöße gegen die Steuergesetze können Gesetzesverstöße im Sinne des § 288 sein. Außerdem kommen vor allem auch strafrechtliche Verstöße in Frage und zwar sowohl des eigentlichen Wirtschaftsstrafrechts als auch des allgemeinen Strafrechts.

Anm. 10

b) Das gesetzwidrige Verhalten muß in dem ersten Beispielsfall des § 288 ein **gröblicher Verstoß** sein. Gröblichkeit liegt vor, wenn der Gesetzesverstoß besonders weittragende volkswirtschaftliche oder sozialpolitische Folgen hat oder wenn die verletzte Norm von ganz besonderer Wichtigkeit ist. Wie Eb. Schmidt bereits in Anm. 9 der Vorauflage mit Recht hervorhob, wird man zwar auch hier ein Verschulden des Verwaltungsträgers im strengen strafrechtlichen Sinn nicht verlangen können. Indessen dürfen reine Zufallsfolgen bei der Frage nach der Zulässigkeit der Auflösung nicht ins Gewicht fallen.

Anm. 11

3. Gegen die **Grundsätze verantwortungsbewußter Wirtschaftsführung** verstößt ein Verhalten eines Vorstandsmitglieds vor allem dann, wenn es den in § 70 Abs. 1 genannten Pflichten widerspricht. Allerdings ist damit nicht allzu viel gewonnen, weil § 70 Abs. 1 ebenfalls nur eine sehr weitgefaßte Formel zur Verfügung stellt. Näheres zur Berücksichtigung des Gemeinwohls, des Wohles des Betriebes, der Interessen der Aktionäre und des Wohls der Belegschaft s. oben Anm. 11—12 zu § 70. Im übrigen ist zu beachten, daß der Gesetzgeber hier ebenso wie bei den Gesetzesverstößen nur an einen **gröblichen** Verstoß gegen die Grundsätze verantwortungsbewußter Wirtschaftsführung gedacht hat. Dadurch, daß bei der Auslegung § 70 Abs. 1 heranzuziehen ist, ergibt sich ferner, daß die meisten hier in Betracht kommenden gröblichen Verstöße gegen die Grundsätze verantwortungsbewußter Wirtschaftsführung zugleich Verstöße gegen das Gesetz — nämlich gegen § 70 Abs. 1 — sein werden. Das muß jedoch nicht immer so sein. Rein begrifflich sind auch Verstöße gegen überpositive Prinzipien denkbar.

Anm. 12

4. § 288 hat **bisher keine praktische Bedeutung** gehabt. Fälle einer Auflösung von Aktiengesellschaften durch staatlichen Eingriff nach Maßgabe dieser Bestimmung sind nicht bekannt geworden. Eine Rundfrage des Deutschen Industrie- und Handelstages bei den Industrie- und Handelskammern der Bundesrepublik (Kurzmitteilungen Nr. 28/61 vom 7. 12. 61) hat dies bestätigt. Es würde sich daher empfehlen, diese Bestimmung in einem künftigen Aktiengesetz ersatzlos zu streichen. Die normalen Bestimmungen des Verwaltungsrechts und des Strafrechts dürften ausreichen. Zu dieser Konsequenz haben sich allerdings weder der Referenten-Entwurf noch der Regierungs-Entwurf eines Aktiengesetzes entschließen können. Vgl. § 352 RefEntw. und § 382 RegEntw.

Anm. 13

5. Obwohl der Bestimmung bisher keinerlei praktische Bedeutung zugekommen ist, muß gleichwohl auf die sehr erheblichen **rechtsstaatlichen Bedenken**, die der Anwendung des § 288 in der jetzigen weiten Fassung entgegenstehen, nachdrücklich hingewiesen werden, wobei es auffällt, daß die bisher vorliegenden Kommentierungen die Problematik kaum erkannt haben.

Wie bereits ausgeführt, setzt die Anwendung des § 288 nach ihrem klaren Wortlaut kein gesetzwidriges Verhalten voraus. Aktiengesellschaften oder Kommanditgesellschaften auf Aktien könnten also mit der Begründung, sie gefährdeten das Gemeinwohl, auch dann aufgelöst werden, wenn sie weder gröblich noch überhaupt das Gesetz verletzt haben. Das widerspricht rechtsstaatlichem Denken. Insoweit muß § 288 als ungültig angesehen werden. Seine Anwendung kann äußerstenfalls im Wege der berichtigenden Auslegung unter der Voraussetzung gesetzwidrigen Verhaltens in Betracht kommen. Eine solche Berichtigung kann insbesondere an den gleichen Rechtsgedanken anknüpfen, der für die GmbH im § 62 Abs. 1 GmbHG und für die Genossenschaft im § 81 GenG und für den Verein im § 43 BGB zum Ausdruck gebracht ist. Denn in allen diesen Fällen genügt nicht nur der bloße Verstoß gegen das Gemeinwohl, sondern es muß sich jedes Mal um ein gesetzwidriges Verhalten, durch welches das Gemeinwohl verletzt wird, handeln. Hinzu kommt die in gleicher Richtung weisende Tendenz für die Reform des Aktienrechts. Sowohl im § 352 des RefEntw. als auch im § 382 RegEntw. ist ausdrücklich hervorgehoben, daß eine Auflösung nur bei gesetzwidrigem Verhalten der Verwaltungsträger (und einigen weiteren Voraussetzungen) möglich ist. Diese in Rede stehende Berichtigung wird man also in Anwendung des argumentum a lege ferenda als unerläßlich ansehen müssen. Noch weiter geht Kohlmann „Nulla poena — nullum crimen sine lege, Art. 103 Abs. 2 GG und das Aktienrecht", in „Die Aktiengesellschaft" 1961 Nr. 11 Seite 312/313, der die Frage aufwirft, ob nicht bereits gegen den Begriff der Gefährdung des Gemeinwohls rechtsstaatliche und verfassungsrechtliche Bedenken bestehen. Mit beachtlichen Argumenten wird beanstandet, daß einem derartigen weitgefaßten Begriff die erforderliche gesetzliche Bestimmtheit fehle. Selbst wenn man nicht geneigt ist, hieraus die absolute Ungültigkeit des § 288 zu folgern, wird man gleichwohl der Forderung beipflichten können, es möge der Gesetzgeber für das kommende Aktienrecht eine Formulierung suchen, die eine schärfere Abgrenzung möglich macht. Zum Teil sind die aus der bedenklich weiten Fassung des Gesetzes folgenden Gefahren in den beiden Entwürfen dadurch verringert, daß zu der Auflösungsvoraussetzung des gesetzwidrigen, das Gemeinwohl gefährdenden Verhaltens der Verwaltungsträger als weitere notwendige Voraussetzung noch hinzukommen muß, daß Aufsichtsrat und Hauptversammlung nicht für eine Abberufung der Verwaltungsträger sorgen. Vgl. § 352 Abs. 1 RefEntw. und § 382 Abs. 1 RegEntw.

Anm. 14

IV. **Das Auflösungsverfahren**

1. Die Einleitung des Auflösungsverfahrens setzt einen hierauf gerichteten **Antrag** voraus. Zuständig für die Stellung dieses Antrags war ursprünglich der Reichswirtschaftsminister. Heute muß der Antrag von demjenigen **Landeswirtschaftsminister** gestellt werden, in dessen Land die Gesellschaft ihren Sitz hat. Dieser darf den Antrag jedoch nur im Einvernehmen mit dem zuständigen Landesjustizminister und den sonst beteiligten Landesministern stellen. Fehlt diese Zustimmung, dann fehlt es an einer unabdingbaren Verfahrensvoraussetzung. Die Auflösungsentscheidung kann infolgedessen nicht ergehen. Die Frage ist nicht unbestritten. Godin-Wilhelmi Anm. 3 zu § 288 nehmen an, daß auch ohne das verlangte Einvernehmen ein rechtsgültiger Antrag vorliegt. Indessen hat Eb. Schmidt in der Vorauflage mit Recht darauf hingewiesen, daß der ohne das gesetzlich erforderte Einvernehmen gestellte Antrag als unzulässig anzusehen ist, weil die gesetzliche Forderung nach einem zum Zwecke des Auflösungsantrags herbeizuführenden Einvernehmen nur dann sinnvoll ist, wenn die Zulässigkeit des Antrags von diesem Einvernehmen abhängig gemacht wird. Der Gesetzgeber will dadurch offenbar sicherstellen, daß ein Auflösungsverfahren nur dann in Gang gebracht wird, wenn sich die höchsten Regierungsstellen vom wirtschaftspolitischen wie vom juristischen Standpunkt aus über die Notwendigkeit einer so einschneidenden Maßnahme einig geworden sind. Fehlt es hieran, dann ist das Vorhandensein so schwerer Bedenken zu vermuten, daß eine sachlich einwandfreie Entscheidung kaum erreichbar erscheint. Dann aber hat es keinen Sinn, das Auflösungsverfahren erst in Gang zu bringen.

Anm. 15

2. Zu richten war der Antrag ursprünglich an das Reichswirtschaftsgericht. Da es kein Bundeswirtschaftsgericht, das an seine Stelle getreten wäre, gibt, ist die Frage der **Zuständigkeit** zweifelhaft. Für eine Zuständigkeit der Verwaltungsgerichte der Länder treten Baumbach-Hueck Anm. 1 B und Huber, Wirtschaftsverwaltungsrecht, 2. Auflage, Band 2, Seite 626 ein. Godin-Wilhelmi Anm. 4 zu § 288 nehmen an, daß der Landeswirtschaftsminister, also kein Gericht, zur Auflösung der Gesellschaft befugt sei und daß erst gegen diese Maßnahme der Verwaltungsrechtsweg nach den betreffenden landesrechtlichen Vorschriften offen sei. Für die Richtigkeit der Auffassung derjenigen, die in den Fällen des § 288 die Zuständigkeit der Verwaltungsgerichte annehmen, scheinen auch noch andere Normen zu sprechen, die dem genannten § 288 entsprechen.

Mit der Auflösung einer Genossenschaft, die sich gesetzwidriger Handlungen oder Unterlassungen schuldig macht, befaßt sich § 81 GenG. In Absatz 2 heißt es: „Das Verfahren und die Zuständigkeit der Behörden richtet sich nach den für streitige Verwaltungssachen landesgesetzlich geltenden Vorschriften". Entsprechend heißt es bei Meyer-Meulenburgh, Kommentar zum Genossenschaftsgesetz, 9. Aufl. 1961, Verfahren und Zuständigkeit richten sich nach den Bestimmungen der Verwaltungsgerichtsordnung.

Nach § 62 GmbHG kann eine Gesellschaft mit beschränkter Haftung aufgelöst werden, wenn sie durch gesetzwidrige Beschlüsse der Gesellschafter oder gesetzwidrige

Handlungen der Geschäftsführer, die die Gesellschafter wissentlich geschehen lassen, das Gemeinwohl gefährdet. Auch hier heißt es in Abs. 2 wörtlich: „Das Verfahren und die Zuständigkeit der Behörden richtet sich nach den für streitige Verwaltungssachen landesgesetzlich geltenden Vorschriften." Hinzuweisen ist ferner auf § 51 GewO. Dort heißt es, daß wegen überwiegender Nachteile und Gefahren für das Gemeinwohl die fernere Benutzung einer jeden gewerblichen Anlage durch die höhere Verwaltungsbehörde zu jeder Zeit untersagt werden könne, doch müsse dem Besitzer alsdann für den erweislichen Schaden Ersatz geleistet werden.Letztlich vermag ein Hinweis auf diese Bestimmungen indessen ebenso wenig zu überzeugen wie es die vorgeschlagenen Lösungen können. Sie passen nicht in das dem geltenden Aktienrecht zugrunde liegende System, wie es etwa in § 135 Abs. 3 in Verbindung mit §§ 27ff. 1. Durchf.VO z. AktG zum Ausdruck kommt. Dementsprechend sehen sowohl der Referenten-Entwurf als auch der Regierungs-Entwurf in § 352 bzw. § 382 die Zuständigkeit eines ordentlichen Zivilgerichtes vor, nämlich desjenigen **Landgerichts,** in dessen Bezirk die Gesellschaft ihren Sitz hat. Die gleiche Lösung ist bereits für das geltende Recht die richtige. Da der Gesetzestext, in dem das Wort „Reichswirtschaftsgericht" zu streichen ist, sinngemäß aus der ratio legis ergänzt werden muß, kommt für die Entscheidung der Frage, ob die ordentliche oder die Verwaltungsgerichtsbarkeit zuständig ist, in erster Linie eine auf den ordentlichen Rechtsweg verweisende Analogie zu § 135 und eine Heranziehung des sich in den Reformvorschlägen spiegelnden allgemeinen Rechtsgedankens, der hier ebenfalls gegen die Verwaltungsgerichte spricht — argumentum a lege ferenda — in Frage. — Zur grundsätzlichen Zulässigkeit eines derartigen argumentum a lege ferenda vgl. Klug, Aktuelle Probleme des Konkursstrafrechts, in „Konkurs, Treuhand- und Schiedsgerichtswesen", 1962, 65f. (72), wo dieses Argument anläßlich einer konkursstrafrechtlichen Problematik erstmalig erwähnt wird, und zwar unter Hinweis auf eine zwar nicht der Terminologie, wohl aber der Sache nach entsprechende Verwendung von Rechtsgedanken aus maßgebenden Gesetzesreformvorschlägen für die Auslegung des geltenden Rechts in der schweizerischen höchstrichterlichen Rechtsprechung.

Anm. 16

3. Prozeßrechtlich ist der Antrag eine **Auflösungsklage,** über die das Gericht durch Urteil entscheidet. Dies galt früher schon für das Reichswirtschaftsgericht (vgl. Anm. 15 der Vorauflage) und gilt heute entsprechend für das nunmehr zuständige Gericht. Das die Auflösung aussprechende Urteil ist ein Gestaltungsurteil im Sinne des Zivilprozeßrechts. Es ist gemäß § 290 dem Registergericht mitzuteilen. Die Auflösungswirkung tritt mit der Rechtskraft des Urteils ein.

Anm. 17

V. **Rechtsfolgen der Auflösung (Abs. 2)**

1. Für den Regelfall setzt § 288 Abs. 2 voraus, daß nach der rechtskräftigen Auflösungsentscheidung die Abwicklung stattfindet. Maßgebend sind dann die §§ 205 bis 214. Insoweit gelten keine Besonderheiten. Für das Nähere vgl. die Erläuterungen zu den genannten Bestimmungen. Als Abwickler kommen naturgemäß diejenigen Verwaltungsträger nicht in Betracht, deren Verhalten zur Gefährdung des Gemeinwohls und damit zur Auflösung geführt hat. Stattdessen hat das nach § 14 zuständige Amtsgericht andere Personen als Abwickler zu bestellen. Vgl. § 206 Abs. 2. Die Abwicklung und damit zugleich die Auflösung endet nach Maßgabe des § 214. Der Schluß der Abwicklung ist im Handelsregister einzutragen und die Gesellschaft alsdann zu löschen.

Anm. 18

2. Das die Auflösung anordnende Gericht kann jedoch auch **eine von den Bestimmungen der §§ 205 bis 214 abweichende Abwicklung** anordnen. Der Gesetzgeber hat diese Möglichkeit vorgesehen, weil nach den §§ 205ff. teilweise die Mitwirkung von Aktionären oder Verwaltungsträgern vorgeschrieben ist. Das kann im Einzelfall zu Schwierigkeiten führen. Man denke etwa an § 206 Abs. 2, wo für die Bestellung und Ab-

berufung von Abwicklern entsprechende Anträge des Aufsichtsrats oder einer Minderheit von Aktionären vorgeschrieben sind. Das Gericht muß deshalb in der Lage sein anzuordnen, daß bestimmte Personen Abwickler werden; so auch Baumbach-Hueck Anm. 2 zu § 288. Aber auch sonst ist es wegen der Bedeutung des staatlichen Eingriffs, der nur in sehr schwerwiegenden Fällen (Gefährdung des Gemeinwohls!) in Erwägung gezogen werden kann, sinnvoll, daß der Gesetzgeber dem Gericht die Möglichkeit zu sachangemessenen Abweichungen gegeben hat. Als derartige Abweichungen könnten etwa die Umwandlung in eine andere Gesellschaftsform oder die Verschmelzung mit einer anderen Gesellschaft angeordnet werden. Dagegen wäre es unstatthaft, der Gesellschaft nach ergangenem Auflösungsurteil, sofern dies rechtskräftig geworden ist, die Fortsetzung im Sinne des § 215 zu erlauben. Es muß davon ausgegangen werden, daß dies der Wille des Gesetzgebers ist. Wäre es nicht so, dann hätte er in § 215 neben den dort ausdrücklich erwähnten Auflösungsfällen auch noch die Auflösung nach § 288 erwähnen müssen. Hinzu kommt, daß selbstverständlich alle Beteiligten einschließlich der mitwirkenden staatlichen Stellen und der Minister an das Auflösungsurteil gebunden sind. Eine Aufhebung der Auflösung ist unstatthaft, ebenso Baumbach-Hueck aaO. Auf der anderen Seite darf nicht übersehen werden, daß die generelle Ermächtigung des Gerichts zur Abweichung von den normalen Abwicklungsbestimmungen rechtsstaatlich bedenklich ist. Es ist deshalb zu begrüßen, daß der RefEntw. (§ 352 Abs. 2) und der RegEntw. (§ 382 Abs. 2) eine derartige allgemeine Ermächtigung zur Abweichung nicht zugelassen haben. Als einzige Ausnahme ist in beiden Entwürfen vorgesehen, daß der Antrag auf Abberufung oder Bestellung der Abwickler aus einem wichtigen Grund auch von derjenigen staatlichen Stelle gestellt werden kann, die zur Stellung des Auflösungsantrags berechtigt ist. Nur, wenn ein solcher Antrag gestellt wird, und ausschließlich für den Fall der Abberufung oder der Bestellung der Abwickler kann von den normalen Abwicklungsbestimmungen abgewichen werden.

Anm. 19

3. Zu der höchst zweifelhaften Frage des Ausschlusses von Entschädigungsansprüchen vgl. unten § 291.

Anm. 20

VI. Aktienrechtsreform

§ 288 des geltenden AktG soll in der Aktienrechtsreform durch § 382 RegEntw. ersetzt werden, der folgenden Wortlaut hat:

„(1) Gefährdet eine Aktiengesellschaft oder Kommanditgesellschaft auf Aktien durch gesetzwidriges Verhalten ihrer Verwaltungsträger das Gemeinwohl und sorgen der Aufsichtsrat und die Hauptversammlung nicht für eine Abberufung der Verwaltungsträger, so kann die Gesellschaft auf Antrag der zuständigen obersten Landesbehörde des Landes, in dem die Gesellschaft ihren Sitz hat, durch Urteil aufgelöst werden. Ausschließlich zuständig für die Klage ist das Landgericht, in dessen Bezirk die Gesellschaft ihren Sitz hat.

(2) Nach der Auflösung findet die Abwicklung nach den §§ 253 bis 262 statt. Den Antrag auf Abberufung oder Bestellung der Abwickler aus einem wichtigen Grund kann auch die in Absatz 1 Satz 1 bestimmte Behörde stellen."

Hinzuweisen ist darauf, daß die Vorschrift gegenüber dem geltenden Recht drei Neuerungen enthält. Einmal ist gesagt, daß nur ein **gesetzwidriges** Verhalten dazu berechtigt, die Aktiengesellschaft durch Richterspruch aufzulösen, zum anderen bestimmt § 382, daß eine Auflösung vermieden werden kann, wenn der Aufsichtsrat und die Hauptversammlung ihrerseits für eine Abberufung der Verwaltungsträger sorgen. Schließlich ist noch zu beachten, daß § 382 auf ein gesetzwidriges Verhalten der **Verwaltungsträger** abstellt, während in § 288 AktG die Gemeinwohlgefährdung durch die **Gesellschaft** im Vordergrund stand.

§ 289

Anordnungen vor der Auflösung

Ist die Auflösung beantragt, so kann das *Reichs*wirtschaftsgericht auf Antrag des *Reichs*wirtschaftsministers vor der Entscheidung über die Auflösung die nötigen Anordnungen treffen. Der *Reichs*wirtschaftsminister stellt den Antrag im Einvernehmen mit dem *Reichs*minister der Justiz und den sonst beteiligten *Reichs*ministern.

Übersicht

Anm. 1

I. Da der Auflösungsantrag nach § 288 nur gestellt werden darf, wenn eine Aktiengesellschaft oder Kommanditgesellschaft auf Aktien das Gemeinwohl gefährdet, wird — falls so etwas überhaupt einmal in Betracht kommt — regelmäßig das Bedürfnis bestehen, die entstandenen Gefahren durch vorläufige, rasch zu verwirklichende Maßnahmen möglichst einzuschränken, zumal bis zum Erlaß des beantragten Urteils längere Zeit verstreichen kann. Es ist deshalb sinnvoll, daß der Gesetzgeber dem in der Angelegenheit befaßten Gericht schon vor der endgültigen Entscheidung über die Auflösung die Befugnis einräumt, die nötigen Anordnungen zu treffen. Da der Gesetzestext sich über diese Maßnahmen nicht deutlich ausspricht, ist zu fragen, welches die **Rechtsnatur der** hier gemeinten **nötigen Anordnungen** ist. Die Auffassung, daß es sich hier um Maßnahmen handele, die einer einstweiligen Verfügung entsprechen würden, aber selbst keine einstweilige Verfügung in zivilprozeßrechtlichem Sinn seien, weil § 289 diese Anordnungen nicht als vorläufige charakterisiere, kann nicht gebilligt werden. Abweichend die Vorauflage und Baumbach-Hueck Anm. 1 zu § 289. Da diese Anordnungen zugegebenermaßen (vgl. Baumbach-Hueck aaO.) der Urteilsentscheidung nicht widersprechen dürfen, sind sie von dieser abhängig und können deshalb keine andere als eine **vorläufige** Rechtswirksamkeit haben. Die „nötigen Anordnungen" im Sinne des § 289 sind deshalb **einstweilige Verfügungen** gemäß § 940 ZPO. In richtiger Erkenntnis der Rechtslage haben daher sowohl der RefEntw. (§ 353) als auch der RegEntw. (§ 383) ausdrücklich gesagt, daß das Gericht auf Antrag der für den Auflösungsantrag zuständigen staatlichen Stelle die nötigen Anordnungen durch einstweilige Verfügung treffen kann. Diese Reformvorschläge sind als Klarstellungen des jetzt geltenden unzulänglichen Gesetzeswortlauts aufzufassen. Selbst wenn der Gesetzgeber, der sich im Jahre 1937 vor allem bei staatlichen Eingriffen in die Privatwirtschaft rechtsstaatlich nicht ernstlich gebunden fühlte, § 289 ursprünglich nicht in diesem Sinne verstanden wissen wollte, so ist heute diese einschränkende Auslegung auf jeden Fall geboten. Es bleibt also als Ergebnis festzuhalten, daß im Gegensatz zur amtlichen Begründung die nötigen Anordnungen bis zur rechtskräftigen Entscheidung der Hauptsache befristet sind und zwar auch dann, wenn in der Anordnung selbst über die Dauer ihrer Gültigkeit nichts gesagt ist. Vgl. auch hier unten Anm. 7.

Anm. 2

II. **Die Voraussetzungen für den Erlaß nötiger Anordnungen**

1. Der Erlaß der Anordnungen muß vom zuständigen Landeswirtschaftsminister **beantragt** sein. Von Amts wegen können die nötigen Anordnungen im Sinne dieser Bestimmung vom Gericht nicht getroffen werden. Der Landeswirtschaftsminister stellt

den Antrag im Einvernehmen mit den Landesjustiz- und den sonst beteiligten Landesministern. Das vor der Antragstellung herbeigeführte Einvernehmen ist Verfahrensvoraussetzung. Über die Art und Weise, wie das Einvernehmen dem Gericht nachgewiesen ist, hat sich der Gesetzgeber bei § 289 ebenso wenig wie bei § 288 geäußert. Auch hier muß man es als genügend ansehen, wenn das erforderliche Einvernehmen durch die Vorlage formfreier, einfacher schriftlicher Erklärungen der beteiligten Ressorts bei oder nach der Antragstellung nachgewiesen wird. Vgl. Anm. oben. Das fehlende Einvernehmen hat hier die gleichen Rechtsfolgen wie bei § 288. Der Antrag ist in diesem Fall als unzulässig anzusehen. Die Unzulässigkeit ist durch Beschluß auszusprechen.

Anm. 3

2. Ein Antrag auf Erlaß nötiger Anordnungen kann nur gestellt werden, wenn **zuvor oder spätestens gleichzeitig die Auflösung der Gesellschaft nach § 288 beantragt wurde.** Aus dem Wortlaut des Gesetzes geht deutlich hervor, daß das Gericht unabhängig von einem Auflösungsantrag keine nötigen Anordnungen treffen kann.

Anm. 4

3. Die beantragten Anordnungen müssen nach Lage des Falles **nötig** sein. Die bloße Zweckmäßigkeit genügt nicht. Bevor die Sachentscheidung über den Auflösungsantrag ergangen ist, darf nur in dringenden Fällen, etwa zur Abwendung akuter Gefährdung des Gemeinwohls, durch gerichtliche Anordnungen in die Verwaltung eingegriffen werden. Nur die unter diesem Aspekt erforderlichen Anordnungen sind nötige Anordnungen im Sinne des Gesetzes. Allerdings werden Anordnungen, die nicht unmittelbar der Abwehr einer Gefährdung des Gemeinwohls dienen, dann zulässig sein, wenn sie die Unternehmenserhaltung fördern sollen, wo die Existenz des Unternehmens durch die genannten Abwehrmaßnahmen gefährdet ist. „Ohne Rücksicht auf Verluste" darf nichts angeordnet werden. Sind verschiedene Möglichkeiten gegeben, so ist diejenige zu wählen, die bei Abwehr der Gemeinwohlgefährdung das Unternehmen, die Gläubiger der Gesellschaft und die Aktionäre am wenigsten schädigt. Der Begriff des Nötigseins darf also nicht einseitig ausgelegt werden. Ob er überhaupt die erforderliche gesetzliche Bestimmtheit aufweist, kann bezweifelt werden. Vgl. Kohlmann aaO. S. 314. Indessen fragt es sich, ob eine exaktere und damit notwendig mehr kasuistische Regelung den vielfältigen und in allen ihren Einzelheiten nicht vorhersehbaren Möglichkeiten des Wirtschaftslebens gerecht würde. RefEntw. und RegEntw. haben jedenfalls in § 353 bzw. § 383 die gleiche Generalklausel bevorzugt.

Anm. 5

III. **Der Inhalt der nötigen Anordnungen**

1. Hinsichtlich der Erforderlichkeit der betreffenden Anordnungen vgl. die vorangehende Anm. Im übrigen ist der Anwendungsbereich dieser Bestimmung vom Gesetz nicht näher begrenzt. Es kann sich bei den zu treffenden nötigen Anordnungen sowohl um Maßnahmen handeln, die den Personalbestand der Gesellschaft betreffen als auch um solche, von denen die Betriebs- und Wirtschaftsführung betroffen wird. Zur ersten Gruppe etwa zählen: Abberufung von Vorstands- oder Aufsichtsratsmitgliedern, Bestellung eines neuen Vorstands — näheres hierzu Anm. 6 —, Bestellung neuer Aufsichtsratsmitglieder, Einstellung und Entlassung von Angestellten und Arbeitern usw. In die zweite Gruppe würden gehören: Untersagung bestimmter Maßnahmen der Herstellung, des Vertriebs usw.

Anm. 6

2. Die Frage, ob im Wege einer nötigen Anordnung des Gerichts auch die **Bestellung eines neuen Vorstands** möglich wäre, ist bestritten. Godin-Wilhelmi Erläuterungen zu § 289 sind der Meinung, daß es unzulässig sei, durch das Gericht ein anderes Vorstandsmitglied zu bestellen, denn zulässig seien nur solche in die Organisation der Gesellschaft eingreifende und sich über die sonstigen Bestimmungen des Aktiengesetzes hinwegsetzende Anordnungen, die „zur Erreichung des Zweckes unab-

weisbar notwendig" wären. Dies aber soll hinsichtlich der Bestellung eines neuen Vorstandsmitglieds niemals in Betracht kommen, da selbst im Falle des Wegfalls aller Vorstandsmitglieder stets die Möglichkeit einer Bestellung nach § 76 gegeben sei. Diese Argumentation überzeugt nicht, denn § 76 setzt zunächst einmal den Antrag eines Beteiligten voraus. Vgl. Anm. 3 zu § 76. Aber selbst wenn man in dem Antragsteller nach § 288 einen Beteiligten im Sinne des § 76 sehen zu können glaubt, würde die Lösung über § 76 zu einer unerwünschten Zweigleisigkeit der Maßnahmen führen, denn zuständig für die Vorstandsbestellung nach § 76 ist das Amtsgericht. Vgl. Anm. 4 zu § 76. Es würden somit in das bei einem höheren Gericht anhängige Verfahren Maßnahmen des Amtsgerichts hineinwirken. Das wäre nicht sinnvoll und kann vom Gesetzgeber nicht gemeint sein, zumal sich bei dieser Konstruktion kaum lösbare Meinungsverschiedenheiten zwischen den tätigwerdenden Gerichten ergeben könnten. Es ist deshalb davon auszugehen, daß zu den nötigen Anordnungen im Sinne des § 288 auch die Vorstandsbestellung gehören kann. Ebenso Eb. Schmidt in der Vorauflage Anm. 1, Baumbach-Hueck Anm. 1 und Schlegelberger-Quassowski Anm. 3.

Anm. 7

IV. **Aktienrechtsreform**

Sowohl im RefEntw. (§ 353) als auch im RegEntw. (§ 383) ist ebenfalls vorgesehen, daß das Gericht, bei dem der Auflösungsantrag gestellt ist, auf besonderen Antrag der für die Stellung des Auflösungsantrags zuständigen Stelle die nötigen Anordnungen treffen kann. Zur Klarstellung der Rechtsnatur und der Dauer der Rechtswirksamkeit dieser nötigen Anordnungen ist in beiden Entwürfen an den gleichen Stellen gesagt, daß die jeweiligen nötigen Anordnungen durch eine einstweilige Verfügung getroffen werden. Diese Klarstellung unterstützt die oben Anm. 1 vertretene Auffassung, daß die nötigen Anordnungen stets bis zur rechtskräftigen Entscheidung der Hauptsache befristet sind.

§ 290

Eintragung

Die Entscheidungen des *Reichs*wirtschaftsgerichts sind dem Registergericht mitzuteilen; dieses trägt sie, soweit sie eintragungspflichtige Rechtsverhältnisse betreffen, in das Handelsregister ein.

Übersicht

Anm. 1

I. Dem für die Gesellschaft zuständigen Registergericht sind alle Entscheidungen des mit dem Auflösungsverfahren befaßten Gerichts mitzuteilen. Dem Gesetzestext kann nicht ohne weiteres entnommen werden, wen diese Mitteilungspflicht trifft. Indessen muß man aus der beherrschenden Stellung des Gerichts, bei dem die Auflösung beantragt wurde, folgern, daß die in Rede stehenden Mitteilungen von Amts wegen ergehen müssen. Die **Mitteilungspflicht** des § 290 trifft also **das über den Auflösungsantrag entscheidende Gericht.** Vgl. Baumbach-Hueck Anm. 1 und Godin-Wilhelmi Erläuterungen zu § 290.

Anm. 2

II. **Mitzuteilen sind** nicht nur der Auflösungsantrag des zuständigen Ministers und die Sachentscheidung des Gerichts, sondern auch die nötigen Anordnungen gemäß § 289. Die Mitteilungspflicht beschränkt sich außerdem nicht nur auf solche Entscheidungen, die eintragungspflichtige Rechtsverhältnisse betreffen. Auf den Inhalt der gerichtlichen Entscheidungen kommt es nicht an, sie sind sämtlich dem Registergericht mitzuteilen. Der von Baumbach-Hueck Anm. 1 vertretenen Auffassung, daß der Antrag aus § 288 nicht mitgeteilt zu werden brauche, kann nicht gefolgt werden. Denn dieser Antrag ist für die Gesellschaft und alle diejenigen, die ein berechtigtes Interesse an der Einsicht in das Handelsregister haben, von so wesentlicher Bedeutung für das wirtschaftliche Schicksal der Gesellschaft, daß es ein erheblicher Mangel wäre, wenn das Registergericht nicht verständigt würde. Ebenso Eb. Schmidt in der Vorauflage.

Anm. 3

III. Das Registergericht entscheidet, ob und wieweit eine **Eintragung** auf Grund der Mitteilungen in Frage kommt. Solche Mitteilungen, welche die nach Maßgabe der gesetzlichen Bestimmungen eintragungspflichtigen Rechtsverhältnisse betreffen, hat das Registergericht in das Handelsregister **von Amts wegen** einzutragen. Ebenso Baumbach-Hueck Anm. 1. Eines besonderen Eintragungsantrages bedarf es nicht. Einzutragen sind demgemäß vor allem die Entscheidung über die Auflösung der Gesellschaft, die Abberufung oder Bestellung von Vorstandsmitgliedern, die Änderung der Vertretungsbefugnis von Vorstandsmitgliedern u. ä. Nicht einzutragen sind dagegen z. B. die Abberufung oder die Bestellung von Aufsichtsratsmitgliedern sowie Anordnungen, in denen den Vorstandsmitgliedern die Vornahme bestimmter Handlungen untersagt oder auferlegt wird. Soweit durch die Mitteilung keine Eintragungspflicht ausgelöst wird, nimmt das Registergericht die Mitteilungen nur zu den Registerakten.

Anm. 4

IV. Die Registereintragung hat **nur rechtsbekundende** (deklaratorische), nicht rechtsbegründende (konstitutive) **Bedeutung.** Ebenso Baumbach-Hueck Anm. 1, Godin-Wilhelmi Erläuterungen zu § 290, Schlegelberger-Quassowski Anm. 2. Das gilt vor allem von der Eintragung der Auflösung auf Grund des Urteils des Landgerichts. Denn die Auflösung tritt mit dem Erlaß des Urteils, also in der Regel mit seiner Verkündung oder gegebenenfalls mit seiner Zustellung an die Gesellschaft ein. Vgl. Godin-Wilhelmi Erläuterungen zu § 290.

Anm. 5

V. Im **RefEntw.** und im **RegEntw.** ist § 290 sachlich unverändert in den §§ 354 bzw. 384 übernommen worden. Alles das, was zum geltenden Recht gesagt wurde, gilt mithin zugleich für die vorgeschlagene Aktienrechtsreform.

§ 291

Ausschluß der Entschädigung

Maßnahmen auf Grund dieser Vorschriften begründen keinen Anspruch auf Entschädigung.

Übersicht

Anm. 1

I. Soweit ersichtlich ist die **Rechtswirksamkeit dieser Bestimmung** und ihrer **Rechtsfolgen** bisher nicht bezweifelt worden. Nach unbestrittener, allgemein herrschender Auffassung soll § 291 jeden Entschädigungsanspruch aus Maßnahmen, die gemäß §§ 288—290 getroffen wurden, ausschließen. Weder Verwaltungsträger, Aktionäre, Gläubiger noch die betroffene Gesellschaft selbst sollen Entschädigungsansprüche geltend machen können und zwar selbst dann nicht, wenn sich eine der in Betracht kommenden, für den betreffenden Schaden ursächlichen Maßnahmen objektiv als unnötig herausstellt. So Eb. Schmidt in der Vorauflage Anm. 1, Baumbach-Hueck Anm. 1, Godin-Wilhelmi Erläuterungen zu § 291 und Schlegelberger-Quassowski Erläuterungen zu § 291.

Anm. 2

II. Ebenfalls unbestritten ist nach der bisher herrschenden Auffassung, daß § 291 andererseits die Frage nicht regelt, ob **Entschädigungsansprüche gegen** diejenigen **Verwaltungsträger oder sonstigen Personen** geltend gemacht werden dürfen, die das gerichtliche Einschreiten veranlaßt, so z. B. Anordnungen nach § 289 oder ein Auflösungsurteil nach § 288 letzten Endes verursacht haben. Insoweit sollen die allgemeinen sich aus Vertrag oder unerlaubter Handlung ergebenden Grundsätze weitergelten. Auch etwaige Ansprüche der Verwaltungsträger gegen die Gesellschaft aus dem Anstellungsvertrag sollen unberührt bleiben, obwohl die Auflösung naturgemäß in der Regel einen wichtigen Grund zur Kündigung im Sinne des § 626 BGB i. V. m. § 75 AktG darstellen wird. Es gilt dann hinsichtlich des Gehalts § 628 BGB. Der betreffende Verwaltungsträger kann dann also, selbst wenn ihn kein Verschulden an den gegen die Gesellschaft gerichteten Maßnahmen des Staates trifft, nur einen seinen bisherigen Leistungen entsprechenden Teil des Gehalts verlangen. Eine Entschädigung für die Zukunft wird im allgemeinen nicht in Betracht kommen, weil die Voraussetzungen des § 628 Abs. 2 BGB kaum gegeben sein dürften. Vertragliche Pensionsansprüche können im Rahmen des § 628 Abs. 1 BGB bestehen, falls nicht aufrechenbare Gegenansprüche der Gesellschaft — wie z. B. aus § 84 — gegeben sind. Vgl. Eb. Schmidt in der Vorauflage Anm. 2 und 3, Baumbach-Hueck Anm. 1, Godin-Wilhelmi Erläuterungen zu § 291 und Schlegelberger-Quassowski Erläuterungen zu § 291.

Anm. 3

III. Zu all dem ist jedoch einmal grundsätzlich festzustellen, daß § 291 in dieser weiten Fassung und Auslegung rechtsstaatlichem Denken nicht entspricht. Die Versagung von Entschädigungsansprüchen selbst dann, wenn die hier in Betracht kommenden Maßnahmen aus den §§ 288—290 objektiv unnötig waren, ist auf jeden Fall **rechtsunwirksam**, weil sie verfassungswidrig ist. Sie verstößt gegen die in den Artikeln 14 und 34 GG zum Ausdruck gebrachten Rechtsgedanken. **Verletzt** sind in derartigen Fällen vor allem die **Rechte des Aktionärs.** Obwohl die Aktiengesellschaft als juristische Person Eigentümerin des Gesellschaftsvermögens ist, stellt das in der Aktie verbriefte Recht ein Eigentumsrecht im Sinne des Artikels 14 GG dar. Ebenso Peter Schneider in Fechner-Schneider, Verfassungswidrigkeit und Verfassungsmißbrauch im Aktienrecht, Tübingen 1960, S. 90, 91. Der Referenten-Entwurf, der den § 291 unbesehen als § 353 übernommen hat, schweigt zu dieser Frage. Im Regierungs-Entwurf ist dagegen § 291 ersatzlos gestrichen. In der amtlichen Begründung (S. 261) wird mit Recht gesagt, es bestehe kein Grund, bei einer gerichtlichen Auflösung einer Aktiengesellschaft z. B. Schadensersatzansprüche wegen Amtspflichtverletzung auszuschließen, wie das nach geltendem Recht der Fall sei. Den in dieser Bemerkung zum Ausdruck kommenden Grundgedanken ist zuzustimmen. Die Ansicht, daß § 291 des **geltenden** Rechts u. a. auch Schadenersatzansprüche wegen Amtspflichtverletzung ausschließe, kann jedoch nicht gebilligt werden, denn insoweit ist eben § 291 verfassungswidrig. Als Ergebnis muß festgehalten bleiben, daß **§ 291 heute nicht mehr anwendbar** ist. Die Bestimmung enthält gesetzliches Unrecht.

Im einzelnen ist zu sagen: Zunächst kann, wie bereits zu § 288 Anm. 2 ausgeführt, davon ausgegangen werden, daß **Art. 14 GG auch für juristische Personen des Privatrechts** gilt. Art. 14 Abs. 3 lautet: „Eine Enteignung ist nur zum Wohle der Allgemeinheit zulässig. Sie darf nur durch Gesetz oder auf Grund eines Gesetzes erfolgen, das Art und Ausmaß der Entschädigung regelt“. Diese Vorschrift schützt ebenso wie Art. 14 Abs. 1 das Eigentum in all seinen Erscheinungsformen. Der Große Zivilsenat des BGH führte in einem Beschluß vom 10. 6. 52 (BGHZ 6, 270f.) aus, daß die Eigentumsgarantie das gesamte Vermögen der Bürger decken müsse. Geschützt sei neben dem Eigentum im weitesten Sinne als Rechtseinrichtung jedes vorhandene einzelne vermögenswerte Recht. Der BGH begründet seine Auffassung mit dem Satz, wenn es eine Eigentümlichkeit des modernen Verwaltungsstaates sei, daß die staatliche Enteignung nach dem ganzen Vermögen der Bürger greife, dann müsse auch das ganze Vermögen unter den Schutz der Verfassung genommen werden.

Geschützt sind also einmal die juristische Person, die **Aktiengesellschaft als solche,** weiterhin auch **die Rechte der einzelnen Aktionäre,** die durch eine Auflösung der Aktiengesellschaft verloren gehen werden. Nach dem grundlegenden Beschluß des BGH kennzeichnet sich nun eine Enteignung durch zwei Merkmale. Einmal durch das dem Enteigneten auferlegte ungleiche Opfer, das eine Verletzung des Gleichheitssatzes darstellen würde, wenn die Ungleichheit nicht durch die Leistung einer Entschädigung kompensiert würde, zum anderen durch den sog. Einzeleingriff, als der sich der Enteignungsakt von der notwendig generell erfolgenden Eigentumsbeschränkung unterscheidet. Es kann nicht ernsthaft bestritten werden, daß eine Auflösung nach § 288 AktG diese Voraussetzungen erfüllt. Das Vorliegen eines Opfers kann insbesondere nicht mit einem Hinweis auf die §§ 205 bis 214 AktG, die in § 288 Abs. 2 bezogen sind, entkräftet werden. Die Verteilung des vorhandenen Vermögens einer AG auf die Aktionäre schließt die Annahme nicht aus, daß die **gewaltsame Auflösung** einer AG zur **Zerschlagung von Vermögenswerten** führt, deren Versilberung nicht ihrem wahren Wert entspricht. So Kohlmann aaO. S. 313. Man wird eine Enteignung auch nicht mit einem Hinweis darauf ablehnen können, daß das weitere Merkmal des Art. 14 GG „zum Wohle der Allgemeinheit" nicht vorliege. Das ergibt sich aus folgender Überlegung: § 288 gestattet eine Auflösung einer AG nur dann, wenn diese das Gemeinwohl gefährdet. Wird nun eine solche AG tatsächlich aufgelöst, dann wird die Gemeinwohlgefährdung beendet. Die sich als Enteignung darstellende Auflösungsmaßnahme erfolgt zur Herstellung des aus den Fugen geratenen Gemeinwohls, erfolgt also zum Wohle der Allgemeinheit.

Eine Enteignung ist aber nur dann zulässig, wenn das die Enteignung gestattende Gesetz Art und Ausmaß der Entschädigung bestimmt. Hier fehlt nicht nur eine solche Norm, das Gesetz schließt vielmehr eine Entschädigung ausdrücklich aus. Es ist also das Erfordernis der sog. **Junctimklausel** (vgl. Ipsen in „Veröffentlichungen der Vereinigung der deutschen Staatsrechtslehrer", Band 10, S. 74ff., insbesondere S. 78) nicht beachtet. Fehlt in Enteignungsgesetzen die Entschädigungsklausel, so sind sie aber grundgesetzwidrig, und zwar selbst dann, wenn der Gesetzgeber die Entschädigungsregelung nur deshalb unterlassen hat, weil er der Ansicht war, es handele sich nicht um eine Enteignung. Wörtlich führte das BVerfG in seinem Beschluß vom 21. 7. 55 (JZ 55, 541) aus: Alle Enteignungsgesetze, die **nach** dem Inkrafttreten des Grundgesetzes erlassen worden sind und die die Entschädigung nicht in einer dem Art. 14 Abs. 3 Satz 2 und 3 GG entsprechenden Weise regeln, sind wegen Verstoßes gegen diese Junctimklausel verfassungswidrig. Sollte also der Referenten-Entwurf, der den § 291 unbesehen als § 353 übernimmt, Gesetz werden, dann müßte diese Norm als verfassungswidrig angesehen werden.

Fraglich ist aber, ob die Junctimklausel auch auf Gesetze aus der Zeit **vor** dem Inkrafttreten des Grundgesetzes anzuwenden ist; ob sie also, wenn sie der Klausel nicht entsprechen, neuen Enteignungen nicht mehr als Grundlage dienen können oder ob nur neugeschaffene Enteignungsgesetze sich danach zu richten haben. Forsthoff, Lehrbuch des Verwaltungsrechts, 8. Aufl., S. 306, vertritt die Auffassung, daß vorkonstitutionelle Enteignungsnormen, die keine Regelung von Art und Ausmaß der Entschädigung enthalten, mit dem Inkrafttreten des Grundgesetzes unwirksam geworden seien. Die gleiche Auffassung vertritt Weber in Neumann-Nipperdey-Scheuner, Die Grundrechte, 2. Band, S. 331ff., insbesondere S. 387. Schließt man sich dieser Auffassung an, dann muß § 288 als sog. vorkonstitutionelles Recht schon heute als verfassungswidrig und daher als unanwendbar angesehen werden. Andererseits wird von v. Mangoldt-Klein, Das Bonner Grundgesetz, 2. Aufl., zu Art. 14 Anm. VII 8c, die Auffassung vertreten, daß die Junctimklausel nicht für die bereits vor Inkrafttreten des Grundgesetzes verkündeten Gesetze gelte. Unter Berufung auf

BVerfGE 4, 236, 237 vertreten sie die Auffassung, daß die Gesetze als durch Art. 153 Abs. 2 Satz 2 der Weimarer Reichsverfassung ergänzt angesehen werden können; das allerdings nur dann, wenn die Entschädigung nicht ausdrücklich ausgeschlossen wurde. Da diese Einschränkung für den vorliegenden Fall zutrifft, muß die Regelung des § 288 auch nach dieser Meinung als mit der Verfassung nicht mehr vereinbar angesehen werden. Für § 353, der nach dem RefEntw. an die Stelle des geltenden § 288 treten soll, ergibt sich daraus die Forderung, daß die Vorschrift mit einer Junctimklausel versehen werden muß; so auch Kohlmann, aaO. S. 313.

Über **die Art der Entschädigung** enthält das GG nur die bindende Regel, daß sie „unter gerechter Abwägung der Interessen der Allgemeinheit und der Beteiligten zu bestimmen" ist (Abs. 3 Satz 3). Der BGH hat dazu in Band 6, 295 ausgeführt, daß die Enteignungsentschädigung dazu bestimmt sei, die Einhaltung des Gleichheitsgrundsatzes zu gewährleisten. Die Entschädigung solle dem Betroffenen einen Ausgleich für das Opfer bieten, das ihm durch den Eingriff in seine private Rechtssphäre auferlegt worden sei. Sie müsse daher ihrem Grundgedanken nach einen materiellen Ausgleich für die auferlegte Vermögenseinbuße darstellen. Die angemessene Entschädigung bleibt nach Auffassung Forsthoffs S. 307 hinter der vollständigen Entschädigung zurück. „Sie umfaßt lediglich den Minderwert, der durch die Enteignung eingetreten ist, nicht aber den darüber hinausgehenden Schaden, insbesondere den entgangenen Gewinn. Der Betroffene soll also weder eine Vermögenseinbuße noch einen Vermögenszuwachs haben". So wörtlich Forsthoff S. 307, 308. Letztlich kommt es aber nach Auffassung von Schrifttum und Rechtsprechung stets auf den einzelnen Fall an.

Um Mißverständnissen vorzubeugen, ist darauf hinzuweisen, daß es sich bei der Auflösung nach § 288 AktG **nicht** um eine **Einziehung des Vermögens** handelt, wie sie etwa in den §§ 40ff. StGB und in § 401 AO vorgesehen wird. Eine Verwirkung des Eigentumsschutzes, die § 40 StGB etwa für die Teilnehmer an einem vorsätzlichen Verbrechen oder Vergehen vorsieht, kann im vorliegenden Fall schon deswegen nicht angenommen werden, weil die Aktionäre, die ja von einer Auflösung getroffen werden, nicht die Handelnden sind, sondern die Verwaltungsträger. Für den Fall der §§ 401 und 414 AO, der gewisse Parallelen mit dem Fall einer Auflösung nach § 288 AktG aufweist, vertritt Forsthoff S. 295 die Auffassung, daß es sich hier nicht um ein Rechtsinstitut der Einziehung, sondern um eine Eigentumsentziehung handele, die mit Art. 14 GG nicht vereinbar sei. Sie verletze obendrein auch den Gleichheitssatz.

Das **bisher Gesagte** befaßte sich mit § 288 unter dem **Gesichtspunkt einer Enteignung**; d. h. die Erläuterungen gingen davon aus, daß die Auflösung der AG entsprechend dieser Norm erfolgte, somit also rechtmäßig war.

Es stellt sich die Frage, wie mit Rücksicht auf Art. 14 GG zu verfahren ist, wenn eine AG aufgelöst wird, obwohl die Voraussetzungen für eine solche Auflösung nicht gegeben sind. Dann ist die Auflösung und somit die **Enteignung nicht rechtmäßig.** Eine unmittelbare Anwendung des Art. 14 GG muß ausscheiden. Für diesen Fall hat der BGH in dem bereits mehrfach genannten Beschluß vom 10. 6. 52, Band 6, S. 270, insbesondere S. 290ff., folgendes ausgeführt: „Es ist geboten, unrechtmäßige Eingriffe der Staatsgewalt in die Rechtssphäre eines Einzelnen dann wie eine Enteignung zu behandeln, wenn sie sich für den Fall ihrer gesetzlichen Zulässigkeit, sowohl nach ihrem Inhalt wie nach ihrer Wirkung als eine Enteignung darstellen würden, und wenn sie in ihrer tatsächlichen Wirkung den Betroffenen ein besonderes Opfer auferlegt haben." Diese Entscheidung bildet den Ausgangspunkt für die sog. Lehre vom **enteignungsgleichen Eingriff**, die es gestattet, Entschädigung auch für rechtswidrig schuldlose Eingriffe von Hoheitsträgern zu gewähren.

Einen weiteren Schritt hat der BGH in seinem Urteil vom 16. 10. 52, NJW 53, 101 getan, indem er anerkannte, daß Entschädigungsansprüche auch bei schuldhaft rechtswidrigen Eingriffen zu gewähren seien. Sie stehen neben einem etwaigen Ersatzanspruch aus § 839 BGB in Verbindung mit Art. 34 GG.

Diese Rechtsprechung, die auch von der Literatur weitgehend übernommen wurde, vgl. z. B. Forsthoff in seinem Lehrbuch auf S. 310ff., führt im Rahmen des § 288 zu folgendem Ergebnis: Erfolgte eine Auflösung der Gesellschaft entsprechend den Voraussetzungen des § 288, dann ist die Enteignung rechtmäßig, der Enteignete hat einen Entschädigungsanspruch unmittelbar aus Art. 14 GG. Erfolgte die Auflösung aber unter Nichtberücksichtigung der Voraussetzungen dieser Norm, dann ergibt sich ein Entschädigungsanspruch aus entsprechender Anwendung des Art. 14 GG, gleichgültig, ob der Eingriff rechtswidrig und schuldlos oder rechtswidrig und schuldhaft gewesen ist. Im letzten Falle steht neben dem Anspruch aus einer entsprechenden Anwendung des Art. 14 GG ein Anspruch aus dem Amtshaftungsrecht gem. Art. 34 GG i. V. mit § 839 BGB. Als **Anspruchsberechtigte** können dann nicht nur die Gesellschaft und ihre Verwaltungsträger, sondern auch die Aktionäre und, falls die verfehlten staatlichen Maßnahmen entsprechende Auswirkungen hatten, sogar die Gesellschaftsgläubiger in Betracht kommen. Gerade diese zuletztgenannte Möglichkeit beweist, daß die Abschneidung aller Entschädigungsansprüche durch § 291 nicht rechtens sein kann, denn hier würden sich besonders unbillige Folgen für außenstehende Dritte, denen in der Regel kein irgendwie mitwirkendes Verschulden vorgeworfen werden kann, ergeben. Andererseits zeigt sich im geltenden Aktienrecht, z. B. in § 84 Abs. 5, daß die Berücksichtigung und der Schutz der Gläubiger-Interessen zum System dieses Rechtsbereiches gehört. § 291 steht hierzu in einem auffälligen Widerspruch. Die ersatzlose Streichung im Regierungs-Entwurf zieht auch insoweit die richtigen Konsequenzen und sucht einen Rechtsgedanken im geschriebenen Recht festzuhalten, der als ungeschriebenes Recht schon jetzt Geltung beanspruchen kann.

§ 292

Zulassung ausländischer Aktiengesellschaften oder Kommanditgesellschaften auf Aktien

Die Zulassung einer ausländischen Aktiengesellschaft oder einer Kommanditgesellschaft auf Aktien zum Gewerbebetrieb im Inland bedarf der Genehmigung des *Reichs*wirtschaftsministers. Bestimmungen in Staatsverträgen bleiben unberührt.

Übersicht

Anm. 1

I. **§ 292 durchbricht den** allgemeinen aktienrechtlichen **Grundsatz,** daß die **Eröffnung des Gewerbebetriebes** durch eine Aktiengesellschaft oder eine Kommanditgesellschaft auf Aktien **grundsätzlich nicht genehmigungsbedürftig** ist — eine Konsequenz aus dem verfassungsrechtlich verankerten allgemeinen Prinzip der Gewerbefreiheit (Art. 12 GG und § 1 GewO) —. Ausnahmen gelten nur nach Maßgabe der jeweiligen Sondervorschriften, wie etwa des Gesetzes über das Kreditwesen vom 10. 7. 61 für das Bankgeschäft, und beschränken sich in der Regel nicht auf diejenigen Fälle, in denen der betreffende Gewerbebetrieb in der Rechtsform einer juristischen Person oder gar einer Aktiengesellschaft bzw. Kommanditgesellschaft auf Aktien tätig wird, sondern gelten auch für den Einzelkaufmann, die OHG usw. Gleichwohl ist die in § 292 geregelte Ausnahme hinsichtlich der Zulassung einer ausländischen Aktiengesellschaft oder Kommanditgesellschaft auf Aktien zum Gewerbebetrieb im Inland nichts Neues. § 292 entspricht dem **§ 12 GewO**. Dieser lautet in Abs. 1:

„Die Zulassung einer ausländischen juristischen Person zum Gewerbebetrieb im Inland bedarf der Genehmigung des *Reichs*wirtschaftsministers und des sonst zuständigen *Reichs*ministers. Bestimmungen in Staatsverträgen bleiben unberührt."

§ 292 ist somit eine an sich überflüssige Spezialnorm, die als solche dem § 12 GewO vorgeht. Der Regierungs-Entwurf hat diese Bestimmung im Gegensatz zum Referenten-Entwurf (§ 356) mit Recht gestrichen. In der amtlichen Begründung (S. 260) heißt es, daß durch den Verzicht auf die Übernahme des § 292 erreicht werden solle, daß § 12 Abs. 1 GewO seinem Wortlaut entsprechend auch auf die Zulassung von ausländischen juristischen Personen in der Rechtsform der Aktiengesellschaft oder Kommanditgesellschaft auf Aktien Anwendung finde. Die Entscheidung der Frage, ob und inwieweit die Zulassung ausländischer juristischer Personen zum Gewerbebetrieb im Inland anders als bisher geregelt werden sollte, kann, wie es in der amtlichen Begründung aaO. heißt, einer etwaigen Reform der GewO vorbehalten bleiben, denn es scheint in der Tat nicht angebracht, diese Frage für ausländische juristische Personen in der Rechtsform der Aktiengesellschaft oder der Kommanditgesellschaft auf Aktien gesondert und vorweg zu entscheiden.

Anm. 2

II. **Verfassungsrechtlich** ist die in dem Genehmigungszwang liegende Sonderbehandlung der ausländischen Gesellschaften **unbedenklich,** denn schon im Art. 12 GG ist die Gewerbefreiheit auf „alle Deutschen" beschränkt, im Gegensatz etwa zu dem Grundrecht des Art. 3 (Gleichheit vor dem Gesetz), das auch im Rahmen des deutschen Rechts für „alle Menschen" gilt.

Anm. 3

III. **Genehmigung** im Sinne dieser Bestimmung ist das gleiche wie die Erlaubnis im Sinne des § 32 des Gesetzes über das Kreditwesen vom 10. 7. 61 und § 105 des Gesetzes über die Beaufsichtigung der privaten Versicherungsunternehmen und Bausparkassen vom 6. 6. 31. Voraussetzung für die Eröffnung des inländischen Gewerbebetriebes ist also nicht eine nachträgliche Zustimmung (§ 184 BGB), sondern die **vorher** beantragte und erteilte Genehmigung.

Anm. 4

IV. **Zuständig** für die Erteilung der Genehmigung ist der Wirtschaftsminister. Zu § 12 GewO war es zeitweilig umstritten, ob der Landes- oder der Bundeswirtschaftsminister zuständig ist. Vgl. Sieg im Gewerbe-Archiv 1956, Heft 5, S. 107. Inzwischen hat sich eine übereinstimmende Praxis herausgebildet, nach welcher der jeweils für den Sitz des Gewerbebetriebes zuständige **Landeswirtschaftsminister** die Genehmigung erteilt. Ein solches Gewohnheitsrecht entspricht dem föderalistischen Aufbau der Bundesrepublik und ist jedenfalls für die Anwendung des § 292 unbestritten. Vgl. z. B. Praxis in Nordrhein-Westfalen. Der RefEntw. hat in § 356 aus den gleichen Gründen ebenfalls die Zuständigkeit des Landes und nicht die des Bundes vorgesehen. Daß der RegEntw. keine dem § 292 entsprechende Bestimmung enthält, bedeutet keine Änderung der Auffassung, sondern hängt, wie aus der amtlichen Begründung ersichtlich ist, allein damit zusammen, daß eine Sonderregelung für das Aktienrecht im Hinblick auf § 12 GewO überflüssig ist. Vgl. den oben in Anm. 1 angegebenen Wortlaut des § 12 GewO.

Anm. 5

V. **Genehmigungsbedürftig** ist die Eröffnung des Gewerbebetriebes. Für Aktiengesellschaften und Kommanditgesellschaften auf Aktien, deren Gegenstand kein Gewerbebetrieb ist, gilt § 292 nicht. Ebenso Baumbach-Hueck Anm. 1 und Schlegelberger-Quassowski Erläuterungen zu § 292. Ausländische Aktiengesellschaften, die beim Inkrafttreten des Aktiengesetzes einen Gewerbebetrieb im Inland zulässigerweise bereits ausübten, bedurften gemäß § 16 EG keiner Genehmigung nach § 292.

Anm. 6

VI. **Keine Anwendung** findet § 292 in denjenigen Fällen, wo Ausländer mit ausländischem Kapital eine Aktiengesellschaft nach deutschem Recht gegründet haben und diese nunmehr ihren Gewerbebetrieb im Inland eröffnet. Das Gesetz spricht von ausländischen Gesellschaften und meint damit solche, die nicht **kraft Eintragung in ein deutsches Handelsregister** entstanden sind. Ebenso Baumbach-Hueck Anm. 1 zu § 292. Aus dieser Einschränkung ergibt sich, daß § 292, ebenso wie übrigens auch § 12 GewO, nur eine sehr beschränkte praktische Bedeutung hat. Ausländische Unternehmen, die sich dem Risiko einer Genehmigungsverweigerung nach § 292 nicht aussetzen wollen, können den Weg über eine Gründung einer Gesellschaft nach deutschem Aktienrecht wählen.

Anm. 7

VII. Ob ein ausländisches Unternehmen eine Aktiengesellschaft oder eine Kommanditgesellschaft auf Aktien im Sinne des § 292 ist, bestimmt sich nach den Regeln des deutschen **Internationalen Privatrechts.** Maßgebend ist daher grundsätzlich dasjenige ausländische Recht, nach welchem die Rechtsfähigkeit verliehen wurde. Im allgemeinen werden ausländische Aktiengesellschaften und Kommanditgesellschaften auf Aktien als solche im deutschen Recht ohne weiteres anerkannt. RGZ 83, 367; 117, 215; und oben Anm. 7 zu § 5; ferner Palandt-Lauterbach Anm. 4 zu Art. 10 EGBGB. Wegen der Ausnahmen bei Umgehungszwecken und Verstößen gegen den ordre public (Art. 30 EGBGB) vgl. ebenfalls Anm. 7 zu § 5.

Anm. 8

VIII. Für **Zweigniederlassungen** ausländischer Aktiengesellschaften oder Kommanditgesellschaften auf Aktien gilt folgendes: Der von § 292 erfaßte Gewerbebetrieb einer ausländischen Gesellschaft setzt nicht voraus, daß die betreffende Gesellschaft im Inland eine Zweigniederlassung errichtet. Die Genehmigungspflicht entsteht selbst dann, wenn der Gewerbebetrieb ohne Zweigniederlassung eröffnet werden soll, — etwa durch sog. Außenstellen, Außenbüros, Vertreter u. ä. Andererseits entsteht trotz Errichtung einer Zweigniederlassung der ausländischen Gesellschaft dann keine Genehmigungspflicht, wenn die Gesellschaft kein Gewerbe betreibt. Ebenso Godin-Wilhelmi Erläuterungen zu § 292 und Schlegelberger-Quassowski Erläuterungen zu § 292. Hieraus folgt für die handelsregisterliche Behandlung, daß die Eintragung nicht von dem Nachweis der Genehmigung abhängig gemacht werden darf. Vgl. § 37 Abs. 2 und die Erläuterungen dazu. Was eine Zweigniederlassung ist, bestimmt sich nach deutschem Aktienrecht (Anm. 3 zu § 37).

Anm. 9

IX. Das **Genehmigungsverfahren** richtet sich nach den Bestimmungen desjenigen Bundeslandes, in dem die Gesellschaft ihren Gewerbebetrieb ausüben will. — Dieser Rechtslage entspricht auch § 356 des RefEntw. Daß der RegEntw. keine entsprechende Bestimmung vorsieht, ändert an dem Rechtsgedanken als solchem nichts, denn die Fortlassung wird dort vorgeschlagen, weil § 12 GewO bereits ausreicht. — Mehrfache Genehmigungsverfahren werden sich nicht vermeiden lassen, wenn der Gewerbebetrieb nicht nur in einem Land ausgeübt werden soll. Der Genehmigungsantrag wird beim **Landeswirtschaftsminister** gestellt. Dieser pflegt vor der Entscheidung die zuständige **Industrie- und Handelskammer** und sonstige Instanzen, die gegebenenfalls noch in Betracht kommen, zu hören. Die Genehmigung kann auf Widerruf erteilt werden.

Anm. 10

X. Die Frage, wann eine **Verweigerung der Genehmigung** zulässig ist, wurde soweit ersichtlich, im Schrifttum bisher noch nicht erörtert. Mit Rücksicht auf die freiheitliche Grundhaltung der Verfassung im allgemeinen und der Wirtschaftsverfassung im besonderen wird eine Ablehnung des Genehmigungsantrages nur ausnahmsweise in Betracht kommen. Die Tatsache allein, daß die um Zulassung zum Gewerbebetrieb nachsuchende Gesellschaft für die einheimischen Unternehmen eine unerwünschte Konkurrenz darstellt, reicht für eine Verweigerung der Genehmigung nicht aus. Es müssen erhebliche allgemeine volkswirtschaftliche Gründe hinzukommen. Andererseits muß in der Entscheidung des Landeswirtschaftsministers, die eine Ermessensentscheidung ist, die **ratio legis des § 292** berücksichtigt werden. Diese besteht vorwiegend in dem **Schutz der künftigen inländischen Gläubiger** des betreffenden ausländischen Unternehmens. In diesem Zusammenhang ist darauf zu achten, daß die beantragende Gesellschaft mit dem erforderlichen Kapital ausgestattet ist. Da es sich hierbei um eine die wirtschaftliche Situation betreffende Ermessensentscheidung handelt, kommt es nicht darauf an, ob die Kapitalausstattung nach den Bestimmungen des ausländischen Rechts ausreicht. Richtschnur ist vielmehr das deutsche Aktienrecht, weil angenommen werden kann, daß inländische Wirtschaftspartner hinsichtlich ihrer Vorstellungen über die Größenordnung von Aktiengesellschaften und Kommanditgesellschaften auf Aktien grundsätzlich von denjenigen Voraussetzungen ausgehen, die das deutsche Aktienrecht festgelegt hat. Mit personellen Gründen wird eine Ablehnung nur selten zu rechtfertigen sein. Immerhin ist auch dieser Fall denkbar, so etwa dann, wenn die in Deutschland tätigen Leiter nicht nur unwesentlich vorbestraft sind. Das Gesagte gilt nur im Rahmen des § 292. Die gewerberechtlichen und sonstigen gesetzlichen Voraussetzungen für eine Genehmigung zum inländischen Gewerbebetrieb sind jeweils noch gesondert zu berücksichtigen.

Anm. 11

XI. Schwierigkeiten bereitet die Frage, inwieweit § 292 dazu benutzt werden kann, um Gesellschaften derjenigen Länder, die deutschen Firmen bei der Zulassung zum Gewerbebetrieb Schwierigkeiten bereiten, **Vergeltungsmaßnahmen** zu unterwerfen **(Retorsion).** Obwohl derartige Eingriffe in eine freiheitliche rechtsstaatlich geordnete Wirtschaft unerwünscht sind, wird man eine solche Anwendung des § 292 grundsätzlich für möglich halten müssen. Es folgt dies bereits daraus, daß schwerwiegende allgemeine volkswirtschaftliche Gründe zur Versagung der Genehmigung nach § 292 führen können. Es greifen hier international anerkannte übergesetzliche Notstands- und Notwehrprinzipien ein. Den gleichen Rechtsgedanken bringt auch § 6 des Außenwirtschaftsgesetzes vom 28. 4. 61 zum Ausdruck. Nach dieser Bestimmung können zur Abwehr schädigender Einwirkungen aus fremden Wirtschaftsgebieten Rechtsgeschäfte und Handlungen im Außenwirtschaftsverkehr beschränkt werden, um schädlichen Folgen für die Wirtschaft oder einzelne Wirtschaftszweige vorzubeugen oder entgegenzuwirken. Voraussetzung hierfür ist es jedoch, daß solche Folgen durch Maßnahmen in fremden Wirtschaftsgebieten drohen oder entstehen, die erstens den Wettbewerb einschränken, verfälschen oder verhindern oder zweitens zu Beschränkungen des Wirtschaftsverkehrs mit der Bundesrepublik und den sonstigen zum Geltungsbereich des Außenwirtschaftsgesetzes gehörigen Gebieten (§ 4 AWG) führen. Nach § 6 Abs. 2 AWG können Rechtsgeschäfte und Handlungen im Außenwirtschaftsverkehr ferner beschränkt werden, um inländische Auswirkungen von in fremden Wirtschaftsgebieten herrschenden mit der freiheitlichen Ordnung der Bundesrepublik nicht übereinstimmenden Verhältnissen vorzubeugen oder entgegenzuwirken. In den meisten Fällen wird § 6 AWG für die Anordnung von Retorsionsmaßnahmen ausreichen. Gleichwohl sind Fälle denkbar, in denen auf § 292 zurückgegriffen werden muß. In personeller Hinsicht ist außerdem auch noch an § 2 Abs. 1 der AuslPVO vom 22. 8. 39 (RGBl. I, 1053) zu denken. Denn nach dieser Bestimmung benötigen Ausländer, die in der Bundesrepublik ein selbständiges Gewerbe ausüben oder als Arbeitnehmer tätig sein wollen, hierzu einer besonderen Aufenthaltserlaubnis. Falls einmal ausnahmsweise währungspolitische Bedenken gegen die Zulassung einer ausländischen Aktiengesellschaft oder einer Kommanditgesellschaft auf Aktien zum Gewerbebetrieb im Inland sprechen sollten, würden staatliche Eingriffe auch aus § 23 AWG hergeleitet werden können. Im übrigen werden Gründungen von ausländischen Niederlassungen im Inland durch devisenrechtliche Vorschriften grundsätzlich nicht mehr verhindert. § 57 der Außenwirtschaftsverordnung vom 22. 8. 61 setzt lediglich eine Meldepflicht fest.

Anm. 12

XII. Unberührt bleiben nach **§ 292 Satz 2** die Bestimmungen in **Staatsverträgen.** Gleichgültig ist es, ob derartige Staatsverträge bereits bei Erlaß des Gesetzes bestanden oder erst später abgeschlossen wurden. Bei Erlaß des Gesetzes gab es keine Staatsverträge mit Bestimmungen über die Zulassung ausländischer Aktiengesellschaften und Kommanditgesellschaften auf Aktien. Vgl. Eb. Schmidt Anm. 3 der Vorauflage und Schlegelberger-Quassowski Erläuterungen zu § 292. Im übrigen ist zu beachten, daß die in zwischenstaatlichen Handelsverträgen nicht selten zu findende Klausel, wonach die Vertragsparteien vereinbaren, die Aktiengesellschaften des anderen als zu Recht bestehend anzuerkennen, noch nichts über die Zulassung der betreffenden Gesellschaften zum Gewerbebetrieb im Inland aussagt. — Erhebliche Bedeutung bekommt § 292 Satz 2 im Rahmen des **EWG-Vertrags,** sobald das Programm nach Art. 54 durchgeführt wird. Dagegen spricht es auch nicht, daß sowohl Art. 52 als auch die Überschrift zum Kapitel 2 nur den Ausdruck „Niederlassung" verwenden. Denn Niederlassungen, die kein Gewerbe betreiben wollen, sind für die EWG uninteressant. Der Begriff der Niederlassung ist daher nicht im engen Sinne des deutschen Aktienrechts auszulegen. Die Art. 52ff. beziehen sich demgemäß nicht nur auf die Niederlassungen, sondern zugleich auf die Gewerbefreiheit. Hierfür spricht auch Art. 52 Abs. 2, denn dort ist in den Grundsatz der Niederlassungsfreiheit „die Aufnahme und Ausübung selbständiger Erwerbstätigkeiten" einbezogen. Vgl. Groeben-Boeckh, Kommentar zum EWG-Vertrag in zwei Bänden, Band I Art. 52 Anm. 8; bezüglich der drei Stufen für die Verwirklichung des gemeinsamen Marktes vgl. Art. 8 EWG-Vertrag.

§ 293

Durchführungsvorschriften

Der *Reichs*minister der Justiz und der *Reichs*wirtschaftsminister erlassen die zur Durchführung dieser Vorschriften nötigen Rechts- und Verwaltungsvorschriften.

Übersicht

Anm. 1

I. Der **Anwendungsbereich** dieser Bestimmung erstreckt sich auf sämtliche Vorschriften des 1. Teiles des 4. Buches. § 293 ermächtigt also zum Erlaß von Rechts- und Verwaltungsvorschriften für die Durchführung der §§ 288—292. Seit dem Erlaß des Gesetzes sind derartige Durchführungsvorschriften jedoch noch nicht ergangen.

Anm. 2

II. **Zuständig** für den Erlaß der Durchführungsvorschriften sind nicht, wie Baumbach-Hueck Erläuterungen zu § 293 und Godin-Wilhelmi Erläuterungen zu § 293 meinen, die an die Stelle des Reichsministers der Justiz und des Reichswirtschaftsministers getretenen Bundesminister. Dies widerspricht der Zuständigkeitsregelung in den §§ 288—292; vgl. oben Anm. 14 zu § 288. Da sowohl für die Beantragung der gerichtlichen Auflösung von Aktiengesellschaften oder Kommanditgesellschaften auf Aktien als auch für die Zulassung von ausländischen Aktiengesellschaften oder Kommanditgesellschaften auf Aktien die **Landeswirtschaftsminister** zuständig sind, muß § 293 heute dahingehend ausgelegt werden, daß er lediglich die Landesinstanzen zum Erlaß von Landesrecht ermächtigt.

Anm. 3

III. Was den **Inhalt** der Durchführungsvorschriften anlangt, so haben Schlegelberger-Quassowski Erläuterungen zu § 293, seinerzeit die Meinung vertreten, daß durch § 293 u. a. die Möglichkeit gegeben sei, im einzelnen zu bestimmen, welche Anordnungen gemäß § 289 vor der Entscheidung über die Auflösung vom Gericht getroffen werden könnten. Hiergegen hat Eb. Schmidt Anm. 2 der Vorauflage mit Recht Bedenken geltend gemacht. § 289 läßt alle „nötigen" Anordnungen zu, will also dem pflichtgemäßen Ermessen des Gerichts nicht vorgreifen. Damit aber ist die Herstellung eines numerus clausus zulässiger Anordnungen im Rahmen von bloßen Durchführungsvorschriften ausgeschlossen. In den Durchführungsvorschriften könnte höchstens ein Katalog von Beispielen für derartige Anordnungen aufgestellt werden. Im übrigen sind, wie gesagt, bisher Durchführungsvorschriften gemäß § 293 nicht erlassen worden.

Anm. 4

IV. Zum Begriff „der **Rechts- und Verwaltungsvorschriften**" vgl. das einschlägige öffentlich-rechtliche Schrifttum, insbesondere Krüger, Rechtsverordnung und Verwaltungsanweisung, in Festgabe für Rudolf Smend, 1952, S. 211 f.

Anm. 5

V. Besondere Bedeutung könnte § 293 heute in bezug auf § 292 erlangen. Die stufenweise zu verwirklichende beschränkte europäische Integration nach Maßgabe des EWG-Vertrages könnte es erforderlich machen, besondere Durchführungsvorschriften über die Anwendung oder Nichtanwendung von § 292 bei der Eröffnung des Gewerbebetriebes durch eine ausländische Aktiengesellschaft oder Kommanditgesellschaft auf Aktien zu erlassen.

Zweiter Teil

Strafvorschriften

Vorbemerkung

Übersicht

Anm. 1

I. Im Aktiengesetz sind folgende **Straf- und Ordnungswidrigkeitstatbestände**, die aus rechtssystematischen und rechtspraktischen Gründen mit dem besonderen Recht der Aktiengesellschaft und der Kommanditgesellschaft auf Aktien zusammenhängen, geregelt:

§ 294: Aktienrechtliche Untreue.

§ 295: Gründungs-, Begebungs-, Kapitalerhöhungs- und Abwicklungsschwindel.

§ 296: Geschäftslagetäuschung, Geschäftsberichtsfälschung, Aktienschwindel und unerlaubte Wandelschuldverschreibungsemission.

§ 297: Unterlassung der Verlustanzeige und des Konkurs- oder Vergleichsantrags.
§ 298: Falsches Ausstellen und Verfälschen von Hinterlegungsbescheinigungen.
§ 299: Stimmenverkauf und Stimmenkauf.
§ 300: Unbefugte Benutzung fremder Aktien, Aktienmißbrauch bei entgeltlicher Leihe, Stimmrechtserschleichung und falsche Angaben zum Teilnehmerverzeichnis.
§ 301: Nicht-ordnungsgemäße Wiedergabe des Jahresabschlusses und Unterlassung der vorgeschriebenen Namensangabe.
§ 302: Verletzung von Berichts- und Verschwiegenheitspflichten.
§ 303: Ordnungswidrigkeiten.
§ 304: Strafbarkeit persönlich haftender Gesellschafter einer Kommanditgesellschaft auf Aktien.

Abgesehen von einigen Ordnungswidrigkeiten handelt es sich in den meisten Fällen um Tatbestände des echten Kriminalstrafrechts. Es finden daher insoweit die allgemeinen Regeln des Strafrechts über Tatbestandsmäßigkeit, Rechtswidrigkeit, Schuld usw. uneingeschränkte Anwendung.

Anm. 2

II. Daß diese Tatbestände im Aktiengesetz geregelt sind, hat **Vor- und Nachteile.** Auf Grund der während der Gründerjahre in den letzten Jahrzehnten des vergangenen Jahrhunderts gemachten Erfahrungen glaubte der Gesetzgeber, daß die allgemeinen Strafbestimmungen nicht ausreichen, um den zutage getretenen Mißständen zu begegnen. Er hat deshalb schon dem ursprünglich im HGB geregelten Aktienrecht Strafvorschriften beigegeben. Es handelte sich damals um die §§ 312ff. HGB. Man versprach sich eine generalpräventive Wirkung davon, daß den in Betracht kommenden Wirtschaftskreisen die aktienrechtlichen Straftatbestände im Rahmen des Aktienrechts nahe gebracht wurden. Die gleiche Auffassung vertrat auch der Gesetzgeber im Jahre 1937. Die aktienrechtlichen Straftatbestände wurden daher im wesentlichen unverändert aus dem HGB in das neue Aktiengesetz übernommen. Vorläufer der §§ 312ff. HGB waren die Sonderbestimmungen des Bundesgesetzes vom 11. 6. 1870 und des Aktiengesetzes von 1884, dessen Vorschriften seinerzeit als Artikel 249ff. in das ADHGB eingearbeitet wurden. Lediglich der Artikel 249d Nr. 1 und 2 wurde damals aus dem Aktienstrafrecht entfernt, weil diese Bestimmung, die sich gegen betrügerische Machenschaften beim Aktienhandel richtete, durch die weite Fassung des § 88 BörsGes. überflüssig geworden war. Vgl. hierzu Kohlhaas Erläuterungen zu § 88 BörsGes. (Kurs- und Prospektbetrug). Nachteile der Regelung im Nebenrecht ergeben sich durch Wiederholungen (vgl. z. B. Anm. 1 zu § 294) und Widersprüche (vgl. Anm. 79 und 80 zu § 294). Für die Strafrechtsreform ist deshalb im StGB E 62 vorgesehen, den wichtigsten Tatbestand — die aktienrechtliche Untreue — in das allgemeine Strafgesetzbuch zu übernehmen. Der Untreuetatbestand (§ 263 StGB E 62) ist so gefaßt, daß alle Fälle der aktienrechtlichen Untreue unter diesen Tatbestand subsumiert werden können. Andererseits leuchtet es ein, daß die sehr ins einzelne gehenden aktienstrafrechtlichen Tatbestände der §§ 295—304 das allgemeine Strafgesetzbuch überlasten würden. Ihre Übernahme empfiehlt sich daher nicht, es sei denn, man entschlösse sich zu einer weitgehenden Vereinfachung und Einschränkung. Ein solcher Weg könnte ohne Schaden beschritten werden, da sich ein Teil der jetzt geltenden Bestimmungen dem Ordnungswidrigkeitsrecht zuweisen ließe. Glaubt man auf die generalpräventive Wirkung der Nennung von Straftatbeständen im Nebenrecht — also hier im Aktienrecht — nicht verzichten zu sollen, wäre an eine Wiederholung des gesetzestechnischen Verfahrens zu denken, dessen sich der Gesetzgeber im Hypothekenbankgesetz vom 13. 7. 1899 beim Untreuedelikt bedient hat. In diesem Gesetz wird zur Klarstellung und generalpräventiven Erinnerung im § 36 einfach auf den allgemeinen Untreuetatbestand des § 266 StGB Bezug genommen.

Anm. 3

III. Die Folgerungen, die sich daraus ergeben, daß die allgemeinen Bestimmungen des Strafrechts selbstverständlich auch auf die Vorschriften des Aktienstrafrechts anzuwenden sind, werden bei der Erläuterung der einzelnen Tatbestände berücksichtigt. Vorweg ist jedoch schon hier auf folgendes hinzuweisen: Bei allen aktienstrafrechtlichen Tatbeständen der §§ 294ff. — mit Ausnahme des § 303 — handelt es sich um **Vergehen** im Sinne des § 1 Abs. 2 StGB. Denn die angedrohten Strafen sind teils Gefängnis, teils Geldstrafen von mehr als DM 150,—. An diesem Vergehenscharakter ändert sich auch dort nichts, wo das Gesetz, wie bei § 294 Abs. 2, § 296 Abs. 2 und § 298 Abs. 2 für „besonders schwere Fälle" Zuchthaus angedroht hat. Denn nach der ständigen höchstrichterlichen Rechtsprechung sind für die Einordnung der Delikte Art und Höhe der im ordentlichen Strafrahmen vorgesehenen Strafe maßgebend (RGSt. 69, 51). Es sind also auch die besonders schweren Fälle eines Vergehens keine Verbrechen. (BGHSt. 2, 181; 3, 47; Kohlrausch-Lange Anm. 9 zu § 266 und Anm. V zu § 1; Schönke-Schröder Anm. II 1 zu § 1.) Auf die wiederholt geltend gemachten Bedenken gegen diese sog. abstrakte Betrachtungsweise näher einzugehen, ist hier nicht der Ort. Nach der zu befriedigenderen Ergebnissen führenden, von Engisch (SJZ 46, 232 und 48, 660; JZ 54, 45; Die Idee der Konkretisierung in Recht und Rechtswissenschaft unserer Zeit, Heidelberg 1953, S. 50ff.) entwickelten Theorie der sog. spezialisierenden Betrachtung wären die besonders schweren Fälle der Vergehenstatbestände zu den Verbrechen zu zählen. Diese Auffassung hat im Schrifttum zunächst Zustimmung gefunden. Vgl. z. B. Schönke-Schröder in der 7. Auflage Anm. II, 2 zu § 1 StGB und Mezger BT (4. Aufl.!) § 61 VII. Die Rechtsprechung ist ihr jedoch nicht gefolgt, obwohl sich aus ihr die sinnvolle Folgerung ergeben würde, daß bei den „besonders schweren Fällen", für die Zuchthaus angedroht ist, der Versuch strafbar wäre. Andererseits ist zuzugeben, daß die abstrakte Theorie den Vorteil größerer Einfachheit und Klarheit hat. Da somit eine Änderung der ständigen Rechtsprechung nicht zu erwarten ist und die abstrakte Theorie als gewohnheitsrechtlich fest verankert angesehen werden muß, bleibt es dabei, daß die aktienstrafrechtlichen Tatbestände keinen Fall eines Verbrechens enthalten. Da außerdem die Strafbarkeit des Versuchs nirgends besonders angeordnet ist, kommt eine Strafbarkeit aus einem aktienstrafrechtlichen Tatbestand immer nur dann in Frage, wenn das Delikt vollendet ist. Die Versuchsfälle sind gemäß § 43 Abs. 2 StGB nicht zu bestrafen, es sei denn, sie würden im konkreten Einzelfall gleichzeitig andere Tatbestände außerhalb des Aktiengesetzes, bei denen der Versuch strafbar ist, verwirklichen. Auch für die geplante Strafrechtsreform ist eine Strafbarkeit der versuchten schweren Untreue (§ 264 StGB E 62) nicht vorgesehen.

Anm. 4

IV. Wichtige weitere Folgerungen aus dem Vergehenscharakter der aktienstrafrechtlichen Tatbestände ergeben sich hinsichtlich der **Verjährung** gemäß § 67 Abs. II StGB (vgl. hierzu die Einzelheiten weiter unten in den Erläuterungen zu den einzelnen Tatbeständen), der **Nichtanwendbarkeit des § 49a StGB** und bezüglich verschiedener **prozeßrechtlicher Bestimmungen** (vgl. z. B. § 25 GVG, § 112 Abs. II Nr. 1 und § 233 StPO).

Die Verfolgungsverjährung überschreitet mit Rücksicht auf den Vergehenscharakter im Aktienstrafrecht nirgends den Zeitraum von 5 Jahren. Sie ist also verhältnismäßig kurz. Aus der Nichtanwendbarkeit des § 49a StGB folgt, daß der mißlungene Versuch, einen anderen zu einer Aktienstraftat zu bestimmen, straffrei bleibt. Auch die bloße Verabredung, eine Tat zu begehen, die nach den §§ 294ff. dieses Gesetzes strafbar ist, kann nicht bestraft werden (§ 49a Abs. II StGB). Das gleiche gilt für das Sichbereiterklären zu einer Aktienstraftat und die Annahme des Anerbietens eines anderen, der sich für die Begehung einer aktienrechtlichen Straftat zur Verfügung gestellt hat. Auch hier kann nicht bestraft werden. Die Eingruppierung der aktienrechtlichen Delikte in die Gruppe der Vergehen hat ferner die Folge, daß im ersten Rechtszug unter Umständen der Amtsrichter als Einzelstrafrichter zuständig ist (§ 25 GVG). Bei der Anordnung der Untersuchungshaft gegen einen Angeschuldigten, der verdächtigt ist, eine Aktienstraftat begangen zu haben, bedarf die Annahme eines Fluchtverdachts stets besonderer Begründung (§ 112 Abs. II Nr. 1 StPO). Im Strafverfahren wegen eines Vergehens gegen die §§ 294ff. AktG kann der Angeklagte auf seinen Antrag von der Verpflichtung zum Erscheinen in der Hauptverhandlung entbunden werden, falls keine höhere Strafe als eine Freiheitsstrafe bis zu 6 Monaten oder eine Geldstrafe oder eine Einziehung — allein oder in Verbindung miteinander — zu erwarten ist (§ 233 StPO).

Anm. 5

V. **Für bestimmte Unternehmen,** die im Wirtschaftsleben in der Form einer Aktiengesellschaft oder einer Kommanditgesellschaft auf Aktien auftreten, sind neben den in diesem Gesetz enthaltenen Strafvorschriften noch **weitere Strafbestimmungen in den entsprechenden Sondergesetzen** zu berücksichtigen. In Betracht kommen hier vor allem:

Banken und sonstige Kreditinstitute (§§ 54ff. Kreditwesengesetz vom 10. 7. 1961), Hypothekenbankgesetz (§§ 36ff. Hypothekenbankgesetz vom 13. 7. 1899), Versicherungsgesellschaften und Bausparkassen (§§ 134ff. des Gesetzes über die Beaufsichtigung der privaten Versicherungsunternehmungen und Bausparkassen vom 6. 6. 1931 in Verbindung mit Art. IV des Gesetzes vom 26. 5. 1933, RGBl. I S. 298).

Anm. 6

VI. **Ausländische Gesellschaften** werden nach h. M. durch die §§ 294ff. nicht geschützt. Dies soll sich aus der Entstehungsgeschichte und dem Sinn dieser Strafvorschriften ergeben. Vgl. Eb. Schmidt in der Vorauflage sowie RGSt. 68, 210 (zu § 312 HGB), auch abgedruckt in DJ 1934, 1217 und DRZ 1934 Nr. 500.

Richtig ist, daß die aktienrechtlichen Straftatbestände durch die derzeitige Stellung im Aktiengesetz in enger Beziehung zu den in eben diesem Gesetz geregelten deutschen Gesellschaften stehen. Ob hieraus jedoch gefolgert werden muß, daß ausländische Gesellschaften durch diese Bestimmungen nicht geschützt werden, war schon immer zumindest zweifelhaft. Jedenfalls führt die an die Auffassung des RG anknüpfende Auslegung zu dem systematisch unbefriedigenden Ergebnis, daß ein Deutscher, der im Ausland einen aktienrechtlichen Straftatbestand gegen eine im Ausland tätige deutsche Aktiengesellschaft begeht, sich gemäß § 3 Abs. 1 StGB strafbar gemacht hat, während der gleiche Täter für die gleiche Tat, falls sie sich gegen eine ausländische Gesellschaft richten würde, nach den gleichen Bestimmungen straffrei bleibt. Insbesondere im Hinblick auf die europäischen Integrationsbestrebungen, die EWG usw. muß ein solches Ergebnis unerwünscht sein. Hinzu kommt, daß auch supranationale Aktiengesellschaften durch das Aktienstrafrecht nicht geschützt würden. Man wird deshalb die bisherige Auffassung berichtigen müssen. Der Gesetzestext erlaubt dies ohne weiteres, und der nur formale Gesichtspunkt der Stellung im Gesetz reicht für sich allein zu einer derartigen einschränkenden Interpretation nicht aus. Im übrigen darf die praktische Bedeutung dieser Frage nicht überschätzt werden, denn für den wichtigsten Fall die aktienrechtliche Untreue (§ 294) bleibt bei Nichtanwendung der genannten aktienrechtlichen Bestimmungen die Strafbarkeit aus dem allgemeinen Untreuetatbestand des § 266 StGB bestehen. Vgl. hierzu unten Anm. 73 zu § 294. In anderen Fällen, etwa bei den Tatbeständen der §§ 295 und 296, kommt unter Umständen eine Strafbarkeit aus dem allgemeinen Betrugstatbestand des § 263 StGB in Frage. Indessen greift nicht immer der Schutz des allgemeinen Strafrechts durch, so daß die Frage nicht bedeutungslos ist.

Anm. 7

VII. **Strafvorschriften des ausl. Aktienrechts.** Schrifttum: Vgl. die von der Gesellschaft für Rechtsvergleichung in deutscher Übersetzung herausgegebenen und mit einer Einleitung versehenen ausländischen Aktiengesetze. In dieser Reihe wurden bisher die Aktiengesetze von Brasilien, Dänemark, Frankreich, den Niederlanden, Panama, Schweden, Spanien und der Türkei veröffentlicht.

Im übrigen vgl. die im folgenden angegebenen Literaturhinweise zu den Einzeldarstellungen der Länder.

Die zunehmend enger werdenden wirtschaftlichen Beziehungen Deutschlands zu anderen europäischen und außereuropäischen Ländern und die zu beobachtende Verflechtung großer wirtschaftlicher Unternehmen auf supranationaler Basis lassen es sinnvoll und zweckmäßig erscheinen, im Rahmen der Kommentierung der aktienrechtlichen Strafvorschriften einige Hinweise auf das ausländische Aktienstrafrecht zu geben. Möglicherweise ergeben sich daraus auch für das deutsche Aktienstrafrecht neue Gesichtspunkte.

1. **Belgien**

Schrifttum:

Ledoux, Belgisches Handelsgesellschaftsrecht, Brüssel 1943;
Servais-Mechelynck, Les Codes Belges, 1961;
Grützner, Belgisches Strafgesetzbuch, 1958.

Bestimmungen, nach denen Verstöße gegen die Vorschriften des belgischen Aktienrechts geahndet werden, finden sich in den Art. 200f. des belgischen Code de Commerce.

Art. 200, der in etwa dem § 300 des geltenden deutschen AktG entspricht, stellt eine besondere Art des Stimmrechtsmißbrauchs unter Geldstrafe von 50 bis 10.000 bfrs. Nach dieser Vorschrift werden diejenigen bestraft, die in einer Hauptversammlung gestimmt haben und dabei vorgaben, Eigentümer von Aktien zu sein, die ihnen in Wirklichkeit nicht gehörten. Die gleiche Strafe soll diejenigen treffen, die ihnen die Aktien zu diesem Gebrauch ausgehändigt haben.

Nach **Art. 201** werden Verstöße gegen hier im einzelnen nicht näher interessierende Formalvorschriften mit denselben Strafen wie in Art. 200 geahndet.

Gemäß **Art. 202** werden die Personen mit den in Art. 496 des belgischen Strafgesetzbuchs für den Betrug vorgesehenen Strafen bedroht, die Zeichnungen, Einzahlungen oder Aktienkäufe veranlaßt haben, indem sie Einzahlungen oder Zeichnungen für die Gesellschaft vortäuschten, nicht bestehende Zeichnungen oder Einzahlungen als getätigt veröffentlichten oder durch Veröffentlichung irgendwelcher anderen falschen Tatsachen solche erhalten haben. Ebenso ist die wahrheitswidrige Angabe strafbar, irgendwelche Personen seien in Beziehung zu der Gesellschaft getreten, wenn diese Angabe zu dem oben angegebenen Zweck geschieht.

Gemäß **Art. 203** werden mit Gefängnis von einem Monat bis zu zwei Jahren und mit einer Geldstrafe von 300 bis 10.000 bfrs. die Personen bestraft, die durch betrügerische Machenschaften ein Steigen oder Sinken der Aktienkurse bewirkt oder zu bewirken versucht haben.

Gefängnisstrafe von einem Monat bis zu einem Jahr und eine Geldstrafe von 50 bis 10.000 bfrs. oder wahlweise eine dieser Strafen sieht **Art. 204** für Geschäftsführer oder Verwalter vor, die in betrügerischer Absicht falsche Angaben machen. Genauso sollen diejenigen bestraft werden, die bei der Zulassung eines Gesellschaftspapiers zur Börse sich Vorteile versprechen lassen, solche erhalten oder zu erhalten versuchen.

Eine übermäßige Dividendenausschüttung ist gemäß **Art. 205** mit einer Geldstrafe zwischen 50 und 10.000 bfrs. zu ahnden. An Stelle dessen kann nach dem Ermessen des Richters auch eine Gefängnisstrafe von einem Monat bis zu einem Jahr treten.

Dieselben Strafen wie in Art. 205 werden gemäß **Art. 206** den Personen angedroht, die wissentlich Aktien oder Gesellschaftsanteile aufkaufen und damit das Gesellschaftskapital oder die gesetzlich vorgeschriebenen Reserven vermindern. Die gleiche Strafe soll diejenigen treffen, die auf Kosten der Gesellschaft Einzahlungen auf Aktien zulassen, die nicht in der vorgeschriebenen Weise erfolgen.

Gemäß **Art. 207** werden mit Zuchthaus und einer Geldstrafe von 26 bis 2000 bfrs. Personen bestraft, die in Betrugs- oder Schädigungsabsicht falsche Angaben in der Bilanz oder der Gewinn- und Verlustrechnung bewirkt haben.

2. **England**

Schrifttum:

Connell, Companies and Company Law, 1949
Charlesworth, The Principles of Company Law, 6. Aufl. 1960
Gower, The Principles of Modern Company Law, 2. Aufl. 1957;
Magnus and Estrin, Company Law and Practice, 3. Aufl. 1957;
Palmer's Company Law, A Practical Book for Lawyers and Business Men, 20. Aufl. 1959;
Banking and Spicer's, Company Law, 10. Aufl. 1955.

Der Aktiengesellschaft des deutschen Rechts entspricht in England die Public Company Limited by Shares. Ihre gesetzliche Regelung findet sich im Companies Act vom 30. 6. 1948.

Die Gründung einer Aktiengesellschaft in England setzt voraus, daß sich mindestens 7 Gründer zusammenfinden, von denen jeder eine Aktie übernimmt (Art. 1). Einen Mindestnennbetrag der Aktien und ein gesetzliches Mindestkapital schreibt das Gesetz nicht vor. Im Vordergrund des Gründungsverfahrens steht die Aufstellung zweier Urkunden. Die erste, das Memorandum of Association, hat alles das zu enthalten, was die Öffentlichkeit von der zu gründenden Gesellschaft erfahren muß. In der zweiten, den Articles of Association, müssen die Vorschriften über die Verfassung der Gesellschaft niedergelegt sein. Falls die Aufstellung der zweiten Urkunde unterbleibt, gilt eine gesetzliche Mustersatzung. Als Organe der Gesellschaft sind nach englischem Aktienrecht die Hauptversammlung der Aktionäre (General meeting) und das Direktorium (Board of Directors) zu bezeichnen. Die Hauptversammlung entscheidet u. a. über die Bestellung der Direktoren, Satzungsänderungen, Auflösungsbeschlüsse und über die Gewinnausschüttung.

Den Mitgliedern des Direktoriums obliegt die Geschäfts- und Verwaltungstätigkeit der Gesellschaft. Sie haben die Gesellschaft beim Registergericht anzumelden. Sie sind verantwortlich für die Führung des Aktionärsregisters und des Direktorenregisters, haben die ordentliche Hauptversammlung einzuberufen und dieser vorher einen Bericht zu erstatten. Für Zuwiderhandlungen gegen diese Vorschriften sind Ordnungsstrafen vorgesehen.

Gemäß Art. 177 muß jede Aktiengesellschaft einen Sekretär (secretary) haben. Er hat nur die Stellung einer Hilfsperson. Ihm obliegt es in erster Linie, für die Einhaltung der gesetzlichen Vorschriften über Anmeldung, Registerführung, Veröffentlichung usw. zu sorgen. Einen Aufsichtsrat kennt das englische Recht nicht. An seine Stelle treten die Prüfer (auditors). Sie müssen der Hauptversammlung Bericht über die Bücher und den gesamten Jahresabschluß erstatten (Art. 162 Abs. 1 und 2). Zur Wahrung der Unabhängigkeit der Prüfer schreibt das Gesetz vor, daß sie nicht eingetragene Gesellschafter, Angestellte der Gesellschaft oder einer Gesellschaft, der auch die zu prüfende Gesellschaft angehört, oder auch nur Partner eines Angestellten der Gesellschaft sein dürfen.

Im Companies Act von 1948 finden sich **Strafvorschriften.** Sie sind nicht, wie es im deutschen Recht der Fall ist, an einer Stelle des Gesetzes zusammengefaßt, sondern finden sich immer in den Abschnitten, zu denen sie sachlich in Beziehung stehen. Auf die wichtigsten von ihnen soll hier hingewiesen werden.

Nach englischem Recht können die Aktiengesellschaften ihr Kapital auf die Weise aufbringen, daß sie sich mit einer Zeichnungsaufforderung an die Öffentlichkeit wenden. Das geschieht entweder durch die Veröffentlichung eines Prospekts (prospectus) oder durch eine Erklärung an Stelle eines Prospekts (statement in lieu of prospectus). Einzelheiten über Form und Inhalt des Prospekts finden sich in den §§ 37—46. **§ 44** betrifft die strafrechtliche Verantwortlichkeit für falsche Angaben in den erwähnten Prospekten. Danach werden mit den in der Vorschrift im einzelnen vorgesehenen Strafen diejenigen Personen belegt, die die Herausgabe eines Prospektes veranlaßt haben, der falsche Angaben enthält, es sei denn, sie können nachweisen, daß die Angaben unwesentlich waren oder daß sie einen glaubhaften Grund hatten, dies anzunehmen und bis zur Herausgabe des Prospektes an die Richtigkeit der Angaben glaubten.

Herabsetzung oder Erhöhung des Kapitals sind nach dem Companies Act grundsätzlich zulässig. Dabei sind die Voraussetzungen für eine Kapitalherabsetzung gemäß § 66 strenger als im Falle der Erhöhung. Dies hat seinen Grund darin, daß Interessen von Gläubigern auf dem Spiele stehen können. Für diesen Fall sieht § 66 Abs. 2 und 3 ein besonderes Widerspruchsverfahren der Gläubiger vor. Hinzuweisen ist vor allem darauf, daß es zu einer Kapitalherabsetzung eines gerichtlichen Genehmigungsbeschlusses bedarf. Gemäß **§ 71** muß die Gesellschaft dem Gericht Auskunft geben über Verbindlichkeiten und Gläubiger. Nach dieser Vorschrift macht sich jeder Angestellte einer Gesellschaft eines Vergehens schuldig, der vorsätzlich den Namen irgendeines Gläubigers, der dazu berechtigt ist, Einspruch gegen die Kapitalherabsetzung zu erheben, verheimlicht oder vorsätzlich die Art oder Höhe der Schuld oder den Anspruch irgendeines Gläubigers falsch darstellt oder dabei hilft, dazu Vorschub leistet oder sonstwie daran beteiligt ist.

In dem Kapitel, das von der Übertragung von Aktien und Gutscheinen handelt, findet sich eine Strafvorschrift in **§ 84.** Danach kann mit Freiheitsstrafe von mindestens drei Jahren bis zu lebenslänglicher Dauer bestraft werden, wer sich fälschlicherweise und in betrügerischer Absicht als Besitzer irgendwelcher Aktien oder Zinsscheine eines Unternehmens ausgibt. Die gleiche Strafe soll die Besitzer von Vollmachtaktien oder Coupons treffen, die auf diese Weise Geld erhalten oder zu erhalten versuchen, das dem wahren Eigentümer der Aktie zusteht.

In den §§ 211 bis 365 des Companies Act hat das englische Recht eine sehr ins einzelne gehende Regelung der Auflösungsgründe und des Abwicklungsverfahrens einer Aktiengesellschaft. Danach erfolgt die Auflösung und Abwicklung einer Gesellschaft entweder auf Grund eines entsprechenden Beschlusses der Hauptversammlung (voluntary winding up), oder sie wird auf Grund eines Antrags bestimmter Personen (compulsory winding up) vom Gericht eingeleitet.

In **§ 328** sind sehr ausführlich die unter Strafe gestellten Handlungen von Angestellten einer sich in Liquidation befindlichen Aktiengesellschaft geregelt. Danach ist u. a. die falsche Angabe über das Vermögen des Unternehmens strafbar, desgleichen die Nichtaushändigung des Gesellschaftsvermögens an die Liquidatoren, die Nichtaushändigung von Geschäftsbüchern und Papieren, die Verheimlichung von Vermögen, das innerhalb der letzten zwölf Monate vor Beginn der Liquidation angeschafft wurde, die Verheimlichung von Forderungen der Gesellschaft oder gegen die Gesellschaft, die arglistige Beiseiteschaffung von Gesellschaftsvermögen, die Versäumung der Buchführung nach Beginn der Liquidation, die Verheimlichung, Zerstörung oder Fälschung von Büchern, die Angelegenheiten der Gesellschaft betreffen, falsche Eintragungen in Geschäftsbücher oder Geschäftspapiere innerhalb der letzten zwölf Monate vor Beginn der Liquidation, die Erlangung von Kredit durch die innerhalb der letzten zwölf Monate vor Beginn der Liquidation oder danach erfolgte Vorspiegelung, daß die Gesellschaft ihre Geschäfte weiterführen werde, sowie die Verpfändung oder Verfügung über Vermögen der Gesellschaft, das auf Kredit angeschafft wurde und nicht bezahlt ist.

Nach **§ 329** werden Angestellte oder Gläubiger einer Gesellschaft, die sich in Liquidation befindet, bestraft, wenn sie Geschäftsbücher, Papiere oder Bürgschaftsurkunden vernichten, verstümmeln oder ändern, ferner wenn sie in Register, Geschäftsbücher oder in Schriftstücke, die die Gesellschaft betreffen, in der Absicht, andere Personen zu täuschen, falsche Eintragungen machen.

§ 330 stellt dort im einzelnen näher umschriebene Täuschungshandlungen von Angestellten der Gesellschaft unter Strafe, die anschließend in Liquidation überführt wurde.

Nach **§ 438** sind falsche Angaben in einem Bericht, Zeugnis, in einer Bilanz oder irgendeiner anderen Urkunde, die im Companies Act vorgesehen ist, strafbar.

Im englischen Aktienrecht gibt es bekanntlich zwei Arten der Haftungsbeschränkung: Einmal kann sich die Haftung der Gesellschafter auf einen von ihnen übernommenen Anteil des in Aktien zerlegten Grundkapitals (limited by shares) belaufen, zum anderen kann sie beschränkt werden auf einen in der Gründungsurkunde festgesetzten Höchstbetrag, der mit Eintritt der Liquidation der Gesellschaft fällig wird (company limited by guarantee). Die letztgenannte Form der Haftungsbeschränkung kommt insbesondere für Gesellschaften in Betracht, die sich die Förderung von Handel, Kunst, Wissenschaft, Religion und anderen nützlichen Zwecken zur Aufgabe gesetzt haben und ihre etwaigen Gewinne ausschließlich zur Förderung dieser Zwecke verwenden.

Wenn nun eine Person oder eine Gesellschaft einen Handel oder ein Geschäft unter irgendeinem Namen oder Titel, dessen letztes Wort „Limited" oder irgendeine Nachahmung dieses Wortes ist, betreibt, aber nicht als Gesellschaft mit beschränkter Haftung eingetragen ist, dann verwirkt sie für jeden Tag, an welchem diese Bezeichnung widerrechtlich benutzt worden ist, eine fünf Pfund nicht übersteigende Geldstrafe.

Zu beachten ist ferner die Prevention of fraud (Investments) Act von 1958, die den Zweck hat, diejenigen Personen vom Handel mit Wertpapieren fernzuhalten, die nicht durch eine Erlaubnis dazu ermächtigt sind. Bestimmungen, wie sie sich nunmehr in diesem Act finden, waren schon in § 356 der Companies Act von 1929 vorhanden. Sie reichten aber nicht aus, für das eine Geldanlage suchende Publikum schädliche Handlungen zu verhindern und sind daher nicht in den Companies Act von 1948 übernommen worden.

Hier interessierende Strafvorschriften finden sich in den §§ 13 und 14. Nach **§ 13** werden diejenigen Personen mit Gefängnis bis zu sieben Jahren bestraft, die durch irreführende oder falsche Angaben oder das unredliche Unterdrücken von Tatsachen andere veranlassen oder den Versuch dazu unternehmen, daß sie Zeichnungen vornehmen, Darlehen gewähren oder Einlagen leisten. Nach § 13 Abs. 2 trifft Teilnehmer die gleiche Strafe.

§ 14, der sich mit der Beschränkung der Ausgabe von Prospekten zum Zwecke der Werbung für Geldanlagen befaßt, enthält eine große Zahl von Straftatbeständen. Danach werden mit Gefängnis bis zu zwei Jahren oder mit Geldstrafe bis zu 500 Pfund oder beidem die Personen bestraft, die Schriftstücke oder Berichte herausgeben, von denen sie wissen, daß sie Rundschreiben im Sinne des Gesetzes sind, die eine Aufforderung und ein Angebot der in § 14 bezeichneten Art enthalten, d. h. Zeichnungen, Geldeinlagen u. a. zum Zwecke haben.

Die Verfolgung erfolgt in England und Wales nur mit Zustimmung des Board of Trade oder des Director of Public Prosecution.

Werden die in § 13 und 14 näher umschriebenen strafbaren Handlungen unter Mitwissen von Angestellten der betreffenden Gesellschaft begangen, so sind diese ebenso wie die Gesellschaft nach den Vorschriften des Companies Act von 1948 strafrechtlich verantwortlich.

3. Frankreich

Schrifttum:

Baudouin-Bugnet, Pierre u. Gravenstein, Viky, Das Recht der französischen Aktiengesellschaften (Ffm/Berlin 1959);
Dalsace, André, Manuel des sociétés anonymes (Paris 1955);
Escarra-Rault, Les sociétés commerciales, tome 4, l'administration des sociétés anonymes (Paris 1959);
Goré, F., La société anonyme (Paris 1959);
Goyet-Rousselet-Patin, Droit pénal spécial, 7e éd., (Paris 1958);
Hamel, Joseph (avec Aussel-Blaise-Borricand-Colomer-Dépuz-Dorat des Monts-Gavalda-Mermillod-Rion-Soyer-Veridier), Le droit pénal spécial des sociétés anonymes, (Paris 1955);
Julliot de la Morandière, Léon, Droit commercial (Paris 1960);
Moreau, André, La société anonyme, Traité pratique, 2e éd. (Paris 1955);
Noirel, Jean, La société anonyme devant la jurisprudence moderne (Paris 1958);
Veron, Le président-directeur-général dans la société anonyme. Ses obligations, ses droits, (Paris 1958);
Voin, Précis de droit pénal spécial, (Paris 1953);
Code des sociétés (avec annotations), Dalloz, Paris 1959;
Code pénal (avec annotations), Dalloz, Paris 1957.

Der französische Gesetzgeber bezeichnet mit société anonyme im wesentlichen die Gesellschaftsform, die der deutschen Aktiengesellschaft entspricht. Doch ergeben sich beträchtliche Abweichungen, die teils auf anderem Rechtsdenken beruhen, teils durch andersartige wirtschaftliche Verhältnisse bedingt sind.

Zur Erleichterung des Verständnisses der französischen aktienrechtlichen Strafvorschriften ist es erforderlich, kurz die Grundstrukturen des französischen Aktienrechts aufzuzeigen.

Im Unterschied zum deutschen Recht müssen in Frankreich mindestens 7 Gründer vorhanden sein, die Aktien der zu gründenden Gesellschaft übernehmen. Die Aktien haben einen Mindestnennbetrag von 100 ffrs, wovon ¼ des Betrages pro Aktie bei der Gründung einbezahlt sein muß. Für den Restbetrag besteht eine Zahlungsfrist von längstens 5 Jahren. Sacheinlagen, für die Aktien ausgegeben werden, müssen voll eingebracht sein. Das französische Gesetz verzichtet darauf, für die Aktiengesellschaft ein Mindestkapital zu fordern. Da aber von den 7 Gründern jeder mindestens eine Aktie von 100 ffrs übernehmen muß, beträgt das Grundkapital im Ergebnis mindestens 700 ffrs.

Bedeutendere Abweichungen zum deutschen Recht ergeben sich in der Organisation der französischen Aktiengesellschaft. Bei ihr gibt es neben der Hauptversammlung (assemblée générale des actionnaires) nur noch ein Organ, den Verwaltungsrat (conseil d'administration). An seiner Spitze stand früher meist ein administrateur délégué, eine Art Hauptverwalter. Heute nimmt diese Funktion der Generaldirektor (président directeur général) ein. Ihm zur Seite steht oft ein directeur-général-adjoint, eine Art Assistent, der Mitglied des Verwaltungsrates sein kann. Es kann sich auch um einen Aktionär handeln. Der Verwaltungsrat und seine Spitzen werden von der Hauptversammlung gewählt. Sie verwalten die Gesellschaft und führen ihre Geschäfte. Der Verwaltungsrat ist deshalb nach Art und Umfang seiner Aufgaben dem Vorstand der deutschen Aktiengesellschaft vergleichbar.

Ein Aufsichtsrat im Sinne des deutschen Aktiengesetzes fehlt in Frankreich. Als Kontrollorgane werden von der Hauptversammlung Bilanzprüfer gewählt. Diese commissaires aux comptes stehen in einem Auftragsverhältnis, sind jedoch gegenüber der Gesellschaft viel unabhängiger als ein deutscher Aufsichtsrat. Neben ihren Kontrollpflichten haben die Bilanzprüfer die Aufgabe, alle ihnen während ihrer Tätigkeit bekannt werdenden strafbaren Handlungen der Verwaltungsratsmitglieder und der Direktion zur Anzeige zu bringen.

Ein einheitliches Aktiengesetz fehlt in Frankreich. Teilweise ist zurückzugreifen auf den Code Civil von 1804 mit seinen Bestimmungen über den Gesellschaftsvertrag, teilweise auf den Code de Commerce von 1807. Eine erste zusammenfassende Gesetzgebung für die Aktiengesellschaft erfolgte im Gesetz vom 24. Juli 1867, in dem sich auch einige Strafvorschriften finden. In den folgenden Jahrzehnten erwies sich dieses Gesetz jedoch bald als unzureichend, so daß es durch eine Vielzahl von kleineren Gesetzen, Verordnungen und Erlassen ergänzt werden mußte. Diese Ergänzungsvorschriften enthalten gleichfalls spezielle Strafbestimmungen, wodurch ein Überblick über die geltenden Strafvorschriften erheblich erschwert wird.

Aus diesem Grunde erscheint es am zweckmäßigsten, bei der Darstellung der aktienrechtlichen Strafvorschriften des französischen Rechts von den einzelnen Personenkreisen auszugehen, die in Beziehung zur Aktiengesellschaft stehen, und aufzuzeigen, durch was für ein Verhalten gegenüber der Aktiengesellschaft sie sich strafbar machen können.

Hinzuweisen ist zunächst auf die **Gründer,** d. h. auf den Personenkreis, der sich zwecks Kapitalbeschaffung an die Öffentlichkeit wendet. In Betracht kommen hier Delikte gegen die Bestimmungen des allgemeinen Strafrechts (Code Pénal), gegen das Gesetz von 1867 und gegen Spezialgesetze.

Im Gründungsstadium einer Aktiengesellschaft sind insbesondere Betrugs- und Unterschlagungstaten denkbar. Nach **Art. 405 c. p.** wird Betrug mit Gefängnis von einem bis zu fünf Jahren und Geldstrafe von 3600 bis 36000 ffrs bestraft. Art. 408 c. p. sieht in Verbindung mit **Art. 406 c. p.** für Vertrauensbruch und Unterschlagung eine Freiheitsstrafe von 2 Monaten bis zu 2 Jahren und Geldstrafe von 3600 bis zu 36000 ffrs vor.

In Betracht kommt weiter ein Verstoß gegen **Art. 15 Nr. 1, 2, 3 und 8 des Gesetzes von 1867.** Auf Grund der Verweisung in Art. 45 gilt Art. 15 auch für die Aktiengesellschaften.

Art. 15 Nr. 1 des genannten Gesetzes behandelt das Vortäuschen von Zeichnungen oder Einzahlungen in der notariellen Gründungsurkunde. **Nr. 2** betrifft den Fall, daß Gründer durch Vortäuschen von Zeichnungen oder Einzahlungen oder durch bösgläubig vorgenommene Veröffentlichungen von Pseudozeichnungen Einzahlungen zu erhalten versuchen. **Nr. 3** stellt denjenigen unter Strafe, der, um Einzahlungen zu erhalten, Personen wahrheitswidrig mit der Gesellschaft in Verbindung bringt. **Nr. 8** betrifft den Tatbestand der betrügerischen Überbewertung von Sacheinlagen.

Für die in Art. 15 unter Strafe gestellten Tatbestände gelten die Strafrahmen des Art. 405 c. p. Dabei ist zu beachten, daß Art. 405 für Betrug, der sich nicht gegen einen Einzelnen, sondern gegen die Öffentlichkeit richtet, Freiheitsstrafen bis zu zehn Jahren Gefängnis und Geldstrafen bis zu 180000 ffrs vorsieht. Als mögliche Nebenstrafe kommt gemäß Art. 42 c. p. Verlust der bürgerlichen Ehrenrechte und Aufenthaltsverbot in Betracht.

Art. 16 des Gesetzes von 1867 erklärt für die Fälle des Art. 15 den Art. 463 c. p. für anwendbar, der dem Richter die Möglichkeit einräumt, in leichteren Fällen von den vorgesehenen hohen Strafen abzusehen.

Was die Strafbarkeit der **Mitglieder des Verwaltungsrates** nach allgemeinen Gesetzen anlangt, ist zunächst auf den Betrugstatbestand des **Art. 405 c. p.** hinzuweisen. In Betracht kommt auch **Art. 408 c. p.**, der Untreue und Unterschlagung unter Strafe stellt. Die genannte Vorschrift ist jedoch wegen der begrenzten Aufzählung der für eine Unterschlagung oder Veruntreuung in Frage kommenden Sachen für das Wirtschaftsleben zu eng gefaßt. Sie bedurfte daher einer Erweiterung, da sonst zahlreiche Vergehen unbestraft blieben (vgl. Escarra-Rault aaO. S. 452). Diese Erweiterung erfolgte durch das Gesetz von 1867. Bemerkenswert ist es, daß bei einer Anwendung des Art. 408 c. p. auf strafbare Handlungen von Mitgliedern des Verwaltungsrates die Strafschärfung bis zu zehn Jahren Gefängnis und bis zu 180000 ffrs Geldstrafe Anwendung findet. Eine Bestrafung nach Art. 408 und Art. 406 c. p. zieht ein mögliches Aufenthaltsverbot, den Verlust der Rechte als Verwaltungsratsmitglied und das Verbot, es nochmals zu werden, nach sich. Die gleiche Strafe trifft die Teilnehmer an den genannten Taten.

Nach **Art. 419 c. p.** werden Verwaltungsratsmitglieder bestraft, die unerlaubte Maßnahmen vornehmen, um Kursbewegungen nach oben oder unten zu erzielen, die nicht Ergebnis des natürlichen Spiels von Angebot und Nachfrage sind. Als Strafen sieht das Gesetz Gefängnis von zwei Monaten bis zu zwei Jahren, Geldstrafe von 7200 bis 360000 ffrs, dazu ein mögliches Aufenthaltsverbot von zwei bis fünf Jahren vor, doch ist die Zubilligung mildernder Umstände nach Art. 463 c. p. möglich. Die gleichen Strafrahmen gelten für Versuch und Teilnahme. Art. 419 c. p., für den es im deutschen Aktiengesetz keine vergleichbare Vorschrift gibt, entspricht in etwa § 88 Börsengesetz.

Nach **Art. 177 c. p.** werden Mitglieder des Verwaltungsrats bestraft, wenn sie ohne Zustimmung der Gesellschaft gegen Entgelt Handlungen vornehmen oder unterlassen, die sie sonst nicht getan bzw. getan hätten. Ob für die Gesellschaft dadurch ein nachweisbarer Schaden entstanden ist, bleibt unbeachtlich. Das Gesetz sieht eine Gefängnisstrafe von zwei bis zu zehn Jahren vor und eine Geldstrafe, die dem doppelten desjenigen entspricht, was versprochen oder gezahlt wurde, mindestens jedoch 1500 ffrs.

Einen breiten Raum nehmen in der Rechtsprechung die Bankrottdelikte ein. Obwohl die Mitglieder des Verwaltungsrates keine Kaufleute im eigentlichen Sinne sind, gelten für sie die Bestimmungen des Gesetzes über Bankrottdelikte, weil sie in der Gesellschaft und nach außen wie Kaufleute tätig werden. **Art. 614 Nr. 15f. Code de Commerce** enthalten kasuistische Regelungen, die speziell auf die Aktiengesellschaft abgestellt sind. In **Art. 614 Nr. 15** wird zwischen betrügerischem Bankrott und dem einfachen Bankrott unterschieden. Die entsprechenden Vorschriften sind für den betrügerischen Bankrott **Art. 614 Nr. 16** und für den einfachen Bankrott **Art. 614 Nr. 15** und **614 Nr. 17.**

Wer nach Zahlungseinstellung Aktiva beiseiteschafft, Handelsbücher unterschlägt oder Bilanzverschleierung begeht, macht sich des betrügerischen Bankrotts schuldig, der mit Zwangsarbeit von einem bis zu fünfundzwanzig Jahren bestraft werden kann. Als Nebenstrafen sind die Einziehung des Vermögens und die Verwaltung durch einen Pfleger (Art. 29 c. p.) sowie Verlust der Ehrenrechte (Art. 34 c. p.) vorgesehen. Art. 463 c. p., der die Zubilligung mildernder Umstände ermöglicht, ist anwendbar. Wegen einfachen Bankrotts werden diejenigen bestraft, die nach Zahlungseinstellung noch Waren oder Börsenscheingeschäfte abschließen, aus der Masse einzelne Gläubiger zum Schaden der anderen befriedigen oder Waren zum Zweck des Wiederverkaufs anschaffen, um die Eröffnung des Konkursverfahrens zu verschleppen. Ebenso strafbar ist die Nichtanmeldung des Konkurses. Unter den Tatbestand des einfachen Bankrotts fallen auch alle Versuche der Mitglieder des Verwaltungsrats, sich der Haftung mit ihrem Vermögen zu entziehen, etwa indem sie einzelne Stücke beiseiteschaffen. Als Strafe ist Gefängnis von einem Monat bis zu zwei Jahren vorgesehen.

Mitglieder des Verwaltungsrats können auch wegen Verstoßes gegen **Vorschriften des Gesetzes von 1867** strafbar werden. Auf folgende Straftatbestände ist besonders hinzuweisen:

Art. 13 Abs. 1 behandelt die verbotene Aktienausgabe. Erforderlich ist, daß die Gesellschaft entgegen den Vorschriften der Art. 1—3 des Gesetzes von 1867 gegründet wurde und daß die Aktien nicht den gesetzlichen Erfordernissen hinsichtlich Art, Wert und Form entsprechen. Bestraft wird die Ausgabe als solche ohne Rücksicht auf etwaige Täuschungs- oder Betrugsabsichten. Vorgesehen ist eine Geldstrafe von 18000 bis 360000 ffrs.

Nach **Art. 13 Abs. 2,** der den Stimmrechtsmißbrauch betrifft, werden Mitglieder des Verwaltungsrats mit Geldstrafe von 1800 bis 36000 ffrs oder mit Gefängnis von 14 Tagen bis zu sechs Monaten bestraft, die in Hauptversammlungen für Aktien abstimmen unter der wahrheitswidrigen Angabe, die Aktien gehörten ihnen.

Art. 14 stellt den verbotenen Aktienhandel unter Strafe. Untersagt ist der Handel mit Aktien, die nach Art, Wert und Form nicht den gesetzlichen Erfordernissen entsprechen. Desgleichen ist die Zusage von Aktien entgegen den Bedingungen des Art. 2 strafbar. Auf diese Weise soll Spekulationsgeschäften mit Aktien vorgebeugt werden, bevor sie an der Börse gehandelt werden. Der Strafrahmen des Art. 14 beträgt 1500 bis 60000 ffrs Geldstrafe.

Art. 15 Nr. 4 enthält den Tatbestand der Scheindividendenausgabe. Dieses Delikt kommt in Frankreich sehr häufig vor. Unter Scheindividenden versteht man die Ausschüttung von Vermögenswerten der Gesellschaft, denen kein entsprechender Gewinn gegenübersteht. Weil dadurch die Aktionäre über die wahre Vermögenslage der Gesellschaft getäuscht werden, übernimmt Art. 15 Nr. 4 die Strafen des Betrugs (Art. 405 c. p.). Interessant ist, daß es für die Vollendung des Delikts nicht zu einer Ausschüttung gekommen sein muß. Da in erster Linie die Täuschung der Aktionäre verhindert werden soll, ist der Tatbestand verwirklicht, wenn den Aktionären diese Scheindividende nach Vorlage des Geschäftsberichts zur Abstimmung vorgeschlagen wird. Ob die Hauptversammlung beschließt, daß diese Dividende der Rücklage überschrieben werden soll oder anderweitig verwandt wird, bleibt gleich.

Art. 15 Nr. 5, der § 296 Abs. 1 Nr. 1 AktG entspricht, stellt die Veröffentlichung einer unrichtigen Bilanz zu Täuschungszwecken unter Strafe.

Art. 15 Nr. 6 betrifft den Fall aktienrechtlicher Untreue. Die Vorschrift setzt voraus, daß die Mitglieder des Verwaltungsrats von dem Vermögen oder dem Kredit der Gesellschaft zum Zwecke der Eigen- oder Fremdbegünstigung Gebrauch machen. Dieses Gebrauchmachen muß in betrügerischer Absicht erfolgen und der Gesellschaft zum Nachteil gereichen.

Nach **Art. 15 Nr. 7** werden Mitglieder des Verwaltungsrats bestraft, wenn sie die ihnen übertragenen Vollmachten mißbrauchen. Eine solche Vollmachtübertragung erfolgt häufig durch Aktionäre, die verhindert sind, an einer Abstimmung in der Hauptversammlung teilzunehmen. Sie übertragen den Mitgliedern des Verwaltungsrats ihre Stimmen durch Blankovollmacht. Die Mitglieder des Verwaltungsrats machen sich strafbar, wenn sie diese ihnen übertragenen Stimmrechte entgegen den Interessen der Gesellschaft benutzen.

Für alle Nummern des Art. 15 gelten die Strafen des Art. 405 c. p.

Art. 35, der sich mit der Form befaßt, in der Bilanz, Gewinn- und Verlustrechnung der Hauptversammlung jedes Jahr vorzulegen sind, untersagt jede Änderung der einzelnen Posten und Bewertungsmethoden, sofern nicht die Hauptversammlung zustimmt. Ferner haben nach dieser Vorschrift die Mitglieder des Verwaltungsrats die Pflicht, die Aktionäre vor Hauptversammlungen über die Lage der Gesellschaft entsprechend zu informieren und auf Antrag der Hauptversammlung schriftlich einzuladen. Für Zuwiderhandlungen ist Geldstrafe von 3600 bis 36000 ffrs vorgesehen.

Schließlich schreibt **Art. 64** vor, daß auf allen Geschäftspapieren gewisse Angaben über die Form der Gesellschaft (AG, AG mit Arbeitnehmerbeteiligung usw.) und die Höhe des Grundkapitals gemacht werden müssen. Verstöße gegen Art. 64 werden mit Geldstrafe von 180 bis 3600 ffrs geahndet.

Vorschriften, nach denen Mitglieder des Verwaltungsrats strafbar werden können, finden sich auch noch in folgenden anderen Gesetzen:

Ein **Gesetz vom 8. August 1935** enthält Vorschriften über das Vorzugs- und Zeichnungsrecht von Aktionären bei Kapitalerhöhungen. Verstoßen Mitglieder des Verwaltungsrats gegen die in **Art. 9** enthaltenen Formvorschriften in der Absicht, einzelnen Aktionären ihre Rechte am Vermögen der Gesellschaft zu entziehen, unterliegen sie den Strafen des Art. 405 c. p. Beim Fehlen einer betrügerischen Absicht kann auf Geldstrafe von 3600 bis zu 360000 ffrs erkannt werden.

Ein ebenfalls im August 1935 in Kraft getretenes Gesetz bestimmt, daß ein wegen Betrugs, Unterschlagung oder Bankrotts bestraftes Mitglied eines Verwaltungsrats diese Tätigkeit mindestens zeitweise nicht mehr ausüben darf. Für Zuwiderhandlungen werden Gefängnisstrafen von sechs Monaten bis zu 2 Jahren und Geldstrafen von 3600 bis 360000 ffrs angedroht.

In einer **Ordonnance vom 27. Dezember 1958** wird das bösgläubige Unterlassen der Eintragung einer Aktiengesellschaft in das Handelsregister unter eine Gefängnisstrafe von zehn Tagen bis zu sechs Monaten oder unter Geldstrafe von 500 bis 20000 ffrs gestellt.

Ein **Gesetz vom 6. Januar 1950** droht Gefängnisstrafe von einem bis zu sechs Monaten bzw. Geldstrafe von 18000 bis 108000 ffrs an, wenn Personen des öffentlichen Lebens zu Geschäftszwecken genannt werden.

Ein **Gesetz vom 4. März 1943** enthält Strafdrohungen für Mitglieder des Verwaltungsrats, die ihrer Pflicht zur Eintreibung des restlichen Aktienkapitals innerhalb der gesetzlich vorgesehenen Frist von fünf Jahren nicht nachkommen.

Eine interessante Vorschrift stellt schließlich **Art. 8** des genannten Gesetzes dar. Danach müssen Mitglieder des Verwaltungsrats, wenn ihre Gesellschaft zu mehr als 10% an einer anderen Gesellschaft beteiligt ist, deren Aktien veräußern und sich um eine Herabsetzung des Anteils bemühen. Für Unterlassungen ist eine Geldstrafe von 3000 bis 30000 ffrs angedroht.

Für den **Personenkreis der Prüfer** ist besonders auf **Art. 378 c. p.** hinzuweisen, der die Verletzung von Berufsgeheimnissen betrifft. Über **Art. 34** des Gesetzes von 1867 ist diese Vorschrift auch auf Bilanzprüfer anwendbar. Im Zusammenhang mit ihrer Tätigkeit erhalten die Prüfer genauen Einblick in die von ihnen geprüften Betriebe. Die erlangten Kenntnisse müssen aber für Dritte geheim bleiben. Das erfordert das Interesse des Betriebes. Es war daher notwendig, die Verletzung der gebotenen Verschwiegenheitspflicht unter Strafe zu stellen. Das Gesetz droht für ein Zuwiderhandeln gegen die Verpflichtung zur Verschwiegenheit Gefängnisstrafe von einem bis zu sechs Monaten und Geldstrafe von 500 bis 3000 ffrs an.

Durch die Bestimmung des **Art. 33** des Gesetzes von 1867 soll die unbedingte Neutralität der Bilanzprüfer gewährleistet werden. Nach dieser Vorschrift dürfen z. B. Verwandte von Mitgliedern des Verwaltungsrats nicht Bilanzprüfer werden. Eine andere Vorschrift verbietet die Ernennung zum Bilanzprüfer denjenigen Personen, die von Mitgliedern des Verwaltungsrats einer abhängigen Gesellschaft für irgendeine Tätigkeit Gehalt beziehen. Ferner dürfen Bilanzprüfer mindestens fünf Jahre nach Beendigung ihrer Tätigkeit nicht Mitglieder des Verwaltungsrats der von ihnen kontrollierten Gesellschaft werden. Zuwiderhandlungen werden mit Geldstrafe von 3600 bis 72000 ffrs geahndet.

Art. 34 des Gesetzes von 1867 soll die Wahrheit der Berichte der Prüfer garantieren. Die Prüfer sind verpflichtet, die von den Mitgliedern des Verwaltungsrats erstellte Gewinn- und Verlustrechnung, das Inventarverzeichnis und die Bilanz auf ihre Vollständigkeit und Richtigkeit zu überprüfen. Sie haben der Hauptversammlung über diese Prüfungstätigkeit genauen Bericht zu geben und die Lage der Gesellschaft auf Grund der Unterlagen darzulegen. Strafbare Handlungen der Mitglieder des Verwaltungsrats haben sie dem Staatsanwalt anzuzeigen. Tun sie das nicht, so können sie mit Gefängnis von einem bis zu fünf Jahren und Geldstrafen von 3000 bis 72000 ffrs belegt werden.

Nicht zuletzt können sich die Prüfer strafbar machen durch ein Zuwiderhandeln gegen das **Gesetz vom 22. 2. 1945.** Danach obliegen ihnen gegenüber dem Betriebsrat gewisse Informationspflichten. Kommen sie diesen Pflichten nicht nach, machen sie sich strafbar. Angedroht sind Gefängnis von sechs Tagen bis zu einem Jahr und Geldstrafe von 15000 bis 150000 ffrs.

Auch die **Aktionäre** können sich nach dem Aktienrecht strafbar machen. Nach **Art. 13 des Gesetzes von 1867** wird bestraft, wer bei der Abstimmung in der Hauptversammlung als Eigentümer von Aktien auftritt, die ihm nicht gehören. Hinter dieser Regelung steht die Absicht, bei Abstimmungen keine Scheinmehrheiten aufkommen zu lassen. Als Strafe sind 14 Tage bis 6 Monate Gefängnis oder 1800 bis 36000 ffrs Geldstrafe vorgesehen.

Die gleiche Strafe soll denjenigen treffen, der Aktien zu rechtswidrigem Gebrauch zur Verfügung stellt.

Wechsler und Bankiers können straffällig werden unter der Voraussetzung, daß sie mit Aktien handeln, die nach Art, Wert und Form dem Gesetz zuwiderlaufen. Es können Geldstrafen von 1500 bis 60000 ffrs verhängt werden.

Bei der Abwicklung der Gesellschaft nach Konkurseröffnung sind die Strafvorschriften über den Bankrott (Art. 402 c. p.) auch auf die **Liquidatoren** anzuwenden.

4. Niederlande

Schrifttum:

Völlmar (unter Mitwirkung von Boxem und Udink): Vennootschappen, Verenigingen en Stichtingen; Loseblattausgabe, Teil II (abgekürzt: VVS);

Völlmar, Het Nederlandse Handels- en Faillissementsrecht 1961;

Van der Heyden—van der Grinten, Handboek voor de naamloze vennootschap naar Nederlandsrecht, 6. Aufl. 1955;

Van der Esch, Vergelijkend vennootschapsrecht, 1953.

Die gesetzliche Regelung des Rechts der Aktiengesellschaft findet sich in den Art. 36 bis 56h des niederländischen Handelsgesetzbuches (Wetboek van Koophandel = WvK).

Danach setzt die Errichtung einer AG ein darauf gerichtetes Rechtsgeschäft von mindestens zwei Personen voraus, das einer notariellen Beurkundung bedarf. Nach Art. 36e Abs. 1 WvK bedarf es weiterhin einer Erklärung des Ministers, daß keine Bedenken gegen die Gründung bestehen. Das genannte Rechtsgeschäft der Gründer bezeichnet das niederländische Recht als Gründungsakt. Er hat nicht nur die auf die Gründung der AG gerichteten Erklärungen zum Inhalt, sondern enthält auch die Feststellung der Verfassung der AG .Weiterhin muß der Gründungsakt gemäß Art. 36d WvK angeben, wieviel Aktien jeder Gründer übernimmt. Die Höhe des von den Gründern zu übernehmenden Grundkapitals bestimmt das Gesetz nicht. Es schreibt jedoch in Art. 36e Abs. 2 WvK vor, daß die zur Errichtung erforderliche ministerielle Erklärung zu versagen sei, wenn die Gründer nicht mindestens $^1/_5$ des Grundkapitals übernehmen.

Eine Eintragung im Handelsregister ist für eine gültige Gründung der AG nach niederländischem Recht nicht erforderlich. Auch bedarf es keiner Mindesteinzahlungen auf die übernommenen Aktien. Um jedoch das interessierte Publikum vor Schaden zu bewahren, haften, solange nicht die Eintragung im Handelsregister und die Mindesteinzahlungen erfolgt sind, nicht nur die AG, sondern auch jede für sie handelnde Person persönlich und gesamtschuldnerisch (Art. 36g WvK).

Das niederländische Aktienrecht kennt zwei notwendige Gesellschaftsorgane: Die Gesellschafterversammlung (Hauptversammlung) und den Vorstand. Die Bestellung von Aufsichtsorganen ist — anders als im deutschen Recht — nicht zwingend vorgeschrieben.

Die Hauptversammlung ist allein zuständig für die Feststellung des Jahresabschlusses (Art. 42 Abs. 1 WvK), Satzungsänderungen (Art. 45 WvK), für die Bestellung und Abberufung des Vorstands (Art. 48, Art. 48b WvK) und für Entscheidungen über Auflösung oder Fortsetzung der Gesellschaft (Art. 55 Nr. 2, Art. 55a WvK).

Zur Teilnahme an der Hauptversammlung ist jeder Aktionär berechtigt, er kann sich jedoch gemäß Art. 44a WvK vertreten lassen. Stimmberechtigt sind nur Aktionäre, wobei jeder Aktionär mindestens eine Stimme hat (Art. 44b WvK).

Von Bedeutung ist, daß in Abweichung zum deutschen Recht Beschlüsse der Hauptversammlung ohne weiteres nichtig sind, wenn sie unter Verletzung einer Vorschrift über die Einberufung, Abhaltung oder Beschlußfassung der Hauptversammlung zustande gekommen sind oder wenn sie inhaltlich gegen das Gesetz oder die Satzung verstoßen. Gemäß Art. 46a Abs. 1 WvK wirkt die Nichtigkeit gegenüber jedermann, ohne daß es einer gerichtlichen Nichtigkeitserklärung bedürfte. Nur bei Verstößen gegen Formvorschriften ist eine Heilung des Mangels nach Art. 46a Abs. 2 WvK möglich.

Gemäß Art. 47 WvK obliegt dem Vorstand „die Führung der Geschäfte der Gesellschaft, die Verwaltung ihres Vermögens sowie ihre gerichtliche und außergerichtliche Vertretung". Zum Vorstand, der aus einer oder aus mehreren Personen bestehen kann, können — anders als im deutschen Recht (§ 75 Abs. I Satz 3 AktG) — auch juristische Personen bestellt werden.

Wenn die Satzung es vorsieht (Art. 50 Abs. 1 WvK), kann ein besonderes Überwachungsorgan bestellt werden. Seine Aufgaben sind gemäß Art. 50 Abs. 2 WvK in der Satzung festzulegen. Im übrigen können dem Aufsichtsorgan nach dem Gesetz weitere Aufgaben zugewiesen werden. So wird gemäß Art. 51 WvK die Aktiengesellschaft in allen Fällen, in denen ihre Interessen denen eines oder mehrerer Vorstandsmitglieder widerstreiten, von den Aufsichtsorganen vertreten. Auch können die Aufsichtsorgane, sofern der Gesellschaftsvertrag nichts anderes bestimmt, Vorstandsmitglieder jederzeit suspendieren (Art. 51a WvK). Weiterhin können die Aufsichtsorgane Rechnungsprüfer bestellen, soweit die Hauptversammlung von ihrem Recht dazu keinen Gebrauch gemacht hat (Art. 51b WvK).

Die Bestellung der Aufsichtsorgane erfolgt gemäß Art. 50c Abs. 1 WvK grundsätzlich durch die Hauptversammlung, jedoch kann die Satzung anderen Instanzen oder Personen das Recht einräumen, bis zu einem Drittel der Mitglieder des Aufsichtsorgans zu bestellen (Art. 50c Abs. 2 WvK). In der Regelung des niederländischen **Aktienrechts** finden sich **keine Strafvorschriften.** Es ist darum auf das niederländische **Strafgesetzbuch vom 3. März 1881** zurückzugreifen.

Im XII. Titel des 2. Buches ist die Fälschung von Schriftstücken unter Strafe gestellt.

Gemäß **Art. 225** wird wegen **Fälschung eines Schriftstücks** mit Gefängnis bis zu fünf Jahren bestraft, wer ein Schriftstück, aus dem ein Recht, eine Verbindlichkeit oder eine Schuldbefreiung hervorgehen kann oder das zum Beweis einer Tatsache zu dienen bestimmt ist, fälschlich anfertigt oder verfälscht in der Absicht, es als echt und unverfälscht zu gebrauchen oder von anderen gebrauchen zu lassen, wenn durch den Gebrauch ein Schaden entstehen kann.

Nach **Art. 226** wird der der Fälschung eines Schriftstücks Schuldige mit Gefängnis bis zu sieben Jahren bestraft, wenn sie verübt worden ist an Anteilscheinen oder Schuldverschreibungen oder Zertifikaten von Anteilscheinen oder Schuldscheinen einer Vereinigung, Stiftung oder Gesellschaft; an Talons, Dividenden- oder Zinsscheinen, die zu einer solchen Urkunde gehören, oder an Bescheinigungen, die an Stelle dieser Urkunde ausgegeben sind.

Mit derselben Strafe wird der Gebrauch eines solchen Schriftstücks bestraft, wenn dadurch ein Schaden entstehen kann.

Von den Tatbeständen des 2. Buches Titel XXV, der von der **Betrügerei** handelt, sind hier **außer** dem in **Art. 326** geregelten allgemeinen Betrugstatbstand folgende Vorschriften zu nennen:

Gemäß **Art. 334** wird mit Gefängnis bis zu zwei Jahren bestraft, wer in der Absicht, sich oder einem anderen widerrechtlich einen Vorteil zu verschaffen, durch Verbreitung eines lügenhaften Berichtes den Preis von Handelswaren, Wertpapieren oder geldwerten Papieren steigen oder fallen läßt.

Gemäß **Art. 335** werden die Personen mit Gefängnis bis zu drei Jahren bestraft, die die Unterbringung von Schuldverschreibungen oder Anteilscheinen einer bestehenden oder zu gründenden Vereinigung, Stiftung oder Gesellschaft oder von Zertifikaten solcher Schuldverschreibungen oder Anteilscheine übernehmen oder dabei mitwirken und die Öffentlichkeit durch vorsätzliches Verschweigen oder Entstellen wahrer oder Vorspiegeln falscher Tatsachen oder Umstände zur Zeichnung oder zur Beteiligung zu bewegen trachten.

Mit derselben Strafe werden die natürliche Person und der Angehörige des Vorstands, der geschäftsführende Gesellschafter und der Angehörige des Aufsichtsrats der Vereinigung, Stiftung oder Gesellschaft bestraft, die die Begehung der Tat vorsätzlich zulassen.

Nach **Art. 336** werden der Kaufmann, der Angehörige des Vorstands, geschäftsführende Gesellschafter oder Angehörige des Aufsichtsrats einer Gesellschaft oder genossenschaftlichen Vereinigung, der vorsätzlich ein unrichtiges Inventar oder eine unrichtige Bilanz, Gewinn- und Verlustrechnung oder Erläuterung zu einer dieser Urkunden veröffentlicht oder eine solche Veröffentlichung vorsätzlich zuläßt, mit Gefängnis bis zu einem Jahr bestraft.

Art. 339 gibt dem Richter die Möglichkeit, bei Verurteilung wegen eines der genannten Verbrechen die Veröffentlichung des Urteils anzuordnen. Außerdem kann nach dieser Vorschrift dem Schuldigen das Recht zur Ausübung des Berufs, in dem er das Verbrechen begangen hat, entzogen werden.

Schließlich enthält das 2. Buch im Titel XXVI unter der Überschrift „Benachteiligung von Gläubigern oder Berechtigten" in den **Art. 342, 343 und 345** spezielle Strafvorschriften für das dort näher umschriebene Verhalten von Angehörigen des Vorstands oder des Aufsichtsrats einer Aktiengesellschaft.

Dabei setzen die Art. 342 und 343 voraus, daß die Gesellschaft in Konkurs geraten ist, während im Falle des Art. 345 ein gerichtliches Vergleichsverfahren eingeleitet sein muß.

Wichtig ist ferner **Art. 347.** Nach dieser Vorschrift werden Angehörige des Vorstands oder Aufsichtsrats einer Aktiengesellschaft, genossenschaftlichen oder anderen rechtsfähigen Vereinigung oder Stiftung, die bei einer Zuwiderhandlung gegen eine rechtmäßige Bestimmung des Gesellschaftsvertrages, der Satzung oder der Statuten, durch die die Gesellschaft, Vereinigung oder Stiftung einen ernstlichen Nachteil erleidet, mitgewirkt oder ihr zugestimmt haben, mit Geldstrafe bis zu 20000 Gulden bestraft.

5. Schweden

Schrifttum:

Bork, Schwedisches und deutsches Aktienrecht, in: Zeitschrift für die handelswissenschaftliche Forschung 1 (1949), S. 488—497;
Fischler, Neues schwedisches Aktienrecht, in: Zeitschrift für das gesamte Handelsrecht und Konkursrecht, Bd. 112 (1949), S. 53—72;
derselbe, Schwedisches Handels- und Verfahrensrecht für die Wirtschaftspraxis, 1954;
Korkisch, Das schwedische Gesetz über die Aktiengesellschaften vom 14. 9. 1944, 1955;
Rusche, Grundzüge des schwedischen Aktienrechts, in: Die schweizerische Aktiengesellschaft, 1954, S. 90—94;
Simson, Neues Aktienrecht in Schweden, in: DRZ 48, 305.

Das heute geltende schwedische Aktiengesetz vom 14. September 1944 ist am 1. Januar 1948 in Kraft getreten. Es geht zurück auf ein Aktiengesetz von 1910, das wiederum eine Modernisierung des Aktiengesetzes von 1895 darstellte. Die Regelung von 1895 war vor allem vom deutschen Aktienrecht beeinflußt. Daraus erklären sich manche Gemeinsamkeiten und Parallelen, die auch heute noch das schwedische und das deutsche Aktienrecht verbinden.

Die Aktiengesellschaft ist der einzige Gesellschaftstyp des schwedischen Rechts, bei dem eine persönliche Haftung der Gesellschafter nicht besteht. Daraus erklärt sich, daß sie die wichtigste und dominierende Unternehmensform der schwedischen Wirtschaft ist. Da das Gesetz nur ein Grundkapital von 5000 Kronen verlangt, findet sie sich bei Kleinbetrieben ebenso gut wie bei Großunternehmen. Zur Gründung einer Aktiengesellschaft in Schweden sind mindestens drei Gründer erforderlich, die mindestens je eine Aktie zeichnen müssen. Das schließt jedoch nicht aus, daß die Aktien nicht später von einer oder von zwei Personen erworben werden können. Die sog. Einmanngesellschaft ist zulässig. Diese Möglichkeit entspricht den Bedürfnissen des täglichen Lebens und ist vielleicht auch ein Grund dafür, daß man in Schweden ohne eine der GmbH entsprechende Gesellschaftsform auskommen kann (vgl. Simson aaO. S. 305).

Die Kontrolle des Gründungsvorganges durch die Registerbehörde ist sehr streng. Die Kontrolle durch das zentrale Registeramt in Stockholm setzt bereits ein, bevor die eigentliche Gesellschaftsgründung in Angriff genommen werden kann (vgl. Korkisch aaO. S. 10). Die Gründungspapiere, zu denen Gründungsurkunde, Satzungsentwurf und Zeichnungsliste gehören, sind zu prüfen und zu genehmigen. Erst hiernach erfolgt die Veröffentlichung der Gründungsbekanntmachung, die Aktienzeichnung und die konstituierende Hauptversammlung. Sacheinlagen, Sachübernahmen oder sonstige besondere Vorteile zugunsten gewisser Personen sind in der Gründungsurkunde und in der Gründungsbekanntmachung zu erwähnen.

Die Zusammensetzung der Gesellschaftsorgane ist in Schweden grundsätzlich anders als in Deutschland. Als beschließendes Organ gibt es die Hauptversammlung, als Kontrollorgan den Revisor und als verwaltendes Organ den Vorstand (Verwaltungsrat) und unter Umständen den geschäftsführenden Direktor. Die Institution eines Aufsichtsrats als Kontrollorgan ist dem schwedischen Aktienrecht unbekannt.

Die Hauptversammlung ist das höchste beschließende Organ. Sie hat größere Rechte und Pflichten als die Hauptversammlung einer deutschen Aktiengesellschaft. Das erklärt sich zum Teil daraus, daß ein Aufsichtsrat fehlt. Sie ist zuständig für die Genehmigung des Jahresabschlusses, für die Wertansätze in der Bilanz (§ 101), für Abschreibungen, die Gewinn- und Verlustrechnung, die Gewinnverteilung, die Bildung von Rücklagen, Satzungsänderungen (§ 131) und Kapitalveränderungen (§§ 134f.). Sie hat den Hauptvorstand, evtl. den geschäftsführenden Direktor und den Revisor zu wählen bzw. zu entlassen. Sie kann den Vorstand und den geschäftsführenden Direktor vorzeitig abberufen. Die Hauptversammlung hat gegenüber dem Vorstand ein direktes Weisungsrecht in Fragen der Geschäftsführung, z. B. hinsichtlich technischer Einrichtungen, der Preispolitik und ähnlicher Dinge.

Der Vorstand (Verwaltungsrat) ist wie der Vorstand der deutschen Aktiengesellschaft gesetzlicher Vertreter und geschäftsführendes Organ der Gesellschaft. Er kann grundsätzlich aus einer beliebigen Anzahl von Personen bestehen. Er muß aber dann mindestens drei Mitglieder haben, wenn das Aktienkapital oder das Höchstkapital nach der Gesellschaftssatzung 500000 Kronen übersteigt (§ 77). Besteht der Vorstand aus drei oder mehr Personen, was bei Aktiengesellschaften mit einem Grundkapital von mehr als 500000 Kronen also immer der Fall ist, so ist noch ein besonderes Verwaltungsorgan zu bestellen, der geschäftsführende Direktor. Er wird vom Vorstand ernannt und steht unter dessen Aufsicht. Er kann Mitglied des Vorstands, nicht aber dessen Vorsitzender sein. Seine Stellung entspricht der eines Vertreters oder Geschäftsführers des Vorstands.

Der Revisor der schwedischen Aktiengesellschaft ist keine außenstehende Person, sondern das Kontrollorgan der Gesellschaft. Insoweit entspricht seine Stellung am ehesten der des deutschen Aufsichtsrats. Er hat nicht nur den Jahresabschluß zu prüfen, sondern auch die ganze Geschäftsführung. Seine Prüfungsbefugnis ist formeller und materieller Art. Sie beschränkt sich nicht nur auf die Ordnungsmäßigkeit der Rechnungslegung, sondern auch auf deren sachliche Richtigkeit. Der Revisor hat der Hauptversammlung jährlich einen Revisionsbericht zu erstatten. Er hat das Recht, an der Hauptversammlung teilzunehmen. Stellt er Mißstände fest, so kann er selbst eine Hauptversammlung einberufen.

Tritt die Gesellschaft in Liquidation, so treten an die Stelle des Vorstands und des geschäftsführenden Direktors von der Hauptversammlung gewählte Liquidatoren.

Wie im deutschen Aktienrecht sind auch die **Strafbestimmungen** des schwedischen Aktienrechts zusammengefaßt an einer Stelle des Gesetzes in einem besonderen Abschnitt aufgeführt. Das schwedische Aktienstrafrecht kommt zwar mit weniger Paragraphen aus als das deutsche. Dafür sind aber die einzelnen Paragraphen umfangreicher, was dem schwedischen Aktienstrafrecht dann auch im ganzen einen größeren Umfang verleiht.

§ 213 des schwedischen Aktiengesetzes stellt in der Hauptsache unrichtige oder irreführende Angaben unter Strafe. Als Strafen sind Gefängnis oder Tagesbußen (also Geldstrafen) angedroht. Nach Nr. 1 ist ein Gründer strafbar, der in einem Schriftstück der Registerbehörde, den Prüfern oder den Aktionären gegenüber unrichtige oder irreführende Angaben macht. Nr. 2 stellt Prüfer unter Strafe, die unrichtige oder irreführende Angaben in ihrem Prüfungsbericht machen. Nach Nr. 3 werden Vorstandsmitglieder, geschäftsführende Direktoren oder andere Personen, die der Registerbehörde gegenüber falsche Angaben machen, bestraft. Nach Nr. 4 sind der Vorstand, der geschäftsführende Direktor und der Liquidator zu bestrafen, wenn sie unrichtige oder irreführende Angaben gegenüber den Aktionären, Aktienzeichnern, Prüfern oder der Hauptversammlung machen. Mit Gefängnis oder Tagesbußen werden der Vorstand und der geschäftsführende Direktor bestraft (§ 213 Nr. 5), falls sie bei Aufstellen des Geschäftsberichts, der Bilanz und der Gewinn- und Verlustrechnung vorsätzlich gegen bestimmte einzeln aufgeführte aktienrechtliche Vorschriften verstoßen, insbesondere, wenn sie in der Bilanz die Werte falsch ansetzen (§ 100, § 101 Art. 2—7), wenn sie die Bilanz nicht klar und durchschaubar aufstellen, so daß man erkennen kann, auf welche Weise der Gewinn oder der Verlust entstanden ist (§ 102 Abs. 1), und wenn die Regeln, die für die Aufstellung des Geschäfts aufgestellt wurden, nicht beachtet worden sind. § 213 Nr. 6 regelt die Bestrafung eines Liquidators, der bei der Aufstellung der Jahresbilanz, der Liquidationsbilanz oder des Geschäftsberichtes die dafür aufgestellten aktienrechtlichen Bestimmungen nicht beachtet, insbesondere falsche Werte ansetzt oder seine Pflicht zur Aufstellung der Bilanz überhaupt nicht erfüllt. Ebenfalls wird ein Revisor oder ein Liquidationsrevisor bestraft, der in seinem Revisionsbericht oder in einem anderen amtlichen Schriftstück unrichtige oder irreführende Angaben macht oder es unterläßt, die Geschäftsführung zu beanstanden (§ 213 Nr. 7 und 8).

Für die in § 213 unter Strafe gestellten Tatbestände reicht grundsätzlich ein grobfahrlässiges Verhalten aus. Lediglich für die Nr. 5 und 6 wird ein vorsätzliches Handeln verlangt.

In **§ 214 Nr. 1** werden besonders schwere Verstöße bei der Aktienausgabe unter Strafe gestellt. Inhaberaktien dürfen nur mit königlicher Genehmigung ausgegeben werden. Interimsscheine oder Zeichnungsbescheinigungen müssen immer auf den Namen lauten. Daneben sind besondere Vorschriften über die Form und den Inhalt von Aktienurkunden, Interimsscheinen und Zeichnungsbescheinigungen aufgestellt. Verstößt ein Vorstandsmitglied gegen diese Vorschriften, so kann es mit Gefängnis oder mit Geldstrafe belegt werden. Bei leichteren Verstößen, die nicht unter § 214 Nr. 1 fallen, kann es nur nach **§ 216 Nr. 1** mit Tagesbußen bestraft werden. In Deutschland wird eine verbotene Aktienausgabe (§ 296 Nr. 3—6 AktG) dagegen immer mit Gefängnis bestraft. Nach Nr. 2 machen sich ein Vorstandsmitglied oder ein Liquidator strafbar, die bei Eintragungen ins Aktienbuch gegen bestimmte einzeln aufgeführte gesetzliche Bestimmungen verstoßen. Das Aktienbuch spielt in Schweden eine größere Rolle als in Deutschland. Jede Aktie wird unverzüglich mit der Bezeichnung ihres Eigentümers in das Aktienbuch eingetragen. Wer eine Inhaberaktie vorlegt, muß namentlich als Eigentümer eingetragen werden. Eigentumsveränderungen sind unverzüglich zu vermerken. Aus dem Aktienbuch muß zu erkennen sein, ob es sich bei den Aktien um freie oder gebundene handelt. Da in Deutschland das Aktienbuch nicht allzu oft eine bedeutsame Rolle spielt, ist es nicht verwunderlich, daß im deutschen Aktienstrafrecht eine entsprechende Strafvorschrift fehlt. Strafbar ist weiterhin (§ 214 Nr. 3) das Vorstandsmitglied, der geschäftsführende Direktor oder ein Liquidator, die gegen die Regeln über die Gewinnverteilung verstoßen. Das ist insbesondere der Fall, wenn mehr als 5% des Gewinns ausgezahlt werden, obwohl die passiven der Gesellschaft nach der Bilanz das gebundene Eigenkapital (Grundkapital + gesetzliche Rücklagen) übersteigen (§ 72 Art. 1 Abs. 2). Weiterhin aber darf auch nur der Gewinn ausgezahlt werden, der in der für das letzte Rechnungsjahr festgestellten Bilanz ausgewiesen ist, soweit er nicht dem Reservefonds oder dem Schuldausgleichfonds gutgeschrieben werden muß (Art. § 73 Art. 1). § 214 Nr. 4 entspricht weitgehend § 302 Abs. 1 des deutschen Aktiengesetzes. Nach der erstgenannten Vorschrift werden mit Gefängnis oder Geldstrafe Revisoren oder Liquidationsrevisoren sowie Prüfer bestraft, die ihre Verschwiegenheitspflicht verletzen. Der Strafrahmen ist in Schweden und in Deutschland gleich. Ein Unterschied liegt jedoch darin, daß dieses Delikt in Schweden schon fahrlässig begangen werden kann, während in Deutschland zumindest bedingter Vorsatz erforderlich ist. Unter Umständen, nämlich wenn mindestens $^{1}/_{10}$ des bei der Versammlung vertretenen Aktienkapitals es verlangt, hat jeder Aktionär in der Hauptversammlung eine eigenhändig unterschriebene Erklärung abzugeben, daß er nicht durch Scheinkauf oder Schenkung die Aktien in seinen Besitz gebracht hat, ohne wirklich das Eigentumsrecht daran erworben zu haben. Macht ein Aktionär in einer solchen Erklärung falsche Angaben, wird er mit Gefängnis oder Tagesbußen bestraft (§ 214 Nr. 5). Diese Bestimmung ist im Vergleich zu § 300 AktG nur ein sehr unzureichender Schutz gegen den Stimmrechtsmißbrauch, wenn auch die Strafdrohung in Schweden härter ist als die in Deutschland.

Nach **§ 215 Nr. 1** werden Vorstandsmitglieder oder geschäftsführende Direktoren bestraft, die ihrer Pflicht zur Aufstellung der Bilanz oder der Gewinn- und Verlustrechnung nicht nachkommen oder beim Aufstellen der Bilanz oder der Gewinn- und Verlustrechnung fahrlässig gegen § 213 Nr. 5 verstoßen. Während § 213 Nr. 5 nur vorsätzlich begangen werden kann, zeigt sich hier, daß auch ein fahrlässig begangener Verstoß gegen § 213 Nr. 5 strafbar ist. Was für Vorstandsmitglieder und den geschäftsführenden Direktor gilt, trifft nach § 215 Nr. 2 auch für die Liquidatoren zu. Während nach § 213 Nr. 6 der vorsätzliche Verstoß gegen die Bilanzregeln unter Strafe gestellt wird, bestimmt § 215 Nr. 2, daß auch ein fahrlässiges Verhalten mit Tagesbußen zu bestrafen ist. Nr. 3 des § 215 bringt eine Ergänzung und Erweiterung zu § 213 Nr. 7. Für leichtere Gesetzesverstöße der Revisoren und Liquidationsrevisoren, die nicht unter § 213 Nr. 7 fallen, sieht das Gesetz Tagesbußen vor. § 215 Nr. 4 stellt das vorsätzliche oder fahrlässige Beglaubigen einer falschen Abschrift unter Geldstrafe. Als Täter kommen Gründer, Vorstandsmitglieder, der geschäftsführende Direktor, die Liquidatoren sowie Firmenzeichner — das sind Leute, denen vom Vorstand das Recht eingeräumt wurde, für die Firma der Gesellschaft zu zeichnen, § 88 — in Frage.

§ 216, die letzte der eigentlichen Strafbestimmungen, enthält leichtere Verstöße gegen aktienrechtliche Bestimmungen, die nur mit Tagesbußen zu bestrafen sind und von denen ein Teil nur auf Antrag zu verfolgen ist. Leichtere Verstöße gegen Vorschriften hinsichtlich der Aktienausgabe und des Aktienbuches werden hier erfaßt. Eine genauere Umschreibung dieser Gesetzesverstöße ist nur bei eingehender Kenntnis des schwedischen Aktienrechts sinnvoll. Es soll deshalb hier darauf verzichtet werden.

Die Nr. 2—6 enthalten Verstöße der Vorstandsmitglieder, des geschäftsführenden Direktors und der Liquidatoren gegen spezielle, einzeln aufgeführte Formvorschriften des schwedischen Aktienrechts, für die es im deutschen Aktienrecht keine Parallelen gibt. Es handelt sich um das Unterlassen bestimmter vorgeschriebener Vermerke auf der Aktienurkunde (Nr. 1), um Verstöße gegen die Vorschriften über die Registeranmeldung (Nr. 3), um das Nichtaushändigen von Unterlagen an den Revisor, den Liquidationsrevisor oder den amtlichen Sachwalter (Nr. 4), um das Nichtvorlegen oder Nichtbereithalten von Unterlagen für die Hauptversammlung (Nr. 5) und um Verstöße gegen sonstige nicht bedeutende Formvorschriften (Nr. 6). Die Ziffern 7—10 erwähnen schließlich noch einige Verstöße, die von den Revisoren, den Liquidationsrevisoren (Nr. 7), und dem amtlichen Sachwalter (Nr. 8), dem Vorstandsmitglied oder dem amtlichen Sachwalter einer Personalstiftung der Aktiengesellschaft (Nr. 9) und einem Konkursverwalter (Nr. 10) begangen werden können.

6. Schweiz

Schrifttum:

Egger, Escher, Haab, Homberger, Oser, Schönenberger, Siegwart, Kommentar zum Schweizerischen Zivilgesetzbuch, V. Bd., Das Obligationenrecht, 5. Teil, Die Aktiengesellschaft, kommentiert von A. Siegwart, S. 131f., Die Aktiengesellschaft im Strafrecht;

Bumbacher, Die Aktien als Grundlage des Stimmrechts nach schweizerischem und deutschem Recht, 1928;

Hafter, Schweizerisches Strafrecht, Besonderer Teil, 1. Hälfte, 1937;

Hömberger, Die Aktiengesellschaft im schweizerischen Recht, 1928;

Schluep, Die wohlerworbenen Rechte des Aktionärs und ihr Schutz nach Schweizerischem Recht, 1955.

Das Recht der Aktiengesellschaft in der Schweiz ist in den **Art. 620f.** des schweizerischen Obligationenrechts in der Fassung vom 30. 3. 1911/18. 12. 1936 niedergelegt. Danach ist die Aktiengesellschaft eine Gesellschaft mit eigener Firma, deren zum voraus bestimmtes Kapital (Grundkapital) in Teilsummen (Aktien) zerlegt ist und für deren Verbindlichkeiten nur das Gesellschaftsvermögen haftet (Art. 620). Gemäß Art. 621 muß das Grundkapital der Gesellschaft mindestens 50000 Franken betragen. Bei ihrer Gründung muß die Gesellschaft mindestens so viele Aktionäre zählen, als für die Bildung der Verwaltung und der Kontrollstelle nach Vorschrift der Statuten notwendig sind, wenigstens aber drei (Art. 625).

Oberstes Organ der Aktiengesellschaft ist gemäß Art. 698 die Generalversammlung der Aktionäre, die u. a. über die Festsetzung und Änderung der Statuten, die Wahl der Verwaltung und der Kontrollstelle, die Abnahme der Gewinn- und Verlustrechnung, der Bilanz und des Geschäftsberichts, die Verwendung des Reingewinns und über die Entlastung der Verwaltung zu beschließen hat. Des weiteren hat die Generalversammlung gemäß § 705 das Recht, die Mitglieder der Verwaltung und der Kontrollstelle sowie von ihr gewählte Bevollmächtigte und Beauftragte zu berufen.

Als weiteres Organ der Aktiengesellschaft kennt das schweizerische Recht die Verwaltung. Gemäß Art. 707 besteht sie aus einem oder mehreren Mitgliedern, die Aktionäre sein müssen. Andere Personen können ihr Amt erst antreten, nachdem sie Aktionäre geworden sind. Für die Dauer ihres Amtes haben die Mitglieder der Verwaltung eine durch die Statuten bestimmte Anzahl von Aktien der Gesellschaft an deren Sitz zu hinterlegen (Art. 709). Wie sich aus Art. 710 Abs. 2 ergibt, dienen die hinterlegten Aktien den Aktionären und den Gläubigern als Pfand zur Sicherung ihrer Ansprüche aus der Verantwortlichkeit der Mitglieder der Verwaltung.

Sind mit der Verwaltung mehrere Personen betraut, so bilden sie den Verwaltungsrat, dessen Befugnisse durch die Statuten der Gesellschaft umschrieben werden. Gemäß Art. 717 ist in den Statuten gleichfalls zu regeln, wie die Geschäftsführung und Vertretung unter die Mitglieder des Verwaltungsrats zu verteilen ist.

Im übrigen ist die Verwaltung gemäß Art. 722 insbesondere verpflichtet, die Geschäfte der Generalversammlung vorzubereiten und deren Beschlüsse auszuführen, die für den Geschäftsbetrieb erforderlichen Reglemente aufzustellen und der Geschäftsleitung die nötigen Weisungen zu erteilen und die mit der Geschäftsführung und Vertretung Beauftragten im Hinblick auf die Beobachtung der Vorschriften der Gesetze, Statuten und Reglemente zu überwachen und sich über den Geschäftsgang regelmäßig unterrichten zu lassen.

Nach Art. 727 hat die Generalversammlung einen oder mehrere Revisoren als Kontrollstelle zu wählen. Die Revisoren dürfen nicht Mitglieder des Verwaltungsrats oder Angestellte der Gesellschaft sein. Ihre Aufgaben ergeben sich aus Art. 728. Danach haben sie zu prüfen, ob sich die Gewinn- und Verlustrechnung und die Bilanz in Übereinstimmung mit den Büchern befinden, ob diese ordnungsgemäß geführt sind und ob die Darstellung des Geschäftsergebnisses und der Vermögenslage den gesetzlichen Bewertungsgrundsätzen sowie den besonderen Vorschriften der Statuten entspricht. Weiterhin müssen die Revisoren gemäß Art. 729 der Generalversammlung über die Bilanz und die von der Verwaltung vorgelegten Rechnungen einen schriftlichen Bericht erstatten. Festgestellte Mängel der Geschäftsführung oder Verletzungen gesetzlicher Vorschriften haben sie den zuständigen Stellen der Gesellschaft, in wichtigen Fällen auch der Generalversammlung mitzuteilen.

Da sich **im schweizerischen Obligationenrecht keine Strafvorschriften** finden, ist auf das schweizerische **Strafgesetzbuch** vom 21. 12. 1937, in Kraft seit dem 1. 1. 1942, zurückzugreifen.

Hinzuweisen ist auf Vorschriften, die sich im 2. Titel des 2. Buches unter der Überschrift „Strafbare Handlungen gegen das Vermögen" finden.

Gemäß **Art. 152** wird mit Gefängnis oder mit Buße bestraft, wer als Gründer, Teilhaber, Geschäftsführer, Direktor, Bevollmächtigter, als Mitglied eines Verwaltungs- oder Kontrollorgans oder als Liquidator einer Handelsgesellschaft oder einer Genossenschaft in öffentlichen Mitteilungen oder in Berichten oder Vorlagen an die Generalversammlung unwahre Angaben von erheblicher Bedeutung macht oder machen läßt.

Es handelt sich hier um einen zum Handelsstrafrecht gehörenden Gefährdungstatbestand. Nicht erforderlich sind Täuschungsvorsatz, Irrtumserregung, Schadenseintritt, Bereicherungsabsicht oder ein anderes übles Motiv. Art. 152 stellt vielmehr auf die bewußte Unwahrheit ab. Der Sinn der Vorschrift ist darin zu erblicken, daß Treu und Glauben im Geschäftsbetrieb von Handelsgesellschaften in gewissem Umfang schlechthin strafrechtlich geschützt werden sollen (Hafter aaO. S. 286). Dabei sollen nicht nur unwahre schönfärberische, sondern auch unwahre ungünstige Mitteilungen und Berichte getroffen werden (Hafter aaO.).

Gemäß **Art. 159** wird mit Gefängnis bestraft, wer jemanden am Vermögen schädigt, für das er infolge einer gesetzlichen oder einer vertraglich übernommenen Pflicht sorgen soll. Unter diese Strafdrohung werden in erster Linie die Mitglieder des Verwaltungsrats einer Aktiengesellschaft fallen, die ihren Pflichten gegenüber der Gesellschaft nicht nachkommen. Art. 159 entspricht weitgehend § 294 des geltenden deutschen Aktiengesetzes bzw. § 266 des deutschen StGB. Auf die Erläuterungen zu diesen Vorschriften kann daher verwiesen werden. Im übrigen vgl. man zu Art. 159 die Ausführungen von Hafter aaO. S. 318, wo sich weitere Literaturhinweise finden.

In Betracht kommt ferner **Art. 162.** Nach dieser Vorschrift werden ganz allgemein Personen mit Gefängnis oder mit Buße bestraft, die ein Fabrikations- oder Geschäftsgeheimnis, das sie infolge einer gesetzlichen oder vertraglichen Pflicht bewahren sollten, verraten sowie diejenigen Personen, die sich den Verrat zunutze machen. Es ist sehr wohl denkbar, daß Mitglieder des Verwaltungsrats oder Revisoren sich nach dieser Vorschrift strafbar machen können. Vgl. Einzelheiten zu Art. 162 bei Hafter aaO. S. 388f.

In den **Art. 163—170** befaßt sich das schweizerische Strafgesetzbuch mit Konkurs- und Betreibungsverbrechen oder -vergehen. Art. 163 handelt vom betrügerischen Konkurs, Art. 164 vom Pfändungsbetrug, Art. 165 vom leichtsinnigen Konkurs- und Vermögensverfall, Art. 167 von der Bevorzugung eines Gläubigers und Art. 169 von der Verfügung über gepfändete, mit Arrest belegte oder amtlich aufgezeichnete Sachen. Die genannten Vorschriften sind unter dem Gesichtspunkt einer rechtsvergleichenden Betrachtung aktienstrafrechtlicher Normen ohne besonderes Interesse. Etwas anderes gilt für die nachstehend aufgeführten Vorschriften.

Gemäß **Art. 166** wird der Schuldner mit Gefängnis oder mit Buße bestraft, der die ihm gesetzlich obliegende Pflicht zur ordnungsmäßigen Führung und Aufbewahrung von Geschäftsbüchern oder zur Aufstellung einer Bilanz verletzt, so daß sein Vermögensstand nicht oder nicht vollständig ersichtlich ist, wenn über ihn der Konkurs eröffnet oder in einer gemäß Art. 43 des Bundesgesetzes über Schuldbetreibung und Konkurs erfolgten Pfändung gegen ihn ein Verlustschein ausgestellt worden ist.

Im Regelfall stellen die unterlassene und unordentliche Buchführung sowie die Verletzung der gesetzlichen Pflicht, Geschäftsbücher, Geschäftsbriefe und Geschäftstelegramme aufzubewahren, nach **Art. 325** mit Haft oder mit Buße zu ahndende Übertretungen dar. Art. 325 hat folgenden Wortlaut: „Wer vorsätzlich oder fahrlässig der gesetzlichen Pflicht, Geschäftsbücher ordnungsmäßig zu führen, nicht nachkommt, wer vorsätzlich oder fahrlässig der gesetzlichen Pflicht, Geschäftsbücher, Geschäftsbriefe und Geschäftstelegramme aufzubewahren, nicht nachkommt, wird mit Haft oder mit Buße bestraft". Wenn die in Art. 325 unter Strafe gestellte Handlung im Geschäftsbetrieb einer juristischen Person begangen wird, so findet die Strafbestimmung auf die Direktoren, Bevollmächtigte, die Mitglieder der Verwaltungs- oder der Kontrollorgane und die Liquidatoren Anwendung, die diese Handlung begangen haben (Art. 326). Die in Art. 325 normierten Pflichten ergeben sich für die Organe der AG aus Art. 957f. OR in Verbindung mit Art. 640 und 662f. OR.

Für den Fall, daß der Schuldner in Konkurs gegangen ist, hat der Gesetzgeber die Verletzung der Pflicht zur ordnungsmäßigen Führung und Aufbewahrung von Geschäftsbüchern oder zur Aufstellung einer Bilanz zu einem Vergehenstatbestand gemacht, wobei zu beachten ist, daß Art. 166 mit Art. 325 nur teilweise übereinstimmt.

Die in **Art. 166** genannten Pflichten ergeben sich aus denselben Vorschriften wie im Falle des Art. 325. Ihre Verletzung muß so sein, daß der Vermögensstand des Schuldners nicht oder nicht vollständig ersichtlich ist. Das wird immer dann der Fall sein, wenn Bücher überhaupt nicht geführt oder aufbewahrt wurden. Bei mangelhafter Buchführung oder Bilanzaufstellung wird es, wie Hafter aaO. S. 351 zu Recht bemerkt, eine oft schwierig zu lösende Frage sein, ob und wieweit der Vermögensstand des Schuldners ersehen werden kann. Art. 166 greift nur dann ein, wenn der mangelhafte Zustand oder das Fehlen der Bücher oder der Bilanz im Zeitpunkt der Konkurseröffnung gegeben sind. Die Eröffnung des Konkurses ist Bedingung der Strafbarkeit. Daß in Art. 166 vom Schuldner die Rede ist, schließt die Anwendung des Art. 166 auf die Organe der Aktiengesellschaft nicht aus. Dies ergibt sich aus Art. 172, der folgenden Wortlaut hat: „Werden die in den Art. 147 und 163—170 unter Strafe gestellten Handlungen im Geschäftsbetrieb einer juristischen Person begangen, so finden die Strafbestimmungen auf die Direktoren, Bevollmächtigten, die Mitglieder der Verwaltungs- oder Kontrollorgane und die Liquidatoren Anwendung, die diese Handlungen begangen haben."

Nach **Art. 168** wird mit Gefängnis bestraft, wer seinem Gläubiger oder dessen Vertreter für seine Stimme in der Gläubigerversammlung oder im Gläubigerausschuß oder für seine Zustimmung zu einem gerichtlichen Nachlaßvertrag besondere Vorteile zuwendet oder zusichert, wer dem Mitglied einer Konkursverwaltung für seine Stimme besondere Vorteile zuwendet oder zusichert. Die gleiche Strafe trifft den Gläubiger oder dessen Vertreter oder das Mitglied einer Konkursverwaltung, die sich solche Vorteile zusichern oder zuwenden lassen.

Stimmenkauf und -verkauf gemäß Art. 168 sind Bestechungsdelikte. Der Schuldner, der einem Gläubiger, um seine Stimme zu kaufen, besondere Vorteile zuwendet oder zusichert, begeht zugleich eine Art der Gläubigerbevorzugung (Hafter aaO. S. 366). Die Vorschrift enthält drei Tatbestände, und zwar zwei der aktiven und einen Tatbestand der passiven Bestechung. Von einem besonderen Vorteil wird man immer dann sprechen können, wenn dem Gläubiger mehr zugewendet oder zugesichert wird, als ihm rechtlich zukommen soll. Auch im Falle des Art. 168 findet die vorstehend genannte Vorschrift des Art. 172 Anwendung.

Schließlich ist noch **Art. 170** zu nennen, nach dem der Schuldner, der über seine Vermögenslage, namentlich durch falsche Buchführung oder Bilanz, seine Gläubiger, den Sachwalter oder die Nachlaßbehörde irreführt, um dadurch eine Nachlaßstundung oder die Genehmigung eines gerichtlichen Nachlaßvertrages zu erwirken, sowie der Dritte, der eine solche Handlung zum Vorteile des Schuldners vornimmt, mit Gefängnis bestraft werden.

Das strafbare Verhalten besteht darin, daß der Schuldner oder ein Dritter bei der Stellung eines Nachlaßvertragsbegehrens (Schuldner-Konkursgesetz, Art. 393) oder in dem sich anschließenden Verfahren die Gläubiger, die Nachlaßbehörde oder den behördlich bestellten Sachwalter irreführt. Als Beispiel einer Irreführung nennt das Gesetz falsche Buchführung oder Bilanz. Daß die Nachlaßstundung oder gar die behördliche Vertragsbestätigung tatsächlich erreicht werden, ist zur Verwirklichung des Tatbestandes nicht notwendig. Hafter aaO. S. 369 weist mit Recht darauf hin, daß damit die Vollendung sehr weit vorgerückt sei. Auch im Rahmen des Art. 170 findet die vorstehend genannte Vorschrift des Art. 172 Anwendung.

Anzumerken bleibt, daß in den Fällen der Art. 166, 168 und 170 neben den dort genannten Strafen „auf Einstellung in der bürgerlichen Ehrenfähigkeit" erkannt werden kann (Art. 171).

7. Vereinigte Staaten von Amerika

Schrifttum:

Escher, Die Rechtsstellung des Verwaltungsrates nach dem Aktienrecht der Vereinigten Staaten von Nord-Amerika, Basel 1954;

von Falkenhausen, Die Kapitalgesellschaft nach dem Recht der Vereinigten Staaten von Nord-Amerika, in: „Die Aktiengesellschaft" 1959, S. 186ff.;

Schmey, Aktie und Aktionär im Rechte der Vereinigten Staaten, mit besonderer Berücksichtigung der Trustbildung, Marburg 1930;

Handbuch der Rechte der privaten Gesellschaft, 2. Aufl., Minnesota 1949.

Da die Gesetzgebungskompetenz auf dem Gebiet des Gesellschaftsrechts (Corporation Law) den Einzelstaaten zusteht, ist eine Vielzahl von einzelstaatlichen Regelungen erfolgt, die z. T. erheblich voneinander abweichen. Trotzdem ist nicht zu verkennen, daß die Gesetze der Einzelstaaten in den Grundzügen weitgehend übereinstimmen. Als die umfassendsten amerikanischen aktienrechtlichen Regelungen sind wohl die Corporation Laws of New York zu bezeichnen. Auf sie wird im folgenden Bezug genommen.

Die Geschicke amerikanischer Aktiengesellschaften werden vornehmlich durch zwei Organe bestimmt: durch den Vorstand (board of directors) und durch die Aktionärsversammlung (stockholders meeting). Nur ausnahmsweise besteht auch ein Aufsichtsrat (advisory board).

In den Aktiengesetzen ist von Direktoren, Beamten und Angestellten die Rede. Beamte im Sinne dieser Gesetze sind diejenigen Personen, die nach dem Gesetz oder nach der Verfassung der einzelnen Gesellschaften vorhanden sein müssen. Zu den Beamten gehören der Sekretär (Protokollführer) und der Schatzmeister. Dem Sekretär obliegt die Führung der Protokolle über die Sitzungen des board of directors und die Verwahrung und Verwendung des Gesellschaftssiegels, während der Schatzmeister die Kasse zu führen hat, Schecks zeichnet und vielfach auch für die Aufstellung von finanziellen Berichten und Erklärungen Sorge zu tragen hat.

Gründer (promoters) und Abwickler (dissolvers) gehören nicht zu den Beamten, jedoch sind die Vorschriften nach Ansicht der Rechtsprechung auch auf sie anwendbar.

Hinsichtlich der **Strafvorschriften** gilt folgendes: Nach den meisten Aktiengesetzen stellt jedes vorsätzliche Handeln eines Direktors oder Beamten einer Corporation, das einen Vermögensnachteil für die Gesellschaft nach sich zieht, eine strafbare Handlung dar (vgl. z. B. § 665 C. L. N. Y.). Darunter fallen vor allem die Unterschlagung von Vermögensgegenständen der Gesellschaft, Betrug gegenüber der Gesellschaft sowie Kreditschwindel.

Gemäß **§ 665 Abs. II—VI C. L. N. Y.** und den entsprechenden Vorschriften der anderen Gesetze ist ein Direktor oder Beamter der Corporation eines Vergehens schuldig, der falsche Eintragungen in die Geschäftsbücher oder Bilanzen macht oder wahrheitsgetreue zu machen unterläßt, der es ferner unterläßt, die vom Gesetz geforderten jährlichen Berichte aufzusetzen, der willentlich und wissentlich Berichte an die Aktionäre ausgibt, die geeignet sind, einen höheren oder niedrigeren Wert der Aktien anzugeben, als sie wirklich besitzen.

Nach **Common Law** hat in den Vereinigten Staaten jeder Anteilbesitzer, also nicht nur die Gesamtheit oder ein Ausschuß von ihnen, das Recht, die Bücher der Gesellschaft einzusehen (right of inspection). Dieses Recht gilt nicht nur für Bücher und Aufzeichnungen, die an sich der Öffentlichkeit zugänglich sind, wie Bilanzen, Geschäftsberichte, Protokolle über Beschlüsse der Hauptversammlung, sondern auch für das stock-book (Aktienbuch), für Beschlüsse der Direktoren und die eigentlichen Geschäftsbücher. Verweigern Direktoren oder Beamte der Gesellschaft eine solche Einsichtnahme, sind sie wegen eines Vergehens strafbar.

Nach **§ 661 C.L.N.Y.** sind Beamte oder Direktoren einer Aktiengesellschaft strafbar, wenn sie in Büchern, Aufstellungen oder Berichten vorsätzlich falsche Angaben machen in der Absicht, einen öffentlichen Prüfungsbeamten, der zur Prüfung der Geschäftsangelegenheiten oder zur Genehmigung der Erhöhung des Grundkapitals befugt ist, zu täuschen.

Nach **§ 662 C.L.N.Y.** werden Direktoren oder Beamte einer Corporation bestraft, die in betrügerischer Absicht und ohne Erlaubnis der Gesellschaft unter Überschreitung der Satzung oder der Gesetze Aktien, Wandelschuldverschreibungen oder Pfandbriefe verkaufen, verpfänden oder ausgeben. Diese Vorschrift bezieht sich hauptsächlich auf die Verletzung der sog. Blue Sky Laws. Die Unzulänglichkeit der Gesetzgebung und Rechtsprechung gegenüber den überhandnehmenden Fällen schwindelhafter Gründungen haben die meisten Einzelstaaten dazu veranlaßt, besondere Wertpapiergesetze (Securities Acts) zu erlassen, die unter dem Namen Blue Sky Acts zusammengefaßt sind. Nach diesen Gesetzen müssen u. a. Aktien vor dem Verkauf registriert werden. Außerdem dürfen sie nur an solche Händler zu Zwecken des Verkaufs übertragen werden, die vom Staat eine besondere Verkaufslizenz erhalten haben.

Zuständig für die Festsetzung der Dividende ist der Vorstand. Da durch verfehlte Dividendenpolitik sowohl die Rechte der Aktionäre wie diejenigen der Gesellschaftsgläubiger verletzt werden können, haben die Gesetzgeber der einzelnen Staaten versucht, diese beiden Personengruppen durch entsprechende Strafvorschriften zu schützen. Dabei gingen sie davon aus, daß durch eine Dividendenausschüttung auf keinen Fall eine Verminderung des eingezahlten Grundkapitals eintreten dürfe. Zwei Grundsätze haben sich herausgebildet. Der eine besagt, daß Dividenden nur aus dem erzielten, noch nicht anderweitig verwendeten Gewinn ausgezahlt werden dürfen. Nach dem anderen darf der Betrag als Dividende ausgeschüttet werden, der sich durch den Abzug der Verbindlichkeiten von den Aktiven ergibt, wobei das eingezahlte Grundkapital nicht angetastet werden darf. Handlungen der Direktoren, die diese Grundsätze verletzen, sind z. B. in **§ 664 C.L.N.Y.** unter Strafe gestellt. Das gleiche gilt für Zahlungen irgendwelcher Art an die Aktionäre, die geeignet sind, das Grundkapital zu verringern, es sei denn, solche Zahlungen sind im Gesetz ausdrücklich vorgesehen.

Grundsätzlich dürfen nach amerikanischem Aktienrecht die Gesellschaften eigene Aktien erwerben unter der Voraussetzung, daß dies nicht durch das Gesetz oder die Gesellschaftsstatuten ausdrücklich verboten ist und der Vorstand keine unerlaubten Zwecke mit solchen Käufen erreichen will. Etwas anderes gilt für den Fall, daß die Gesellschaft sich in Liquidation befindet oder insolvent ist. Durch solche Käufe darf weder den Aktionären noch den Gläubigern Schaden zugefügt werden, noch darf dadurch eine Verringerung des Grundkapitals eintreten. Es ist daher den Gesellschaften in einigen Staaten (New Jersey und New York) nur gestattet, eigene Aktien vom Reingewinn zu kaufen. Nach **§ 664 C.L.N.Y.** werden Direktoren bestraft, wenn sie ihre Stimme dafür abgeben, daß aus irgendwelchen anderen Gesellschaftsfonds eigene Aktien gekauft werden.

Nach **§ 660 C.L.N.Y.** wird der Prospektschwindel unter Strafe gestellt. Danach ist es verboten, eine Werbeschrift, ein Rundschreiben oder eine sonstige Anzeige einer bestehenden oder zu errichtenden Gesellschaft mit dem Namen einer anderen Person unberechtigterweise zu unterschreiben, um andere glauben zu machen, die Person, mit deren Namen unterschrieben wurde, sei Vertreter, Beamter oder Gründer der Gesellschaft. Desgleichen wird bestraft, wer eine Aktie mit dem Namen einer fiktiven Person unterzeichnet.

Gemäß **§ 668 C.L.N.Y.** wird bestraft, wer ein Stimmrecht widerrechtlich kauft oder verkauft, wer seine Stimme für andere gegen Bezahlung oder sonstwie um seines Vorteils willen für andere abgibt. Nach dieser Vorschrift werden auch die sog. Stimmenzähler, d. h. die Personen, die bei einer Abstimmung dazu bestimmt sind, einen entsprechenden Bericht anzufertigen, bestraft, wenn sie einen Abstimmungsbetrug begehen.

Da die Gesellschaften an das Recht der Einzelstaaten gebunden sind, haben sie die Pflicht, falls sie in einem anderen Staat als dem ihrer Gründung ihre Geschäfte betreiben wollen, sich entweder in dem betreffenden Staate neu zu gründen oder eine Lizenz zum Geschäftsbetrieb zu verlangen. Dazu haben sie eine Satzung einzureichen und einen bevollmächtigten Vertreter zu benennen. Kommen sie diesen Verpflichtungen nicht nach, so sind ihre Geschäftsführer oder Vertreter mit einer Geldstrafe zu belegen **(§ 663 C.L.N.Y.).**

Art und Höhe der Bestrafung nach den angeführten aktienrechtlichen Vorschriften richten sich, soweit nicht in den einzelnen Gesetzen anderes vorgesehen ist, nach den allgemeinen Vorschriften des amerikanischen Strafrechts.

8. Für **Österreich** gilt das Aktiengesetz vom 30. 1. 1937 (RGBl. I, 107), das dort am 14. 4. 1938 bzw. 1. 1. 1939 in Kraft trat. Eine nähere Darstellung erübrigt sich, da die österreichischen §§ 288 ff. mit denen des deutschen Rechts übereinstimmen.

§ 294

Handeln zum Nachteil der Gesellschaft

(1) Wer als Mitglied des Vorstands oder des Aufsichtsrats oder als Abwickler vorsätzlich zum Nachteil der Gesellschaft handelt, wird mit Gefängnis bestraft.

(2) Zugleich kann auf Verlust der bürgerlichen Ehrenrechte erkannt werden.

(3) In besonders schweren Fällen tritt an die Stelle der Gefängnisstrafe Zuchthaus bis zu zehn Jahren; ein besonders schwerer Fall liegt namentlich dann vor, wenn die Tat das Wohl des Volkes geschädigt oder einen besonders großen Schaden zur Folge gehabt oder der Täter besonders arglistig gehandelt hat.

Übersicht

Schrifttum:

Vgl. zunächst die eingangs erwähnten Kommentare und größeren Gesamtdarstellungen; siehe ferner:

Grünhut, Der strafrechtliche Schutz wirtschaftlicher Interessen, in: Festgabe für das Reichsgericht, Bd. V, S. 116f.;
Rabben, Das kriminelle Strafrecht im Aktiengesetz nach deutschem Reichsrecht, 1912;
Roesler, Die strafrechtliche Verantwortlichkeit der Organe der Aktiengesellschaften, 1908;
Rosenfeld, Die strafrechtliche Stellung der Organe der Aktiengesellschaft, 1912;
Stark, Strafbare Handlungen auf dem Gebiete des Aktienrechts (§§ 312—314 HGB), 1910.

Speziell zu § 294 (bzw. zu § 312 HGB) siehe:

Innecken, Die aktienrechtliche Untreue, 1930;
Pettenberg, Die aktienrechtliche Untreue, 1930;
Prieß, Die aktienrechtliche Untreue, 1933;

Schöllgen, Die strafrechtliche Verantwortlichkeit der Organe einer Aktiengesellschaft nach § 312 HGB, 1930;
Weidner, Die strafrechtliche Verantwortlichkeit der aktienrechtlichen Organe nach § 312 HGB, 1934.

Ferner ist noch auf folgende Schriften über den Untreuetatbestand hinzuweisen:

Draheim, Untreue und Unterschlagung, in: Strafrechtliche Abhandlungen, Heft 39, 1901;
Herrmann, Die Untreue des § 266 StGB und die verwandten Tatbestände in den Nebengesetzen sowie ihre Behandlung in dem Deutschen Entwurf, 1926;
Mayer, Die Untreue im Zusammenhang der Vermögensverbrechen, 1926;
Schlosky, Die Untreue, in: Deutsches Strafrecht, 1938, S. 177/228;
Schwinge-Siebert, Das neue Untreuestrafrecht, 1933;
Zoller, Ausdehnung und Einschränkung des Untreuebegriffs in der Rechtsprechung des Reichsgerichts, in: Strafrechtliche Abhandlungen, Heft 407, 1940.

Zur Reform vgl.:

Mayer, Die Untreue, in: Materialien zur Strafrechtsreform Bd. I, S. 333.

Anm. 1

I. Allgemeines

1. Vor dem Erlaß des dritten Strafrechtsänderungsgesetzes vom 4. 8. 53 war die Bestimmung systematisch überflüssig, da sie einen Spezialfall zum Tatbestand der allgemeinen Untreue des § 266 StGB darstellte, der lediglich durch die Begrenzung des Täterkreises als Sonderfall hervorgehoben wurde, ohne daß diese Heraushebung durch eine Qualifizierung oder Privilegierung begründet gewesen wäre. Ein derartiger Fall der Gesetzeskonkurrenz ohne eine Sonderregelung hinsichtlich der Strafrechtsfolgen kann keinen systematischen, sondern allenfalls einen die Auslegung klärenden Sinn haben. Vgl. Klug, „Zum Begriff der Gesetzeskonkurrenz" ZStW 68, 399 ff. Darüber hinaus kann höchstens noch an eine generalpräventive Bedeutung gedacht werden. Vor der Änderung des § 266 StGB hätte man bei genauem Textvergleich allerdings darauf hinweisen können, daß der Täter nach § 266 StGB mit Gefängnis **und** mit Geldstrafe bestraft wird. Demgegenüber zwingt § 294 — seinem Wortlaut nach — das Gericht nicht, neben der Gefängnisstrafe zugleich eine Geldstrafe zu verhängen. So betrachtet könnte die Ansicht vertreten werden, daß eine Privilegierung, d. h. also eine Besserstellung des hier in Rede stehenden Täterkreises die besondere Heraushebung als Spezialtatbestand rechtfertigen würde. Daß eine solche Meinung unbegründet wäre, weil sie sich auf ein Versehen des Gesetzgebers stützen würde, wird unten unter Anm. 79 und 80 näher begründet.

Anm. 2

Das erwähnte dritte Strafrechtsänderungsgesetz vom 4. 8. 53 hat den § 266 StGB u. a. durch die Hinzufügung des neuen Abs. III geändert. Hierdurch hat § 294 nunmehr eine eigenständige Bedeutung erhalten. § 266 StGB lautet in seiner jetzt gültigen Fassung:

„(1) Wer vorsätzlich die ihm durch Gesetz, behördlichen Auftrag oder Rechtsgeschäft eingeräumte Befugnis, über fremdes Vermögen zu verfügen oder einen anderen zu verpflichten, mißbraucht oder die ihm kraft Gesetzes, behördlichen Auftrags, Rechtsgeschäfts oder eines Treueverhältnisses obliegende Pflicht, fremde Vermögensinteressen wahrzunehmen, verletzt und dadurch dem, dessen Vermögensinteressen er zu betreuen hat, Nachteil zufügt, wird wegen Untreue mit Gefängnis und mit Geldstrafe bestraft. Daneben kann auf Verlust der bürgerlichen Ehrenrechte erkannt werden.

(2) In besonders schweren Fällen tritt an die Stelle der Gefängnisstrafe Zuchthaus bis zu zehn Jahren.

(3) Wer die Tat gegen Angehörige, Vormünder oder Erzieher begeht, ist nur auf Antrag zu verfolgen. Die Zurücknahme des Antrages ist zulässig."

Im Hinblick auf den letzten Absatz enthält § 294 eine **Qualifizierung**, denn der Tatbestand der aktienrechtlichen Untreue ist im Gegensatz zur allgemeinen Untreue **selbst dann kein Antragsdelikt**, wenn sich die Tat gegen **Angehörige** richtet (BGH 4 StR 529/54 vom 24. 3. 55). Ein solcher Fall wäre bei einer Familien-AG an und für sich ohne weiteres denkbar. Man wird davon ausgehen müssen, daß der Gesetzgeber anläßlich des Erlasses des dritten Strafrechtsänderungsgesetzes die entsprechende Hinzufügung eines dem Abs. III des § 266 StGB entsprechenden Absatzes bei § 294 bewußt unterlassen hat. Eine Privilegierung soll daher bei dem besonderen Tatbestand der aktienrechtlichen Untreue nicht in Frage kommen. Der Grund für die in der Nichtzulassung der Privilegierung liegende Qualifizierung hängt mit der besonderen Bedeutung des durch § 294 geschützten Rechtsguts (vgl. unten Anm. 4 u. 5) zusammen. Ebenso schon Klug in Hachenburg Anm. 1 zu § 81 a GmbHG. Für die systematische Stellung des § 294 gilt also jetzt, daß es sich hier um eine **lex specialis zu § 266 StGB** handelt.

Anm. 3

Da der Täter nach § 294 zu einem besonderen Personenkreis gehören muß, ist die systematische Stellung dieses Tatbestandes ferner dadurch charakterisiert, daß es sich hier um ein Sonderdelikt handelt. Da die bei § 294 vorausgesetzten besonderen Tätereigenschaften — Zugehörigkeit zum Vorstand usw. — und die damit gegebene besondere Pflichtenstellung des Täters die Strafbarkeit nicht erst begründen, sondern auf der Basis der allgemeinen Strafbarkeit der Untreue nur erhöhen, ist § 294 ein sog. **unechtes Sonderdelikt.** Dies hat für die Frage der mittelbaren Täterschaft und der Mittäterschaft wichtige strafrechtliche Konsequenzen. Vgl. Anm. 70—73.

Anm. 4

2. Über die Frage, welches Rechtsgut durch § 294 geschützt ist, bestehen unterschiedliche Meinungen. Indessen herrscht zunächst einmal Einigkeit darüber, daß als **geschütztes Rechtsgut**, ebenso wie bei dem allgemeinen Tatbestand der Untreue in § 266 StGB, das **Vermögen** anzusehen ist, und zwar nicht das Vermögen der Aktionäre, sondern **das Vermögen der Gesellschaft als einer eigenen Rechtspersönlichkeit.** Strittig ist es aber, ob durch die Untreuetatbestände des allgemeinen Strafrechts und die des Aktienrechts darüber hinaus auch noch das Vertrauen in die Redlichkeit des Rechts- und Wirtschaftsverkehrs geschützt werden soll. Maurach BT § 39 I A und Jagusch in LK Anm. 1 zu § 266 StGB verneinen dies, weil der Vertrauensmißbrauch bei den Untreuetatbeständen nur Mittel zum Zweck und nicht Verletzung eines selbständigen Rechtsgutes sei, denn Verletzter könne hier immer nur derjenige sein, dessen Vermögen geschädigt würde, und nicht der Vertrauensgeber als solcher. Gegen diese Argumentation spricht die Tatsache, daß hier zwischen dem Vertrauensmißbrauch und der Schädigung des Vermögens ein funktionaler Zusammenhang besteht. Verletzter im Sinne der Untreuetatbestände ist der an seinem Vermögen Geschädigte immer nur dann, wenn die Vermögensschädigung darauf zurückzuführen ist, daß bei einem Vertrauensgeber das Vertrauen in die Redlichkeit des Vertrauensnehmers verletzt wurde. Nicht entscheidend ist es dabei, ob der Vermögens-Geschädigte selbst oder ein anderer in seinem Vertrauen verletzt wurde. Daß sich beide Gesichtspunkte gegenseitig bedingen, zeigt sich daran, daß strafbare Untreue nicht nur Vermögensschädigung durch Vertrauensbruch, sondern zugleich Vertrauensbruch durch Vermögensschädigung ist. Infolgedessen sind nach richtiger Ansicht beim Tatbestand der Untreue **sowohl das Vermögen als auch das Vertrauen die geschützten Rechtsgüter.** Strafbare Untreue kann also nur dann vorliegen, wenn beide Rechtsgüter angegriffen sind. Ebenso u. a. Eb. Schmidt Anm. 15 der Vorauflage; Mezger BT § 61 II 2; Schönke-Schröder Anm. I zu § 266 StGB. Hierfür spricht außerdem, daß der Gesetzgeber im Abs. III des § 294 das **besonders** arglistige Handeln des Täters als einen Qualifikationsgrund vorgesehen hat. Unter Arglist wird man hier in erster Linie die treulose Ausnutzung des gewährten Vertrauens zu verstehen haben, und wenn die besondere Arglist einen Erschwerungsgrund darstellt, darf man davon ausgehen, daß die Arglist, d. h. also der Vertrauensbruch, auch den Grundtypus der Untreue charakterisiert.

Anm. 5

Insoweit als das Vermögen geschütztes Rechtsgut ist, muß noch berücksichtigt werden, daß sich beim Sonderdelikt des § 294 eine besondere Mehrschichtigkeit ergibt, denn das Gesellschaftsvermögen wird durch § 294 unter drei verschiedenen sich zum Teil überschneidenden Gesichtspunkten geschützt. In Betracht kommen die **Interessen der Aktionäre**, der **Gesellschaftsgläubiger** und der **Arbeitnehmer**, die durch das gesetzlich geregelte Mitbestimmungsrecht mit der Gesellschaft enger als früher verbunden sind. Ebenso schon Klug in Hachenburg Anm. 1 zu § 81a GmbHG. Die Ausdehnung des Rechtsschutzbereiches auf die Arbeitnehmer fällt als strafrechtsdogmatische Änderung praktisch nicht allzu stark ins Gewicht, weil die Arbeitnehmer im Ernstfall meistens gleichzeitig Gesellschaftsgläubiger sein werden.

Dafür, daß § 294 nicht nur das Gesellschaftsvermögen selbst, sondern darüber hinaus auch die berechtigten Vermögensinteressen der drei vorgenannten Personenkreise schützt, spricht ebenfalls Abs. III dieser Bestimmung. Dort ist gesagt, daß ein besonders schwerer Fall vorliegt, wenn die Untreue das Wohl des Volkes geschädigt oder einen anderen besonders großen Schaden zur Folge gehabt habe. Das besagt, daß die Interessen der Allgemeinheit ebenfalls geschützt werden sollen. Hieraus folgt, daß neben dem Gesellschaftsvermögen als solchem auch die Interessen der Gläubiger und der Arbeitnehmer sowie der Aktionäre in ihrer von der Gesellschaft getrennten rechtlichen und wirtschaftlichen Stellung geschützt werden. Die Tatsache, daß der Gesetzgeber die früher gleichlautende nähere Charakterisierung der besonders schweren Fälle durch gesetzliche Beispiele der genannten Art im Abs. II des § 266 StGB im Strafrechtsänderungsgesetz vom 4. 8. 53 inzwischen gestrichen hat, vermag hieran nichts zu ändern, denn diese Änderung hängt im wesentlichen mit der aus dem nationalsozialistischen Mißbrauch des Begriffs „Wohl des Volkes" folgenden sprachpsychologischen Vorbelastung zusammen. Eine sachliche Änderung bedeutet dies nicht.

Für den Strafrechtsschutz der Gläubiger spricht insbesondere die Überlegung, daß der Gesetzgeber durch die Zulassung der anonymen Aktiengesellschaft als einer selbständigen, wirtschaftlich tätig werdenden juristischen Person den an der Wirtschaft Teilnehmenden ein zusätzliches Risiko aufgebürdet hat. Durch die Beschränkung der Haftung auf das Gesellschaftsvermögen sind die Aktionäre außerordentlich begünstigt. Hieraus ergibt sich für den Gesetzgeber die Verpflichtung, auch strafrechtlich für einen Schutz der Gläubiger zu sorgen.

Als **Ergebnis** kann somit festgehalten werden:

§ 294 schützt im Rahmen des Vermögens- und Vertrauensschutzes die Aktiengesellschaft als solche, die Gesellschaftsgläubiger, die Aktionäre und die Arbeitnehmer der Gesellschaft. Aus dieser Auffassung über die durch § 294 geschützten Rechtsgüter ergeben sich für die Anwendung des § 294 rechtliche Folgerungen vor allem bei der Auslegung des Tatbestandsmerkmals des „Handelns zum Nachteil der Gesellschaft". Vgl. Anm. 37. Aber auch bei der Beantwortung der Frage, inwieweit § 294 ein Schutzgesetz im Sinne des § 823 Abs. II BGB ist, ergeben sich wichtige Konsequenzen. Vgl. Anm. 88.

Anm. 6

3. § 294, der zusammen mit dem gesamten Aktiengesetz am 1. Oktober 1937 in Kraft getreten ist (vgl. § 1 EG zum AktG), stimmt im wesentlichen mit seinem Vorgänger, dem § 312 HGB überein. Erstmalig formuliert wurde der Tatbestand der aktienrechtlichen Untreue durch das Gesetz betreffend die Kommanditgesellschaften auf Aktien und die Aktiengesellschaften vom 18. 7. 1884. Dieses Gesetz fügte den Tatbestand als Artikel 249 in das Allgemeine Deutsche Handelsgesetzbuch von 1861 ein. Von dort wurde er als § 312 nur unwesentlich verändert in das Handelsgesetzbuch vom 10. 5. 1897 übernommen. Textliche Unterschiede zwischen diesem § 312 und dem § 294 hängen damit zusammen, daß die Formulierung des § 294 sich an die in der Strafgesetznovelle vom 26. 5. 33 (RGBl. I 295) geänderte Fassung des § 266 StGB anschließt. Trotz des Erlasses im Jahre 1937 und der engen Beziehung zu der 1933 abgewandelten Fassung des § 266 StGB ist § 294 kein Ausdruck nationalsozialistischen Strafrechtsdenkens. Ebenso schon Godin-Wilhelmi Anm. 8 zu § 294 unter Bezugnahme auf die Kontrollrats-Prokl. Nr. 2

vom 20. Oktober 1945. Die Weitergeltung des § 294 ist daher nicht zu bezweifeln. Hierfür spricht auch, daß im 3. Strafrechtsänderungsgesetz bei § 266 Abs. II StGB zwar die gesetzlichen Beispiele gestrichen und der Abs. III des § 266 StGB neu hinzugefügt wurde, daß aber an § 294 bei dieser Gelegenheit nichts geändert worden ist. Insbesondere bestehen gegen die in § 294 vorgesehenen Strafrahmen somit keine rechtsstaatlichen Bedenken.

Anm. 7

4. Dem Untreuetatbestand des § 294 entsprechen verschiedene gleichlautende oder zumindest ähnlich formulierte Untreuetatbestände in anderen Nebengesetzen: § 81a GmbHG, § 95 I Nr. 2 BörsenG, § 146 GenG, §§ 23, 535 RVO, § 142 VersAufG, §§ 36, 41, 42 HypothekenbankG, §§ 110, 113 PrivatVersG und § 153 RKnappschG. Da die Probleme sich überall gleichen, werden die zu diesen Bestimmungen ergangenen Urteile und das einschlägige Schrifttum für die Auslegung des Tatbestands der aktienrechtlichen Untreue herangezogen.

Anm. 8

II. Tatbestand

1. Täter

Täter der aktienrechtlichen Untreue kann nur sein, wer zu dem im Gesetz genannten Personenkreis gehört. Es kommen als mittelbare oder unmittelbare Täter demgemäß nur in Betracht: Mitglieder des Vorstands, Mitglieder des Aufsichtsrats und Abwickler. Dieser Personenkreis ist durch besondere Rechte und Pflichten mit der Gesellschaft verbunden. Der Gesetzgeber hat deshalb den besonderen Tatbestand der aktienrechtlichen Untreue gebildet, um die Genannten einer erhöhten strafrechtlichen Verantwortung zu unterwerfen. Andere Personen, wie Abteilungsleiter, Prokuristen, Handlungsbevollmächtigte, kommen als Täter nach § 294 nicht in Frage. Sie können allenfalls aus dem allgemeinen Untreuetatbestand des § 266 StGB bestraft werden. Hierin kommt zum Ausdruck, daß **§ 294 unechtes Sonderdelikt** ist (vgl. oben Anm. 3). Nicht erforderlich ist jedoch, daß der zu dem gesetzlich begrenzten Personenkreis gehörige Täter des § 294 bei der Verwirklichung des Tatbestandes in seiner jeweiligen besonderen Eigenschaft als Vorstandsmitglied, Aufsichtsratsmitglied oder Abwickler tätig geworden ist. Die Formulierung der aktienstrafrechtlichen Tatbestände läßt dies zwar nicht deutlich erkennen. Unterstützt wird diese Auslegung aber durch den Wortlaut des § 83 GmbHG, denn dort ist in bezug auf die entsprechenden Personen bei der GmbH ausdrücklich gesagt, daß die Strafvorschriften der §§ 239—241 der Konkursordnung Anwendung finden, falls eine der genannten Personen in ihrer Eigenschaft als Geschäftsführer die mit Strafe bedrohten Handlungen begangen hat. Aus dieser betonten Formulierung ist für den Tatbestand der GmbH-rechtlichen Untreue mit Recht der Schluß gezogen worden, daß die in Rede stehende Einschränkung hinsichtlich der Art und Weise des Tätigwerdens für den Untreuetatbestand des § 81a GmbHG nicht gilt. Da § 81a GmbHG und § 294 AktG in den hier entscheidenden Punkten übereinstimmen, ist auch für § 294 davon auszugehen, daß es gleichgültig ist, ob die Tatbestandsverwirklichung durch eine ausgesprochene Verwaltungshandlung oder durch ein sonstiges geschäftliches Tätigwerden oder auch durch ein rein privates Verhalten erfolgt. So schon RGSt. 36, 69 zu § 312 HGB. Vgl. ferner RG in JW 35, 196 und 1787; BayObLG in BB 59, 1151; Baumbach-Hueck Anm. 3 A; Eb. Schmidt Anm. 12 der Vorauflage; Klug in Hachenburg Anm. 4 zu § 81a GmbHG; Kohlhaas Anm. 3 zu § 81a GmbHG; die aus dem Rahmen der sonstigen Rechtsprechung herausfallende Entscheidung in JW 32, 2279 ist überholt. Ebenso bereits Eb. Schmidt Anm. 12 der Vorauflage.

Anm. 9

a) Mitglieder des Vorstands

Über die Bestellung der Vorstandsmitglieder vgl. die Erläuterungen zu § 75. Falls mehrere Vorstandsmitglieder bestellt sind, kommt gleichwohl das einzelne Mitglied selbst dann als Täter in Betracht, wenn die Gesellschaft nur durch mehrere oder gar durch die Gesamtheit der Vorstandsmitglieder gemeinschaftlich vertreten wird (§ 71). Zur Frage, wer zum Vorstandsmitglied bestellt werden kann vgl. oben Anm. 5—7 zu § 75. Die Anwendung des § 294 setzt im übrigen nicht voraus, daß die Bestellung zum Vorstandsmitglied zum Zeitpunkt der Tat rechtswirksam war. Entscheidend ist vielmehr für den Anfangszeitpunkt der strafrechtlichen Haftung die **tatsächliche** Stellung und Tätigkeit als Mitglied des Vorstands. Es kommt mithin nicht darauf an, ob die Bestellung zum Zeitpunkt der Tat, etwa nach den Bestimmungen des Bürgerlichen Rechts nichtig oder anfechtbar oder aus einem sonstigen Grunde unwirksam war. RGSt. 64, 81 (84) und BGHSt. 3, 32 (37), die letztgenannte Entscheidung zu § 81 a GmbHG. Für § 312 war die behandelte Frage strittig. Teilweise wurde die Meinung vertreten, daß bei Nichtigkeit der Bestellung die Anwendbarkeit des § 312 zu verneinen und bei bloßer Anfechtbarkeit zu bejahen sei. Vgl. Eb. Schmidt in Anm. 8 der Vorauflage mit Hinweisen auf die ältere Literatur.

Anm. 10

Ferner war, von dem gleichen Grundgedanken ausgehend, in RGSt. 43, 407 (413) angenommen worden, daß Personen, welche die Vorstandsgeschäfte tatsächlich ausüben, insbesondere auch dann als Vorstandsmitglieder im Sinne der aktienrechtlichen Untreue anzusehen sind, wenn sie von einer nichtigen Aktiengesellschaft bestellt worden waren. Zustimmend Eb. Schmidt Anm. 8 der Vorauflage und Klug in Hachenburg Anm. 4 zu § 81 a GmbHG. Hierfür spricht vor allem, daß eine „nichtige" Aktiengesellschaft im Verkehr als bestehend zu behandeln und nur durch eine gegen sie gerichtete Klage zu beseitigen ist (§§ 216, 199 Abs. II). Es wäre, wie Eb. Schmidt richtig bemerkt, sinnwidrig, wollte man, solange die AG tatsächlich besteht, die Begehbarkeit des Delikts aus § 294 leugnen. Schon zu § 312 HGB wurde dies unbestritten angenommen. Vgl. Eb. Schmidt bei Staub, 14. Auflage, Anm. 6 zu § 312, ferner zu § 294: Baumbach-Hueck Anm. 3; Godin-Wilhelmi Anm. 2; Schlegelberger-Quassowski Anm. 3; Teichmann-Koehler Anm. 2.

Anm. 11

Desgleichen kommt es für den **Endzeitpunkt** nicht darauf an, ob der Täter nach bürgerlich-rechtlichen und insbesondere aktienrechtlichen Gesichtspunkten zum Zeitpunkt der Tat als aus dem Vorstand ausgeschieden anzusehen ist. Auch insoweit setzt die Anwendung des § 294 nur voraus, daß der Täter sich zum Zeitpunkt der Tat in einer tatsächlichen Vorstandsstellung befand und tatsächlich in der Lage war, über Vermögenswerte der Gesellschaft zu verfügen, selbst wenn ihm rechtlich derartige Verfügungsrechte nicht oder nicht mehr zustanden. Das ist in der Rechtsprechung und im Schrifttum unbestritten. Vgl. RGSt. 16, 269 (271); 64, 81; BGHSt. 3, 32 (37); GmbH-Rdsch. 55, 43 und 61; ebenso Scholz Anm. 3 zu § 81 a GmbHG; Kohlhaas Anm. 2 zu § 81 a GmbHG und Baumbach-Hueck Anm. 3 zu § 81 a GmbHG. Andererseits ist es für die Anwendung des § 294 ausreichend, wenn sich der Täter zum Zeitpunkt der Tat **nur rechtlich,** nicht auch tatsächlich in der Stellung eines Vorstandsmitglieds befindet.

Anm. 12

Nicht zu leugnen ist allerdings, daß die Frage, ob der Täter, falls hinsichtlich seiner Vorstandszugehörigkeit rechtliche Mängel bestehen, die Stellung eines Vorstandsmitglieds tatsächlich inne hatte, im einzelnen Fall Schwierigkeiten bereiten kann. Für das entsprechende Problem bei der GmbH-rechtlichen Untreue wurden in BGHSt. 3, 37 folgende Merkmale als besonders charakteristisch für die Innehabung der tatsächlichen Geschäftsführer-Stellung angesehen: Geschäftsführer ist derjenige, der als „die Seele des Geschäftes" angesehen wird, von dem alle Dispositionen ausgehen und der auf sämtliche Geschäftsvorgänge bestimmenden Einfluß nimmt. Der in dieser BGH-Entscheidung als tatsächlicher Geschäftsführer angesehene Täter hatte zahlreiche wichtige Kreditverhandlungen geführt. Entsprechendes muß für die **tatsächliche Innehabung einer rechtlich unwirksamen Stellung als Vorstandsmitglied** einer Aktiengesellschaft gelten. Handelt es sich um einen Vorstand mit mehreren Mitgliedern, ist es für die Bejahung der tatsächlichen Vorstandsposition allerdings nicht erforderlich, daß der Betreffende sich in einer beherrschenden „Chef"-Stellung befindet. Es muß ausreichen, wenn er nur für einzelne typische Vorstandsaufgaben tatsächlich zuständig ist. Im übrigen wird der Grundsatz, daß die tatsächliche Inhaberschaft der Vorstandsposition für die Anwendung des § 294 auf den Täter ausreicht, noch dadurch unterstützt, daß nach unbestrittener Auffassung Untreue bei dem Grundtatbestand des § 266 StGB schon dann vorliegen kann, wenn der Täter nur im Rahmen eines außerrechtlichen, sozialethischen Treueverhältnisses dazu verpflichtet ist, fremde Vermögensinteressen wahrzunehmen. Sogar derjenige, der im Rahmen nichtiger, sittenwidriger Abmachungen handelt, kann Untreue in Sinne des § 266 StGB begehen. Vgl. Jagusch in LK Anm. 3c zu § 266 StGB.

Anm. 13

Es fragt sich jedoch, ob es Voraussetzung für die Zugehörigkeit zu dem Täterkreis des § 294 ist, daß derjenige, der sich nur aus tatsächlichen Gründen in der Stellung eines Vorstandsmitglieds befindet, **hierzu „irgendwie bestellt"** worden sein muß. Für § 81a GmbHG wird dies in bezug auf den Geschäftsführer in BGHSt. 3, 37 (38) offengelassen. Man wird Erbs in Kohlhaas Anm. 2 B zu § 81a GmbHG darin zustimmen müssen, daß eine tatsächliche Bestellung in irgendeiner Weise erfolgt sein muß, sie mag rechtswirksam sein oder nicht. Lediglich die erfolgreiche tatsächliche Anmaßung der Stellung eines Vorstandsmitglieds dürfte in der Regel nicht ausreichen. Ebenso für § 81a GmbHG Klug in Hachenburg Anm. 4. Es muß wenigstens das, wenn auch formlose, tatsächliche Einverständnis der Aufsichtsratsmitglieder vorliegen.

Anm. 14

Gleichgültig ist es, ob die in § 73 angeordnete **Anmeldung der Bestellung zum Vorstand zur Eintragung** in das Handelsregister erfolgt ist. Auch darauf, ob diese Eintragung, falls eine solche Anmeldung vorliegt, vorgenommen worden ist, kommt es nicht an. Da die handelsregisterliche Eintragung nach § 15 HGB nicht rechtsbegründend, sondern nur rechtsbekundend wirkt, ist schon die aktienrechtliche Wirksamkeit der Bestellung von ihr unabhängig. Vgl. oben Anm. 7 zu § 73. Auf die Frage der strafrechtlichen Haftung kann daher insoweit die handelsregisterliche Nichtanmeldung oder Nichteintragung keine Auswirkung haben.

Anm. 14a

Die **Auflösung** der Aktiengesellschaft wirkt sich grundsätzlich auf die strafrechtliche Haftung des Täters nicht aus, da die Auflösung regelmäßig nicht die Beendigung der Aktiengesellschaft bedeutet. Vgl. Erläuterungen zu § 203 sowie Anm. 3 und 4 zu § 288. Die Beendigung steht erst am Ende der durch die Auflösung erforderlich gewordenen Abwicklung. Erst dann verliert die Gesellschaft die Rechtspersönlichkeit und erst in diesem Augenblick endet die Möglichkeit einer Anwendung des § 294.

Anm. 15

Die in den vorangehenden Anm. 9—14 erörterten Fragen haben im übrigen insofern nur eine beschränkte praktische Bedeutung, als in den meisten Fällen, in denen jemand nur tatsächliches, nicht auch rechtswirksam bestelltes Vorstandsmitglied ist, zumindest eine **Bestrafung aus § 266 StGB** in Betracht kommen wird, denn es ist unbestritten, daß die Anwendung des Treubruchstatbestands (§ 266 StGB, Abs. I 2. Alternative) auch dort möglich ist, wo lediglich ein **tatsächliches Treueverhältnis**, d. h. ein nur sozialethisch, nicht rechtlich begründetes Treueverhältnis gegeben ist. Jagusch in LK Anm. 3c zu § 266 StGB und Kohlrausch-Lange Anm. III 1 zu § 266 StGB.

Anm. 16

Von besonderer Bedeutung für die strafrechtliche Verantwortung ist es, daß eine Bestrafung wegen Untreue über den rechtlichen und tatsächlichen Endzeitpunkt der Stellung als Vorstandsmitglied hinaus möglich ist. Dies hängt damit zusammen, daß § 294 lex specialis gegenüber § 266 StGB ist. Es kann also sein, daß jemand, der rechtlich und tatsächlich aus dem Vorstand ausgeschieden ist, wegen Untreue gegenüber der

Aktiengesellschaft in Anwendung des § 266 StGB zu bestrafen ist. Hierher gehört etwa der Fall, daß ein ehemaliges Vorstandsmitglied vertrauliche Kenntnisse, die es auf Grund seiner früheren Tätigkeit für die Gesellschaft erworben hat, zum Schaden dieser auswertet. Für die Anwendung des § 266 StGB kommt es bei einer derartigen Sachlage nur darauf an, daß nach dem Ausscheiden aus dem Vorstand ein tatsächliches Treueverhältnis besteht. Ein solches ist hinsichtlich der Kenntnis von Betriebsgeheimnissen und sonstigen wichtigen Interna noch für lange Zeit anzunehmen. Zum Begriff des tatsächlichen Treueverhältnisses gemäß § 266 StGB Abs. I 2. Alternative vgl. die vorige Anm. und das dort angegebene Schrifttum.

Anm. 17

Besondere Probleme ergeben sich bei der **Einmann-AG** (vgl. oben Anm. 8 zu § 15), d. h. also dann, wenn sich alle Aktien in einer Hand befinden und der betreffende Alleinaktionär gleichzeitig alleiniges Vorstandsmitglied dieser Gesellschaft ist. Ebenso wie bei § 81 a GmbHG stellt sich hier die Frage, ob der Betreffende noch als Täter nach § 294 in Betracht kommt. Soweit ersichtlich, hat die Rechtsprechung einen derartigen aktienrechtlichen Fall noch nicht entschieden. Für das Recht der GmbH wurde jedoch vom Reichsgericht in ständiger Rechtsprechung angenommen, daß eine Strafbarkeit nach dem gleichlautenden Untreuetatbestand des § 81 a GmbHG auch dann möglich ist, wenn alle Gesellschaftsanteile sich in der Hand des Geschäftsführers der GmbH befinden. RGSt. 42, 283 und 71, 353, sowie RG in HRR 40, 1223. Obwohl der an sich verfügungsberechtigte Alleingesellschafter wirtschaftlich betrachtet der unbeschränkte Herr seines Unternehmens ist und daher die Strafbarkeit unter dem Gesichtspunkt der Untreue auf den ersten Blick paradox erscheint, muß der Rechtsprechung zugestimmt werden. Hierfür spricht, daß die Gesellschaft durch die Vereinigung der Anteile in einer Hand nicht aufgelöst wird und daß trotz dieser Vereinigung das Gesellschaftsvermögen nicht im Eigentum des Alleingesellschafters, sondern nach wie vor im Eigentum der Gesellschaft steht. Denn selbst in derartigen Fällen bleibt die Gesellschaft eine dem Alleingesellschafter selbständig gegenüberstehende juristische Person. Das Gesellschaftsvermögen könnte erst im Wege über eine Liquidation in die Hand des Alleingesellschafters überführt werden. Hieraus folgt, daß es zutreffend war, wenn die Rechtsprechung annahm, daß der Geschäftsführer der GmbH unter den obwaltenden Umständen zum Nachteil der nicht mit ihm identischen Gesellschaft handeln konnte. Diese im GmbH-Recht entwickelten Gedanken können auf das Aktienrecht übertragen werden. Das Vorstandsmitglied, in dessen Händen sich sämtliche Aktien befinden, kann daher Täter im Sinne des § 294 sein. Aus dem oben Anm. 4 über das durch § 294 geschützte Rechtsgut Gesagten folgt, daß der Hinweis auf die wirtschaftliche unbeschränkte Stellung des Alleinaktionärs nicht durchgreifen kann, weil der Tatbestand des § 294 nicht nur die Interessen der Aktionäre zu schützen hat. Ebenso Klug in Hachenburg Anm. 4 zu § 81 a.

Anm. 18

Ist ein **Beamter** Mitglied des Vorstands einer Aktiengesellschaft und verwirklicht er den Tatbestand der Untreue nach § 294, so ändert seine Stellung als Beamter nichts an der Tatsache, daß er als Täter in Betracht kommen kann. Das RG hat dies im Zusammenhang mit § 81 a GmbHG anläßlich eines Falles ausgesprochen, bei dem der Täter kraft amtlichen Auftrags als Geschäftsführer einer GmbH handelte, deren sämtliche Anteile in den Händen einer Stadtgemeinde lagen. RG in HRR 40, 1223. Das gleiche muß für einen Beamten gelten, der kraft behördlichen Auftrags Mitglied des Vorstands einer Aktiengesellschaft ist. Daß sich der Betreffende im Rahmen der Amtshierarchie in einer besonderen weisungsgebundenen Abhängigkeit befindet, kann hieran nichts ändern, da die Tätigkeit für die Aktiengesellschaft sich jedenfalls nach außen hin grundsätzlich nicht vom Normalfall unterscheidet und das Rechtsschutzinteresse auch dann, wenn etwa alle Aktien sich im Eigentum einer Stelle der öffentlichen Hand befinden, kein wesentlich anderes ist.

Anm. 19

Besteht der **Vorstand aus mehreren Mitgliedern,** so kommt jedes einzelne Mitglied als Täter in Betracht. Die Frage der strafrechtlichen Haftung muß jedoch für jeden einzelnen gesondert geprüft werden. Dies folgt aus dem das gesamte Strafrecht beherrschenden Schuldgrundsatz, wie er insbesondere im § 50 StGB verankert ist. Dort heißt es ausdrücklich, daß, wenn mehrere an einer Tat beteiligt sind, jeder ohne Rücksicht auf die Schuld des anderen nach seiner Schuld strafbar ist. Handelt der aus mehreren Mitgliedern bestehende Vorstand einheitlich nach Maßgabe vorheriger interner Abstimmungen, so können sich für die strafrechtliche Verantwortung Besonderheiten ergeben, falls ein Vorstandsmitglied überstimmt worden ist. Vgl. hierzu unten Anm. 47.

Anm. 20

b) **Stellvertretende Vorstandsmitglieder**

Sie sind rechtlich echte Vorstandsmitglieder. In ihrer Bestellung als stellvertretende Vorstandsmitglieder liegt gegenüber der Bestellung zu einem ordentlichen Vorstandsmitglied nur eine Beschränkung nach innen. Vgl. oben Anm. 1 zu § 85. Die Vorschriften für die Vorstandsmitglieder gelten daher, wie § 85 ausdrücklich anordnet, auch für ihre Stellvertreter. Daraus folgt, daß sie grundsätzlich zum Kreis der als Täter des § 294 in Betracht kommenden Personen zählen. Ihre strafrechtliche Haftung ist nach Art und Umfang die gleiche wie bei ordentlichen Mitgliedern; Anm. 9—19. Stehen sie im Innenverhältnis in starker Abhängigkeit zu den ordentlichen Vorstandsmitgliedern, dann können sich hieraus gemäß § 50 StGB Folgerungen für den strafrechtlichen Schuldvorwurf ergeben. An der Eignung, Täter im Sinne des § 294 sein zu können, ändert sich dadurch jedoch nichts.

Anm. 21

Für das stellvertretende Vorstandsmitglied gilt hinsichtlich der **Bestimmung des Zeitpunkts,** von dem an eine strafrechtliche Haftung aus § 294 möglich ist, ebenfalls das gleiche, wie für die ordentlichen Vorstandsmitglieder; s. o. Anm. 9. Es kommt also auf die rechtliche Wirksamkeit der Bestellung nicht an. Es genügt, daß der Täter tatsächlich zum stellvertretenden Vorstandsmitglied bestellt und zum Zeitpunkt der Verwirklichung des Untreuetatbestandes tatsächlich als solcher tätig gewesen ist. Dies hat der Bundesgerichtshof für den Geschäftsführer der GmbH entschieden. GmbH-Rdsch. 55, 43 mit Anm. Vogel. Das gleiche gilt für das Recht der Aktiengesellschaft. Für den Endzeitpunkt, von dem ab keine strafrechtliche Verantwortung mehr besteht, ist bei den stellvertretenden Vorstandsmitgliedern ebenso wie bei den ordentlichen nicht die rechtliche, sondern die tatsächliche Beendigung der Tätigkeit als stellvertretendes Mitglied maßgebend. Falls die rechtliche über die tatsächliche Inhaberschaft der Position hinausgeht, ist allerdings die erstgenannte für die Bemessung des Endzeitpunktes der strafrechtlichen Haftung entscheidend; vgl. oben Anm. 11—15.

Anm. 22

c) **Mitglieder des Aufsichtsrats**

Der Aufsichtsrat ist notwendiges Organ der Aktiengesellschaft. Seine Rechtsstellung ist in den §§ 66ff. geregelt. Wegen der Einzelheiten hierzu kann auf die Erläuterungen zu den genannten Bestimmungen Bezug genommen werden. Schon die Bestellung der erforderlichen Anzahl von Aufsichtsratsmitgliedern ist durch die Androhung von sog. Ordnungsstrafen gemäß § 303 geschützt. Täter kann jedes Aufsichtsratsmitglied sein. Für die strafrechtliche Haftung macht es keinen Unterschied, ob die Bestellung zum Aufsichtsratsmitglied nach den Bestimmungen dieses Gesetzes oder auf Grund der besonderen Regeln des Mitbestimmungsrechts oder des Rechts der Holding-Gesellschaften der Montan-Industrie erfolgte. Es ist also für die Anwendung des § 294 grundsätzlich ohne Bedeutung, ob das betreffende Aufsichtsratsmitglied Aktionärs- oder Arbeitnehmervertreter ist. Besonderheiten können sich für Arbeitnehmervertreter im Aufsichtsrat ergeben, wenn ein Konflikt zwischen den Pflichten als Vertreter der Interessen der Arbeitnehmer einerseits und den Pflichten als Mitglied des zur Wahrnehmung der

Interessen der Gesellschaft bestimmten Aufsichtsrats andererseits entsteht. Hier ist von Fall zu Fall für jeden einzelnen zu prüfen, ob etwa unter dem Gesichtspunkt der Pflichtenkollision ein Ausschluß der Rechtswidrigkeit oder der Schuld in Frage kommt. Vgl. unten Anm. 54 u. 65. Im übrigen ist für die Arbeitnehmervertreter zu beachten, daß sie teilweise schon für grobfahrlässiges Verhalten zur Verantwortung gezogen werden können. § 79 BetrVG. Dieser Verschärfung gegenüber den anderen Aufsichtsratsmitgliedern entspricht andererseits ein erhöhter Strafrechtsschutz der Tätigkeit der Arbeitnehmervertreter im Aufsichtsrat (§ 78 BetrVG).

Anm. 23

Auf die rechtliche Wirksamkeit der Bestellung zum Aufsichtsratsmitglied kann es hier ebensowenig wie bei den Vorstandsmitgliedern entscheidend ankommen. Es reicht aus, daß der Täter zum Zeitpunkt der Untreuetat bereits zum Mitglied des Aufsichtsrats bestellt war und tatsächlich als Aufsichtsratsmitglied tätig gewesen ist. Auch für den Endzeitpunkt der Haftung aus § 294 gilt das gleiche wie bei den Vorstandsmitgliedern. Vgl. oben Anm. 9—16.

Anm. 24

d) **Stellvertretende Mitglieder des Aufsichtsrats**

Das Gesetz erwähnt sie zwar nicht, ihre Bestellung ist aber zulässig. Vgl. Anm. 3a zu § 86. Sie haben im Außenverhältnis die gleichen Rechte und Pflichten wie ordentliche Mitglieder, § 294 ist also auf sie ebenfalls anzuwenden. Da das Treueverhältnis zur Aktiengesellschaft schon in dem Augenblick entsteht, in dem jemand zum stellvertretenden Aufsichtsratsmitglied bestellt wird, kann es für den Beginn der strafrechtlichen Haftung nicht darauf ankommen, wann die stellvertretenden Aufsichtsratsmitglieder tätig werden. Alles, was über die Anwendung des § 294 auf die Aufsichtsratsmitglieder in der vorangehenden Anm. gesagt wurde, gilt entsprechend für die stellvertretenden Mitglieder des Aufsichtsrats.

Anm. 25

e) **Ersatzmitglieder des Aufsichtsrats**

Ihre Bestellung ist zulässig, obwohl sie ebensowenig im Gesetz genannt werden. Anm. 3a zu § 86. Da ihre Wahl unter der aufschiebenden Bedingung des endgültigen Fortfalls bisheriger Mitglieder des Aufsichtsrats erfolgt, sind sie vor Bedingungseintritt keine Aufsichtsratsmitglieder. Sie können daher bis zu diesem Zeitpunkt nicht als Täter nach § 294 zur strafrechtlichen Verantwortung herangezogen werden. Im Hinblick auf die Strafrechtsfolge ist die Entscheidung der Frage, ob man es im konkreten Fall mit einem stellvertretenden Aufsichtsratsmitglied oder mit einem Ersatzmitglied zu tun hat, von entscheidender Bedeutung. Im Zweifel muß die Rechtsstellung durch Auslegung ermittelt werden. Die Bezeichnung allein kann nicht ausschlaggebend sein. Im GmbH-Strafrecht gilt das gleiche. Vgl. Klug in Hachenburg zu Anm. 9 zu § 81a. Findet § 294 keine Anwendung, bleibt gleichwohl eine Strafbarkeit des Ersatzmitglieds aus § 266 StGB möglich.

Anm. 26

f) **Abwickler (Liquidatoren)**

Ihre Rechtsstellung regeln die §§ 206ff. Grundsätzlich sollen die Vorstandsmitglieder als Abwickler tätig werden. Das gilt nicht, wenn die Satzung oder ein Beschluß der Hauptversammlung bestimmt, daß andere Personen Abwickler sein sollen. § 206 Abs. 1. Auch das Gericht kann im Rahmen des § 206 Abs. 2 Personen zu Abwicklern bestellen, die nicht zum Kreis der Vorstandsmitglieder gehören. Für die Anwendung des § 294, insbesondere für den Anfangs- und den Endzeitpunkt der strafrechtlichen Haftung, die Unmaßgeblichkeit der Rechtswirksamkeit der Bestellung usw. gilt das gleiche wie für die Vorstandsmitglieder. Anm. 9—19.

Anm. 27

Nach § 206 Abs. 1 können auch **juristische Personen** zum Abwickler bestellt werden. Da das geltende deutsche Strafrecht wegen des Schuldgrundsatzes nur eine Strafbarkeit natürlicher, nicht aber eine solche von juristischen Personen kennt, entfällt eine Anwendung des § 294 dort, wo eine juristische Person, etwa eine Treuhandgesellschaft in der Rechtsform einer Aktiengesellschaft oder einer GmbH, zum Abwickler bestellt wurde. Fraglich könnte es sein, ob etwa die gesetzlichen Vertreter der betreffenden juristischen Personen aus § 294 in bezug auf die in Abwicklung befindliche Gesellschaft strafrechtlich zur Verantwortung gezogen werden können. Das ist ebenso wie für die Liquidatoren einer GmbH zu verneinen, da nicht die betreffenden natürlichen Personen, sondern nur die durch sie vertretenen juristischen Personen Abwickler der Aktiengesellschaft sind. Vgl. Klug in Hachenburg Anm. 6 zu § 81 a. Aus dieser Auffassung ergibt sich gleichwohl keine Lücke im Gesetz, da in solchen Fällen eine Anwendung des allgemeinen Untreuetatbestands des § 266 möglich ist, denn zumindest entsteht zwischen dem gesetzlichen Vertreter derjenigen juristischen Person, die als Abwickler bestellt wurde, einerseits und der abzuwickelnden Gesellschaft andererseits ein Treueverhältnis im Sinne des § 266 Abs. I 2. Alternative StGB. Meistens wird sogar der sog. Mißbrauchstatbestand gemäß § 266 Abs. I 1. Alternative StGB zur Anwendung gelangen können.

Anm. 28

Daraus, daß kraft ausdrücklicher Bestimmung im Gesetz sogar juristische Personen zum Abwickler bestellt werden dürfen, ist zu folgern, daß auch **Personenvereinigungen** wie Offene Handelsgesellschaften, Kommanditgesellschaften u. a. zu Abwicklern bestellt werden können. Für die Anwendung des § 294 sind hier die gleichen Gesichtspunkte maßgebend, die für die juristischen Personen in der vorangehenden Anm. entwickelt wurden. Denn auch hier ist die betreffende Gesellschaft als solche zum Abwickler bestellt, so daß hinsichtlich der strafrechtlichen Folgerungen zwischen der Gesellschaft selbst und den einzelnen Gesellschaftern oder Angestellten der Gesellschaft unterschieden werden muß. Das bedeutet, daß § 294 in diesen Fällen nicht zur Anwendung gelangt, daß aber etwaige Untreuehandlungen der die OHG, KG usw. vertretenden Personen über § 266 StGB zu ahnden sind.

Anm. 29

g) **Stellvertretende Abwickler (Liquidatoren)**

Aus § 206 in Verbindung mit § 85 geht hervor, daß es neben den ordentlichen Abwicklern auch stellvertretende Abwickler einer Aktiengesellschaft geben kann. Ihre Bestellung wird dann praktisch werden können, wenn ein Vorstand mit allen seinen Mitgliedern, unter denen sich ordentliche und stellvertretende Vorstandsmitglieder befinden, zum Abwickler bestellt wird. Hier muß im Innenverhältnis zwischen ordentlichen und stellvertretenden Abwicklern unterschieden werden, da andernfalls die zweistufige Vorstandsstruktur im Abwickler-Gremium aufgegeben würde. Hinsichtlich der Rechtsstellung der stellvertretenden Abwickler ergeben sich im Außenverhältnis keine Unterschiede gegenüber den ordentlichen Abwicklern. Maßgebend sind auch hier die §§ 206 ff. Hinsichtlich der Anwendung des § 294 gilt das gleiche wie für die stellvertretenden Vorstandsmitglieder; Anm. 20 und 21.

Anm. 30

h) **Die persönlich haftenden Gesellschafter der Kommanditgesellschaft auf Aktien**

Sie zählen gleichfalls zu den als Täter in Betracht kommenden Personen. Dies ergibt § 304, denn nach dieser Vorschrift gelten die Bestimmungen des 4. Buches über Vorstandsmitglieder sinngemäß auch für die persönlich haftenden Gesellschafter der Kommanditgesellschaft auf Aktien. Ebenso Eb. Schmidt in der Vorauflage, Baumbach-Hueck § 304 und Schlegelberger-Quassowski § 304. Der gleichen Ansicht sind jetzt auch Godin-Wilhelmi § 304. Die Fassung des § 304 ist mißglückt, denn bei rein wörtlicher Auslegung dieser Bestimmung ließen sich zum Beispiel die §§ 299, 302 nicht auf die persönlich haftenden Gesellschafter einer Kommanditgesellschaft auf Aktien anwenden, da es sich bei den genannten Paragraphen nicht um Vorschriften über Vorstandsmitglieder handelt. Eine solche Auslegung würde jedoch den klar erkennbaren Sinn des § 304, der die persönlich haftenden Gesellschafter einer Kommanditgesellschaft auf Aktien den Vorstandsmitgliedern in strafrechtlicher Hinsicht in vollem Umfang gleichstellen will, widersprechen. Näheres vgl. unten zu § 304. Unstreitig ist jedenfalls, daß § 294 auf die persönlich haftenden Gesellschafter einer Kommanditgesellschaft auf Aktien in vollem Umfang Anwendung findet. Ebenso Eb. Schmidt in der Vorauflage, Godin-Wilhelmi § 304 und Schlegelberger-Quassowski § 304. Im einzelnen gilt das oben Anm. 9 —19 über die ordentlichen Vorstandsmitglieder einer gewöhnlichen Aktiengesellschaft Gesagte. Keinen Unterschied macht es für die strafrechtliche Haftung aus § 294, ob die persönlich haftenden Gesellschafter von der Geschäftsführung und Vertretung der Gesellschaft ausgeschlossen sind oder nicht. Ebenso Godin-Wilhelmi § 304.

Anm. 31

i) Aufsichtsratsmitglieder und Abwickler einer Kommanditgesellschaft auf Aktien

Für das frühere Aktienrecht ergab sich die strafrechtliche Haftung aus dem Untreuetatbestand des § 312 HGB für die Aufsichtsratsmitglieder und Abwickler einer Kommanditgesellschaft auf Aktien eindeutig aus § 320 Abs. 3 HGB. Der redaktionell mißglückte § 304 scheint eine Anwendung des § 294 auf diese Personengruppen nicht vorzusehen, denn dort sind nur die Vorstandsmitglieder genannt. Aus der Verweisung des § 219 Abs. 3 kann ebenfalls nichts anderes gefolgert werden, da dort ausdrücklich nur die Vorschriften des ersten, nicht des vierten Buchs in Bezug genommen sind. Gleichwohl wird man mit Eb. Schmidt Anm. 5 der Vorauflage und Schlegelberger-Quassowski § 304 annehmen müssen, daß alle Vorschriften des Aktienstrafrechts sinngemäß auf die Kommanditgesellschaft auf Aktien anzuwenden sind. Daraus folgt, daß § 294 für die Aufsichtsratsmitglieder, die stellvertretenden Aufsichtsratsmitglieder, die Ersatzmitglieder des Aufsichtsrats, die Abwickler und die stellvertretenden Abwickler der Kommanditgesellschaft auf Aktien ebenfalls gilt. Ein Rückgriff auf § 266 StGB wäre zwar möglich, aber nicht sinnvoll. Wegen der Einzelheiten vgl. Anm. 22—29.

Anm. 32

j) Mitglieder sonstiger Gesellschaftsorgane

Nicht zum Täterkreis des § 294 zählen die Mitglieder sonstiger Gesellschaftsorgane. Hierher gehören etwa der in § 128 Abs. 2 Nr. 7 genannte Beirat oder eine ähnliche Einrichtung, also Verwaltungsräte, Regionalausschüsse, Kommissionen usw. Anm. 15 zu § 128. Insofern besteht ein überraschender Unterschied zum Untreuetatbestand des § 81 a GmbHG. Vgl. Klug in Hachenburg Anm. 10 zu § 81 a. Unstreitig ergibt sich aber gerade aus der Verschiedenheit des Wortlauts der beiden gesetzlichen Bestimmungen, daß jedenfalls im Aktienstrafrecht die Mitglieder der genannten Gesellschaftsorgane, zu denen auch der Betriebsrat gehört, sich nach § 294 nicht als Täter strafbar machen können. Das schließt indessen nicht aus, daß eine Strafbarkeit wegen Anstiftung oder Beihilfe zu § 294 möglich ist. Näheres vgl. unten Anm. 70—72.

Anm. 33

k) Generalbevollmächtigte usw.

Generalbevollmächtigte, Prokuristen, Handlungsbevollmächtigte usw. der Aktiengesellschaft zählen ebenfalls nicht zum gesetzlichen Täterkreis des § 294. RG in JW 1934, 696, DRZ 1934 Nr. 189, HRR 1934 Nr. 616. Das gleiche gilt ferner für Personen, die nur in einzelnen Beziehungen als Stellvertreter gemäß § 164 BGB von Vorstandsmitgliedern, Aufsichtsratsmitgliedern usw. tätig werden. In diesen Fällen kommt allenfalls eine Anwendung des allgemeinen Untreuetatbestands des § 266 StGB in Frage.

Anm. 34

l) Teilung der Geschäfte des Vorstands, des Aufsichtsrats usw.

Eine Teilung der Vorstandsgeschäfte sowie der Geschäfte des Aufsichtsrats usw. ist für die Frage der Tatbestandsmäßigkeit nach § 294 grundsätzlich ohne Bedeutung.

RGSt. (Verein. Strafsen.) 13, 235 und RGSt. 64, 85 sowie Prieß S. 19ff. Allerdings können sich aus einer solchen Teilung der Geschäftszuständigkeiten Auswirkungen auf die Frage des Schuldvorwurfs ergeben. Das gleiche gilt hinsichtlich der strafrechtlichen Haftung eines im Vorstand, Aufsichtsrat oder Abwicklergremium überstimmten Täters. Vgl. unten Anm. 47 u. 64 am Ende.

Anm. 35

2. Handeln zum Nachteil der Gesellschaft

a) Allgemeines

aa) Verfassungsrechtliche Vorfragen

Der Gesetzgeber hat sich im Aktienstrafrecht bei der Bestimmung des Begriffs der aktienrechtlichen Untreue darauf beschränkt, lediglich zu sagen, daß derjenige den Tatbestand verwirklicht, der „zum Nachteil der Gesellschaft handelt". Diese außerordentlich weite Formulierung gibt Anlaß zur Erörterung verfassungsrechtlicher Vorfragen. Wie Art. 103 Abs. II GG zu entnehmen ist, muß der Strafgesetzgeber die Voraussetzungen für die Strafbarkeit im Gesetz genau bestimmt haben. Dieser Grundsatz der gesetzlichen Bestimmtheit der Strafbarkeit ist bei der Formulierung mancher gesetzlicher Tatbestände nur unvollkommen verwirklicht worden. Als kritische Äußerung vgl. hierzu vor allem: H. Mayer, Die gesetzliche Bestimmtheit der Tatbestände, in „Materialien zur Strafrechtsreform", Bd. 1, S. 259ff. und W. Class, Generalklauseln im Strafrecht, in Festschrift für Eb. Schmidt, Göttingen 1961, S. 122ff. Gegenstand wiederholter Kritik war und ist nicht zuletzt der weitgefaßte allgemeine Tatbestand der Untreue in § 266 StGB sowie neuerdings der Sondertatbestand der aktienrechtlichen Untreue des § 294. Vgl. G. Kohlmann, Nulla poena — nullum crimen sine lege, Art. 103 Abs. II GG und das Aktienrecht, in „Die Aktiengesellschaft", 61, S. 309f. Ebenso Klug in Hachenburg Anm. 12 zu § 81 a. Selbst wenn man als Nachteilszufügung nur die Herbeiführung eines Vermögensschadens ansieht (hierzu Näheres weiter unten) ist der Begriff des Handelns zum Nachteil der Gesellschaft immer noch von einer uferlosen Weite. Man überlege sich, welche Verhaltensweisen als eine solche Benachteiligung der Gesellschaft angesehen werden könnten. Sogar die Körperverletzung, begangen gegenüber einem Betriebsmitglied mit der Folge zeitweiliger Arbeitsunfähigkeit würde ein solches Handeln zum Nachteil der Gesellschaft sein können, wenn nicht zusätzliche, den Anwendungsbereich der Bestimmung einschränkende Grundsätze zur Ergänzung des Gesetzestextes eingeführt würden. Der verfassungsrechtliche und im übrigen auch in § 2 StGB enthaltene Grundsatz der Bestimmtheit der Tatbestände fordert und legitimiert daher die in den folgenden Erläuterungen näher angegebenen Einschränkungsgesichtspunkte für die Anwendung des § 294. Gleichwohl ist Kohlmann aaO. zuzugeben, daß das Ergebnis nicht restlos zufriedenstellt und daß diese Bestimmung insoweit allenfalls auf der Grenze des verfassungsrechtlich Erlaubten steht. Es ist dies der verständliche Grund dafür, daß man sich bemüht hat, im StGB-Entwurf 1960 und ebenso im Entwurf 1962 den Tatbestand der allgemeinen Untreue, in dem auch der Tatbestand der aktienrechtlichen Untreue künftig aufgehen soll, durch eine mehr ins einzelne gehende Beschreibung der Tatbestandsmerkmale verfassungsrechtlich besser abzusichern. Näheres hierzu vgl. unten Anm. 89. Schon für das geltende Recht muß aber die Eingrenzung des uferlosen Anwendungsbereichs der Bestimmung bereits bei der Frage der Tatbestandsmäßigkeit erfolgen. Der naheliegende Gedanke, man könne diese Einschränkung erst bei der Schuldfrage vornehmen, ist abzulehnen, denn zunächst einmal fordert der Grundsatz der gesetzlichen Bestimmtheit der Strafbarkeit, daß exakt angegeben ist, was als tatbestandsmäßig verboten angesehen werden muß.

Anm. 36

bb) Nachteil und Vermögensschaden

Auszugehen ist zunächst einmal von der in der Rechtsprechung und im Schrifttum herrschenden Ansicht, daß der **Nachteil** im Sinne des § 294 jedenfalls alles umfaßt, was beim Betrugstatbestand nach § 263 StGB unter einem **Vermögensschaden** zu verstehen ist. Die zum Betrugstatbestand entwickelten Grundsätze zur Bestimmung des Begriffs des Vermögens und des Vermögensschadens gelten zugleich für den allgemeinen Untreuetatbestand des § 266 StGB und können daher zugleich der Auslegung des besonderen Tatbestands der aktienrechtlichen Untreue zugrunde gelegt werden. Ebenso schon Eb. Schmidt Anm. 14 der Vorauflage.

Wie im Rahmen der Rechtsprechung zu § 263 StGB immer wieder festgestellt worden ist, wird unter **Vermögen** gemeinhin die Summe der geldwerten Güter nach Abzug der Verbindlichkeiten verstanden. BGHSt. 3, 102. Eine **Vermögensbeschädigung** besteht mithin im allgemeinen darin, daß sich entweder das Vermögen seinem Werte nach vermindert oder daß neue Verbindlichkeiten entstehen, denen kein entsprechender Erwerb gegenübertritt. BGHSt. aaO. Diese Definition entspricht im wesentlichen der sog. rein wirtschaftlichen Theorie, die als herrschende angesehen werden kann. Vgl. Jagusch in LK Bem. II und III vor § 249 StGB; Kohlrausch-Lange Anm. V zu § 263; Schönke-Schröder Anm. VII zu § 263. Obwohl diese Begriffsbestimmungen verhältnismäßig klar und eindeutig zu sein scheinen, ergeben sich in Grenzfällen Schwierigkeiten, die nicht restlos zu bereinigen sind. Zu denken ist hier vor allem an die Probleme der rechts- und sittenwidrigen Geschäfte (Schwarzmarktgeschäfte usw.) einerseits und an die Schädigung von Anwartschaften andererseits. Es wird sich daher bei der Anwendung des § 294 nicht immer vermeiden lassen, auf die umfangreiche Diskussion einzugehen, die sich hinsichtlich der Tatbestandsmerkmale Vermögen und Vermögensschaden bei § 263 StGB entwickelt hat, — eine Streitfrage, die seit dem Bestehen des StGB zum Gegenstand wiederholter Erörterungen genommen wurde und die bis heute nicht als abgeschlossen angesehen werden kann. Im hiesigen Zusammenhang kann nur ein kurzer Überblick gegeben werden. Wegen der Einzelheiten ist auf die umfangreiche Rechtsprechung, die Kommentare und die Lehrbücher zum allgemeinen Strafrecht zu verweisen.

Nicht mehr vertreten wird heute die sog. rein **juristische Theorie.** Nach dieser Lehre, die auf Binding zurückgeht (Binding, Lehrbuch des Gemeinen deutschen Strafrechts, Bes. Teil, 2. Auflage I 238), wurde unter Vermögen die Summe der Vermögensrechte und -pflichten verstanden. Diese Auffassung mußte fallengelassen werden, da sie nicht geeignet war, rein wirtschaftliche, noch nicht zu einem Rechtsanspruch konkretisierte Anwartschaften und ähnliche Aktiva in den strafrechtlich zu schützenden Vermögensbereich einzubeziehen. Auch bei rechts- und sittenwidrigen Geschäften kommt die juristische Theorie im Rahmen des § 263 StGB zu verfehlten Ergebnissen.

Die im allgemeinen zu vernünftigen Ergebnissen führende oben bereits erwähnte rein **wirtschaftliche Theorie** konnte der BGH aus der Reichsgerichtsjudikatur übernehmen. Grundlegend war die Plenarentscheidung RGSt. 44, 230. Folgerichtig angewandt würde diese Auffassung allerdings dazu führen, daß auch rechts- und sittenwidrig erlangte Aktiva ausnahmslos zum Vermögen zu zählen und daher strafrechtlich zu schützen wären. Demzufolge hat der BGH in der Tat einmal die Ansicht vertreten, daß es kein strafrechtlich ungeschütztes Vermögen gäbe. BGHSt. 8, 256. Damit werden Betrügereien und Untreuehandlungen bei der Beuteaufteilung unter Gangstern strafrechtlich sanktioniert. Dieses Ergebnis beweist, daß der Satz, es gäbe kein strafrechtlich ungeschütztes Vermögen, in dieser Allgemeinheit nicht gehalten werden kann.

Um den geschilderten Schwierigkeiten aus dem Wege zu gehen, wird heute wohl überwiegend eine sog. **juristisch-ökonomische Vermittlungstheorie** vertreten. Nach dieser ist Vermögen alles das an wirtschaftlichen Werten, was jemandem unter dem Schutz oder doch jedenfalls ohne Mißbilligung der Rechtsordnung zu Gebote steht oder zukommt. Kohlrausch-Lange Anm. V, 1 zu § 263; ähnlich Welzel § 53 I 4a; RGSt. 66, 285.

Um Schwierigkeiten zu entgehen, die sich bei der Bestimmung des Vermögensbegriffs immer dann ergeben, wenn neben objektiven auch subjektive Maßstäbe eine wichtige Rolle spielen, wird von Bockelmann (JZ 1952, S. 461 ff., zugleich Bockelmann, Strafrechtliche Untersuchungen, 1957, S. 229 ff.) ein **personal-individualisierender Vermögensbegriff** vertreten. Danach ist Vermögen „alles, dessen der Mensch in der Gemeinschaft bedarf, um so wie seinesgleichen leben, wirken und sich entfalten zu können". Maßgebend soll das „rechtlich-wirtschaftliche Bedürfnis des Vermögensträgers" sein.

Von den genannten Theorien ist keine in der Lage, für alle vorkommenden Fälle überzeugende Lösungen zur Verfügung zu stellen. Am ehesten läßt sich zu billigen Ergebnissen kommen, wenn man von der rein wirtschaftlichen Theorie grundsätzlich ausgeht und sie nur in Grenzfällen durch die Prinzipien der juristisch-ökonomischen Vermittlungstheorie einschränkt. Vor allem bewährt sich die rein wirtschaftliche Bestimmung des Vermögensbegriffs bei den die Wirtschaft besonders stark berührenden Vermögensdelikten. Diese Auffassung kommt den Bedürfnissen der modernen Wirtschaft auch in den Grenzbereichen des rechtlich eben noch Zulässigen sehr entgegen. Sie vermeidet damit die Entstehung eines rechtsleeren Raumes ohne den erforderlichen Strafrechtsschutz und berücksichtigt die Einhaltung wirtschaftlicher „Spielregeln" selbst in denjenigen Fällen, in denen eine formalrechtliche Betrachtung zu unerwünschten Ergebnissen führen würde. Zur grundsätzlichen Problematik vgl. Bruns in Mezger-Festschrift 1954 S. 335ff. Insbesondere im Anwendungsbereich des § 294 wird der **rein wirtschaftliche Vermögensbegriff** in der Regel zu den besten Lösungen führen. Es gilt hier das gleiche wie beim Tatbestand nach § 81a GmbHG. Vgl. Klug in Hachenburg Anm. 12 zu § 81a.

Ein Nachteil liegt also immer dann vor, wenn das Vermögen im so verstandenen Sinne entweder seinem Werte nach vermindert oder durch das Entstehen neuer Verbindlichkeiten belastet wird, sofern diesen neuen Verbindlichkeiten kein entsprechender Erwerb neuer Aktiva gegenübertritt. Damit sind aber nicht alle Fälle der Nachteilszufügung erfaßt, denn der Begriff des **Nachteils** ist **weiter** als der des **Vermögensschadens.** Auch finanziell nicht ohne weiteres meßbare Nachteile, wie etwa die Kreditschädigung oder die sonstige Minderung des Ansehens einer Aktiengesellschaft, können Nachteile im Sinne des § 294 sein. So Eb. Schmidt in der Vorauflage Anm. 14 und Godin-Wilhelmi Anm. 3 zu § 294. Im gleichen Sinn dürfte wohl auch der Hinweis bei Kohlrausch-Lange Anm. IV zu § 266 StGB zu verstehen sein. Dort heißt es, daß man nur werde sagen können, der Nachteil sei so wie bei § 263 StGB zu berechnen, **wenn** er das Vermögen betreffe. Damit ist offenbar angedeutet, daß unter einem Nachteil im Sinne des allgemeinen Untreuetatbestandes ebenfalls mehr zu verstehen ist als ein Vermögensschaden. Zu einem ähnlichen Ergebnis kommen auch Schönke-Schröder in Anm. V zu § 266 StGB. Nach der dort vertretenen Auffassung soll es bei besonders schweren Fällen im Sinne des § 266 Abs. 2 StGB möglich sein, **auch immaterielle** Schäden zu berücksichtigen. Dem ist zuzustimmen, und zwar mit der Maßgabe, daß diese Ausdehnung des Nachteilsbegriffs gegenüber dem bloßen Vermögensschadensbegriff zugleich für Abs. I und Abs. III des § 294 gültig ist. Zwischen dem Grundtatbestand des Abs. I und der Qualifikation des Abs. III besteht kein grundlegender Unterschied. Es ist also nicht erforderlich, die beiden Fälle verschieden zu behandeln.

Anm. 37

cc) **Nachteil und Vorteil**

Das Gesetz spricht davon, daß der Nachteil der Gesellschaft zugefügt sein muß. Es ist daher bei der Frage, wann ein Nachteil der Gesellschaft vorliegt, grundsätzlich die Nachteilszufügung auf die Aktiengesellschaft selbst zu beziehen. Andererseits muß berücksichtigt werden, daß der Schaden in der Verletzung teilweise stark auseinandergehender Interessen bestehen kann. Es hängt dies damit zusammen, daß § 294 ein mehrschichtig strukturiertes Rechtsgut zu schützen hat. Wie oben in Anm. 4 und 5 ausgeführt wurde, schützt der Tatbestand der aktienrechtlichen Untreue im Rahmen des allgemeinen Vermögens- und Vertrauensschutzes zunächst die Aktiengesellschaft als solche, sodann aber auch die Gesellschaftsgläubiger, die Aktionäre und die Arbeitnehmer der Gesellschaft. In allen diesen Richtungen kann eine Nachteilszufügung sich auswirken. Für die Verwirklichung des Tatbestands muß es als ausreichend angesehen werden, wenn einer der geschützten Interessenkreise benachteiligt ist, wenn zugleich die Aktiengesellschaft als solche, sei es mittelbar oder sei es unmittelbar, geschädigt ist. Schwierigkeiten ergeben sich allerdings dann, wenn ein und dasselbe Verhalten des Täters sich gleichzeitig im Hinblick auf den einen Interessenbereich als Gesellschaftsnachteil und auf den anderen als Gesellschaftsvorteil erweist. So können zum Beispiel

Gewinnausschüttungen in dieser Weise ambivalent sein. Die Aktionäre können zum Beispiel der Auffassung sein, daß eine solche Ausschüttung sich günstig für eine bevorstehende Kapitalerhöhung mit entsprechender Aktienemission auswirkt und daß eine solche Steigerung des Emissionsstanding wegen der Möglichkeit, die Kapitalbasis zu erweitern, von erheblichem Vorteil für die Gesellschaft sei. Für die Gesellschaftsgläubiger kann dagegen eine solche Gewinnausschüttung ein ganz anderes Gesicht haben, weil ein solches Vorgehen zu einer Liquiditätseinschränkung der Gesellschaft führt und zwar vor allem dann, wenn damit zu rechnen ist, daß die aus der angestrebten Aktienemission erworbenen Mittel ausschließlich für Investitionen eingesetzt werden. In einer derartigen Liquiditätsverringerung können die Gesellschaftsgläubiger durchaus einen Nachteil für die Gesellschaft als Ganze erblicken. Kompliziert wird das Bild in dem hier angenommenen Beispielsfall noch dadurch, daß aus der Sicht der Arbeitnehmer in der betreffenden Gewinnausschüttung sowohl ein Vorteil als auch ein Nachteil erblickt werden kann, und zwar je nachdem, welche Folgerungen sich etwa für die Anzahl der Arbeitsplätze, für den Verlust von bewährtem Stammpersonal usw. ergeben. Es erweist sich damit, daß die Prüfung des Tatbestandsmerkmals der Nachteilszufügung unter Umständen außerordentlich schwierig sein kann. Erforderlich ist eine genaue Abwägung der verschiedenen, einander überschneidenden im Hinblick auf das geschützte Rechtsgut zu berücksichtigenden Interessen. Nicht übersehen werden darf allerdings, daß ein für eine der in Betracht kommenden Interessengruppen entstehender Nachteil nur dann für den Tatbestand des § 294 von Bedeutung sein kann, wenn dieser Gruppennachteil gleichzeitig ein allgemeiner Nachteil für die Aktiengesellschaft als solche ist. Ebenso Eb. Schmidt Anm. 15 der Vorauflage.

Wenn das nachteilige Verhalten des Täters für die Gesellschaft **gleichzeitig zu einem Vorteil führt** und durch diesen der Nachteil mindestens ausgeglichen wird, liegt kein Nachteil im Sinne des Tatbestands vor. RGSt. 75, 230. Allerdings wird man dem BGH darin beipflichten müssen, daß die Frage, ob aus einem bestimmten Verhalten, das zu einer Mehrheit von Tätigkeiten gehört, ein Nachteil entstanden ist, nicht immer nur nach dem Gesamterfolg des betreffenden Verhaltens beurteilt werden kann. Die Entscheidung, ob eine tatbestandsmäßige Nachteilszufügung vorliegt, muß vielmehr für die einzelnen Handlungen, sofern ihnen nur ein gewisser Grad von Selbständigkeit gegenüber den anderen Verhaltensweisen zukommt, selbständig getroffen werden, denn der Gesamterfolg verschmilzt die betreffenden Tätigkeiten strafrechtlich in der Regel nicht zu einer Einheit. Vgl. BGH 1 StR 641/52 vom 3. 9. 53. Soweit es in der Rechtsprechung den Anschein hat, als ob gelegentlich eine andere Auffassung vertreten würde, handelt es sich jeweils um besonders gelagerte Fälle, in denen ein wirtschaftlich höherstehender Vorteil nicht anders erreichbar war als unter Inkaufnahme wirtschaftlich weniger wichtiger Nachteile für die Aktiengesellschaft. RGSt. 65, 422 und 430; HRR 29 Nr. 59; JW 1936, 882; BGH 1 StR 409/54 vom 12. 2. 55.

Eine **spätere Wiedergutmachung** des verursachten Schadens ist für die Tatbestandsmäßigkeit der Nachteilszufügung bedeutungslos, denn § 294 verlangt nicht die Herbeiführung eines unkorrigierbaren Schadens. Die spätere Wiedergutmachung kann allenfalls bei der Strafzumessung Berücksichtigung finden. RG in JW 03, 326; RGSt. 68, 374.

Wird ein vermögensschädigendes Verhalten dadurch ausgeglichen, daß **gleichzeitig ein Vorteil** für die Gesellschaft erlangt ist, so bleibt es im Endergebnis gleichwohl bei der Verwirklichung des Tatbestandsmerkmals der Nachteilszufügung, wenn der betreffende Vorteil durch ein grob unredliches Verhalten gegenüber Dritten erlangt wurde. Das Reichsgericht hat diese Auffassung mit dem allgemeinen Satz begründet, daß ein Nachteil im Sinne des Untreuetatbestands niemals durch den Erfolg einer groben Unredlichkeit gegen einen Dritten, die mit der betreffenden Untreuehandlung verbunden ist, aufgehoben und damit für das Gesamtergebnis beseitigt werden kann. RGSt. 71, 344 unter Bezugnahme auf RGSt. 65, 430, 431 und RG 1 D 598/28, zugleich HRR 1929 Nr. 59. In dieser allgemeinen Formulierung ist der vom Reichsgericht aufgestellte Rechtssatz bedenklich, obwohl der seinerzeit zu entscheidende Fall im Ergebnis sicher richtig entschieden worden ist. Bei dem jener Entscheidung zugrunde liegenden Sachverhalt handelte es sich darum, daß ein Vorstandsmitglied einer Aktiengesellschaft einem Dritten, der gewisse Maßnahmen der Gesellschaft zu überwachen hatte, übermäßig hohe Zuwendungen gemacht hatte. Der Empfänger der Zuwendungen sollte dadurch bewogen werden, seine Überwachungstätigkeit einzuschränken. Dies gelang, und der Wert der Vorteile, die der Gesellschaft daraus erwuchsen, war größer als der Wert der unlauteren Zuwendungen. Das Reichsgericht hatte Recht, wenn es annahm, daß die erlangten Vorteile die Nachteile nicht ausgleichen konnten, welche der Gesellschaft zugefügt wurden durch die Zuwendungen, zu deren Leistung sie nicht verpflichtet war. Der Ausgleich wurde aber nicht dadurch verhindert, daß die Vorteile unredlich erlangt worden waren, sondern vielmehr dadurch, daß es sich hier nicht um wirkliche Vorteile handelte, weil die Gesellschaft mit der Entdeckung der Unredlichkeiten und den sich dann ergebenden Schadensersatzansprüchen sowie sonstigen Nachteilen rechnen mußte. Es muß also in diesen oder ähnlich gelagerten Fällen stets genau geprüft werden, ob die in Kauf genommenen Nachteile wirklich durch echte Vorteile ausgeglichen werden. Das wird in der Regel dann zu verneinen sein, wenn die erlangten Vorteile wegen der Unredlichkeit des Erwerbs keinen Bestand versprechen.

Da die aktienrechtliche Untreue ein reines Schädigungs- und kein Bereicherungsdelikt ist, braucht der Herbeiführung des Nachteils **kein Vorteil** auf Seiten des **Täters** oder eines **Dritten** zu entsprechen. Es braucht bei § 294 ebenso wie bei der allgemeinen Untreue des § 266 StGB nicht einmal die Bereicherungsabsicht beim Täter vorzuliegen. Vgl. für § 266 StGB Jagusch in LK Anm. 2d.

Anm. 38

dd) **Vorübergehende Nachteile und Vermögensgefährdung**

Hat das Verhalten des Täters zunächst schädliche, dann aber im voraussehbaren, ursächlichen und nicht nur zufälligen Zusammenhang hiermit günstige Folgen für die Gesellschaft, dann braucht ebenfalls kein Nachteil vorzuliegen. Andererseits ist zu beachten, daß für die Verwirklichung des Tatbestands des § 294 schon die Herbeiführung einer nur **vorübergehenden Benachteiligung** genügt. RGSt. 27, 39. Die nur vorübergehende Benachteiligung reicht für die Anwendung des § 294 dann aus, wenn die spätere Nachteilsbeseitigung nur in einem zufälligen oder jedenfalls nicht voraussehbaren ursächlichen Zusammenhang mit dem schädigenden Verhalten des Täters steht.

Als Nachteil im Sinne des Untreuetatbestands muß auch die bloße **Vermögensgefährdung** der Gesellschaft angesehen werden, und zwar dann, wenn durch eine aktuelle Gefährdung das Vermögen schon in seinem gegenwärtigen Wert als vermindert anzusehen ist. Vgl. RGZ 129, 272; RG GA 54, 414; Kohlhaas in Erbs Anm. 4 A zu § 81 a GmbHG; Klug in Hachenburg Anm. 14 zu § 81 a; Maurach BT § 39 II A 3. Die Vermögensgefährdung muß also eine **konkrete** sein, eine abstrakte Gefährdung genügt nicht. Die Auffassung, daß eine Vermögensgefährdung für die Verwirklichung des Tatbestandsmerkmals der Nachteilszufügung ausreicht, entspricht im übrigen auch der durchaus herrschenden Meinung zu § 266 StGB. RGSt. 71, 31, RG JW 1935, 29, 63; BGHSt. 3, 370; Jagusch in LK Anm. 2c; Kohlrausch-Lange Anm. IV; Maurach BT § 39 II A 3a; Mezger BT § 61 V und § 57 V 2d; Welzel § 53 I 4 und § 55 A 1a; Schönke-Schröder Anm. 5 zu § 266 StGB. — Für die Untreue im GmbH-Recht vgl. Klug in Hachenburg Anm. 14 zu § 81 a.

Anm. 39

ee) **Tatbestandsverwirklichung durch Unterlassen**

Das Handeln zum Nachteil der Gesellschaft kann sowohl in einem (aktiven) Tun als auch in einem (passiven) **Unterlassen** bestehen. Eine Nachteilszufügung durch Unterlassen ist jedoch nur dann strafbar, wenn für das Mitglied des Vorstands oder das Aufsichtsratsmitglied oder den Abwickler eine Pflicht zu einem den schädigenden Erfolg verhindernden Tun bestand. Das ergibt sich aus den allgemeinen Regeln des Strafrechts und ist unbestritten. Diese gewohnheitsrechtlich legitimierte Auffassung faßt § 13 E 62 folgendermaßen zusammen: „Wer es unterläßt, einen Erfolg abzuwenden, der zum Tatbestand eines Strafgesetzes gehört, ist als Täter oder Teilnehmer strafbar, wenn er rechtlich dafür einzustehen hat, daß der Erfolg nicht eintreten werde, und sein Verhalten den Umständen nach der Verwirklichung des gesetzlichen Tatbestandes durch ein Tun gleichwertig ist." Die Pflicht, für die Erfolgsabwendung Sorge tragen zu müssen, kann begründet sein durch das Gesetz, einen Vertrag oder eine sonstige sog. Garantenstellung. Die Garantenstellung kann sich wiederum ergeben aus dem besonderen Vertrauens- und Treuhandverhältnis zwischen dem Täter und der Aktiengesellschaft oder aus einem vorausgegangenen Tun, durch das der Täter eine Gefahr für die Gesellschaft herbeigeführt hat. Ursächlich ist eine Unterlassung für den tatbestandsmäßigen Erfolg, hier also die Nachteilszufügung gegenüber der Aktiengesellschaft, nur dann, wenn die unterlassene Handlung nicht hinzugedacht werden kann, ohne daß zugleich der Erfolg wegfiele. RGSt. 63, 392 und 75, 50. Kausal ist für den Tatbestand des § 294 demnach ein Unterlassen dann, wenn der Unterlassende den Erfolg, d. h. das Eintreten des Nachteils für die Gesellschaft abwenden konnte. Wegen der Einzelheiten zur allgemeinen Lehre von den unechten Unterlassungsdelikten vgl. u. a. Kohlrausch-Lange Vorbemerkung II vor § 1; Maurach A T § 46 III; Mezger A T § 28; Schönke-Schröder Vorbemerkung VI vor § 1; von Weber Grundriß des Deutschen Strafrechts, 1948, § 7 II; Wegner Strafrecht, Allg. Teil, 1951, S. 113; Welzel § 27; und mit beachtlicher Kritik der herrschenden Auffassung: Mayer § 17. Für die Garantenpflicht im Rahmen des § 294 ist bei den Verwaltungsträgern der Aktiengesellschaft ein strenger Maßstab anzulegen. Dies geht für die Vorstandsmitglieder aus § 84, für die Aufsichtsratsmitglieder aus § 99 und für die Abwickler aus § 209 Abs. II hervor. Vgl. hierzu die Erläuterungen an den entsprechenden Stellen.

Aus dem Gesagten folgen u. a. weitgehende **Mitteilungspflichten.** Hat z. B. ein im Aufsichtsrat überstimmtes Mitglied gegen den Mehrheitsbeschluß rechtliche, vielleicht sogar strafrechtliche Bedenken, dann hat es die Rechtspflicht, den Eintritt von Schädigungen für die Gesellschaft durch geeignete Mitteilungen an den Vorstand abzuwenden. Welchen Verwaltungsträger im einzelnen die konkrete Schadensabwendungspflicht trifft, bestimmt sich nach der vom Gesetz vorgenommenen Verteilung der Aufgaben. Führt etwa die Weiterzahlung der dem Vorstand vertraglich zugesagten hohen Gesamtbezüge zu einer als „schwere Unbilligkeit" sich darstellenden Minderung des Gesellschaftsvermögens, so ist nach § 78 Abs. II der Aufsichtsrat dasjenige Organ, das zur Abwendung des Schadens tätig werden muß. Denn das Gesetz gibt ihm die Möglichkeit, die Bezüge des Vorstands in angemessener Weise herabzusetzen, falls eine so wesentliche Verschlechterung in den Verhältnissen der Gesellschaft eintritt, daß die Weitergewährung der Bezüge eine schwere Unbilligkeit für die Gesellschaft sein würde. Näheres vgl. oben Anm. 8 zu § 78. Als Beispiel für Untreuehandlungen durch Unterlassen, die auch für die Auslegung des § 294 von Bedeutung werden können, seien im folgenden noch aus der Rechtsprechung zum allgemeinen Untreuetatbestand des § 266 des StGB genannt: die Versäumung von Maßnahmen zur Schadensabwendung oder zur Verfolgung von Ersatzansprüchen; das Geschehenlassen schädlicher Einwirkungen; das Verkommenlassen eines Grundstücks, einer Ernte oder eines Warenlagers; pflichtwidrige Nichtbeaufsichtigung, RGSt. 76, 115; Nichteinziehung einer nicht einmal in die Bücher eingetragenen Forderung (bedenklich in RG GA 50, 114); Nichtwiedergutmachung eines schuldhaft herbeigeführten Schadens des Treugebers, RGSt. 71, 273; die Verwirkung oder das Verjährenlassen eines Anspruchs, RGSt. 11, 412; Nichtanlage von Mündelgeldern, RG in GA 36, 400; die Nichtversicherung gegen naheliegende Gefahren; das Nichtentziehen oder Nichtlöschen einer Prokura.

Anm. 40

b) **Besondere Fragen**

aa) **Rechtsgeschäftliches und nicht-rechtsgeschäftliches Handeln**

Das die Nachteilszufügung verursachende Handeln oder Unterlassen braucht nicht rechtsgeschäftlicher Art zu sein. Es kann auch in einem rein tatsächlichen Verhalten bestehen. Dies würde etwa dort vorliegen, wo mit Gesellschaftsmitteln auf einem fremden Grundstück Bauten errichtet werden, ohne daß die hierdurch entstehenden Ansprüche gegenüber dem Grundstückseigentümer in der erforderlichen Weise gesichert sind. Desgleichen wäre das Verbreiten kreditschädigender Gerüchte ebenfalls ein solches nicht-rechtsgeschäftliches Handeln, das geeignet ist, das Tatbestandsmerkmal des Handelns zum Nachteil der Gesellschaft zu verwirklichen. Vgl. Kohlhaas Anm. 4 zu § 146 GenG.

Anm. 41

bb) **Handeln in der Eigenschaft als Vorstandsmitglied, Aufsichtsratsmitglied oder Abwickler**

Daß der Täter in seiner Eigenschaft als Vorstandsmitglied, Aufsichtsratsmitglied oder Abwickler gehandelt hat, ist nicht erforderlich für die Erfüllung des Tatbestands. Vgl. hierzu das oben Anm. 8 Gesagte.

Anm. 42

cc) **Pflichtwidrigkeit als Tatbestandsmerkmal**

Da einerseits eine Vermögensgefährdung, wie bei Anm. 38 näher ausgeführt wurde, bereits einen Nachteil im Sinne des Tatbestands des § 294 darstellt und andererseits eine unternehmerische Tätigkeit im modernen Wirtschaftsleben ohne das Eingehen von Risiken nicht denkbar ist, entsteht die Frage, inwieweit die Anwendung des Tatbestands der aktienrechtlichen Untreue trotz formaler Erfüllung der gesetzlichen Voraussetzungen eingeschränkt werden kann. Daß ein Bedürfnis für eine solche Einschränkung besteht, ist seit langem anerkannt. Auch im Rahmen des allgemeinen Untreuetatbestands des § 266 StGB sind wegen der außerordentlich weiten Fassung des gesetzlichen Wortlauts entsprechende Überlegungen erforderlich geworden. Nach der bisher herrschenden Meinung liegt bei Geschäftshandlungen, die von Vorstandsmitgliedern, Mitgliedern des Aufsichtsrats oder Abwicklern vorgenommen werden, dann kein „Handeln zum Nachteil der Aktiengesellschaft" vor, wenn die betreffenden Geschäftshandlungen zwar fehlgegangen sind und infolgedessen zu Vermögenseinbußen geführt haben, diese Geschäftshandlungen sich aber im Rahmen des sog. **erlaubten Risikos** gehalten haben. Mit Recht hat man darauf hingewiesen, daß ein vorsätzlich riskantes Geschäft nicht schon deswegen eine Untreuehandlung darstelle, weil es fehlgeschlagen sei und die Aktiengesellschaft dadurch einen Schaden erlitten habe. Es käme vielmehr entscheidend darauf an, ob das eingegangene Risiko sich im Rahmen derjenigen Grenzen halte, die für die Sorgfalt eines ordentlichen und gewissenhaften Geschäftsleiters (§§ 84 Abs. I, 99 und 209 Abs. III) gelten. Ist diese Sorgfaltspflicht eingehalten worden, dann war die betreffende Geschäftshandlung trotz des Fehlschlags nicht pflichtwidrig. Das Fehlen der **Pflichtwidrigkeit** soll dann nicht erst die Rechtswidrigkeit eines an sich tatbestandsmäßigen Verhaltens, sondern schon die Tatbestandsmäßigkeit selbst beseitigen. Die Pflichtwidrigkeit wird bei dieser Auffassung zu einem, wie gelegentlich gesagt worden ist, ungeschriebenen normativen Tatbestandsmerkmal des § 294. Diese Meinung hat sich, wie gesagt, vor allem bei denjenigen Geschäften entwickelt, die sich im Rahmen des sog. erlaubten Risikos halten, so daß das erlaubte Risiko kein bloßer Rechtfertigungsgrund, sondern ein materiell-rechtlicher Gesichtspunkt für die Begrenzung der Reichweite eines Tatbestands des § 294 ist. Das hatte bereits Eb. Schmidt zu §§ 312ff. a. F. HGB herausgearbeitet. Vgl. Eb. Schmidt Anm. 20 der Vorauflage; ebenso jetzt Baumbach-Hueck Anm. 2 zu § 294; Kohlhaas Anm. 4 zu § 146 GenG; RGSt. 69, 203; BGHSt. 3, 23. Ob der Täter bei dem für die Gesellschaft nachteiligen Geschäft die vom Gesetz geforderte Sorgfalt des ordentlichen und gewissenhaften Geschäftsleiters angewandt hat, richtet sich nach den im redlichen Geschäftsverkehr herrschenden Anschauungen, wobei jeweils auf die besonderen Umstände des Einzelfalles, insbesondere auf Art und Größe des Unternehmens Rücksicht zu nehmen ist. Es kommt nur auf die erforderliche Sorgfalt, nicht etwa auf eine üblich gewordene Sorglosigkeit an. RGZ 128, 44; 138, 325. Weitere Einzelheiten s. o. Anm. 9 und 10 zu § 84. Mit allgemeinen Formeln ist hier allerdings wenig zu erreichen. Daß Vorstandsmitglieder verpflichtet sind, „den Vorteil der Gesellschaft zu wahren und Schaden von ihr abzuwenden" (RGSt. in Recht 1930 Nr. 823), ist eine Selbstverständlichkeit und ergibt kaum etwas für die Auslegung des Tatbestandsmerkmals der Pflichtwidrigkeit. Dem richterlichen Ermessen ist hier ein weiter Spielraum überlassen. Je nach dem Geschäftszweck und der Wirtschaftslage können sogar Spekulationsgeschäfte in den Bereich des erlaubten Risikos fallen. Sie sind dann, wenn sie fehlschlagen, keine pflichtwidrigen Nachteilszufügungen und stellen folglich keine Tatbestandsverwirklichung dar. Andererseits verträgt sich die Verwendung von Mitteln der Gesellschaft zu Spielzwecken selbstverständlich nicht mit den Gepflogenheiten eines ordentlichen und gewissenhaften Geschäftsleiters. Selbst Ausgaben, die entweder überhaupt nicht oder nicht in absehbarer Zeit einen meßbaren Wertzuwachs erzielen, können pflichtmäßig sein. Hierher sind etwa zu zählen: kostspielige Reklamen, Akquisitionsausgaben, Geschäftsreisen, Beteiligung an Ausstellungen, Experimente, Ankauf eines anderen Geschäfts für einen den Wert übersteigenden Preis, um den lästigen Wettbewerb eines Geschäfts zu beseitigen, Verkauf von Waren unter dem Marktpreis aus wettbewerblichen Gründen usw. Auch gewisse Freigebigkeiten stellen sich wegen fehlender Pflichtwidrigkeit trotz unvermeidlicher Vermögensminderung für die Gesellschaft tatbestandsmäßig im Sinne des § 294 nicht als Nachteilszufügung dar. Hierher gehören u. a.: Stiftungen zu wissenschaftlichen oder zu Wohlfahrtszwecken, Befriedigung nicht anzuerkennender Ansprüche zum Zwecke der Hebung des Gesellschaftsansehens, Veranstaltung eines Richtfestes bei Erbauung eines neuen Fabrikgebäudes, Jubiläumsfeierlichkeiten, Betriebsausflüge, Verschönerung der Arbeitsstätten, Gewährung von Sondervergütungen an die Gefolgschaft, von Unterstützungen bei Erkrankungen und Unglücksfällen, Zahlung von sog. Gnadenpensionen an Witwen und Waisen von Angestellten trotz Fehlens eines Pensionsanspruchs, Ausgaben für Beerdigungen von Arbeitnehmern. Allerdings sind derartige Freigebigkeiten nur dann nicht pflichtwidrig, wenn sie sich im Rahmen des durch die Gesamtvermögenslage der Gesellschaft und ihre Rolle im Wirtschaftsleben Gebotenen halten. Selbst einem Verhalten, das gegen die Satzung oder gegen einen Beschluß der Hauptversammlung verstößt, kann ausnahmsweise die Pflichtwidrigkeit fehlen. Allerdings müssen dann ganz besondere Gründe, die von Fall zu Fall zu ermitteln sind, vorliegen. Ebenso Eb. Schmidt in der Vorauflage.

Anm. 43

dd) **Bedenken gegen ein Tatbestandsmerkmal der Pflichtwidrigkeit**

Die im vorstehenden dargelegte Auffassung ist bedenklich, denn sie kann zu dem unbilligen Ergebnis führen, daß der Irrtum eines bedenken- und rücksichtslosen Täters über die Pflichtwidrigkeit seines Verhaltens ein Tatbestandsirrtum wäre. Dies hätte zur Folge, daß nach § 59 StGB der Vorsatz entfiele und der Täter, da § 294 nur bei vorsätzlicher, nicht aber bei fahrlässiger Nachteilszufügung eingreift, strafrechtlich nicht zur Verantwortung gezogen werden könnte. Anders wäre es dann, wenn im Fehlen der Pflichtwidrigkeit kein den Tatbestand, sondern nur ein die Rechtswidrigkeit ausschließender Gesichtspunkt gesehen würde. Ein Irrtum über die Pflichtwidrigkeit wäre dann ein Verbotsirrtum, der in der Regel an der Tatbestandsmäßigkeit des Verhaltens nichts ändern könnte, so daß die Möglichkeit einer strafrechtlichen Haftung grundsätzlich bestehen bleibt. Zu den Irrtumsproblemen vergleiche das Nähere unten Anm. 62 u. 63.

Bedenklich ist die Zulassung eines neuen Tatbestandsmerkmals dieser Art ferner deshalb, weil sie zu einer gefährlichen Aufspaltung der strafrechtlichen Rechtswidrigkeitsfrage führt. Im Strafrecht ist Pflichtwidrigkeit ein Sonderfall der Rechtswidrigkeit, denn pflichtwidrig ist ein Verhalten in bezug auf § 294 dann, wenn es gegen §§ 84 Abs. I, 99 oder 209 Abs. III verstößt. Es ist daher zugleich rechtswidrig, es sei denn, daß besondere Rechtfertigungsgründe, wie Notwehr, übergesetzlicher Notstand usw. gegeben wären. Geht man nun davon aus, daß die Pflichtwidrigkeit ein Tatbestandsmerkmal ist, so hat dies zur Folge, daß die Rechtswidrigkeit zweimal geprüft werden muß, nämlich zunächst hinsichtlich der Pflichtwidrigkeit beim **Vorsatz** und außerdem bezüglich der übrigen Rechtswidrigkeitsvoraussetzungen beim **Unrechtsbewußtsein.** Man käme dann zu unhaltbaren Ergebnissen. Während ein Irrtum über die Pflichtwidrigkeit, wie gesagt, zur Verneinung des Vorsatzes führen würde, könnte beispielsweise ein Irrtum über die Reichweite eines Rechtfertigungsgrundes nur das Unrechtsbewußtsein beeinflussen.

Andererseits kann nicht geleugnet werden, daß in vielen der oben genannten Fälle nur die Verneinung der Frage nach der Tatbestandsmäßigkeit zu richtigen Ergebnissen führt. Man wird deshalb differenzieren müssen. Der im Schrifttum und in der Rechtsprechung benutzte Begriff der Pflichtwidrigkeit als Tatbestandsmerkmal ist hierfür allerdings wenig geeignet, da er ohne besondere kennzeichnende Zusätze nicht erkennen läßt, ob er der Rechtswidrigkeits- oder der Tatbestandsbestimmung dienen soll. Dies hängt damit zusammen, daß der Begriff der Pflichtwidrigkeit, unabhängig von seinem jeweiligen Inhalt, schon wegen seiner logischen Struktur mehrdeutig ist. Die Behauptung, jemand habe sich pflichtwidrig verhalten, kann zweierlei Bedeutung haben: Sie kann einmal besagen, das betreffende Verhalten habe sich nicht im Rahmen des **Erlaubten** gehalten, und sie kann zum anderen bedeuten, daß sich jenes Verhalten nicht innerhalb der Grenzen des **Gebotenen** bewegt habe. Die Bereiche des Erlaubten und des Verbotenen decken sich aber nicht. Zwar ist im üblichen Sprachgebrauch alles, was geboten ist, zugleich erlaubt. Die Umkehrung aber gilt nicht, denn das, was man darf, ist nicht identisch mit dem, was man soll.

Anm. 44

ee) **Gebotenes und erlaubtes Risiko**

Ausgehend von dem Hauptfall, bei dem im Rahmen des § 294 die Frage der Tatbestands- oder Rechtswidrigkeitsbeseitigung aktuell wird, kann man zwischen fehlgegangenen Geschäftshandlungen, die sich im Rahmen eines gebotenen, und solchen, die sich im Rahmen eines erlaubten Risikos gehalten haben, unterscheiden. Diese bisher übersehene Unterscheidung zwischen **gebotenem Risiko** und **erlaubtem Risiko** gibt die Möglichkeit, zwischen der Auswirkung auf den Tatbestand und der Auswirkung auf die Rechtswidrigkeit zu unterscheiden. Vgl. Klug, Sozialkongruenz und Sozialadäquanz im Strafrechtssystem, in Festschrift für Eb. Schmidt, 1961, S. 260ff. Das Tatbestandsmerkmal der Pflichtwidrigkeit kann man dann in Übereinstimmung mit Welzel vollkommen fallen lassen. Vgl. Welzel § 55 B.

Von gebotenem Risiko wird man dort sprechen können, wo es sich um Geschäftshandlungen handelt, die ein Vorstandsmitglied — und das Entsprechende wird für Mitglieder des Aufsichtsrats und Abwickler zu gelten haben — in Verwirklichung der von einem ordentlichen und gewissenhaften Geschäftsleiter geforderten unternehmerischen Initiative vornimmt. Da in der Wirtschaft risikoloses Verhalten kaum denkbar ist, ist die Geschäftsleitung gezwungen, Risiken einzugehen. Schlägt das betreffende Geschäft ungünstig aus und ergeben sich dementsprechend nachteilige Folgen für die Aktiengesellschaft, dann muß gleichwohl die Tatbestandsmäßigkeit verneint werden, wenn das Verhalten des Täters in dem geschilderten Sinn lediglich in der Eingehung eines gebotenen Risikos bestand. Entscheidend ist hier die Beantwortung der Frage, ob sich das Wagnis im Rahmen des Normalen hielt. Ein Beispiel hierfür bietet etwa der bei schwankenden Preisen immer riskante Einkauf für das Rohstofflager eines Produktionsunternehmens. Halten sich die Einkäufe in den Grenzen eines schon jahrelang praktizierten, mit dem jeweiligen Auftragsbestand verbundenen branchenüblichen Umfangs und entstehen trotzdem durch einen Preissturz auf dem Rohstoffmarkt Verluste, so war das Wagnis normal und das eingegangene Risiko geboten, da ja auf den üblichen Rohstoffeinkauf nicht verzichtet werden darf. Übersteigt dagegen das eingegangene Risiko das normale Maß, dann kann es gleichwohl noch ein erlaubtes Risiko sein, dies nämlich dann, wenn das erhöhte Wagnis — um im Beispiel zu bleiben — in den Grenzen der auch einem ordentlichen und gewissenhaften Geschäftsleiter in der Regel nicht verbotenen spekulativen Rohstoffeinkäufe liegt. In diesen Fällen findet der Gesichtspunkt des erlaubten Risikos Anwendung. Es wird dann nicht wie beim gebotenen Risiko die Tatbestandsmäßigkeit, sondern nur die Rechtswidrigkeit der Nachteilszufügung aufgehoben. Eine solche Differenzierung dürfte mit der Verkehrsanschauung übereinstimmen, denn sie beruht auf der in den einzelnen Branchen verhältnismäßig genau bestimmbaren Unterscheidungen zwischen normalem und unnormalem Wagnis. Im ersten Fall wird niemand auf den Gedanken kommen, daß hier tatbestandsmäßig eine aktienrechtliche Untreue vorliegt. Die Unternehmensleitungen würden sich sonst in der paradoxen Lage sehen müssen, daß sie täglich und stündlich einen Straftatbestand verwirklichten. Nur bei Sonderfällen, also bei Überschreitung des gebotenen, aber Einhaltung des erlaubten Risikos, wird dem Handelnden erst der Gedanke an die Realisierung eines Untreuetatbestands und damit an eine mögliche Strafbarkeit, die allerdings unter dem Gesichtspunkt der Rechtfertigung des an sich tatbestandsmäßigen Verhaltens wegfällt, kommen. Unter Berücksichtigung des Gesagten kann also als Ergebnis festgehalten werden, daß der Gedanke des **gebotenen Risikos** als **Tatbestandsausschließungsgrund** und der des **erlaubten Risikos** als **Rechtfertigungsgrund** für die Anwendung des § 294 heranzuziehen sind. Ein Irrtum über das Gebotensein eines eingegangenen Risikos ist demnach ein den Vorsatz ausschließender Tatbestandsirrtum, während ein Irrtum über das Erlaubtsein des eingegangenen Risikos ein lediglich das für den Schuldvorwurf erhebliche Unrechtsbewußtsein beeinflussender Verbotsirrtum ist. Auf diese Weise kommt man zu einer sinnvollen Unterscheidung der Fälle, die sich bei der Annahme des ungeschriebenen Tatbestandsmerkmals der Pflichtwidrigkeit nicht differenzieren lassen.

Anm. 45

ff) **Sozialkongruenz und Sozialadäquanz**

Die im Vorangehenden behandelte Unterscheidung zwischen gebotenem und erlaubtem Risiko baut auf einem noch allgemeineren Prinzip auf. Nur wenn man das Risiko an vorgeordneten sozialethischen Normen mißt, kann man zwischen gebotenem und erlaubtem Risiko unterscheiden. Im Anschluß an Welzel § 14 I 3 kann man ein Verhalten, das im Rahmen des sozialethisch Erlaubten liegt, sozialadäquat nennen. Demgemäß ist die **Sozialadäquanz** ein Rechtfertigungsgrund bei an sich tatbestandsmäßigem Handeln zum Nachteil der Aktiengesellschaft. Liegt dagegen ein Verhalten in den Grenzen des sozialethisch Gebotenen, dann ist es sozialkongruent. Trotz formaler Tatbestandserfüllung ist unter dieser Voraussetzung schon die Tatbestandsmäßigkeit einer Nachteilszufügung zu verneinen. Die **Sozialkongruenz** ist demzufolge ein Tatbestandsausschließungsgrund. Das erlaubte Risiko ist hiernach ein Sonderfall der Sozialadäquanz und das gebotene Risiko ein Sonderfall der Sozialkongruenz.

Für weitere vor allem auf andere Straftatbestände bezügliche Einzelheiten vgl. Klug „Sozialkongruenz und Sozialadäquanz im Strafrechtssystem", in Festschrift für Eberhard Schmidt, 1961, Seite 261 ff. Folgerichtig ist der Irrtum über die Sozialadäquanz eines Verhaltens ein Verbots- und ein Irrtum über die Sozialkongruenz ein Tatbestandsirrtum. S. unten Anm. 63.

Während die Grenzziehung in den Fällen, die, ähnlich wie der oben erwähnte Fall der Rohstofflagerhaltung, unter Berücksichtigung der in den einzelnen Branchen üblichen Erfahrungssätze und „Faustregeln" verhältnismäßig einfach ist, kann die Grenzziehung bei anderen Sachlagen schwieriger sein. Die Ausschließung des Tatbestands unter dem Gedanken der Sozialkongruenz muß deshalb selten bleiben. Bestehen Zweifel, dann wird lediglich Sozialadäquanz, d. h. also nur Rechtfertigung des an sich tatbestandsmäßigen Verhaltens anzunehmen sein. Daß überhaupt Schwierigkeiten bei der Grenzziehung entstehen können, kann nicht gegen die dargestellte Unterscheidung sprechen. Die in anderem strafrechtlichen Zusammenhang entstehenden Probleme der Rechtsgüterabwägung, der Zumutbarkeit usw. sind nicht weniger schwierig. Gleichwohl wird bei der Auslegung und Anwendung des Gesetzes auf die Berücksichtigung dieser Prinzipien nicht verzichtet. Hinzu kommt, daß gerade bei § 294 im Hinblick auf die außerordentlich weite Fassung des gesetzlichen Wortlauts die Notwendigkeit einer Heranziehung von Tatbestandsausschließungsprinzipien der Sache nach seit langem anerkannt ist. Vgl. hierzu die eindrucksvollen Ausführungen von Eb. Schmidt unter Anm. 20 und 21 in der Vorauflage.

Anm. 46

gg) **Vollendung und Versuch sowie Kausalzusammenhang**

Vollendet ist die Tat, wenn der Täter durch sein Verhalten alle Tatbestandsmerkmale verwirklicht hat. Da die aktienrechtliche Untreue ein Erfolgsdelikt ist, genügt es für die Vollendung der Tat nicht, wenn das Handeln als solches beendet ist. Es muß vielmehr außerdem hinzukommen, daß der durch das Handeln oder das rechtspflichtwidrige Unterlassen verursachte Erfolg, nämlich der Nachteil für die Aktiengesellschaft, eingetreten ist. Erst in diesem Zeitpunkt ist das Delikt vollendet. RGSt. 42, 174; Kohlhaas

Anm. 5 zu § 146 GenG. Zu beachten ist allerdings, daß der vom Gesetz geforderte Erfolg bereits in dem Entstehen einer konkreten Vermögensgefährdung bestehen kann. Oben Anm. 38. In der Regel wird daher die Vollendung der Straftat des § 294 mit dem Zeitpunkt der Beendigung des Handelns des Täters zusammenfallen.

Nicht zur Vollendung gehört es, daß der Täter seine Absicht, die meist eine Bereicherungsabsicht sein wird, erreicht hat. Es genügt die Herbeiführung des Nachteils für die Gesellschaft. Insofern ist § 294 ein sog. kupiertes Erfolgsdelikt.

Verursacht ist der Nachteil nach der im Strafrecht herrschenden **Bedingungstheorie** (RGSt. 44, 244; BGH JZ 51, 787), wenn das Verhalten des Täters, wie es in Anwendung der bekannten condicio sine qua non-Formel lauten muß, nicht „hinweggedacht" werden kann, ohne daß dieser Nachteil in seiner konkreten Gestalt entfiele. Für die Haftung aus § 294 ist es infolgedessen im Gegensatz zum bürgerlichen Recht, wo die sog. Adäquanztheorie auf die Kausalitätsfrage angewandt wird, gleichgültig, ob die Verursachung des tatbestandsmäßigen Erfolges auf einem gewöhnlichen oder auf einem ganz ungewöhnlichen Verlauf der Ereignisse beruht. Auf eine Wahrscheinlichkeitsanalyse kommt es hier nicht an. Insofern ist also die strafrechtliche Haftung theoretisch strenger als die zivilrechtliche. Allerdings wird der Unterschied praktisch dadurch wenigstens zum Teil illusorisch gemacht, daß bei der Frage, ob der Täter den erforderlichen Vorsatz hatte, geprüft werden muß, ob der Täter den in Rede stehenden ganz ungewöhnlichen Kausalverlauf vorhergesehen hat. Bestreitet der Täter, daß er ihn vorhersah, dann wird die Glaubwürdigkeit dieses Bestreitens weitgehend davon abhängen, inwiefern der Geschehensablauf für einen neutralen Betrachter, der sich in die Situation des Täters zurückversetzt, vorhersehbar gewesen ist. Vgl. hierzu BGHSt. 7, 329 und das unten Anm. 59—63 zum Vorsatz Gesagte. Der Ursachenzusammenhang zwischen dem Verhalten des Täters einerseits und dem der Gesellschaft entstandenen Nachteil andererseits ist Tatbestandsmerkmal. Es muß sich daher der Vorsatz auf ihn ebenso wie auf die anderen Tatbestandsmerkmale erstrecken. Wegen weiterer Einzelheiten zum Kausalproblem im Strafrecht vgl. vor allem Engisch, Die Kausalität als Merkmal strafrechtlicher Tatbestände, 1931; Spendel, Die Kausalitätsformel der Bedingungstheorie für die Handlungsdelikte, 1948.

Hatte der Täter den Entschluß gefaßt, der Aktiengesellschaft einen Nachteil im Sinne des § 294 zuzufügen, und war es zu dieser Nachteilszufügung nicht gekommen, obwohl der Täter seinen Entschluß bereits durch eine Handlung betätigt hat, die den Anfang der Ausführung des Straftatbestands bildet oder doch nach seiner Vorstellung von den Tatumständen bilden würde, so käme an und für sich der **Versuch** einer aktienrechtlichen Untreue in Betracht. Dieser ist aber nach § 43 Abs. II i. V. m. § 1 Abs. II StGB **nicht strafbar,** weil § 294 ein Vergehen und kein Verbrechen ist. Vgl. oben Anm. 3 vor § 294. Hätte der Gesetzgeber eine Bestrafung der versuchten aktienrechtlichen Untreue gewollt, so hätte er im Gesetz sagen müssen, daß der Versuch strafbar sei. Hieran wird auch dadurch nichts geändert, daß das Gesetz im Absatz III des § 294 für besonders schwere Fälle die Zuchthausstrafe bis zu zehn Jahren angedroht hat. Auch ein in diesem Sinne besonders schwerer Fall ist kein Verbrechen, sondern nur ein Vergehen, so daß der Versuch selbst unter den im Gesetz genannten erschwerten Bedingungen nicht strafbar ist. Ob das rechtspolitisch richtig ist, mag dahingestellt bleiben. Auch der E 62 sieht für den Tatbestand der schweren Untreue (§ 264) keine Bestrafung des Versuchs vor.

Anm. 47

hh) Überstimmung des Täters innerhalb eines Vorstands-, Aufsichtsrats- oder Abwicklergremiums

Da der Aufsichtsrat aus mehreren Mitgliedern bestehen muß (§ 86), der Vorstand aus mehreren Personen bestehen kann (§ 71) und als Abwickler dementsprechend ebenfalls mehrere Personen bestellt sein können (§ 206), entstehen besondere Schwierigkeiten für die Anwendung des § 294 in denjenigen Fällen, in denen der Täter aufgrund des Beschlusses eines solchen Gremiums tätig geworden ist. Hierbei sind zwei Fälle zu unterscheiden: Handelt der Täter aufgrund eines mit seiner Stimme gefaßten einstimmigen Beschlusses der betreffenden Mehrheit von Personen und verwirklicht er durch sein diesem Beschluß entsprechendes Verhalten die Tatbestandsmerkmale des § 294, dann gilt hinsichtlich der Tatbestandsmäßigkeit nichts Besonderes. Auch bei der Rechtswidrigkeit des tatbestandsmäßigen Handelns (vgl. Anm. 52—56) kann sich in diesem Falle nichts anderes ergeben als sonst auch. Insbesondere stellt der einstimmig gefaßte Beschluß der Mitglieder des Vorstands, des Aufsichtsrats oder des Abwicklergremiums für sich allein keinen Rechtfertigungsgrund dar. Auch bei der Schuldfrage kann sich die Einstimmigkeit des Beschlusses nicht entscheidend auswirken. Sollte sich ein Täter in dieser Lage unter Bezug auf die Einstimmigkeit der Beschlußfassung darauf berufen, daß ihm ein Unrechtsbewußtsein fehlte, er sich also in einem Verbotsirrtum befand, so wird man ihn in der Regel darauf hinweisen müssen, daß ein solcher Irrtum vermeidbar und infolgedessen nicht geeignet war, den Schuldvorwurf zu beseitigen. Vgl. unten Anm. 64. Je nach Lage des Falles werden die Mitglieder des Gremiums, das den in Rede stehenden einstimmigen Beschluß gefaßt hat, entweder als Mittäter (§ 47 StGB) oder als Anstifter (§ 48 StGB) gegenüber demjenigen von ihnen zu behandeln sein, der den Beschluß ausführt. Schwieriger ist die Strafrechtslage dort, wo es sich um einen Mehrheitsbeschluß handelt, bei dem der Täter **überstimmt** worden ist. Führt der Überstimmte den Mehrheitsbeschluß aus und verwirklicht er dadurch die Tatbestandsmerkmale des § 294, dann kann allein durch die Tatsache, daß ein verbindlicher Majoritätsbeschluß vorliegt, an der Tatbestandsmäßigkeit des Verhaltens nichts geändert sein. Insbesondere kann nicht etwa gesagt werden, daß ein Nachgeben gegenüber einer Überstimmung sozialkongruent wäre. Vgl. oben Anm. 45. Verhält sich der Überstimmte passiv und überläßt er die Ausführung des Majoritätsbeschlusses einem anderen Mitglied des betreffenden Gremiums, so ändert dies grundsätzlich an der strafrechtlichen Verantwortung selbst dann nichts, wenn auch aufgrund eines Geschäftsverteilungsplans unter den Mitgliedern des Vorstands, des Aufsichtsrats oder des Abwicklergremiums der Betreffende für die Ausführung nicht zuständig ist, denn die durch § 294 geschützte Treupflicht besteht nicht gegenüber dem einzelnen Gesellschaftsorgan, sondern gegenüber der Aktiengesellschaft als solcher. Der Täter darf es also nicht dabei bewenden lassen, daß er überstimmt wurde, sondern muß, soweit dies in seinen Kräften steht, etwas Aktives zur Schadensverhütung tun. In erster Linie kommt hier die Benachrichtigung anderer Organe der Gesellschaft in Frage. Handelt es sich etwa um den Beschluß des Vorstands, dann hat der Überstimmte den Aufsichtsrat zu verständigen, um durch dessen Einschalten die Nachteilszufügung im Sinne des § 294 zu verhindern. Umgekehrt ist z. B. ein Aufsichtsratsmitglied, das gegen die Anweisung an den Vorstand zur Ausführung eines nachteiligen Geschäfts gestimmt hat, gleichwohl strafrechtlich verantwortlich, wenn es dem Vorstand seine Bedenken nicht mitgeteilt hat oder sonstige geeignete und zumutbare Schritte zur Verhinderung der Verwirklichung des Untreuetatbestands versäumte. In allen diesen oder ähnlichen Fällen kommen gegenüber dem passiv bleibenden Überstimmten die Grundsätze für die Tatbestandsverwirklichung durch Unterlassung zur Anwendung. Vgl. oben Anm. 39. Insbesondere ist zu beachten, daß das betreffende überstimmte Mitglied des in Rede stehenden Gremiums durch seine Überstimmung grundsätzlich die Garantenstellung im Sinne der Lehre von den unechten Unterlassungsdelikten nicht verliert. Unternimmt jedoch der Überstimmte das ihm Mögliche und Zumutbare, um die Nachteilszufügung zu verhindern, ohne daß es ihm gelingt, den Schaden abzuwenden, dann entfällt nunmehr die Tatbestandsmäßigkeit seines Tuns. Unternimmt der überstimmte Täter zu wenig, dann liegt ein die Schuld ausschließender Tatbestandsirrtum (unten Anm. 62) vor, wenn er annahm, daß das, was er tat, ausreichen würde für die Verhinderung der Nachteilszufügung. Es liegt jedoch nur ein das Unrechtsbewußtsein (vgl. unten Anm. 64) berührender Verbotsirrtum vor, falls der Täter der Meinung war, er sei wegen des Mehrheitsbeschlusses nicht verpflichtet, mehr gegen die Nachteilszufügung zu unternehmen.

Anm. 48

ii) Handlung auf Grund eines Beschlusses der Hauptversammlung

Besondere Fragen hinsichtlich der strafrechtlichen Haftung von Vorstandsmitgliedern, Mitgliedern des Aufsichtsrats oder Abwicklern können sich dann ergeben, wenn das betreffende, die Gesellschaft schädigende Verhalten des Täters in Ausführung eines rechtmäßig zustande gekommenen Beschlusses der Hauptversammlung erfolgte. Wäre das durch § 294 geschützte Rechtsgut nur das Interesse der Aktionäre, könnte daran gedacht werden, durch einen derartigen Beschluß der Hauptversammlung bereits die Tatbestandsmäßigkeit als beseitigt anzusehen. Unter Bezugnahme auf § 84 IV vertreten Baumbach-Hueck Anm. 3 B die Auffassung, daß eine Strafbarkeit nicht in Betracht komme, wenn der betreffende Beschluß der Hauptversammlung gesetzmäßig gewesen sei. Allerdings äußern sich Baumbach-Hueck nicht darüber, ob es sich hierbei um einen den Tatbestand ausschließenden oder nur um einen die Rechtswidrigkeit beseitigenden Gesichtspunkt handelt.

Auf jeden Fall kann aber der Auffassung nicht gefolgt werden, denn gerade der Hinweis auf § 84 zwingt zur entgegengesetzten Konsequenz. Wie Abs. V des § 84 ausdrücklich betont, wird die Schadensersatzpflicht von Vorstandsmitgliedern, die ihre Obliegenheiten verletzt haben, nicht dadurch aufgehoben, daß die betreffende schädigende Handlung auf einem Beschluß der Hauptversammlung beruht oder durch den Aufsichtsrat gebilligt wurde. Ein solcher Hauptversammlungsbeschluß beseitigt die Ersatzpflicht nur gegenüber der Gesellschaft. § 84 Abs. IV. Dieser Unterscheidung zwischen Außen- und Innenwirkung des die Handlung deckenden Beschlusses der Hauptversammlung entspricht in strenger Analogie die Rechtslage hinsichtlich des geschützten Rechtsguts bei § 294. Wäre, wie gesagt, das geschützte Rechtsgut lediglich das Interesse der Aktionäre oder der Gesellschaft als solcher, dann würde die Bestimmung des § 84 Abs. IV in der Tat so ausgelegt werden können, wie Baumbach-Hueck dies an der angegebenen Stelle tun. Da jedoch der Begriff des geschützten Rechtsguts beim Tatbestand der aktienrechtlichen Untreue wesentlich weiter gefaßt werden muß (vgl. oben Anm. 4 und 5), ist hier der im Abs. V des § 84 enthaltene Rechtsgedanke für die Auslegung des § 294 heranzuziehen. Daraus folgt, daß ein Beschluß der Hauptversammlung, auch dann, wenn er als solcher gesetzmäßig zustande gekommen ist, die Tatbestandsmäßigkeit der Nachteilszufügung nicht zu beseitigen vermag. Zur Frage der Auswirkung des Hauptversammlungsbeschlusses im Rahmen der Rechtswidrigkeit und der Schuldfrage vgl. unten Anm. 54 und 65. Für das betreffende Vorstandsmitglied entsteht hier u. U. eine schwierige Situation, die an die Fälle des Widerstandsrechts und der Widerstandspflicht im öffentlichen Recht erinnert. Wenn keine anderen Möglichkeiten übrigbleiben, muß das Vorstandsmitglied notfalls sein Amt niederlegen.

Anm. 49

kk) **Konzernzugehörigkeit**

Für die Entscheidung der Frage, ob der Täter das Tatbestandsmerkmal der Nachteilszufügung durch sein Verhalten verwirklicht hat, ergeben sich neue Gesichtspunkte, wenn die Aktiengesellschaft zu einem **Konzern** im Sinne des § 15 gehört. Die strafrechtliche Verantwortung des in Betracht kommenden Täterkreises ist in diesem Falle erweitert, denn es müssen auch die schutzwürdigen Interessen des Konzerns als ganzen und der einzelnen Konzernmitglieder berücksichtigt werden. Handelt der Täter zum unmittelbaren Nachteil des Konzerns als solchen oder zum unmittelbaren Nachteil eines anderen ebenfalls zum Konzern gehörigen Unternehmen, so liegt Tatbestandsmäßigkeit im Sinne des § 294 auf jeden Fall dann vor, wenn hierdurch mittelbar auch diejenige Aktiengesellschaft geschädigt ist, zu der der Täter als Vorstandsmitglied, Mitglied des Aufsichtsrats oder Abwickler gehört. Dies gilt vor allem dann, wenn ein Organverhältnis vorliegt. Vgl. Anm. 7c zu § 15. Aber auch bei anderen Verflechtungsformen kommt diese Ausdehnung des strafrechtlichen Verantwortungsbereichs infrage. Ausschlaggebend sind im Einzelfall nicht die Mehrheitsverhältnisse bei Beteiligungen und etwaige sonstige formaljuristische Gesichtspunkte, sondern in erster Linie die wirtschaftlichen Zusammenhänge. Auch bei einer Minoritätsbeteiligung kann daher ein für die Tatbestandsmäßigkeit ausreichender indirekter Nachteil durch das Verhalten des Täters hervorgerufen sein. Hinzukommt, daß selbst dann, wenn § 294 nicht mehr zur Anwendung kommen kann, eine Strafbarkeit wegen Verletzung von Treupflichten gegenüber dem Konzern unter dem Gesichtspunkt des § 266 StGB als Möglichkeit übrigbleibt. Diese außerordentliche Ausdehnung der Anwendungsmöglichkeiten der Untreuetatbestände des § 294 dieses Gesetzes und des § 266 StGB findet ihre Begrenzung bei den Schuldvoraussetzungen, denn eine Strafbarkeit kommt selbstverständlich nur dann in Betracht, wenn sich die für den Vorsatz (vgl. unten Anm. 59) erforderliche Kenntnis der Tatumstände auch auf die konzernrechtlichen Zusammenhänge und die sich hieraus ergebenden Auswirkungen des Verhaltens des Täters erstreckt. Ein genauer Einblick in die jeweiligen Beteiligungsverhältnisse ist allerdings nicht erforderlich. Es genügt, wenn der Täter weiß, daß die Konzernbindung als solche besteht und daß sein Verhalten einen Nachteil für den Gesamt-Konzern oder eine andere Konzern-Tochter und damit mittelbar auch für die Aktiengesellschaft, in deren Verwaltung der Täter arbeitet, verursacht hat.

Anm. 50

ll) **Beispiele für tatbestandsmäßige Nachteilszufügungen**

Für die im folgenden angegebenen Beispiele wurde außer der Rechtsprechung zu § 294 AktG auch die zu den gleichlautenden Untreuetatbeständen (z. B. § 81 a GmbHG, § 146 GenG) und der § 294 AktG voraufgehenden Vorschrift des § 312 HGB herangezogen. Das konnte deswegen unbedenklich geschehen, weil die genannten Vorschriften mindestens hinsichtlich des Tatbestandsmerkmals „Handeln zum Nachteil der Gesellschaft" übereinstimmen.

Nach der Praxis in diesem weiteren Sinne und nach der im Schrifttum vertretenen h. M. kann der Tatbestand des „Handelns zum Nachteil der Gesellschaft" u. a. auf folgende Weise verwirklicht werden:

Gehalt, Tantiemen, Zuwendungen an Dritte:

Ein Vorstandsmitglied kann sich durch die **Annahme eines übermäßig hohen, aber vom Aufsichtsrat bewilligten Gehalts** strafbar machen, wenn es in Kenntnis dessen, daß nach der Art des Unternehmens oder der allgemeinen Wirtschaftslage ein so hoher Betrag nicht herausgewirtschaftet werden kann, einen schwachen und ihm ergebenen Aufsichtsrat für die Bewilligung unangemessen hoher Bezüge zu gewinnen versteht (RG JW 33, 2954, ergangen zu § 146 GenG; m. Anm. von Schwinge und Siebert; vgl. auch RG JW 34, 2151, ergangen zu § 362 HGB mit kritischer Anm. von Schwinge).

Ein Handeln zum Nachteil der Gesellschaft liegt weiter vor, wenn sich der Vorstand einer Hilfskrankenkasse unter Ausbeutung der Unerfahrenheit und des Leichtsinns der Kassenmitglieder in der Generalversammlung **Gehalt und Tantiemenbezüge** bewilligen läßt, die mit seinen Leistungen in **auffälligem Mißverhältnis** stehen. Dabei sei, so führt das RG aus, nicht erforderlich, daß der Bevollmächtigte ohne Wissen und gegen den Willen des Auftraggebers zu dessen Nachteil gehandelt habe, es genüge, daß der Täter den Willen des Auftraggebers in betrügerischer, wucherischer Weise oder sonstwie dahin bestimmt habe, daß der Auftraggeber die vom Bevollmächtigten getroffene Verfügung, sei es aus Unkenntnis ihres schädigenden Charakters, wie bei Täuschung, sei es aus Leichtsinn oder Unerfahrenheit, wie bei Wucher, billige (RGSt. 38, 358 (364), ergangen zu § 266 StGB).

Vorstandsmitglieder einer Genossenschaft können auch durch **eigenmächtige Aufwertung ihrer Bezüge** nach beendigtem Währungsverfall Untreue i. S. des § 146 GenG begehen. Die Aufwertung stellt dann ein Handeln zum Nachteil der Genossenschaft dar (RGSt. 62, 357f. (358)). Das Vorstandsmitglied einer Genossenschaft handelt ferner zu deren Nachteil, wenn es einen Generalversammlungsbeschluß herbeiführt, um sein Versprechen gegenüber einem Dritten wahr zu machen, ihm etwas zuzuwenden, und dann auf Grund dieses Beschlusses an den Betreffenden einen Betrag zahlt, obgleich es weiß, daß die Tätigkeit jenes Dritten mit einer wesentlich geringeren Summe reichlich abgegolten gewesen wäre. In derartigen Fällen wird, soweit es sich um die Anwendung des § 146 GenG handelt, nach Auffassung des RG ein Vorstandsmitglied nicht durch einen formell gültigen Beschluß eines Genossenschaftsorgans gedeckt. Im übrigen weist das RG in der genannten Entscheidung zutreffend darauf hin, daß es für eine Bestrafung nach § 146 nicht entscheidend sei, ob der Täter gerade in seiner Eigenschaft als Vorstandsmitglied eine die Genossenschaft schädigende Handlung vorgenommen habe (RG JW 33, 2954 mit zustimmenden Anm. von Schwinge und Siebert).

Das Vorstandsmitglied einer Grundstücks-AG darf **Zuwendungen,** die ihm nur anläßlich der Geschäftsbesorgung, insbesondere nach Abschluß des Geschäfts für seine eigene Person gemacht wurden, behalten, da sie nicht aus der Geschäftsbesorgung erlangt sind. Dagegen muß es gemäß § 667 BGB **jeden Sondervorteil herausgeben,** der ihm aus irgendeinem mit der Geschäftsführung im inneren Zusammenhang stehenden Grunde zugewendet wird und der die Besorgnis zu rechtfertigen geeignet ist, das Vorstandsmitglied könnte durch den Vorteil veranlaßt sein, die Interessen des Geschäftsführers nicht nach jeder Richtung hin auf das Gewissenhafteste hin wahrzunehmen. Zu diesen Vorteilen gehören auch **Schmiergelder und Provisionen.** Der Wille des Zuwendenden, daß eine Ablieferung an den Auftraggeber nicht stattfinden soll, kommt nicht in Betracht. Aus der Geschäftsbesorgung ist alles erlangt, was in ihr seinen wirtschaftlichen Grund, seine wirtschaftliche Rechtfertigung und Erklärung findet (RG JW 35, 2434, ergangen zu § 312 HGB); siehe aber auch RGSt. 69, 203 (ergangen zu § 146 GenG), wo allgemeiner gesagt wird, daß die **Annahme unentgeltlicher Zuwendungen** durch den Vorstand einer Genossenschaft zwar ihr Vermögen schmälere, ein Handeln zum Nachteil der Genossenschaft jedoch nur dann vorliege, wenn die Annahme pflichtwidrig sei.

Eigengewinn, Geldannahme, Auszahlungen:

Der Geschäftsführer einer GmbH kann dadurch zum Nachteil der Gesellschaft handeln, daß er beim Abschluß von Lieferungsverträgen für die GmbH einen Teil des Kaufpreises sich selbst versprechen und unter der Bezeichnung von „Lizenzen" sich selbst auszahlen läßt (RG DR 43, 1047). — In der **Annahme von Geldern** durch den Geschäftsführer einer GmbH mit dem von vornherein bestehenden Willen, das Geld für sich zu behalten, liegt bereits ein Handeln zum Nachteil der Gesellschaft. Daran ändert sich auch nichts dadurch, daß die Geldbeträge mit ihrer Entgegennahme in das Eigentum der Gesellschaft fielen (BGH GA 55, 271, ergangen zu § 81a GmbHG).

Das Vorstandsmitglied einer Bank handelt zum Nachteil der Gesellschaft, wenn es an einen Kunden Geld überweist, seiner Bank aber keinen entsprechenden Gegenwert zuführt (RG 47, 32, ergangen zu § 312 HGB).

Kredite, unvorteilhafte Verträge, Rufschädigung, Gefälligkeitsakzepte:

Unter bestimmten Voraussetzungen kann auch in der **eigenmächtigen Gewährung und Inanspruchnahme von Krediten** ein Handeln zum Nachteil einer Genossenschaft zu finden sein. So erfüllt eine unbefugte Kreditgewährung und Inanspruchnahme den Tatbestand des §146 GenG, wenn die Forderungen der Genossenschaft bei den Verhältnissen der Schuldner tatsächlich unsicher sind. Das gleiche gilt für eine Kreditgewährung in Zeiten einer täglich steigenden Geldentwertung, weil die Gefahr besteht, daß etwa gelieferte Waren nur in entwertetem Geld bezahlt werden, der Verkäufer also keine dem Wert der Waren entsprechende Gegenleistung in sein Vermögen bringt. Schon die bloße Stundung von Kaufpreisforderungen in einer solchen Krisenzeit enthält eine nachteilige Veränderung des Vermögensstandes der Genossenschaft, ohne Rücksicht auf die Sicherheit des Käufers. Eine solche Annahme wird auch nicht ausgeschlossen durch die rechtliche Möglichkeit einer Aufwertung der Kaufpreisforderung, weil rechtliche und tatsächliche Schwierigkeiten für ihre Geltendmachung bestehen (RGSt. 58, 391, ergangen zu § 146 GenG).

In dem Verhalten des Vorstands einer Kreissparkasse, der einem Darlehensschuldner weitere **Kredite** gewährt, um das in Zahlungsschwierigkeiten geratene Unternehmen zu sanieren und dadurch die an sich verlorenen Beträge für die Bank zu retten, kann ein Handeln zum Nachteil der Gesellschaft liegen. Der Vorstand hat nach Meinung des RG durch sein Verhalten objektiv eine Vermögensbeschädigung seines Unternehmens herbeigeführt. Das RG macht allerdings die Einschränkung, daß nicht bei jedem **Sanierungsversuch,** der mit fremdem Geld unternommen werde, ohne weiteres auch der innere Tatbestand einer Untreue i. S. des § 266 StGB vorliege. Nach seiner Auffassung werde er ausgeschlossen sein, wenn der Unternehmer nach den Umständen des Einzelfalles mit der naheliegenden Wahrscheinlichkeit rechnen dürfe und auch rechne, daß der Versuch Erfolg habe, die für die Sanierung neu aufzuwendenden Gelder also nicht verloren seien (RGSt. 61, 211, ergangen zu § 266 StGB). — Auch der Abschluß oder die Unterlassung der Kündigung eines **unvorteilhaften Vertrages** kann ein Handeln zum Nachteil der Gesellschaft sein (Erbs in Kohlhaas Anm. 4 zu § 146 GenG). — Die Nichterfüllung von Verpflichtungen gegenüber Gläubigern, wenn diese Nichterfüllung geeignet ist, den **Ruf der Gesellschaft** zu schädigen oder die Ergreifung von Gegenmaßnahmen durch die Gläubiger befürchten läßt, die für die Gesellschaft schädlich sind, kann ein Handeln zum Nachteil der Gesellschaft sein (BGH StR 102/54 vom 23. 4. 1954). — Die von den Gesellschaftern einer OHG unter der Firma der Gesellschaft vorgenommene **Ausstellung von Gefälligkeitsakzepten** stellt nur dann eine Verfügung über Vermögensstücke der Gesellschaft dar, wenn die Akzepte vor ihrer Ausstellung und Begebung im Aktivvermögen der Gesellschaft gewesen waren. Das trifft dann nicht zu, wenn der Gesellschafter lediglich auf fremde Wechsel den Akzeptvermerk der Gesellschaft setzt (RG GA 54, 414, ergangen zu § 266 Abs. 1 StGB). —

Buchführung, Bilanzen:

Das Vorstandsmitglied einer Aktiengesellschaft, das sich nicht um eine **ordnungsgemäße Buchführung** kümmert, handelt zum Nachteil der Gesellschaft. Dabei spielt es keine Rolle, ob die Bestellung zum Vorstandsmitglied rechtswirksam war oder nicht. Mängel in der Zusammensetzung der für die Bestellung zum Vorstand zuständigen Stelle können ein Vorstandsmitglied, das auf Grund seiner Wahl diese Stellung angenommen hat, nicht berechtigen, nachträglich für die Vergangenheit die Verantwortlichkeit für die Pflichten als Vorstand abzulehnen (RG 64, 81, ergangen zu § 240 Nr. 3 und 244 KO). — Der Geschäftsführer einer GmbH hat die Pflicht, **Buchungsfehler**, die ohne sein Zutun gemacht wurden und durch die der fälschliche Eindruck erweckt wird, ein der GmbH zugeflossener Geldbetrag sei ihr nur darlehensweise, also mit der Verpflichtung zur Rückzahlung gegeben worden, nach erlangter Kenntnis beseitigen zu lassen. Läßt er den irreführenden Buchungsstand und die dadurch verursachte Vermögensgefährdung bestehen, so kann darin ein Handeln zum Nachteil der GmbH liegen (BGH GA 55, 363, ergangen zu § 81 a GmbH). — Auch nur **vorübergehende unverbuchte Entnahmen** können den Tatbestand des § 294 AktG erfüllen (BGH 1 StR 98/56 vom 6. 7. 1956). — Allerdings hat nach Auffassung des RG eine bloße Gutschrift auf einem Konto keine Änderung des Vermögensstandes zur Folge, da durch die Buchung für sich allein die Ansprüche keine Änderung erfahren, insbesondere würde auf diese Weise nicht die Verpflichtung begründet, den gutgeschriebenen Betrag auch auszuzahlen. Die Buchung in den Geschäftsbüchern hätte allerdings dann als eine das Vermögen schädigende Verfügung angesehen werden können, wenn sie eine **Vermögensgefährdung** zur Folge gehabt hätte, die einer Vermögensschädigung gleichkam (RG JW 34, 1498 mit Anm. von Schwinge, ergangen zu § 263 StGB; vgl. auch RGSt. 66, 56).

Eine solche Gefährdung des Vermögens liegt nach dem BGH unter Umständen in einer bloßen Kontogutschrift. Er meint, selbst wenn eine Gutschrift auch möglicherweise nach § 181 BGB unwirksam gewesen sei, habe es der Geschäftsführer doch jederzeit in der Hand gehabt, Ansprüche zu erheben und Lieferungen an sich vorzunehmen (BGHSt. 4 StR 654/52 vom 12. 9. 52 in GA 53, 25). Zur Frage, inwieweit eine Vermögensgefährdung ausreicht, um ein Handeln zum Nachteil der Gesellschaft zu bejahen, vgl. ferner die Entscheidungen unten. — Ein Handeln zum Nachteil der Gesellschaft i. S. des § 312 HGB liegt vor, wenn der Vorstand einer Aktiengesellschaft, um den vom Bekanntwerden der Unterbilanz zu befürchtenden Zusammenbruch der Gesellschaft zu verhüten, in der Hoffnung auf künftige Besserung der Geschäfte die **Bilanz fälscht** und die Gewinne aus dem Grundvermögen der Gesellschaft verteilt. Er könne sich nicht darauf berufen, daß er dabei nicht den Schaden, sondern den Nutzen der Gesellschaft im Auge gehabt habe, weil aufs Ganze gesehen aus seinem Handeln für die Gesellschaft nicht Schaden, sondern Vorteil erwachse. Das RG räumt ein, daß es Handlungen geben könne, die der Gesellschaft zugleich schadeten und nützten, und daß in solchen Fällen nach dem Gesamteindruck zu beurteilen sei, ob Schaden oder Nutzen überwiege und demzufolge im Ganzen zum Nutzen oder zum Schaden der Gesellschaft gehandelt worden sei. Es könne auch möglich sein, daß unter Umständen die Hebung von Ansehen und Kredit einer Gesellschaft als ein Vorteil in Betracht kommen könne, der den Schaden gewisser Vermögenseinbußen überwiege. Es müsse aber verneint werden, daß hierfür auch unberechtigtes Ansehen und erschlichener schwindelhafter Kredit in Frage kommen können. Nach Auffassung des RG, der beizutreten ist, können sie ebensowenig als zur Ausgleichung von Schaden taugliche Vorteile in Frage kommen wie die erlangte Aussicht, sich durch strafbare Handlungen auf Kosten anderer Mittel zu verschaffen (RGSt. 49, 358 (364), ergangen zu § 312 HGB; zur Gewinnverteilung auf Grund falscher Bilanz auch Brodmann Anm. 2 zu § 312 HGB). — Der Vorstand einer Gesellschaft handelt zu deren Nachteil, wenn er die Verteilung der Dividenden durch wissentlich falsche Einstellung von Werten, die nicht vorhanden waren, in Bilanz und Gewinn- und Verlustrechnung bewirkte, so daß die Dividenden nicht aus einem Gewinn, sondern ganz oder teilweise aus dem Vermögen der Gesellschaft bezahlt worden sind. Es ist nicht nötig, daß der Nachteil dauernder Natur ist. **Auch späterer Ersatz des Schadens beseitigt das Delikt nicht.** Das selbst dann, wenn der Schaden später einen vollen Ausgleich in dem bei der Ausgabe neuer Aktien erzielten Agio gefunden hätte (RG JW 03, 326 zu § 312 HGB). — Zu der Frage, unter welchen Voraussetzungen die **Behandlung von Betriebsgegenständen in der Bilanz** ein Handeln zum Nachteil der Gesellschaft darstellen kann, RG JW 08, 603, ergangen zu §§ 312, 314 HGB.

Aufsichtspflicht, Erwerb eigener Geschäftsanteile, strafbare Handlungen:

Der Tatbestand des § 294 kann auch dadurch erfüllt werden, daß derjenige, dem die Pflicht obliegt, fremde Vermögensinteressen wahrzunehmen, seine Pflicht versäumt, einen anderen zu beaufsichtigen, und dadurch dem Treugeber Nachteil zufügt, wenn der andere infolge der **mangelnden Aufsicht** das Vermögen des Treugebers schädigt oder so schwer gefährdet, daß die Vermögensgefährdung einem Vermögensschaden gleichkommt (RG 76, 115, ergangen zu § 266 StGB). —

Wirken die in § 81a GmbHG genannten Personen bei einem **Erwerb eigener Geschäftsanteile** durch die Gesellschaft mit, so handeln sie dadurch im Falle des § 33 Abs. 2 GmbHG zum Nachteil der Gesellschaft. Ihrer Strafbarkeit steht nicht entgegen, daß der gesamte Aufsichtsrat sowie die Geschäftsführer und Gesellschafter dem Erwerb der Geschäftsanteile zugestimmt haben. Die Einwilligung der Gesellschafter und Geschäftsführer ist strafrechtlich ebenfalls ohne Bedeutung. Die Gesamtheit der Gesellschafter als das oberste Organ der GmbH können nicht darüber bestimmen, was dem Wesen der Gesellschaft zuwider laufen würde oder was der Gesetzgeber überwiegend im Interesse der Gesellschaftsgläubiger vorgeschrieben hat (BGHSt. 9, 203 = LM Nr. 3 zu § 81a GmbHG = NJW 56, 1326, ergangen zu § 81a GmbHG). — Ein Handeln zum Nachteil der Gesellschaft kann in dem **Fortschaffen von Gegenständen** liegen, die der Gesellschaft gehören. Darin liegt zugleich in Idealkonkurrenz (§ 73 StGB) eine Unterschlagung i. S. des § 246 StGB. Es kann aber auch darin zu finden sein, daß die Angeklagten der Gesellschaft **Ansprüche oder Anwartschaften auf Erwerb des Eigentums an zur Sicherung übereigneten oder unter Eigentumsvorbehalt gelieferten Gegenständen** entzogen. Dabei ist unerheblich, daß sie selbst Gesellschafter der benachteiligten Gesellschaft waren und ihre Geschäftsanteile die Mehrheit des Kapitals ausmachten. Auch eine Zustimmung des dritten Gesellschafters hätte an der strafrechtlichen Beurteilung nichts zu ändern vermocht. Maßgebend ist allein, daß das Gesetz die Gesellschaft mit beschränkter Haftung mit eigener Rechtspersönlichkeit ausgestattet und weder ihre Organe noch ihre Gesellschafter berechtigt hat, das Vermögen der Gesellschaft willkürlich preiszugeben (BGHSt. 3, 32 (39), ergangen zu § 81a GmbHG).

Auch der einzige Gesellschafter einer Einmann-GmbH kann zum Nachteil der Gesellschaft einen Diebstahl oder eine Unterschlagung begehen. Ebenso kann er sich, wenn die sonstigen Merkmale erfüllt sind, auch einer Untreue zum Nachteil seiner GmbH i. S. des § 81a GmbH schuldig machen (RGSt. 71, 353, ergangen zu § 81a GmbHG).

Sonstige Fälle, Vermögensgefährdung, entgangener Gewinn:

Die Frage, ob ein bestimmtes Verhalten der Geschäftsführer einer GmbH einen Nachteil zur Folge gehabt hat, kann auch bei mehreren wirtschaftlich zu einer Einheit zusammengefaßten Tätigkeiten grundsätzlich nicht nach dem Gesamterfolg beurteilt werden. Durch den Erfolg werden die einzelnen Tätigkeiten für die Frage, ob ein Nachteil zugefügt ist, in der Regel nicht zu einer Einheit verbunden. Deshalb sind **Bewirtungsaufwendungen** nicht damit zu rechtfertigen, daß Geschäftsführer nur zu Besprechungen zu gewinnen sind, wenn ihnen die Möglichkeit eines alkoholischen Genusses geboten wird, oder daß etwa auf die Amtstätigkeit von Behördenvertretern durch deren Bewirtung in unzulässiger oder strafbarer Weise Einfluß genommen werden soll (BGH GA 55, 363, ergangen zu § 81 a GmbHG). — Handeln zum Nachteil der Gesellschaft ist nicht deswegen zu verneinen, weil der Nachteil durch den Erfolg einer groben Unredlichkeit gegen einen Dritten, die mit der Untreuehandlung verbunden ist, aufgewogen und damit für das Gesamtergebnis beseitigt werden kann (RGSt. 71, 344, ergangen zu § 312 HGB unter Bezugnahme auf RGSt. 65, 430 und RG HRR 29, Nr. 59). — Untreue des Geschäftsführers einer GmbH ist auch nicht dadurch ausgeschlossen, daß er sämtliche Geschäftsanteile besitzt, noch daß die anderen Gesellschafter mit der in Frage stehenden Verfügung einverstanden sind. Wohl ist Voraussetzung, daß die Handlung pflichtwidrig war, was dann der Fall ist, wenn die Verfügung (hier: **Darlehensgewährung an Gesellschafter**) die Liquidität des Unternehmens gefährdet oder das zur Erhaltung des Stammkapitals erforderliche Vermögen vermindert wird. Sind aber die als Darlehen geleisteten Zahlungen an die Gesellschafter in Wirklichkeit Gewinnausschüttungen, die mit Einverständnis aller Gesellschafter vorgenommen worden sind, so liegt keine Untreue vor, auch wenn die Vorschrift des § 46 Nr. 1 GmbHG nicht eingehalten ist. Stammten die Darlehen aus einem Reingewinn oder wurden sie im Vorgriff auf einen mit Sicherheit alsbald erzielten Reingewinn gewährt, so hat die GmbH keinen Nachteil, es sei denn, daß die Liquidität oder besondere Interessen der Gesellschaft gefährdet werden (BGH GA 58, 46). — Weiterhin können übertriebene und unangemessene Freigebigkeit, Stiftungen, Geschenke, Belastung eines Gesellschaftsgrundstücks für eigene Schuld des Vorstandsmitglieds, wenn dadurch der Gesellschaft die Möglichkeit eines eigenen Realkredits genommen wird, ein Handeln zum Nachteil der Gesellschaft darstellen (Scholz, Anm. 2 zu § 81 a GmbHG, den Geschäftsführer betreffend). — Eine Beschädigung des Vermögens im Ganzen und damit ein Handeln zum Nachteil der Gesellschaft kann schon gegeben sein, wenn ein **einzelnes Vermögensobjekt vorläufig nur gefährdet** ist, sofern nur die Gefahr einen Grad angenommen hat, der den Vermögenswert bereits in der Gegenwart herabmindert. In einem kaufmännischen Betrieb pflegt eine derartige Wertminderung darin zum Ausdruck zu kommen, daß der Kaufmann das betreffende Vermögensobjekt in seinen Büchern ganz oder teilweise abschreibt und überhaupt nicht mehr oder doch nicht mehr zum vollen Wert in die Bilanz einstellt (RG JW 26, 586 zu § 263 StGB). — Eine Vermögensbeschädigung- oder gefährdung kann auch schon in dem bloßen **Bestand einer unrechtmäßigen Buchung oder in einer Nichtbuchung** zu finden sein. Dies insbesondere dann, wenn aus irgendeinem Grunde die Gefahr besteht, daß die Unrichtigkeit einer Buchung oder das Unterlassen der Buchung nicht alsbald entdeckt und die Grundlage dieser Tatsache später möglicherweise nicht mehr nachprüfbar ist oder wenn zu besorgen ist, daß auf Grund der unrechtmäßigen Buchungen Auszahlungen erfolgen. Der Angeklagte, der alleiniger Vorstand einer Aktiengesellschaft war, hatte gegen diese eine Forderung von 96000,— RM, der eine Schuld von größerer Höhe gegenüberstand. Das Habenkonto ließ er sich mit 3% über Reichsbankdiskont verzinsen, das Debetkonto ließ er unverzinst. In der Anweisung an die Buchhaltung, die Buchungen der ihn betreffenden geschäftlichen Vorgänge in dieser Weise vorzunehmen, fand das RG ein Handeln zum Nachteil der Gesellschaft (RG JW 34, 2151 mit Anm. von Schwinge, ergangen zu § 312 HGB). — Die **Gefährdung eines gestundeten Betrages** stellt selbst dann ein Handeln zum Nachteil einer Gesellschaft dar, wenn der endgültige Ausfall durch nachträgliche Maßnahmen des Täters oder dritter Personen abgewendet wurde (BGH 3 StR 611/51 vom 18. 9. 52, zitiert nach Erbs in Kohlhaas Anm. 3 zu § 146 GenG). — Ein Handeln zum Nachteil der Gesellschaft kann auch in der **Verursachung eines entgangenen Gewinns** zu finden sein, sofern es sich um mehr als nur um die Vereitelung der tatsächlichen Möglichkeit des Gewinns handelt und entweder bereits ein Rechtsanspruch bestand oder eine wirtschaftliche Anwartschaft mit überdurchschnittlicher Eintrittswahrscheinlichkeit vorlag und diese Chance durch das Handeln des Täters beseitigt wurde (RGSt. 38, 108; 41, 373; 58, 285; ergangen zu § 263 StGB; Eb. Schmidt Anm. 18 der Vorauflage).

Anm. 51

mm) **Beispiele für die Verneinung der Tatbestandsmäßigkeit**

Kein Nachteil für die Aktiengesellschaft wird **z. B.** herbeigeführt: durch Unterlassung eines Antrags auf Eröffnung des Konkurses über das Vermögen der Aktiengesellschaft (so für die GmbH BGH 5 StR 208/52 v. 4. 9. 52; Kohlhaas Anm. 4 zu § 81 a GmbHG; im Hinblick auf das geschützte Rechtsgut bei § 294 — man denke insbesondere an die Interessen der Werksangehörigen und der Gläubiger — wird man dieser Auffassung nicht zustimmen können, mindestens nicht in dieser Allgemeinheit; im übrigen kommt in derartigen Fällen Strafbarkeit gemäß § 297 in Betracht); durch Darlehensgewährung an Aktionäre, die in Wirklichkeit Gewinnausschüttungen darstellen und die entweder aus einem Reingewinn stammen oder im Vorgriff auf einen mit Sicherheit alsbald erzielten Reingewinn gewährt wurden, ohne daß die Liquidität oder sonstige Interessen der Gesellschaft gefährdet worden sind (BGH 2 StR 434/56 vom 17. 10. 56); durch das ernsthafte, wenn auch erfolglose Bemühen eines Aufsichtsratsmitglieds, einen für die Gesellschaft nachteiligen Aufsichtsratsbeschluß zu verhindern (BGH 3 StR 626/54 vom 12. 1. 56); durch eine Maßnahme, die das Gesellschaftsvermögen zwar mindert, aber das Ansehen und den Kredit des Unternehmens in kaufmännisch korrekter Weise vermehrt (Eb. Schmidt Anm. 18 der Vorauflage); durch eine den Gepflogenheiten eines ordentlichen und gewissenhaften Geschäftsleiters entsprechende, jedoch fehlgegangene Spekulation mit Börsenwerten (Eb. Schmidt Anm 21 der Vorauflage; vgl. ferner das oben zum gebotenen Risiko und zur Sozialkongruenz Gesagte Anm. 44 und Anm. 45); durch Freigebigkeiten, die im Rahmen des Üblichen, durch Anstand und Sitte Gebotenen liegen, sofern die Lage des Unternehmens sie gestattet (Eb. Schmidt Anm. 21 der Vorauflage).

Der Vorstand einer Aktiengesellschaft handelt ferner nicht zum Nachteil der Gesellschaft, wenn er bei einem Eigengeschäft mit ihr, bei dem er sein Privatvermögen eingesetzt hatte und zu dem er vom Aufsichtsrat ermächtigt worden ist, ebenso wie jeder beliebige Dritte ein dem Risiko entsprechendes Entgelt — allerdings keinen unangemessen hohen Preis — verlangt (BGH GA 58, 45, ergangen zu § 294 AktG).

Ein Handeln zum Nachteil der Genossenschaft ist zu verneinen, wenn ein Vorstandsmitglied ohne Genehmigung des Aufsichtsrats Darlehen aus der Genossenschaftskasse entnimmt, die Darlehensforderungen der Genossenschaft aber sicher sind (RGSt. 53, 173, ergangen zu § 146 GenG).

Anm. 52

III. Rechtswidrigkeit

Erfüllt das Verhalten des Täters die Voraussetzungen des Tatbestands des § 294, dann ist es grundsätzlich rechtswidrig. Die Tatbestandsmäßigkeit indiziert die Rechtswidrigkeit. Das ist nur dann anders, wenn besondere Rechtfertigungsgründe für das an sich tatbestandsmäßige Verhalten vorliegen. Es gelten hier grundsätzlich die allgemeinen Regeln der Lehre von den Rechtfertigungsgründen. Als Rechtfertigungsgründe kommen in Betracht:

1. **Sozialadäquanz und erlaubtes Risiko**

Im Gegensatz zur oben erwähnten Sozialkongruenz (Anm. 45) handelt es sich hier bei der Sozialadäquanz um einen „in der sozialethischen Ordnung des Gemeinschaftslebens wurzelnden gewohnheitsrechtlichen Rechtfertigungsgrund tatbestandsmäßigen Verhaltens“ (Welzel § 14 I 3).

Der Hauptfall dieses Rechtfertigungsgrundes ist die Übernahme eines erlaubten Risikos (vgl. oben Anm. 44). Im Hinblick auf die Tatsache, daß im modernen Wirtschaftsleben Risiken bei der Leitung von Aktiengesellschaften nicht vermeidbar sind, muß ein Verhalten, das an und für sich den Tatbestand des § 294 erfüllt, weil die riskanten Maßnahmen fehlschlugen, dann als gerechtfertigt angesehen werden, wenn sich die Eingehung des Risikos mit den Pflichten und der Sorgfalt eines ordentlichen Geschäftsleiters (§ 84 Abs. I für Vorstandsmitglieder, § 99 für Aufsichtsratsmitglieder und § 209 Abs. III für Abwickler) vereinbaren ließ. Der Rechtfertigungsgrund der Übernahme eines erlaubten Risikos ist indessen nicht der einzige Fall der Rechtfertigung unter dem Gesichtspunkt der Sozialadäquanz tatbestandsmäßigen Verhaltens. Auch erhebliche Akquisitionsausgaben und — in Ausnahmefällen — sogar „Schmiergelder" können sozialadäquat sein. Ausschlaggebend ist die jeweilige konkrete Situation, in der sich das Unternehmen befindet sowie das in dem betreffenden Geschäftszweig unter verantwortungsbewußten Geschäftsleuten Übliche.

Anm. 53

2. Sonstige Rechtfertigungsgründe

Neben den erwähnten allgemeinen Rechtfertigungsgesichtspunkten kommen auch die üblichen Rechtfertigungsgründe, die in der allgemeinen Lehre des Strafrechts entwickelt worden sind, für den aktienrechtlichen Straftatbestand der Untreue in Frage. Hierher gehören insbesondere: Notwehr (§ 53 StGB); bürgerlich-rechtliche Notrechte, und zwar § 228 BGB (Sachwehr, defensiver Notstand), §§ 229—231 BGB (Selbsthilfe), § 904 BGB (agressiver Notstand, Sachzugriff); übergesetzlicher Notstand, insbesondere unter den Gesichtspunkten der Pflichtenkollision und der Güterabwägung; Einwilligung. Für diese Rechtfertigungsgründe gilt grundsätzlich im Rahmen des § 294 nichts Besonderes. Bei Einzelfragen können sich allerdings aus der Perspektive des Aktienrechts Zweifel ergeben. Dies gilt vor allem für folgende Rechtfertigungsgründe:

Anm. 54

a) **Insbesondere übergesetzlicher Notstand, Pflichtenkollision und Rechtsgüterabwägung**

Übergesetzlicher Notstand liegt vor, wenn jemand ein Rechtsgut durch Verwirklichung eines Straftatbestands verletzt, um dadurch ein anderes Rechtsgut höheren Wertes vor einer gegenwärtigen, nicht anders abwendbaren Gefahr zu retten. Der Wert des zu rettenden Rechtsguts muß dabei den Wert des geopferten erheblich übersteigen. Es findet also eine **Güterabwägung** statt. Seit der viel zitierten Grundsatzentscheidung RGSt. 61, 242 ist dieser übergesetzliche Rechtfertigungsgrund in ständiger Rechtsprechung anerkannt. Er gilt daher jetzt als Gewohnheitsrecht. Anstelle von miteinander in Konflikt geratenen Rechtsgütern kann auch von widerstreitenden Interessen gesprochen werden. Demgemäß sagt § 39 E 62 unter Berücksichtigung von Einzelproblemen in Übereinstimmung mit dem, was z. Zt. als unbestritten herrschende Meinung anzuerkennen ist, über diesen rechtfertigenden Notstand: „Wer in einer gegenwärtigen, nicht anders abwendbaren Gefahr für Leben, Leib, Freiheit, Ehre, Eigentum oder ein anderes Rechtsgut eine Tat begeht, um die Gefahr von sich oder einem anderen abzuwenden, handelt nicht rechtswidrig, wenn bei **Abwägung der widerstreitenden Interessen,** namentlich der betroffenen Rechtsgüter und des Grades der ihnen drohenden Gefahren, das von ihm geschützte Interesse das beeinträchtigte wesentlich überwiegt. Dies gilt jedoch nur, soweit die Tat ein angemessenes Mittel ist, die Gefahr abzuwenden." Das Anknüpfen an die widerstreitenden Interessen hat den Vorteil, daß eine Rechtfertigung auch dann möglich ist, wenn rechtsgutmäßig gleichartige Verluste verschiedener Größenordnung drohen (BGHSt. 12, 299). Die Gefahrenlage braucht nicht unverschuldet zu sein (RGSt. 61, 255). Stehen andere Mittel zur Gefahrabwendung zur Verfügung, dann ist die Tat durch den Rechtfertigungsgrund des übergesetzlichen Notstandes nicht gedeckt, denn die Verwirklichung des Straftatbestands muß das angemessene Mittel sein, um die Gefahr abzuwenden. Die Wahrnehmung berechtigter Interessen gemäß § 193 StGB kommt als Rechtfertigungsgrund bei Vermögensdelikten nicht in Betracht. Indessen kann nicht geleugnet werden, daß unter den oben angegebenen Voraussetzungen der gleiche Gesichtspunkt in allgemeiner Form auch hier wirksam wird. Strafrechtsdogmatisch muß der Gesichtspunkt des übergesetzlichen Notstandes als ein Sonderfall des allgemeinen übergesetzlichen Rechtfertigungsgrundes der **Sozialadäquanz** (Anm. 52) angesehen werden. Eine andere Formulierung der gleichen allgemeinen

Rechtfertigungsprinzipien enthält der Gedanke der rechtfertigenden **Pflichtenkollision.** Ist z. B. der Täter Mitglied in zwei verschiedenen Aufsichtsräten, dann kann es sein, daß er sich vor die Notwendigkeit gestellt sieht, zwischen zwei einander widersprechenden Pflichten, von denen er nur eine erfüllen kann, entscheiden zu müssen. Entscheidet sich nun der Täter für die höhere Pflicht, dann ist die Verletzung der anderen Pflicht gerechtfertigt. Das gleiche gilt, wenn sich der Täter zwischen zwei gleichwertigen Pflichten zu entscheiden hat (str.). Notwendige Voraussetzung für die Rechtfertigung des tatbestandsmäßigen Verhaltens ist es aber auch hier, daß eine andere Lösung ohne Verletzung der einen der beiden einander widersprechenden Pflichten nicht möglich ist. Folgt der Täter im Falle einander widerstreitender Pflichten derjenigen Pflicht, die geringwertiger ist, dann bleibt es bei der Rechtswidrigkeit seines Tuns. Es kommt allenfalls ein Schuldausschluß infrage. Vgl. unten Anm. 65 .Zur allgemeinen Frage der Pflichtenkollision vgl. Maurach AT § 27 V; Mezger in LK Bem. 10h vor § 51; Schönke-Schröder Bem. III 11 vor § 51; v. Weber, Die Pflichtenkollision im Strafrecht, in: Festschrift f. Kiesselbach, 1947, S. 233. Die Probleme der Pflichtenkollision werden im Rahmen des § 294 vor allem auch dann akut werden, wenn der Täter als Mitglied eines Gremiums durch einen Mehrheitsbeschluß überstimmt worden ist. Vgl. hierzu oben Anm. 47. Ob die **Überstimmung** des Täters zu einer rechtfertigenden Pflichtenkollision führen kann, ist fraglich. Immerhin ist dies grundsätzlich denkbar. In der Mehrzahl der Fälle wird allerdings eher das Vorliegen eines Schuldausschließungsgrundes oder eines Verbotsirrtums in Erwägung zu ziehen sein. Vgl. unten Anm. 65 und 64.

Anm. 55

b) **Einwilligung**

Eine Beseitigung der Rechtswidrigkeit unter dem Gesichtspunkt der Einwilligung des Verletzten wird bei der aktienrechtlichen Untreue kaum in Betracht kommen, denn selbst die Zustimmung aller Aktionäre — etwa in einem einstimmig gefaßten Hauptversammlungsbeschluß — und des Aufsichtsrats kann die tatbestandsmäßige Untreuehandlung eines Vorstandsmitglieds nicht rechtfertigen. Es hängt dies mit der Reichweite der durch § 294 geschützten Rechtsgüter zusammen. Vgl. oben Anm. 4 und 5. Dies ist in der höchstrichterlichen Rechtsprechung für einen ähnlich gelagerten Fall des § 81a GmbHG ausdrücklich hervorgehoben worden. BGHSt. 3, 25 und 39 im Anschluß an die ständige Rechtsprechung des Reichsgerichts RGSt. 42, 278; 71, 353. Wie der BGH in 3 StR 626/54 vom 12. 1. 56 S. 49/50 ebenfalls mit Recht betont, könnte auch die Einwilligung der Gesellschafter einer GmbH bzw. des Aufsichtsrats die Rechtswidrigkeit nur dann beseitigen, wenn derjenige, der die Einwilligung erteilt, von der Rechtsordnung als (alleiniger) Träger des rechtlich geschützten Interesses anerkannt ist. (Vgl. BGHSt. 6, 234). Auch die Gesamtheit der Gesellschafter kann nichts bestimmen, was dem Wesen der GmbH zuwiderlaufen würde oder was der Gesetzgeber überwiegend im Interesse der Gesellschaftsgläubiger vorgeschrieben hat, wie z. B. die Erhaltung des Stammkapitals. Weder die Gesellschafter noch der Aufsichtsrat können daher einer diesen Grundsätzen entgegenstehenden Verfügung über das Gesellschaftsvermögen rechtswirksam zustimmen (BGHSt. 3, 24, 33). Ebenso Klug in Hachenburg Anm. 26 zu § 81a. Das gleiche muß für die Wirkung der Einwilligung bei der aktienrechtlichen Untreue gelten. Weder die Hauptversammlung der Aktionäre noch der Aufsichtsrat noch der Vorstand, und zwar auch dann nicht, wenn alle drei Gremien einstimmig zustimmen, sind in der Lage, über die durch § 294 rechtlich geschützten Interessen zu verfügen.

Ganz ausgeschlossen ist jedoch eine Rechtfertigung unter dem Gesichtspunkt der Einwilligung bei der Anwendung des § 294 nicht. Es wäre z. B. ausnahmsweise denkbar, daß ein tatbestandsmäßiges Verhalten eines Aufsichtsratsmitglieds unter dem Gesichtspunkt der Einwilligung des Vorstands als des vertretungsberechtigten Organs der Gesellschaft seine Rechtswidrigkeit verlöre, wenn die Einwilligung des Vorstands zugleich die Interessen sämtlicher geschützter Rechtsgüter wahrte.

Anm. 56

3. **Irrtum über das Vorliegen eines Rechtfertigungsgrundes**

Irrt sich der Täter über das Vorliegen eines Rechtfertigungsgrundes für sein Verhalten, so kann dies zwei verschiedene Gründe haben. Entweder verkennt der Täter die Sachlage oder er irrt sich hinsichtlich der Rechtslage, wobei für den Nicht-Juristen eine Parallelwertung in der Laiensphäre genügt. Irrt der Täter über die Sachlage, dann weiß er nicht, was er tut. Irrt er sich über die Rechtslage, dann weiß er, was er tut, hält dies aber irrig für erlaubt. Bei dem Irrtum über die Sachlage nimmt der Täter irrig an, daß die Voraussetzungen für einen Rechtfertigungsgrund gegeben seien.

Er irrt dann also über den rechtfertigenden Tatbestand. Ein derartiger Irrtum liegt beispielsweise vor, wenn ein Vorstandsmitglied die Preisgabe der Ladung eines der Gesellschaft gehörigen Schiffes anordnet, weil er irrigerweise glaubt, daß sich nur auf diese Weise eine Gefahr für das Schiff, die Reisenden und die Mannschaft abwenden lasse (§ 700 HGB). Seine Annahme, daß eine solche akute Gefahr besteht, beruht jedoch auf einem Irrtum. Wäre die Gefahr jedoch so gegeben, wie der Handelnde es glaubt, wäre er zur Preisgabe der Schiffsladung berechtigt. Es läge also ein Rechtfertigungsgrund vor. Ein solcher Irrtum ist ein sogenannter **Erlaubnistatbestandsirrtum.** Dieser ist nach der bekannten Formel dadurch charakterisiert, daß der Täter zwar an sich rechtstreu ist, aber nicht weiß, was er tut. In entsprechender Anwendung des § 59 StGB schließt der Erlaubnistatbestandsirrtum den Vorsatz aus. Siehe unten Anm. 63.

Im anderen Falle ist sich der Täter über die Situation, in der er handelt, durchaus im klaren. Er weiß also, was er tut. Er glaubt jedoch, daß ihm ein Rechtfertigungsgrund zur Seite stände. Beispiel: Der Aufsichtsrat einer Aktiengesellschaft willigt in eine Untreuehandlung eines Vorstandsmitglieds ein. Der Letztgenannte glaubt (im Gegensatz zu dem oben Anm. 55 Gesagten), daß er aufgrund dieser Einwilligung berechtigt sei, zum Nachteil der Aktiengesellschaft zu handeln. Hier liegt kein Erlaubnistatbestandsirrtum, sondern ein bloßer **Erlaubnisirrtum** vor. Der Täter weiß, was er tut, hält dies aber irrig für erlaubt. Sein Erkenntnisfehler bezieht sich also nicht auf den Sachverhalt. Er liegt vielmehr auf dem Gebiet des rechtlichen Sollens. Dieser Erlaubnisirrtum, der zugleich ein Irrtum über das Verbotensein des betreffenden Verhaltens ist und der daher auch **Verbotsirrtum** genannt wird, läßt den Vorsatz bestehen und führt nur dann zur Straflosigkeit, wenn er nicht vermeidbar war. Vgl. unten Anm. 63. Ebenso Dreher-Maaßen Anm. I 6c zu § 59 unter Bezugnahme auf BGH 5 StR 134/54 vom 18. 5. 1954; grundlegend zur ganzen Frage Engisch (mit besonderer Berücksichtigung der Probleme des kommenden Strafrechts) ZStW 70, 566ff.; Arthur Kaufmann JZ 1954, 653; Kohlrausch-Lange Anm. V zu § 59; aM Niese DRZ 1953 S. 21/22; Welzel § 22 Nr. 3; Armin Kaufmann JZ 1955, 37.

Anm. 57

IV. Schuld

1. Allgemeines

Schuld im strafrechtlichen Sinne ist, wie man zu sagen pflegt, Vorwerfbarkeit des tatbestandsmäßigen und rechtswidrigen Verhaltens (BGHSt. 2, 200). Daß der Schuldvorwurf nur dann zulässig ist, wenn der Täter zurechnungsfähig war (Anm. 58), das Unrechtsbewußtsein hatte (Anm. 61) und keine Schuldausschließungsgründe vorlagen (Anm. 65), ist unbestritten. Streit herrscht dagegen — allerdings nicht in der Rechtsprechung, sondern nur im Schrifttum — über die Frage, ob der Vorsatz (Anm. 59) ein Schuldelement oder, wie dies der sog. **Finalismus** lehrt, nur ein subjektives Tatbestandselement darstellt. Dieser am Handlungsbegriff anknüpfende Streit hat bekanntlich insofern praktische Bedeutung, als nach der Theorie des Finalismus bereits die Tatbestandsmäßigkeit des Verhaltens des Täters fehlt, wenn dieser nicht vorsätzlich handelte (Welzel § 8 und § 13). Für eine Stellungnahme zu dieser Diskussion ist hier nicht der Ort, zumal die Rechtsprechung im Anschluß an den BGH nach wie vor davon ausgeht, daß auch ein nicht-vorsätzliches Verhalten tatbestandsmäßig sein kann und der Vorsatz mithin erst für die Frage von Bedeutung ist, ob das bereits als tatbestandsmäßig und rechtswidrig festgestellte Verhalten des Täters zugleich als schuldhaft angesehen werden kann. Die bei der aktienrechtlichen Untreue entstehenden Vorsatzprobleme waren daher hier im Rahmen der Schuldfrage zu behandeln. Im übrigen handelt es sich bei der Streitfrage um ein definitions-theoretisches Problem, das unabhängig ist von wissenschaftlich nicht verifizierbaren sog. „sachlogischen Vorfragen". Vgl. Klug, Der Handlungsbegriff des Finalismus als methodologisches Problem, in: Emge-Festschrift, 1960, S. 33ff.

Weiteres Schrifttum zur Finalismus-Diskussion: Engisch, Der finale Handlungsbegriff, in: Kohlrausch-Festschrift, 1944, S. 141 ff.; Gallas, Zum gegenwärtigen Stand der Lehre vom Verbrechen, 1955; Maihofer, Der Handlungsbegriff im Verbrechenssystem, 1953; Maurach AT § 16; Mezger AT § 19; Niese, Finalität, Vorsatz und Fahrlässigkeit, 1951; v. Weber, Zum Aufbau des Strafrechtssystems, 1935; Welzel, Das neue Bild des Strafrechtssystems, 4. Aufl. 1961; ders. ZStW 58 (1939), 491 ff.

Anm. 58

2. **Schuldfähigkeit**

Sie fehlt oder ist gemindert, wenn der Täter gemäß § 51 StGB **zurechnungsunfähig** oder **vermindert zurechnungsfähig** ist oder wenn die im § 55 StGB geregelten Voraussetzungen für die fehlende oder eingeschränkte Veranwortlichkeit Taubstummer gegeben sind. Insofern gilt hinsichtlich der Schuldfähigkeit für die aktienrechtliche Untreue nichts Besonderes. Die Schuldfähigkeit muß z. Zt. der Tat bestehen. Hat der Täter jedoch den Taterfolg, den er im unzurechnungsfähigen Zustand herbeiführte, noch im zurechnungsfähigen Zustand schuldhaft verursacht (sog. actio libera in causa), so ist er strafrechtlich verantwortlich. Hat dagegen der Täter den Tatbestand des § 294 in einem die Zurechnungsfähigkeit ausschließenden Rauschzustand (§ 51 I StGB) verwirklicht, ohne den Taterfolg schon während des vorangegangenen noch zurechnungsfähigen Zustandes schuldhaft verursacht zu haben, dann kann eine Strafbarkeit nach § 330a StGB in Betracht kommen. Voraussetzung hierfür ist, daß der Täter sich vorsätzlich oder fahrlässig durch den Genuß geistiger Getränke oder durch andere berauschende Mittel in diesen Rausch versetzt hat. Die aktienrechtliche Untreue nach § 294 ist dann lediglich objektive Strafbarkeitsbedingung. Kohlrausch-Lange Anm. II zu § 330a.

Praktisch bedeutsam ist für die Anwendung des § 294, daß der Gesetzgeber bei verminderter Zurechnungsfähigkeit im Sinne des § 51 II eine Strafmilderung nicht zwingend vorgeschrieben hat. Es steht im pflichtgemäßen Ermessen des entscheidenden Gerichts, ob es von der Milderungsmöglichkeit dieser Bestimmung Gebrauch machen will. Hat ein Mitglied des Vorstands, ein Aufsichtsratsmitglied oder ein Abwickler einer Aktiengesellschaft in einem durch Alkoholgenuß verursachten Zustand verminderter Zurechnungsfähigkeit einen Nachteil zugefügt, dann wird mit Rücksicht auf die besondere Verantwortung die Möglichkeit in Betracht zu ziehen sein, die Strafe nach § 51 II StGB nicht zu mildern.

Anm. 59

3. **Vorsatz**

Strafbar ist nach § 294 nur derjenige Täter, der vorsätzlich handelt. Da von Fahrlässigkeit im Text nicht die Rede ist, darf nach der im geltenden Strafrecht herrschenden Sprachregelung § 294 nicht auf fahrlässige Taten angewandt werden. Das gilt selbst dann, wenn der Täter der Aktiengesellschaft den Nachteil bewußt und grob fahrlässig zufügt. Dagegen genügt grobe Fahrlässigkeit eines Arbeitnehmer-Aufsichtsratsmitglieds im Rahmen des § 79 BetrVG.

Der Täter muß also grundsätzlich **alle Merkmale des Tatbestands** — einschließlich des normativen Tatbestandsmerkmals der Pflichtwidrigkeit, sofern man im Gegensatz zu der hier vertretenen Ansicht dieses Tatbestandmerkmal mit der Rechtsprechung für erforderlich hält — sowie einschließlich des zwischen den Tatbestandsmerkmalen bestehenden Kausalzusammenhangs **bewußt und gewollt verwirklicht haben (direkter Vorsatz).** Da der Gesetzgeber hier in § 294 im Gegensatz zu dem alten Tatbestand in § 312 HGB nur von vorsätzlichem und nicht von absichtlichem Handeln spricht, kann es keinem Zweifel unterliegen, daß für die Strafbarkeit nach § 294 auch der **bedingte Vorsatz** (dolus eventualis) genügt. Ebenso Eb. Schmidt Anm. 24 der Vorauflage und die unbestritten herrschende Meinung. Hierfür spricht nicht zuletzt auch die Tatsache, daß trotz der Verwendung des Ausdrucks „absichtlich" die Rechtsprechung bereits zu § 312 HGB diese Meinung vertreten hatte (RGSt. 61, 214; JW 34, 696). Bedingter Vorsatz liegt dann vor, wenn der Täter von dem Eintritt des tatbestandsmäßigen Erfolgs — also der Nachteilszufügung — zwar nicht überzeugt ist, wohl aber **mit der Möglich-**

keit des Eintretens dieses Erfolgs rechnet und dies bei seinem Verhalten billigend in Kauf nimmt. Nach der wohl zutreffenden Rechtsprechung des BGH ist es dabei sogar denkbar, daß der Täter den für möglich gehaltenen Taterfolg billigend in Kauf nimmt, obwohl dieser ihm an sich unerwünscht ist (BGHSt. 7, 363; NJW 55, 1688, mit kritischer Anm. von Engisch). Dagegen reicht für die Annahme des bedingten Vorsatzes das bloße Inkaufnehmen des tatbestandsmäßigen Erfolgs ohne seine Billigung nicht aus. Dieser herrschenden Rechtsauffassung gibt der E 62 in § 16 die folgende Form: „Vorsätzlich handelt, wem es darauf ankommt, den gesetzlichen Tatbestand zu verwirklichen, wer weiß oder als sicher voraussieht, daß er den gesetzlichen Tatbestand verwirklicht oder wer die Verwirklichung für möglich hält und sich mit ihr abfindet.“ Die letzte Alternative enthält die Definition des bedingten Vorsatzes. Die beiden ersten Alternativen dieses Formulierungsvorschlags unterscheiden zwei verschiedene Formen des direkten Vorsatzes. Die gesamte Formulierung entspricht dem schon heute geltenden, gewohnheitsrechtlich entstandenen Recht.

Anm. 60

a) **Keine Bereicherungsabsicht**

Ebenso wie bei der allgemeinen Untreue nach § 266 StGB ist auch hier bei der aktienrechtlichen Untreue eine über den Vorsatz hinausgehende Absicht nicht erforderlich. Insbesondere setzt die Strafbarkeit keine Bereicherungsabsicht voraus (Jagusch in LK Anm. 2d zu § 266). Praktisch wird zwar in den meisten Fällen eine Bereicherungsabsicht des Täters vorliegen. Für die Anwendung des § 294 ist jedoch eine solche über den direkten oder bedingten Vorsatz, der Aktiengesellschaft einen Nachteil zuzufügen, hinausgehende Innentendenz nicht erforderlich.

Anm. 61

b) **Bewußtsein der Pflichtwidrigkeit**

Sieht man mit der herrschenden Meinung in der Pflichtwidrigkeit des Handelns zum Nachteil der Gesellschaft ein Tatbestandsmerkmal (vgl. oben Anm. 42 und Anm. 43), dann muß sich der Vorsatz — und sei es auch nur in der Form des bedingten Vorsatzes — auch auf die Pflichtwidrigkeit des Handelns zum Nachteil der Gesellschaft erstrecken. Dies war in der Tat schon die Meinung des RG zu § 312 HGB (RGSt. 69, 203). Ihm ist der BGH (BGHSt. 3, 24 für den Tatbestand des § 81a GmbHG) gefolgt. Im Schrifttum wurde schon frühzeitig die gleiche Meinung vertreten. Eb. Schmidt Anm. 24 der Vorauflage; Schlegelberger-Quassowski Anm. 8; und für die Gegenwart: Baumbach-Hueck Anm. 2; Godin-Wilhelmi Anm. 5. Der Täter muß sich danach bewußt sein oder es doch für möglich halten und billigend in Kauf nehmen, daß er die Grundsätze einer ordentlichen und gewissenhaften Geschäftsleitung außer acht läßt. Kohlhaas Anm. 4 D zu § 81a GmbHG. Zum Vorsatz gehört dann also, daß der Täter, wie Eb. Schmidt aaO. folgerichtig ausführt, das Bewußtsein der Rechtswidrigkeit hat. Wegen der Bedenken hinsichtlich dieser Auffassung vgl. zunächst das oben Anm. 43 Gesagte. Im Rahmen der Erläuterungen zum Vorsatz bei der aktienrechtlichen Untreue ist außerdem noch auf folgendes hinzuweisen: Die Ansicht, daß das Bewußtsein der Pflichtwidrigkeit zum Vorsatz gehört, kann nur vertreten werden, wenn man sich insoweit auf den Boden der vom BGH in dem bekannten Plenarbeschluß BGHSt. 2, 194 abgelehnten sogenannten **Vorsatztheorie** stellt. Nach dieser ist das Unrechtsbewußtsein ein Vorsatzelement. Nach der vom Bundesgerichtshof vertretenen Schuldtheorie dagegen müssen Vorsatz und Unrechtsbewußtsein als verschiedene selbständige Schuldelemente getrennt werden. Wenn also der Täter zwar weiß, daß er zum Nachteil der Aktiengesellschaft handelt, dieses sein Handeln irrigerweise aber nicht für pflichtwidrig hält, dann fehlt nicht der Vorsatz, sondern das Unrechtsbewußtsein. Ebenso Welzel § 55 A 4 und B 3 zum Tatbestand des § 266 StGB, bei dem sich die gleiche Fragestellung ergibt. Die herrschende Auffassung, nach der das Bewußtsein der Pflichtwidrigkeit zum Vorsatz gehört, führt, wie bereits in Anm. 43 gesagt wurde, zu Folgerungen, die sicherlich unerwünscht sind. Es muß nämlich gefragt werden, ob dadurch, daß das Bewußtsein der Pflichtwidrigkeit zum Vorsatz gezogen wird, die übliche Schuldvoraussetzung des Unrechtsbewußtseins vollkommen fortfällt. Kommt man zu diesem Ergebnis, das an und für sich vom Standpunkt der herrschenden Meinung aus folgerichtig wäre, dann hätte dies die Konsequenz, daß jeder Verbotsirrtum, also nicht nur der Verbotstatbestandsirrtum, den Vorsatz ausschließt, so daß dann jede Bestrafungsmöglichkeit entfällt, da fahrlässige Untreue nicht strafbar ist. Vgl. § 59 Abs. II StGB. Meint man dagegen, daß nur das auf die §§ 84 I, 99 und 209 III bezügliche Pflichtwidrigkeitsbewußtsein zum Vorsatz gehört, während im übrigen noch das übliche allgemeine Unrechtsbewußtsein als Schuldvoraussetzung gegeben sein muß, dann besteht die Gefahr eines heillosen Durcheinanders. Jetzt muß nämlich das Bewußtsein der Normwidrigkeit — um einen Oberbegriff zu bilden — zweimal geprüft werden, einmal als Pflichtwidrigkeitsbewußtsein im Rahmen der Vorsatzvoraussetzungen und sodann als Unrechtsbewußtsein im Rahmen der übrigen Schuldvoraussetzungen neben dem Vorsatz. Das gleiche gilt dann für den Norm-Irrtum. Auch hier muß zweimal geprüft werden, einmal als Pflichtwidrigkeitsirrtum besonderer Art und sodann als der übliche Verbotsirrtum. Da die Ergebnisse divergieren können, gibt es eine übersichtliche und vor allem unpraktikable Fülle von Kombinationen. All dies sollte auch bei der Strafrechtsreform neu durchdacht werden, zumal der allgemeine Untreuetatbestand des § 263 E 62, der künftig die aktienrechtliche Untreue mit aufnehmen wird (vgl. unten Anm. 89), in Übereinstimmung mit der z. Zt. herrschenden Meinung ebenfalls die Pflichtwidrigkeit als Tatbestandsmerkmal vorsieht und infolgedessen das Pflichtwidrigkeitsbewußtsein zum Vorsatzbestandteil macht.

Anm. 62

c) Tatbestandsirrtum

Nimmt der Täter irrigerweise an, daß ein Umstand, der zu den Tatbestandsmerkmalen gehört, durch sein Verhalten nicht verwirklicht wird, nimmt er also etwa an, daß das, was er tut, für die Gesellschaft keinen Nachteil bedeutet, dann fällt der Vorsatz gemäß § 59 StGB wegen eines Tatbestandsirrtums weg. Um diesen Irrtum, den der Gesetzgeber in § 59 StGB ausdrücklich geregelt hat, von dem oben Anm. 56 erwähnten Erlaubnistatbestandsirrtum besser zu unterscheiden, wird man ihn **Verbotstatbestandsirrtum** zu nennen haben. Von diesen beiden Irrtumsformen wiederum zu unterscheiden ist der unten Anm. 63 behandelte Verbotsirrtum, der auch Erlaubnisirrtum genannt werden kann. Die Unterscheidung zwischen den zwei Formen des Tatbestandsirrtums von dem Verbots- oder Erlaubnisirrtum hat mit dem klassischen Begriffspaar Tat- und Rechtsirrtum nichts zu tun (vgl. Engisch ZStW 70, 566ff. und Welzel § 22 Nr. 3). Dies zeigt sich besonders deutlich daran, daß auch ein Irrtum über die Rechtslage ein Tatbestandsirrtum sein kann. Nimmt z. B. der Täter in Verkennung der Rechtslage an, er sei nicht Mitglied des Aufsichtsrats, so liegt zwar ein Rechtsirrtum vor, dieser ist aber zugleich ein Irrtum über ein normatives Tatbestandsmerkmal der aktienrechtlichen Untreue und daher ein Tatbestandsirrtum — genauer: ein Verbotstatbestandsirrtum —, der nach § 59 StGB den Vorsatz ausschließt.

Irrt sich der Täter über die tatsächlichen Voraussetzungen der Sozialkongruenz seines Verhaltens, also insbesondere darüber, daß die tatsächlichen Voraussetzungen für ein Handeln unter Inkaufnahme eines gebotenen Risikos vorliegen, dann handelt es sich um einen **Gebotstatbestandsirrtum,** der in Analogie zu § 59 StGB den Vorsatz ausschließt. § 59 StGB ist hier nicht unmittelbar anwendbar, weil diese Bestimmung nur den Verbotstatbestandsirrtum regelt. Auch auf den Erlaubnistatbestandsirrtum ist § 59 StGB nur analog anwendbar. Damit wird nicht gegen das strafrechtliche Analogieverbot verstoßen, weil diese analogen Anwendungen zugunsten des Täters erfolgen. Der Gebotstatbestandsirrtum ist von dem nur das Unrechtsbewußtsein, nicht aber den Vorsatz berührenden Verbotsirrtum zu unterscheiden. Zur Systematik dieser verschiedenen Irrtumsarten vgl. Klug, Sozialkongruenz und Sozialadäquanz im Strafrechtssystem, in: Festschrift für Eb. Schmidt, S. 264, 265.

Anm. 63

d) Einzelne Fälle vorsatzausschließender Irrtümer

aa) Ein den Vorsatz ausschließender **Verbotstatbestandsirrtum** würde etwa vorliegen, wenn der Täter glaubt, er handele nur zum Nachteil einer Konkurrenz-

Gesellschaft, nicht aber zum Nachteil der eigenen, während er in Wirklichkeit der von ihm geleiteten Aktiengesellschaft einen Schaden zufügt und dabei in Verkennung der Sachlage nicht an die Möglichkeit denkt, daß er durch sein Verhalten die eigene Gesellschaft schädigen könnte. Ein Tatbestandsirrtum der gleichen Art wäre es ferner, wenn der Täter nichts davon weiß, daß er Mitglied des Aufsichtsrats der Aktiengesellschaft ist, während er in Wirklichkeit anläßlich einer Hauptversammlung, an der er nicht teilgenommen hat, zum Aufsichtsratsmitglied gewählt wurde und ein von ihm Bevollmächtigter ohne sein Wissen die Wahl bereits zu einem vorverlegten Zeitpunkt, mit dem der Täter nicht rechnen konnte, für ihn rechtswirksam angenommen hat. — Schwierigkeiten ergeben sich u. U. im Hinblick auf den **Kausalzusammenhang.** Irrt z. B. der Täter über den sich aus seinem Verhalten ergebenden, zum Nachteil für die Gesellschaft führenden Geschehensablauf, dann irrt er sich über das Tatbestandsmerkmal des Kausalzusammenhangs. Gleichwohl ist dieser Irrtum nur dann ein den Vorsatz ausschließender Verbotstatbestandsirrtum, wenn die wirklichen Ereignisse von dem, was sich der Täter vorstellte, in einer nach der allgemeinen Lebenserfahrung nicht mehr vorhersehbaren Weise abgewichen sind. BGHSt. 7, 329; 9, 242. Unwesentliche Abweichungen des Kausalverlaufs beseitigen den Vorsatz dagegen nicht. Es ist hier also ein Adäquanzurteil zu fällen. Vgl. oben Anm. 46 und Welzel § 13, 3d.

bb) Ein **Erlaubnistatbestandsirrtum** läge z. B. dann vor, wenn ein Vorstandsmitglied in Verteidigungsabsicht zum Nachteil seiner Gesellschaft handelt, weil es irrigerweise annimmt, daß es durch die Gesellschaft — vertreten durch andere Vorstandsmitglieder — in rechtswidriger Weise angegriffen werde, obwohl tatsächlich ein solcher Angriff nicht vorliegt. Hier irrt der Täter nicht über den Inhalt und die Grenzen des Notwehrrechts nach § 53 StGB, sondern nur über seine tatbestandsmäßigen Voraussetzungen, denn wären diese so, wie der Täter sie sich vorgestellt hat, dann wäre in der Tat der Rechtfertigungsgrund der Notwehr gegeben. Dieser Irrtum beseitigt in entsprechender Anwendung des § 59 StGB den Vorsatz. Dreher-Maaßen Anm. I 6c zu § 59; Engisch ZStW 70, 599/600; Kohlrausch-Lange Anm. V 1 zu § 59; und der Sache nach, wenn auch mit etwas anderer Terminologie, BGHSt. 3, 105. Schrifttum zur Gegenmeinung vgl. oben Anm. 56.

cc) Ein **Gebotstatbestandsirrtum** wäre beispielsweise dann gegeben, wenn ein Vorstandsmitglied einer in der Rechtsform einer Aktiengesellschaft tätigen Bank aufgrund einer dramatischen Zuspitzung der Kursentwicklung an der Börse der Meinung ist, er müsse im Interesse der Bank durch entsprechende Verkäufe an der Börse ein Kursrisiko eingehen. In Wirklichkeit ist der Täter das Opfer einer falschen Nachrichtenübermittlung geworden, da die Lage an der Wertpapierbörse sich nicht in der Weise entwickelt hatte, wie es ihm mitgeteilt worden war. Wären die Tatsachen aber so gewesen, wie sich das betreffende Vorstandsmitglied sie vorgestellt hatte, dann wären seine für die Bank getätigten Börsengeschäfte ein Fall des gebotenen Risikos, d. h. also ein Fall der Sozialkongruenz gewesen. Der Täter irrte sich also nicht über die Grenzen des gebotenen Risikos und der Sozialkongruenz, sondern nur über die tatsächlichen Voraussetzungen des für ihn Gebotenen. In entsprechender Anwendung des § 59 StGB würde also bei dieser Sachlage der Vorsatz des Täters zu verneinen sein.

Anm. 64

4. Unrechtsbewußtsein

Zum Unrechtsbewußtsein **(Bewußtsein der Rechtswidrigkeit)** gehört, daß sich der Täter zum Zeitpunkt der Tat darüber im klaren war, daß er etwas Unerlaubtes tut oder etwas Gebotenes unterläßt, insbesondere, daß er als Vorstandsmitglied durch sein Verhalten gegen die Pflicht, „die Sorgfalt eines ordentlichen und gewissenhaften Geschäftsleiters" anzuwenden, verstößt (§ 84 I). Das Entsprechende gilt hinsichtlich des Unrechtsbewußtseins für die Aufsichtsratsmitglieder (§ 99) und die Abwickler (§ 209 Abs. III). Der Täter muß also das Bewußtsein haben, daß er sich pflichtwidrig verhält, sei es, weil sein Verhalten nicht mehr in den Grenzen des gebotenen oder erlaubten Risikos liegt, sei es, daß es aus einem anderen Grund nicht mehr sozialkongruent oder sozialadäquat ist, oder sei es, daß ein sonstiger Pflichtverstoß vorliegt. Daß ein strafrechtlicher Schuldvorwurf nur möglich ist, wenn der Täter das Unrechtsbewußtsein entweder hatte oder zumindest hätte haben müssen, ist seit dem bahnbrechenden Beschluß des Großen Senats für Strafsachen des Bundesgerichtshofs vom 18. 3. 52 unbestrittenes Gewohnheitsrecht (BGHSt. 2, 194).

In der Praxis werden sich hier in vielen Fällen gerade bei der aktienrechtlichen Untreue erhebliche Beweisschwierigkeiten ergeben. Läßt sich weder das Vorliegen noch das Nichtvorliegen des Unrechtsbewußtseins im Augenblick der Tat nachweisen, dann muß nach dem strafprozessualen Grundsatz **in dubio pro reo** unterstellt werden, daß der Täter sich der Rechtswidrigkeit seines Tuns nicht bewußt war. Eb. Schmidt, Lehrkommentar zur StPO, Anm. 13—16 zu § 261. Wird in dieser Weise unterstellt, daß der Täter das Unrechtsbewußtsein nicht hatte, oder ist der Beweis, daß ihm das Unrechtsbewußtsein fehlte, gelungen, dann gibt es zwei Möglichkeiten: Entweder ging der Täter von der irrigen Vorstellung aus, sein Verhalten sei erlaubt oder — was dasselbe bedeutet — es sei nicht verboten. Das wäre der Fall des **Verbotsirrtums,** der auch synonym als **Erlaubnisirrtum** bezeichnet werden kann. Die zweite Möglichkeit wäre, daß sich der Täter über die Rechtmäßigkeit seines Tuns überhaupt keine Gedanken gemacht hat. In beiden Fällen muß dann geprüft werden, ob der Verbotsirrtum (Erlaubnisirrtum) oder die Gedankenlosigkeit dem Täter vorgeworfen werden kann. Dies ist zu bejahen, wenn der Täter beim Einsatz „aller seiner Erkenntniskräfte und sittlichen Wertvorstellungen" (BGHSt. 4, 1) das Unrecht seines Verhaltens hätte erkennen können. Dabei sind höhere Anforderungen als im Fall der Fahrlässigkeit zu stellen (BGHSt. 4, 237 und Dreher-Maaßen Anm. I 5 zu § 59 StGB).

Insbesondere besteht grundsätzlich eine **Nachforschungspflicht.** Ist jemand im Wirtschaftsleben tätig als Vorstandsmitglied oder Aufsichtsratsmitglied oder Abwickler, dann genügt es nicht, daß er sich auf sein „Rechtsgefühl" verläßt. Er muß sich gerade als Mitglied der Verwaltung einer Aktiengesellschaft sorgfältig nach den einschlägigen Vorschriften erkundigen und sich auch sonst hinreichend informieren. Vgl. Welzel § 22 Nr. 3b. Eine exakte juristische Würdigung ist naturgemäß nicht zu verlangen, zumal wenn der Täter juristischer Laie ist. Es genügt eine „Parallelwertung in der Laiensphäre". Außerdem kann das Nicht-Vorliegen des Unrechtsbewußtseins, wenn die Rechtswidrigkeit auf Bestimmungen beruht, bei denen der Ordnungscharakter überwiegt, die also nicht kriminalstrafrechtliche Bedeutung haben, und wenn der hierauf bezügliche Verbotsirrtum auf fehlende oder unzureichende Erkundigungen zurückzuführen ist, nur dann zum Vorwurf gereichen, wenn die konkreten Umstände dem Täter einen besonderen Anlaß zur Erkundigung gaben. Welzel aaO.; BGHSt. 9, 358. In vielen Fällen wird das Bestehen eines solchen Anlasses zur Einholung von Erkundigungen verschieden beurteilt werden müssen, je nach dem, ob der Täter Vorstandsmitglied, Mitglied des Aufsichtsrats oder Abwickler ist. Bei allen drei Personenkreisen wird man aber zu berücksichtigen haben, daß es sich bei ihnen in der Regel um Persönlichkeiten handelt, die im Wirtschaftsleben versiert sind und die sich infolgedessen nicht ohne weiteres auf die Behauptung, sie hätten sich über das Unerlaubte ihres Tuns geirrt und sie hätten auch keinen Anlaß gesehen, Erkundigungen einzuholen, zurückziehen dürfen. Zuzugeben ist allerdings, daß vor allem die Grenzen zwischen gebotenem, erlaubtem und unerlaubtem Risiko flüssig sind und daß es nicht Aufgabe der Strafjustiz sein kann, die volkswirtschaftlich unerläßliche Unternehmerinitiative vorzeitig einzuschränken.

Fehlt das Unrechtsbewußtsein nicht ganz, dann genügt nach dem BGH (LM Nr. 6 zu § 59 StGB) eine Art von bedingtem Vorsatz: „Wer die Vorstellung hat, möglicherweise Unrecht zu tun, und diese Möglichkeit in seinen Willen aufnimmt, hat das Unrechtsbewußtsein." Vgl. u. a. Dreher-Maaßen Anm. I 5 zu § 59 StGB. Man könnte hier von einem **bedingten Unrechtsbewußtsein,** das dem direkten Unrechtsbewußtsein gleichzustellen ist, sprechen.

Aus dem Gesagten ergibt sich als Strafrechtsfolge: Hat der Täter das Unrechtsbewußtsein, dann steht dem Schuldvorwurf insoweit nichts entgegen. Wird dagegen festgestellt, daß das Unrechtsbewußtsein fehlte, und zwar entweder aufgrund eines Verbotsirrtums oder wegen Gedankenlosigkeit, dann kommt es darauf an, ob das Fehlen des Unrechtsbewußtseins für den Täter vermeidbar war. War es unvermeidbar, dann entfällt der Schuldvorwurf und damit zugleich die Strafbarkeit des Verhaltens. War es vermeidbar, sind wiederum zwei Fälle denkbar: Hätte es dem Täter leicht möglich sein müssen, das geforderte Unrechtsbewußtsein zu haben, dann trifft ihn der volle Schuldvorwurf. Auf die Strafbarkeit wirkt sich das Fehlen des Unrechtsbewußtseins in diesem Fall nicht aus. Denkbar ist es aber auch, daß der Täter das Fehlen des Unrechtsbewußtseins nicht so leicht hätte vermeiden können. Für diesen Fall besteht nach ständiger höchstrichterlicher Rechtsprechung die Möglichkeit, die Strafe nach den Grundgedanken der §§ 51 Abs. II i. V. m. 44 Abs. II und III StGB zu mildern (BGHSt. 2, 194 und 3, 123; Kohlrausch-Lange Anm. V 3e zu § 59 StGB; Welzel § 22 Nr. 3).

Zweifelsfälle können sich vor allem in dem schon mehrfach erwähnten Fall ergeben, wo das Vorstandsmitglied von den übrigen Vorstandsmitgliedern oder das Aufsichtsratsmitglied von den übrigen Mitgliedern des Aufsichtsrats usw. **überstimmt** wurde und infolgedessen glaubt, sein den Tatbestand des § 294 verwirklichendes Verhalten sei in Ausführung des Beschlusses erlaubt. Hier irrt der Täter nicht über die sachlichen Voraussetzungen eines Rechtfertigungsgrundes, sondern über die rechtliche Wirkung eines Mehrheitsbeschlusses. Je nach Lage des Falles wird man hier die Vermeidbarkeit des Verbotsirrtums bejahen oder verneinen können. In der Regel allerdings ist davon auszugehen, daß sich auch der überstimmte Täter die Frage vorlegen muß, ob er den für die Gesellschaft nachteiligen Beschluß wirklich ausführen darf. Immerhin wird man die Anforderungen an die Einsicht in ein etwaiges gesellschaftliches „Widerstandsrecht" nicht zu hoch schrauben dürfen. Im übrigen vgl. zur Frage der Überstimmung als Rechtfertigungs- oder als Schuldausschließungsgrund Anm. 54 und Anm. 65. Nicht hierher gehören die Fälle der irrigen Annahme eines Sachverhalts, der — wenn er wirklich gegeben wäre — das Verhalten des Täters rechtfertigen würde, denn das sind Fälle des Erlaubnistatbestandsirrtums, die bereits den Vorsatz in Fortfall bringen. Vgl. Anm. 56.

Anm. 65

5. Schuldausschließungsgründe

Auch dann, wenn ein Verhalten sowohl tatbestandsmäßig als auch rechtswidrig ist und von den Voraussetzungen des Schuldvorwurfs die Schuldfähigkeit, der Vorsatz und das Unrechtsbewußtsein gegeben sind, ist es immer noch möglich, daß die Strafbarkeit entfällt, und zwar kommt dies dann in Frage, wenn ein sog. Schuldausschließungsgrund gegeben ist. Maßgebend sind hier die Grundsätze des allgemeinen Strafrechts. Danach sind Schuldausschließungsgründe vor allem der **Nötigungsstand** (§ 52 StGB), der **Notstand** (§ 54 StGB), der **Notwehrexzeß** (§ 53 III StGB) und die **schuldausschließende Pflichtenkollision** (vgl. oben Anm. 54 und ferner Gallas, in: Festschrift für Mezger, 1954, S. 311). Die Pflichtenkollision ist ein **übergesetzlicher entschuldigender Notstand.** Sie steht unter dem Gedanken der Nichtzumutbarkeit rechtmäßigen Verhaltens. Die entschuldigende Pflichtenkollision kommt im Gegensatz zur rechtfertigenden dort in Betracht, wo der Täter sich in einer konkreten Notsituation befindet und hierbei zwei Pflichten kollidieren, von denen die eine höherwertig ist, dem Täter jedoch aus den besonderen Gründen des Falles nicht zugemutet werden konnte, auf die Erfüllung der geringerwertigen Pflicht zugunsten der höherwertigen zu verzichten. Derartige Fälle werden selten sein. Immerhin könnte im Rahmen des § 294 eine Anwendung dieses Schuldausschließungsgrundes dann in Betracht kommen, wenn der Täter Vorstandsmitglied der Aktiengesellschaft A und zugleich Aufsichtsratsmitglied der Aktiengesellschaft B ist. Hier werden die Pflichten aus der Stellung als Vorstandsmitglied im allgemeinen den Pflichten als Aufsichtsratsmitglied vorzugehen haben. Entsteht nun eine Kollision dieser Pflichten in der Weise, daß jede der Pflichten nur durch ein Handeln zum Nachteil der anderen Aktiengesellschaft erfüllt werden kann, und folgt der Täter seinen Pflichten als Aufsichtsratsmitglied, weil dort erhebliche eigene Interessen aufgrund einer Aktionärsstellung des Täters auf dem Spiel standen, dann kann gesagt werden, daß in dieser besonderen Fall-Lage die Befolgung der Pflichten gegenüber der Aktiengesellschaft A nicht zumutbar war. Immerhin wird man bei der Anwendung dieser Grundsätze sehr vorsichtig sein müssen und insbesondere verlangen, daß es für den Täter keinen anderen zumutbaren Ausweg gab. Dies um so mehr als ein allgemeiner übergesetzlicher Entschuldigungsgrund der Nicht-Zumutbarkeit rechtmäßigen Verhaltens von der höchstrichterlichen Rechtsprechung nicht anerkannt wird. Es muß also eine echte Pflichtenkollision gegeben sein. Zur Frage des übergesetzlichen entschuldigenden Notstandes der Pflichtenkollision und des Gedankens der Nicht-Zumutbarkeit vgl. aus der allgemeinen strafrechtlichen Literatur u. a.: Mezger in LK Bem. 12 vor § 51 und Schönke-Schröder Vorbem. V 4c.

Auch die gesetzlich geregelten Schuldausschließungsgründe werden bei dem Tatbestand der aktienrechtlichen Untreue verhältnismäßig selten zur Anwendung kommen. Immerhin ist es ohne weiteres denkbar, daß der Täter im Sinne des § 52 StGB durch eine Drohung, welche mit einer gegenwärtigen, auf andere Weise nicht abwendbaren Gefahr für Leib und Leben seiner selbst oder eines Angehörigen verbunden ist, zu der für die Aktiengesellschaft nachteiligen Handlung genötigt worden ist. Man denke an **Streiksituationen,** bei denen die Streikenden die Schranken der gesetzlich zulässigen Streikmaßnahmen überschritten haben und ein Vorstandsmitglied auf diese Weise zu einer Handlung im Sinne des Tatbestands des § 294 gezwungen wurde. Zur Frage der strafbaren Nötigung im Streik vgl. Niese, Streik und Strafrecht, 1954.

Ein Fall der schuldausschließenden Pflichtenkollision könnte in besonders gelagerten Fällen schließlich noch bei der mehrfach erwähnten **Überstimmung** des Täters in Betracht kommen, falls der Mehrheitsbeschluß, in dem der Täter überstimmt wurde, an sich rechtmäßig ist, der Täter jedoch aufgrund besserer Kenntnis andere Geschäftsmaßnahmen als die in dem betreffenden Beschluß von ihm verlangten ergreifen müßte, er dies jedoch nicht tut, weil er sonst Nachteile für seine persönliche Stellung im Vorstandsgremium oder gegenüber dem Aufsichtsrat befürchten muß. Dieser Fall liegt anders als der oben bei Erörterung des Unrechtsbewußtseins behandelte Fall der Überstimmung, denn hier erkennt der Täter, daß die Überstimmung ihn rechtlich nicht deckt, während in dem oben behandelten Fall der Täter der irrigen Meinung ist, daß er rechtmäßig handelt, weil er sich dem Mehrheitsbeschluß beugen müsse, obwohl dies für die Gesellschaft von Nachteil ist.

Anm. 66

V. Besonders schwerer Fall (§ 294 Abs. III)

Der Tatbestand der aktienrechtlichen Untreue wird abgerundet durch die gesetzliche Heraushebung besonders schwerer Fälle. — **Mildernde Umstände** sieht das geltende Gesetz im Gegensatz zum alten Tatbestand der aktienrechtlichen Untreue in § 312 HGB nicht mehr vor. Sie können nur im Rahmen der Strafzumessung nach Maßgabe des zur Verfügung stehenden Strafrahmens (vgl. unten Anm. 78) berücksichtigt werden. — Die gleiche Heraushebung besonders schwerer Fälle kennt das Strafrecht sowohl beim allgemeinen Untreuetatbestand des § 266 StGB als auch bei den nebengesetzlichen Untreuetatbeständen der §§ 81a GmbHG und 146 GenG. Die Qualifikation des Grundtatbestandes zu einem schweren Fall kann in Betracht kommen sowohl unter objektiven als auch unter subjektiven Gesichtspunkten. § 294 kennt also eine Erschwerung des Tatbestandes und eine Qualifikation bei der Schuld. Tatbestandsmäßig liegt ein besonders schwerer Fall namentlich dann vor, wenn die Tat das Wohl des Volkes schädigt oder einen besonders großen Schaden zur Folge gehabt hat. Unter dem Gesichtspunkt der gesteigerten Schuld ist ein besonders schwerer Fall dann anzunehmen, wenn der Täter besonders arglistig gehandelt hat. Die im Gesetz genannten qualifizierenden Gesichtspunkte haben jedoch nur Beispielscharakter. Auch andere Fälle können schwere Fälle im Sinne des § 294 sein. Es ist deshalb ganz allgemein festzustellen, daß besonders schwere Fälle tatbestandsmäßig dann vorliegen, wenn die Tat durch die Tatumstände, Begleiterscheinungen oder Folgen aus dem normalen Rahmen herausfällt (RG in JW 35, 940; Baumbach-Hueck Anm. 4; Erbs in Kohlhaas Anm. 7 zu § 146 GenG). Die während der nationalsozialistischen Gewaltherrschaft durch Mißbrauch stark denaturierte Formel des Volkswohls, auf die der Gesetzgeber bei § 266 Abs. II StGB deshalb jetzt vernünftigerweise verzichtet hat, ist objektiv zu interpretieren als eine Schädigung der Volkswirtschaft. Wie Scholz zu § 81a GmbHG (Anm. 7) zutreffend bemerkt, werden so weitreichende Folgen wohl selten zu beobachten sein. Wenn überhaupt, dann werden sie in erster Linie dort eintreten können, wo die öffentliche Hand an der Gesellschaft beteiligt ist oder wenn der Gegenstand des Unternehmens ein gemeinnütziger ist. Aber auch bei Aktiengesellschaften, die eine volkswirtschaftliche Schlüsselstellung innehaben, sind derartig schwerwiegende Folgen naturgemäß denkbar.

Leichter wird es dagegen möglich sein, daß der zweite Beispielsfall des Gesetzes, nämlich die Herbeiführung eines „besonders großen Schadens" verwirklicht ist. Hier kommen auch Tatfolgen in Frage, die nicht die gesamte Volkswirtschaft berühren. Man denke etwa an Massenentlassungen oder sonstige Schäden, die im lokalen Bereich von erheblicher Bedeutung sind. Nach dem oben Anm. 36 bis 38 Ausgeführten bestehen im übrigen keine Bedenken, auch dann einen besonders schweren Fall anzunehmen, wenn die Nachteilszufügung in einer konkreten **Vermögensgefährdung** von besonders erheblicher Tragweite besteht. Hier wäre an Aktiengesellschaften zu denken, deren Unternehmensgegenstand sich auf lebenswichtige Funktionen, wie Elektrizitäts- und Wasserversorgung, Gesundheitsdienst usw. bezieht.

Anm. 67

Selbstverständlich muß sich der **Vorsatz** des Täters auf die erschwerenden Tatumstände und Begleiterscheinungen sowie Tatfolgen erstrecken. Ein billigendes Inkaufnehmen der für möglich gehaltenen erschwerenden Tatsachen genügt jedoch, da **bedingter Vorsatz** für die Strafbarkeit aus § 294 ausreichend ist. Reine Zufallsfolgen werden in der Regel außer Ansatz bleiben müssen. Ebenso schon Eb. Schmidt Anm. 29 der Vorauflage. Hier wirkt sich das oben Anm. 63 hinsichtlich des Irrtums über den Kausalverlauf Gesagte ebenfalls aus. Zur ganzen Frage vgl. ferner RG JW 34, 2852; 35, 2137; 36, 1677.

Anm. 68

Unter subjektivem Aspekt kann ein besonders schwerer Fall sodann dort vorliegen, wo das schuldsteigernde Moment der **besonderen Arglist** des Täters hinzukommt. Voraussetzung für die Annahme einer solchen besonderen Arglist ist es, daß der Täter besonders durchtrieben oder besonders rücksichtslos gehandelt hat. Da diese Qualifikationsmöglichkeit alternativ neben die objektiv charakterisierten erschwerenden Gesichtspunkte gestellt ist, muß es als Wille des Gesetzgebers angesehen werden, daß ein besonders schwerer Fall schon dann vorliegt, wenn nur die besondere Arglist des Täters hinzukommt, ohne daß etwa besonders schwere Schäden herbeigeführt wurden.

Anm. 69

Obwohl das Gesetz bei besonders schweren Fällen dieser Art die Zuchthausstrafe vorsieht, sind diese qualifizierten Fälle gleichwohl keine Verbrechen im Sinne des § 1 StGB. Da von einer Strafbarkeit des **Versuchs** im § 294 nicht die Rede ist, können selbst schwerste Fälle aktienrechtlicher Untreue, die im Versuchsstadium stecken geblieben sind, nicht bestraft werden. Dieses Ergebnis ist eine Konsequenz aus der sog. abstrakten Betrachtungsweise. Vgl. oben Vorbemerkung 3 vor § 294.

Anm. 70

VI. **Täterschaft und Teilnahme**

Wie oben Anm. 3 bereits ausgeführt wurde, ist § 294 ein unechtes Sonderdelikt. Für Täterschaft und Teilnahme gelten daher besondere Grundsätze:

1. **Beteiligung auf der Grundlage des § 294** (Vgl. aber auch Anm. 71!)

Als **Täter, Mittäter** (§ 47 StGB) und als **mittelbarer Täter** kommen nur die im § 294 genannten Personen, also nur Mitglieder des Vorstands oder des Aufsichtsrats oder Abwickler einer Aktiengesellschaft, und zwar derjenigen Gesellschaft, gegen die sich das Handeln zum Nachteil richtet, in Betracht. **Anstiftung** (§ 48 StGB) und **Beihilfe** (§ 49 StGB) zur aktienrechtlichen Untreue können dagegen auch von anderen Personen begangen werden. (RGSt. 71, 332; BGHSt. 5, 76; Baumbach-Hueck Anm. 3 B; sowie für § 81 a GmbHG Klug in Hachenburg Anm. 33 und Scholz Anm. III).

Anm. 71

2. **Beteiligung auf der Grundlage des § 266 StGB**

Mit dem im vorangehenden Gesagten sind jedoch die Strafbarkeitsmöglichkeiten bei einer Beteiligung am Handeln zum Nachteil einer Aktiengesellschaft nicht erschöpft. Da § 294 unechtes Sonderdelikt ist, kommt über § 266 StGB als dem Grundtatbestand der strafbaren Untreue in Verbindung mit § 50 StGB eine Bestrafung auch von solchen Tätern, Mittätern und mittelbaren Tätern in Betracht, die nicht Mitglieder des Vorstands oder Aufsichtsrats oder Abwickler der betreffenden geschädigten Aktiengesellschaft sind. Erforderlich ist nur, daß das Verhalten der Betreffenden den Tatbestand der allgemeinen Untreue nach § 266 StGB verwirklicht. Diese Voraussetzungen können z. B. durch den Prokuristen oder den Handlungsbevollmächtigten einer Aktiengesellschaft erfüllt sein. Handeln solche Personen mit denjenigen zusammen, die als Täter des § 294 in Betracht kommen können, und haben sie sowohl Täterwillen als auch Tatherrschaft, dann sind sie als Täter, Mittäter oder mittelbare Täter der Untreue strafbar. Jedoch wird die Strafe nicht aus § 294, sondern aus § 266 StGB entnommen. Dies folgt aus § 50 II StGB, in dem gesagt ist, daß dann, wenn das Gesetz bestimmt, daß besondere persönliche Eigenschaften oder Verhältnisse die Strafe schärfen, mildern oder ausschließen, dies nur für denjenigen Täter oder Teilnehmer gilt, bei dem diese besonderen persönlichen Eigenschaften oder Verhältnisse vorliegen. Die Mitgliedschaft zum Vorstand oder Aufsichtsrat einer Aktiengesellschaft sowie die Eigenschaft, als Abwickler einer solchen Gesellschaft tätig zu sein, zählen zu diesen in § 50 II genannten persönlichen Eigenschaften und Verhältnissen. Bedient sich z. B. ein Außenstehender, etwa als Vorstandsmitglied einer Konkurrenz-Aktiengesellschaft A, eines fahrlässig handelnden Vorstandsmitglieds einer Aktiengesellschaft B als Werkzeug und hat dieser Außenstehende dabei die volle Tatherrschaft, so kann er gleichwohl weder aus § 294 noch aus § 266 StGB wegen einer mittelbar begangenen Untreuehandlung bestraft werden, denn es fehlt hier die aus einem Treueverhältnis folgende besondere Pflichtenstellung jenes Außenstehenden gegenüber der Aktiengesellschaft B. Ist dagegen jenes Vorstandsmitglied der Aktiengesellschaft A nicht als mittelbarer Täter, sondern als Anstifter des Vorstandsmitglieds der Aktiengesellschaft B tätig, macht er sich als Anstifter zu einer Straftat des § 294 strafbar, sofern seine Anstiftung Erfolg hatte. — Die erfolglos versuchte Anstiftung macht hier nicht strafbar, da die Untreuedelikte nur Vergehen sind und § 49a StGB die erfolglos versuchte Anstiftung nur bei Verbrechen unter Strafdrohung stellt. — Bedient sich ein Prokurist der Aktiengesellschaft B eines fahrlässig handelnden Vorstandsmitglieds dieser Gesellschaft zu einer tatbestandsmäßigen Nachteilszufügung in bezug auf diese Gesellschaft B, dann kommt eine Bestrafung dieses Prokuristen wegen Untreue, begangen in mittelbarer Täterschaft, in Betracht, jedoch nicht aus § 294, weil er ja nicht zu dem dort genannten Personenkreis zählt, sondern aus § 266 StGB in Verbindung mit § 50 II StGB. — Eine andere Kombinationsmöglichkeit ergibt sich daraus, daß dieselbe Untreuehandlung bei dem einen Mittäter gegen § 266 StGB, bei dem anderen gegen § 81 a GmbHG verstoßen kann (RG DR 39, 1310).

Wer in Kenntnis des Sachverhalts Sachen in Empfang nimmt, an denen der Übergebende Untreue begeht, soll nach RG Rspr. 8, 507, LZ 23, 138 als Gehilfe zur Untreue und nicht als Hehler nach § 259 StGB zu bestrafen sein. Ebenso Jagusch in LK Anm. 4 zu § 266 StGB. Dem kann in dieser allgemeinen Formulierung nicht zugestimmt werden, denn es sind durchaus Fälle denkbar, in denen die Beihilfevoraussetzungen nach § 49 StGB in der Person des Nehmers nicht erfüllt sind. Dann kommt aber eine Bestrafung wegen Hehlerei in Frage, zumal es unbestritten ist, daß der Tatbestand der allgemeinen Untreue als ein Vermögensdelikt Vortat für die Sachhehlerei sein kann. Infolgedessen kann auch die aktienrechtliche Untreue Vortat für § 259 StGB sein.

Anm. 72

3. **Beteiligung bei schwerer aktienrechtlicher Untreue**

Das im Vorangehenden unter Anm. 70 und 71 Gesagte gilt auch für den Fall der qualifizierten aktienrechtlichen Untreue. Da auch der allgemeine Straftatbestand der Untreue des § 266 StGB die Qualifikation in besonders schweren Fällen kennt, ergeben sich dann auch keine Schwierigkeiten, wenn in der Person des Beteiligten die von § 294 geforderten personellen Voraussetzungen (Vorstandsmitgliedschaft usw.) nicht verwirklicht sind, sondern nur die Voraussetzungen des § 266 StGB, insbesondere das Treueverhältnis. Es muß jedoch für jeden Beteiligten besonders geprüft werden, ob in seinem jeweiligen Tatbeitrag ein besonders schwerer Fall zu sehen ist. § 50 StGB. — Vgl. RG HRR 38, 497 und ebenso Jagusch in LK Anm. 6b zu § 266 StGB sowie Schönke-Schröder Anm. XI 4 zu § 266 StGB.

Anm. 73

VII. Zusammentreffen mit anderen Strafgesetzen und anderen Straftaten

1. Gesetzeskonkurrenz

Gegenüber § 266 StGB ist § 294 lex specialis. Es liegt also Gesetzeskonkurrenz vor. Vgl. Klug, Zum Begriff der Gesetzeskonkurrenz, ZStW 68 (1956), 399ff. Für die Anwendung von § 266 StGB neben § 294 ist bei ein und derselben Tat daher kein Raum mehr. RG DR 40, 29; Baumbach-Hueck Anm. 1; Erbs in Kohlhaas Anm. 1 zu § 146 GenG; Eb. Schmidt Anm. 27 der Vorauflage; Schönke-Schröder Anm. XII zu § 266 StGB. Andererseits ist zu beachten, daß immer, wenn § 294 nicht zur Anwendung gelangt, die Möglichkeit zu prüfen ist, ob dann nicht § 266 als der allgemeine Tatbestand noch zur Anwendung kommen kann. Als lex generalis ist § 266 StGB Untreue-Auffangtatbestand gegenüber § 294.

Anm. 74

2. Idealkonkurrenz

Tateinheit (Idealkonkurrenz, § 73 StGB) ist nach richtiger und herrschender Ansicht u. a. möglich mit Betrug (§ 263 StGB), Unterschlagung (§ 246 StGB) oder Diebstahl (§ 242 StGB). BGHSt 3, 32; Eb. Schmidt Anm. 27 der Vorauflage. Idealkonkurrenz ist aber auch möglich zwischen verschiedenen Spezial-Tatbeständen des Untreuestrafrechts. Ist der Täter z. B., wie dies bei einem Konzern denkbar ist, gleichzeitig Vorstandsmitglied bei einer Aktiengesellschaft und Geschäftsführer einer GmbH und schädigt er in dieser Doppelfunktion gleichzeitig beide Gesellschaften durch ein und dieselbe Handlung, dann ist Tateinheit zwischen § 294 und § 81a GmbHG gegeben. Hat der Täter Aufwand im Sinne des § 240 Nr. 1 KO mit dem Vermögen der Aktiengesellschaft getrieben und dabei gleichzeitig vorsätzlich zum Nachteil des Unternehmens gehandelt, so kann über § 244 KO Tateinheit zwischen § 294 und § 240 Nr. 1 KO vorliegen. Ebenso Klug in Hachenburg Anm. 35 zu § 81a und Kohlhaas Anm. 1 A zu § 83 GmbHG; vgl. ferner RGSt. 42, 280 und BGHSt. 3, 25. Die gegenteilige Auffassung von Eb. Schmidt Anm. 27 der Vorauflage kann nicht aufrecht erhalten bleiben. Schon die RG-Entscheidung in HRR 1937 Nr. 491 hatte nur gesagt, daß in dem dort entschiedenen Fall eine solche Tateinheit nicht vorlag. Die Ausführungen auf Seite 491/492 müssen jedoch so ausgelegt werden, daß die grundsätzliche Möglichkeit einer solchen Idealkonkurrenz auch in diesen RG-Urteilen nicht verneint wurde.

Anm. 75

3. Realkonkurrenz

Tatmehrheit (Realkonkurrenz, § 74 StGB) kommt u. a. bei mehreren selbständigen Untreuehandlungen in Betracht. Es können dabei die einzelnen Taten teils unter § 294 und teils unter § 266 StGB fallen. Ebenso in bezug auf den GmbH-rechtlichen Untreuetatbestand Klug in Hachenburg Anm. 36 zu § 81a GmbHG.

Anm. 76

4. Fortsetzungszusammenhang

Für den Fortsetzungszusammenhang bei mehreren Taten gelten die Regeln des allgemeinen Strafrechts. Zu den Voraussetzungen für die Annahme eines solchen Fortsetzungszusammenhangs (Verletzung desselben Rechtsguts, Gleichartigkeit der einzelnen Angriffsakte und Gesamtvorsatz) vgl. u. a. Dreher-Maaßen Anm. II vor § 73 StGB;

Kohlrausch-Lange Anm. II B1 vor § 73 StGB; Jagusch in LK Vorbem. B III 2f vor § 73 StGB; Schönke-Schröder Vorbem. III vor § 73 StGB; Schwarz-Dreher Vorbem. III vor § 73 StBG. Zweifelhaft war es, ob Fortsetzungszusammenhang auch dann angenommen werden kann, wenn die Handlungen teils unter § 294 und teils unter § 266 StGB fallen. Dies wurde vom RG in JW 34, 696 ursprünglich verneint, später jedoch, da beide Straftatbestände Vermögensdelikte sind, mit Recht bejaht (RG DR 39, 1310; Kohlhaas Anm. 1 zu § 146 GenG; Eb. Schmidt Anm. 27 der Vorauflage).

Anm. 77

5. **Wahlfeststellung**

Wird festgestellt, daß der Täter von mehreren Tatbeständen des Gesetzes einen verwirklicht hat, läßt sich jedoch nicht ermitteln, welchen von diesen in Betracht kommenden Tatbeständen, dann steht das entscheidende Gericht vor dem Problem der Wahlfeststellung. Eine solche Wahlfeststellung liegt vor, wenn es in der Begründung einer Verurteilung heißt, daß der Angeklagte entweder die eine oder die andere Tat begangen hat. Ein solches Alternativergebnis kann nur in sehr engen Grenzen als ausreichende Begründung für eine Bestrafung angesehen werden. Der BGH läßt die Wahlfeststellung bei verschiedenartigen Tatvorwürfen nur zu, wenn diese rechtsethisch und psychologisch vergleichbar sind. BGHSt. (GrSen) 9, 392. Unter diesen Voraussetzungen ist eine Wahlfeststellung zwischen dem Tatbestand der allgemeinen Untreue nach § 266 StGB einerseits und den Tatbeständen der Unterschlagung (§ 246 StGB) und des Betrugs (§ 263 StGB) andererseits für zulässig gehalten worden. Dreher-Maaßen Anm. 7 zu § 266 StGB; OLG Braunschweig JZ 51, 235 (betr. § 266 und 246 StGB) und OLG Hamburg JR 56, 28 (betr. §§ 266 und 263 StGB). Soweit ersichtlich ist die Frage der Wahlfeststellung in der Rechtsprechung und im Schrifttum bisher nur in bezug auf den allgemeinen Tatbestand der Untreue, nicht aber in bezug auf die Spezialtatbestände erörtert worden. Da jedoch § 294 lex specialis zu § 266 StGB ist und hinsichtlich des Verhältnisses zwischen Unterschlagung und Betrug einerseits und aktienrechtlicher Untreue andererseits ebenfalls gesagt werden kann, daß hier keine Tatbestände in Frage stehen, die sich tatsächlich und rechtlich so stark unterscheiden, daß sie rechtsethisch und psychologisch nicht mehr miteinander vergleichbar sind, treffen die Möglichkeiten, die hinsichtlich der Wahlfeststellung für § 266 StGB bestehen, zugleich auf § 294 zu. Zu den allgemeinen Voraussetzungen für eine Wahlfeststellung vgl. auch noch RGSt. 68, 257, 262 und BGHSt. 1, 328.

Anm. 78

VIII. **Strafe**

1. Als **Grundstrafe** ordnet das Gesetz für den Tatbestand der einfachen aktienrechtlichen Untreue (§ 294 Abs. I) nur die **Gefängnisstrafe** an. Da das Gesetz außerdem keine Beschränkung des Strafrahmens ausspricht, gilt die allgemeine Regel des § 16 StGB. Demnach ist der Höchstbetrag der Gefängnisstrafe, die im Normalfall der aktienrechtlichen Untreue verhängt werden kann, fünf Jahre und der Mindestbetrag ein Tag Gefängnis.

Anm. 79

2. Im Gegensatz zur Strafbestimmung über die allgemeine Untreue des § 266 StGB ordnet das Aktiengesetz **nicht zugleich** die **Geldstrafe** an. Dies führt zu dem widerspruchsvollen Ergebnis, daß der ungetreue Prokurist einer Aktiengesellschaft, dessen Verhalten nicht unter § 294, sondern nur unter § 266 StGB fällt, mit Gefängnis **und** zugleich mit Geldstrafe bestraft werden muß. Dagegen wird das Vorstandsmitglied, also der Vorgesetzte des erwähnten Prokuristen, bei ungetreuem Verhalten nach § 294 nur zu Gefängnisstrafe verurteilt, sofern man ausschließlich den Wortlaut des Gesetzes berücksichtigt. Dieser Fehler des Gesetzes, denn von einem solchen muß man hier sprechen, da es offensichtlich keinen Sinn hat, daß gerade derjenige Täter, der unter höherer Verantwortung handelt, besser wegkommt, ist um so auffälliger, als die Tatbestände der GmbH-rechtlichen und der genossenschaftsrechtlichen Untreue (§ 81a GmbHG und

§ 146 GenG) vorschreiben, daß stets auf Gefängnis- und zugleich auf Geldstrafe erkannt werden muß. Es werden also beispielsweise die Vorstandsmitglieder einer Genossenschaft und die Geschäftsführer einer GmbH ebenso behandelt wie der Prokurist einer Aktiengesellschaft. Diese eigentümliche „Bevorzugung" der Vorstandsmitglieder, der Mitglieder des Aufsichtsrats und der Abwickler einer Aktiengesellschaft verliert allerdings in den meisten Fällen ihre praktische Bedeutung dadurch, daß § 27a StGB eingreift. Nach dieser Bestimmung kann bei einem Vergehen, das auf **Gewinnsucht** beruht, auch dann neben der Freiheitsstrafe auf eine Geldstrafe erkannt werden, wenn diese Geldstrafe vom Gesetz an sich nicht angedroht ist. Der Höchstbetrag einer solchen Geldstrafe ist DM 100000,— (§ 27a StGB), der Mindestbetrag DM 5,— (§ 27 Abs. II Nr. 1 StGB). Ferner ist in diesem Zusammenhang für das Strafmaß noch von Bedeutung § 27b StGB. In dieser Bestimmung, die zugleich für den Tatbestand der allgemeinen Untreue in § 266 StGB und für die übrigen nebengesetzlichen Untreuetatbestände gilt, ist zur Vermeidung von kurzfristigen Freiheitsstrafen angeordnet, daß an die Stelle der Freiheitsstrafe eine ausschließliche Geldstrafe tritt, wenn eine Freiheitsstrafe von weniger als drei Monaten verwirkt ist. Voraussetzung hierfür ist allerdings, daß „der Strafzweck durch eine Geldstrafe erreicht werden kann". (§ 27b StGB). Während es bei der Ersatz-Geldstrafe nach dieser Bestimmung nicht darauf ankommt, ob der Täter aus Gewinnsucht oder aus anderen Gründen gehandelt hat, setzt § 27a Gewinnsucht voraus. Unter Gewinnsucht ist zu verstehen eine Steigerung des berechtigten Erwerbsinns auf ein ungewöhnliches, ungesundes, sittlich anstößiges Maß. BGHSt. 1, 388 und 3, 31; RGSt. 60, 307. Nicht erforderlich ist es, daß diese Gewinnsucht eine dauernde Eigenschaft des Täters ist. Es genügt also, daß sie je nur einmal bei der zu verurteilenden Tat in Erscheinung trat. RGSt. 60, 307. Nach dieser Reichsgerichtsentscheidung kann sogar dann von Gewinnsucht im Sinne des § 27a StGB gesprochen werden, wenn der Entschluß zur Tat als eine einmalige Entgleisung durch eine besonders günstige Gelegenheit und die in ihr liegende Versuchung hervorgerufen wurde. Zum Begriff der Gewinnsucht vgl. ferner Schönke-Schröder Anm. II zu § 27a StGB und Bockelmann, Studien zum Täterstrafrecht, Teil II (1940), S. 81. Bei der Weitergabe von Vermögensobjekten für ein nach normalem Handelsbrauch oder sonstiger Gewohnheit übliches Entgelt liegt nicht ohne weiteres Gewinnsucht vor (OLG Kiel HESt. 1, 27; Schönke-Schröder Anm. II zu § 27 a).

Die im Urteil ausgeworfene Strafe ist auch dann, wenn sie an Stelle der Gefängnisstrafe verhängt wird, eine Geldstrafe (RGSt. 59, 22). Das ist u. a. für § 20a StGB von Bedeutung. Vgl. Dreher-Maaßen Anm. 2 zu § 27b StGB.

Für die Fälle, in denen die §§ 27a und 27b StGB nicht zur Anwendung kommen, vgl. die folgende Anm. 80.

Anm. 80

3. Geldstrafe aus § 266 StGB

Trotz der im Vorstehenden erwähnten Möglichkeiten, die das StGB in den §§ 27a und 27b zur Verfügung stellt, bleibt die Tatsache bestehen, daß es Fälle geben kann, in denen der Täter, gerade weil er Vorstandsmitglied einer Aktiengesellschaft ist und weil sich seine Untreuehandlung gegen eben diese Gesellschaft richtet, infolge der eigenartigen Formulierung des §294 besser wegkommt als sein Untergebener bei der Begehung der gleichen Untreuehandlung. Ein solches Ergebnis würde dem klar erkennbaren Sinn des Gesetzes widersprechen. Denn soviel ist sicher: Wenn man auch vielleicht annehmen könnte, daß § 294 keine Qualifizierung gegenüber § 266 StGB darstellt (was allerdings insofern unrichtig wäre, als § 266 Abs. III StGB bei aktienrechtlicher Untreue nicht zur Anwendung gelangt), so ist es doch der unbezweifelbare Wille des Gesetzgebers, daß er durch § 294 die unter erhöhter Verantwortung handelnden leitenden Persönlichkeiten einer Aktiengesellschaft auf keinen Fall gegenüber dem normalen Untreuetäter bevorzugen wollte. Es muß also nach einer anderen Lösung gesucht werden. Als eine solche bietet sich die Übertragung der zu § 73 StGB entwickelten allgemeinen Konkurrenzgrundsätze auf den Fall der Gesetzeskonkurrenz an. Schon in seinem Beschluß vom 22. 3. 39 hat der Große Senat für Strafsachen RGSt. 73, 148 als einen der obersten Grundsätze für die Regelung der Konkurrenz gesetzlicher Bestimmungen den Gedanken ausgesprochen, daß es dem Täter auf keinen Fall zum Vorteil gereichen könne, wenn er durch seine Tat nicht nur ein Strafgesetz, sondern mehrere Strafgesetze verletzt habe. Hieraus hat das RG folgende Konsequenzen gezogen: Verletzt eine und dieselbe Handlung mehrere Strafgesetze (§ 73 StGB), so müssen das Mindeststrafmaß und die Strafart des milderen Gesetzes eingehalten werden, wenn nach dem strengeren Gesetz eine geringere Strafe oder eine leichtere Strafart zulässig ist. Und ferner in dem gleichen bereits zitierten Beschluß des Großen Senats für Strafsachen: Bei Tateinheit **muß** auf Nebenstrafen erkannt werden, die in dem milderen Gesetz zwingend vorgeschrieben sind; bei Tateinheit **kann** auf Nebenstrafen erkannt werden, deren Anordnung nach dem milderen Gesetz in das Ermessen des Richters gestellt ist. Diese Rechtsgedanken hat der BGH mit überzeugender Begründung auf die Fälle der Gesetzeskonkurrenz übertragen. In BGHSt. 1, 156 wird ausdrücklich gesagt, daß der Grundsatz, es dürfe einem Täter nicht zum Vorteil gereichen, wenn er durch seine Tat nicht nur ein Strafgesetz, sondern mehrere verletzt habe, auch in dem Falle gelten müsse, wo ein Täter mehrere Gesetze verletzt habe, von denen ein Teil nur um deswillen nicht anwendbar ist, weil ein anderes die besondere Norm enthalte und aus diesem Grunde die alleinige Anwendung beanspruche. Der Grundsatz von der Bindung an die Mindeststrafe des verdrängten Gesetzes gilt also im Rahmen der Gesetzeskonkurrenz ebenfalls. Als Ergebnis für die Anwendung des § 294 folgt hieraus, daß in jedem Falle, sofern eine Freiheitsstrafe verhängt wird, neben dieser unter Bezugnahme auf § 266 StGB auf eine Geldstrafe erkannt werden muß. Strafrechtssystematisch hängt dies damit zusammen, daß bei der Gesetzeskonkurrenz, wie der BGH richtig ausführt (Seite 155 aaO.), der von dem Sondergesetz verdrängte allgemeine Tatbestand durch den Täter stets mitverwirklicht ist. Gerade hierdurch wird überhaupt das Verhältnis der lex specialis zur lex generalis charakterisiert. Vgl. Klug, Zum Begriff der Gesetzeskonkurrenz, ZStW 68, 405/406. Diese Tatsache aber, die nicht unberücksichtigt bleiben kann, führt zur Sperrfunktion der unteren Strafrahmensgrenze des allgemeinen Gesetzes gegenüber dem Sondergesetz, sofern dies letztgenannte nicht eine Privilegierung erreichen will. Da aber die aktienrechtliche Untreue keinesfalls ein Privilegierungstatbestand gegenüber der allgemeinen Untreue ist, darf die bei der allgemeinen Untreue zusätzlich zur Freiheitsstrafe zu verhängende Geldstrafe bei der besonderen Untreue des § 294 nicht wegfallen. Damit ist dann auch die dem Rechtsgefühl grob widersprechende Konsequenz, daß bei gleicher Untreuetat gegenüber der Aktiengesellschaft der Direktor strafrechtlich milder behandelt wird als sein Prokurist, vermieden. Diese Auffassung wurde auch in den E 62 übernommen. Dort heißt es in § 67 bei der Regelung der Idealkonkurrenz hinsichtlich der aus dem anzuwendenden Gesetz zu entnehmenden Strafe: „Sie darf weder der Art nach leichter noch niedriger sein als die anderen anwendbaren Gesetze es zulassen." Eine andere Auffassung, entwickelt an dem Verhältnis zwischen § 95 BörsG und § 266 StGB, hat, soweit ersichtlich, bisher nur das OLG Hamm vertreten (JZ 1953 S. 233). Mit Recht hat Bockelmann in seiner Anm. diese Entscheidung kritisiert. JZ 1953 S. 233 bis 235.

Anm. 81

4. Neben der Gefängnisstrafe und der Geldstrafe kann gemäß § 294 Abs. II zugleich auf **Verlust der bürgerlichen Ehrenrechte** erkannt werden. Dies ist jedoch nicht möglich, falls der Täter nur zu Geldstrafe verurteilt wurde. Neben der Gefängnisstrafe ist nach § 32 Abs. I StGB eine Aberkennung der bürgerlichen Ehrenrechte nur dann zulässig, wenn die Dauer der erkannten Gefängnisstrafe mindestens drei Monate beträgt (§ 32 Abs. I StGB). Die Dauer des Verlusts beträgt bei Gefängnisstrafe mindestens ein Jahr und höchstens fünf Jahre (§ 32 Abs. II StGB). Anders ist es bei einer Verurteilung zur Zuchthausstrafe. Hierzu vgl. unten Anm. 84. Die Aberkennung der bürgerlichen Ehrenrechte setzt kein ehrloses Verhalten des Täters voraus (BGHSt. 5, 198; Dreher-Maaßen Anm. 1 zu § 32 StGB). Maßgebend sind der Unrechtsgehalt der Tat und ihre Folgen sowie die Persönlichkeit des Täters. Auch bei zeitiger Aberkennung ergeben sich dauernde Folgen des Ehrverlusts, so zum Beispiel der dauernde Verlust der öffentlichen Ämter, Würden, Titel usw. § 33 StGB. Für die vorübergehenden Wirkungen der Aberkennung (z. B. die Unfähigkeit, während der im Urteil bestimmten Zeit öffentliche Ämter zu erlangen, Vormund zu sein usw.) vgl. § 34 StGB.

Anm. 82

5. Neben einer Gefängnisstrafe von mindestens drei Monaten, mit welcher die Aberkennung der Ehrenrechte hätte verbunden werden können (s. Anm. 81), kann anstelle der letztgenannten auf **Unfähigkeit zur Bekleidung öffentlicher Ämter** für die Dauer von einem bis zu fünf Jahren erkannt werden (§ 35 StGB). Das Gericht hat also die Möglichkeit, eine mildere Maßnahme, bei der nur eine der verschiedenen Rechtsfolgen eintritt, die beim vollen Verlust der bürgerlichen Ehrenrechte eintreten würden, anzuordnen.

Anm. 83

6. Ist der Täter zu einer Gefängnisstrafe von mindestens drei Monaten verurteilt, so **kann** (nicht muß) ihm das Gericht zugleich auf die Dauer von mindestens einem Jahr und höchstens fünf Jahren die **Ausübung des Berufs, Gewerbes oder Gewerbezweiges untersagen,** wenn dies erforderlich ist, um die Allgemeinheit vor weiterer Gefährdung zu schützen, und der Täter — was bei § 294 in der Regel anzunehmen sein wird — unter Mißbrauch seines Berufs oder seines Gewerbes oder unter grober Verletzung der ihm kraft seines Berufs oder seines Gewerbes obliegenden Pflichten gehandelt hat (§ 421 Abs. I). Bei den für § 294 in Betracht kommenden Tätern wird die Untersagung in der Regel in zwei Richtungen notwendig werden: a) Verbot der Tätigkeit als Vorstandsmitglied, Mitglied des Aufsichtsrats und Abwickler einer Aktiengesellschaft sowie b) Verbot der gewerblichen Tätigkeit in der Branche der betreffenden Gesellschaft. Das erstgenannte Verbot ist grundsätzlich nicht an den Gewerbe- und Wirtschaftszweig der Aktiengesellschaft gebunden. Außerdem wird es im allgemeinen auf Gesellschaftsformen ähnlicher Art, also auch auf die GmbH, die Genossenschaft usw. zu erstrecken sein. Das unter b) genannte Verbot wird sich regelmäßig auf alle Arten des Tätigwerdens in dem betreffenden Gewerbezweig der Aktiengesellschaft beziehen müssen, also zugleich auf die Tätigkeit als Einzelkaufmann, Gesellschafter einer OHG u. ä. Diese außerordentlich schwerwiegenden Untersagungen sind jedoch nur unter den Voraussetzungen des § 421 StGB zulässig. Bei der Entscheidung der Frage, ob die Untersagung nach Maßgabe des Gesetzes erforderlich ist, um die Allgemeinheit vor weiterer Gefährdung durch den Täter zu schützen, kommt es nicht auf den Zeitpunkt der Tat und auch nicht auf den Zeitpunkt der Verurteilung, sondern auf denjenigen der Strafverbüßung an. Vgl. Dallinger MDR 56, 143.

Solange die Untersagung wirksam ist, darf der rechtskräftig Verurteilte den Beruf, das Gewerbe oder den Gewerbezweig auch nicht für einen anderen ausführen oder durch eine von seinen Weisungen abhängige Person für sich ausführen lassen (§ 421 Abs. II StGB). Zur Aufhebung der Untersagung und zu sonstigen Einzelheiten vgl. § 421 Abs. III und IV StGB.

Anm. 84

7. Als **Strafe in besonders schweren Fällen** tritt an die Stelle der Gefängnisstrafe Zuchthaus von mindestens einem und höchstens zehn Jahren (§ 294 Abs. II i. V. m. § 14 Abs. II StGB). Neben der Zuchthausstrafe ist bei den besonders schweren Fällen, ebenso wie bei den Fällen des Abs. I des § 294, ebenfalls auf Geldstrafe zu erkennen und zwar aus den gleichen Gründen, wie sie für Abs. I oben unter Anm. 80 dargelegt wurden. Selbstverständlich kann auch hier zugleich der Verlust der bürgerlichen Ehrenrechte angeordnet werden (§ 294 Abs. II). Die Dauer dieses Verlusts beträgt neben der Zuchthausstrafe mindestens zwei und höchstens zehn Jahre (§ 32 Abs. II StGB). Zur Frage, wann ein besonders schwerer Fall vorliegt, vgl. oben Anm. 66—69.

Anm. 85

8. Für die **Strafzumessung** kennt das geltende deutsche Strafrecht keine allgemeine gesetzliche Regelung der Strafzumessungsgrundsätze. Im Gegensatz hierzu enthält E 62 in seinem § 60 eine Formulierung der Strafzumessungsprinzipien. Das, was hier ausgesprochen wird, gilt gewohnheitsrechtlich bereits heute und hat deshalb auch für die Anwendung des § 294 schon jetzt Bedeutung. § 60 lautet: „Grundlage für die Zu-

messung der Strafe ist die Schuld des Täters. Bei der Zumessung wägt das Gericht die Umstände, die gegen und für den Täter sprechen, gegeneinander ab, soweit sie nicht schon Merkmale des gesetzlichen Tatbestandes sind. Namentlich kommen in Betracht: die Beweggründe und die Ziele des Täters, die Gesinnung, die aus der Tat spricht, und der bei der Tat aufgewendete Wille, das Maß der Pflichtwidrigkeit, die Art der Ausführung und die verschuldeten Auswirkungen der Tat, das Vorleben des Täters, seine persönlichen und wirtschaftlichen Verhältnisse sowie sein Verhalten nach der Tat, besonders sein Bemühen, den Schaden wiedergutzumachen." Vgl. ferner aus dem allgemeinen Schrifttum u. a. Heinitz, Strafzumessung und Persönlichkeit, ZStW 63, 57; Peters, Strafzumessung, in: Handwörterbuch der Kriminologie II (1936) 737; Dreher, Über die gerechte Strafe, 1947; Drost, Das Ermessen des Strafrichters, 1930; Spendel, Zur Lehre vom Strafmaß, 1954; Wimmer, Die rechtlichen Einschränkungen der Strafermessensfreiheit, DRZ 1950, 268.

Anm. 86

IX. Verjährung

1. Strafverfolgungsverjährung

Da es sich bei der aktienrechtlichen Untreue um ein Vergehen handelt, das im Höchstbetrag mit einer längeren als dreimonatigen Gefängnisstrafe bedroht ist, verjährt die Strafverfolgung in fünf Jahren (§ 67 II StGB). Maßgebend ist der ordentliche Strafrahmen des § 294 Abs. I. Die besonders schweren Fälle des Abs. III bleiben bei der Bemessung der Frist für die Verfolgungsverjährung insofern außer Betracht, als bei ihnen trotz der angedrohten Zuchthausstrafe die gleiche Frist gilt und nicht etwa die für Verbrechen vorgeschriebene Frist aus § 67 Abs. I StGB. Vgl. BGHSt. 2, 181; Kohlrausch-Lange Anm. III zu § 67 StGB. Das ist von erheblicher praktischer Bedeutung, denn bei § 67 Abs. I StGB wäre die Frist doppelt so lang. Erst bei der Strafvollstreckungsverjährung ergeben sich Unterschiede hinsichtlich der Verurteilung zu Gefängnis oder zu Zuchthaus. Vgl. unten Anm. 87.

Die Verjährung beginnt mit dem Tag, an welchem die Handlung vollendet ist (§ 67 Abs. IV StGB). Wenn der Gesetzgeber an der angegebenen Stelle sagt, daß die Verjährung „ohne Rücksicht auf den Zeitpunkt des eingetretenen Erfolges" beginne, so ist damit nur ein zu der bereits vollendeten Tat möglicherweise noch hinzukommender Erfolg gemeint, welcher der Tat einen besonderen Charakter gibt, denn vor Vollendung der Tat kann von einem Verjährungsbeginn naturgemäß nicht die Rede sein (RGSt. 42, 173 und 62, 419). Eine Verfolgungsverjährung bei einer aktienrechtlichen Untreuehandlung kann somit erst beginnen, wenn der durch sie herbeigeführte Nachteil für die Aktiengesellschaft eingetreten ist. Der besondere hierbei nicht zu berücksichtigende Erfolg kann also etwa höchstens darin bestehen, daß sich durch eine Kettenreaktion nach dem Eintritt des Nachteils weitere zusätzliche Schäden ergeben. Im übrigen ist für die Bestimmung des Anfangszeitpunkts der Strafverfolgungsverjährung die Tatsache von erheblicher Bedeutung, daß die Herbeiführung des tatbestandlichen Nachteils bereits in der Verwirklichung einer konkreten Vermögensgefährdung bestehen kann. Vgl. Anm. 38.

Jede Handlung des Strafrichters (nicht schon der Staatsanwaltschaft oder der Kriminalpolizei), die sich wegen der begangenen Tat gegen den Täter — nicht etwa nur gegen einen Unbekannten — richtet, **unterbricht die Verjährung** in der Weise, daß die Verjährungsfrist nunmehr von neuem zu laufen beginnt (§ 68 StGB). Zur umfangreichen Rechtsprechung über die Frage der Unterbrechungshandlungen vgl. u. a. Dreher-Maassen Anm. 2 zu § 68 StGB; Jagusch in LK Anm. I zu § 68 StGB.

Wegen des **Ruhens der Verfolgungsverjährung** vgl. § 69 StGB.

Anm. 87

2. Strafvollstreckungsverjährung

Die Vollstreckungsverjährung setzt voraus, daß ein rechtskräftiges Strafurteil vorliegt. Wurde in diesem Urteil auf Gefängnis von mindestens zwei bis höchstens fünf Jahren erkannt, beträgt die Vollstreckungsverjährungsfrist nach § 70 Abs. I Nr. 4 StGB zehn und bei einer Verurteilung zu Gefängnis bis zu zwei Jahren nach § 70 Abs. I Nr. 5 nur fünf

Jahre. Wurde dagegen der Täter zu Zuchthaus bis zu zehn Jahren verurteilt, so verjährt die Vollstreckung erst in fünfzehn Jahren (§ 70 Abs. I Nr. 3 StGB). Wegen der weiteren Einzelheiten vgl. §§ 70 bis 72 StGB.

Anm. 88

X. Schutzgesetz gemäß § 823 Abs. II BGB

§ 294 ist Schutzgesetz im Sinne des § 823 Abs. II BGB. Das ist unbestritten herrschende Meinung. Schadensersatzansprüche aus § 823 Abs. II BGB sollen jedoch nur die **Aktiengesellschaften** als Rechtspersönlichkeiten und die **Aktionäre** geltend machen können. So schon die viel zitierte Reichsgerichtsentscheidung RGZ 157, 216, die schon zu § 312 HGB a. F. ergangen war. Von den Aktionären können sich nur diejenigen auf § 823 Abs. II BGB berufen, die zum Zeitpunkt der Vollendung der Untreuetat, d. h. spätestens bei Eintritt der für die Gesellschaft nachteiligen Wirkungen des Verhaltens des Täters Aktionäre waren. RG DR 40, 1016; Baumbach-Hueck Anm. 1; Godin-Wilhelmi Vorbemerkung vor § 294. Außerdem müssen Aktionäre, die Ansprüche aus § 823 Abs. II BGB in Verbindung mit § 294 geltend machen wollen, nachweisen, daß durch die betreffende Untreuehandlung ihnen persönlich ein Schaden entstanden ist. Ebenso bezüglich der GmbH-rechtlichen Untreue Klug in Hachenburg Anm. 45 zu § 81a und Scholz Anm. 2 zu § 81a.

Nach anscheinend ebenfalls unbestrittener Ansicht soll aber § 294 ebenso wie § 81a GmbHG kein Schutzgesetz im Sinne des § 823 Abs. II BGB für die **Gesellschaftsgläubiger** oder **sonstige Dritte** sein. RG JW 35, 3302 (zu § 312 HGB a. F.); Baumbach-Hueck Anm. 1; Godin-Wilhelmi Vorbemerkung vor § 294; Schlegelberger-Quassowski Anm. 2; Eb. Schmidt Anm. 4 der Vorauflage. Dieser oft wiederholten Auffassung kann nicht zugestimmt werden. Wie im wesentlichen bereits zu § 81a GmbHG ausgeführt wurde (vgl. Klug in Hachenburg Anm. 45 zu § 81a), sind hierfür vor allem die folgenden Gründe maßgebend: Das Reichsgericht erklärt in der auf den Untreuetatbestand des alten § 312 HGB bezüglichen, in JW 35, 3302/3303 veröffentlichten Entscheidung, daß die Gläubiger der Gesellschaft durch eine Untreuehandlung der in Frage kommenden Verwaltungsorgane nur mittelbar geschädigt seien, denn es sei der Bestand ihrer Forderungen in derartigen Fällen nicht berührt, sondern man könne nur davon sprechen, daß das Zugriffsobjekt für ihre Befriedigung beeinträchtigt werde. Dies soll selbst dann gelten, wenn die Untreuehandlung dazu geführt habe, daß mehr als das Aktienkapital verlorenginge und bei einer Liquidation die Befriedigung der Gläubiger geschmälert sei. Unmittelbar geschädigt sind mit anderen Worten also offenbar nur die Gesellschaft selbst oder die Aktionäre. Das ist wenig überzeugend. Die Begriffe mittelbar und unmittelbar sind durchaus relativ. Es wird gerade im letztgenannten Fall keinem Gläubiger einleuchten, daß er nicht „unmittelbar" geschädigt sei, wenn er infolge der Untreuehandlung nunmehr nur mit einer geringen Liquidationsquote bedacht werden kann.

Klarheit läßt sich nur gewinnen, wenn man von den allgemeinen Merkmalen des Schutzbegriffs, wie er in § 823 Abs. II BGB vorausgesetzt wird, ausgeht. Danach liegt ein Schutzgesetz nur dann vor, wenn die betreffende Vorschrift dazu bestimmt ist, entweder die Interessen des einzelnen oder einer bestimmten Gruppe von Personen und dadurch zugleich die Interessen des einzelnen, der zu dieser Gruppe zählt, zu schützen (RGZ 59, 237). Kein Schutzgesetz ist dagegen eine Vorschrift, die nur die Gesamtheit als solche, also vor allem den Staat schützen soll. Im übrigen muß sich der Schutzzweck der Vorschrift auf diejenigen Interessen beziehen, wegen deren Verletzung der Anspruch aus § 823 Abs. II BGB hergeleitet werden soll. RGZ 138, 165 und 219; BGHZ 19, 126. Über diese Begriffsmerkmale besteht im wesentlichen Einigkeit. Vgl. etwa Enneccerus-Lehmann, 14. Bearbeitung, § 235; Erman-Drees, BGB, 3. Aufl., Anm. 12a zu § 823; Palandt-Gramm, 17. Aufl., Anm. 9a zu § 823; Lindenmaier in: Soergel-Siebert, 8. Aufl., Anm. B 1a zu § 823.

Zur Entscheidung der Frage, ob § 294 auch ein Schutzgesetz zugunsten der Gesellschaftsgläubiger ist, bedarf es somit eines Eingehens auf den Zweck dieser Bestimmung. Dieser Zweck ergibt sich bei Straftatbeständen aus den durch die betreffende Strafbestimmung geschützten Rechtsgütern. Wie oben Anm. 4 und 5 näher ausgeführt wurde, schützt § 294 im Rahmen des Vermögens- und Vertrauensschutzes nicht nur die Aktiengesellschaft als solche und die Aktionäre, sondern darüber hinaus auch die Gesellschaftsgläubiger und die Arbeitnehmer der Gesellschaft. Folgt man dieser Auffassung, dann muß der Schutzgesetzcharakter des § 294 zwangsläufig auf die Gesellschaftsgläubiger und, wie sich weiter unten noch zeigen wird, auch auf die Arbeitnehmer ausgedehnt werden.

Man könnte dagegen allenfalls einwenden, daß der Gesetzgeber bei der Aktiengesellschaft durch weitgehende Publizitätsvorschriften (Veröffentlichung der Bilanzen, des Geschäftsberichts usw.) dafür gesorgt hat, daß die beteiligten Wirtschaftskreise sich über die Bonität des Unternehmens informieren können, und daß deshalb — anders als bei der GmbH — ein besonderes Rechtsschutzinteresse derjenigen, die der Aktiengesellschaft in irgendeiner Form Kredit geben, nicht besteht. Indessen ist der Unterschied gegenüber der Lage der GmbH bei näherer Betrachtung nicht allzu groß. Anders Klug in Hachenburg Anm. 45 zu § 81 a GmbHG. Die genannten Informationsmöglichkeiten nützen den Gesellschaftsgläubigern im allgemeinen nur wenig, weil sie nicht nur in schwierigen Zeiten durch die Wirtschaftsentwicklung rasch überholt werden. Die Veröffentlichungen der Bilanzen, des Geschäftsberichts usw. bringen Zahlenmaterial, das durchschnittlich mindestens ein Vierteljahr zurückliegt und das dem Gläubiger deshalb im allgemeinen wenig nützen wird. Der Straftatbestand des § 294 muß deshalb auch gegenüber denjenigen, die der Aktiengesellschaft ihr Vertrauen geben, eine Schutzfunktion erfüllen. Damit soll — soweit dies überhaupt durch die Einschaltung der Strafjustiz möglich ist — die Benachteiligung der Gesellschaftsgläubiger gegenüber den Aktionären, deren Risiko auf den Beteiligungsbetrag beschränkt ist, gemindert werden.

Der Hinweis darauf, daß die Bejahung des Schutzgesetzcharakters über das Strafrecht zu einer Erweiterung der zivilrechtlichen Haftung führt, vermag demgegenüber nicht durchzugreifen, denn eine derartige Erweiterung des Haftungsbereichs kommt in anderen Zusammenhängen ebenfalls vor. Es sei hier nur darauf hingewiesen, daß z. B. die den Tatbestand der Begünstigung regelnde Bestimmung des § 257 StGB als Schutzgesetz im Sinne des § 823 Abs. II BGB anerkannt ist. RGZ 94, 192; Palandt-Gramm Anm. 9a zu § 823 BGB.

Daß der Schutzzweck des § 294 über den Kreis der Aktionäre und die Aktiengesellschaft als solche hinausreicht, beweist im übrigen auch der Qualifikationstatbestand des § 294 Abs. III. Die dort genannten erschwerenden Merkmale haben mit der Aktiengesellschaft selbst nur wenig und mit den Interessen der Aktionäre nur zum Teil zu tun. Die dort genannten Schäden sind in erster Linie solche, die den Geschäftspartnern der Aktiengesellschaft, also ihren Gläubigern entstanden sind. Dies gilt vor allem für die Alternative, daß die Tat „einen besonders großen Schaden zur Folge gehabt hat". Hätte der Gesetzgeber hier nur oder auch nur in erster Linie an die Aktionäre gedacht, dann hätte er sich anders ausdrücken müssen und können.

Schließlich spiegelt sich der Rechtsgedanke des Schutzes der Gesellschaftsgläubiger, also eines Kreises, der über den Bereich der Aktionäre und der Gesellschaft selbst hinausgeht, vor allem auch noch darin, daß im Hinblick auf das geltende Betriebsverfassungs- und Mitbestimmungsrecht der Arbeitnehmer diese ebenfalls als durch § 294 geschützt angesehen werden müssen. Die Tatsache, daß die Arbeitnehmer über ihre Vertreter im Aufsichtsrat der Gesellschaft eine Aufsicht über die Geschäftsleitung ausüben, beweist, daß die Wahrung ihrer Belange eine Vorstandspflicht ist und daß sich der Strafrechtsschutz gegenüber der Untreue der Vorstandsmitglieder usw. zugleich auf die Arbeitnehmerinteressen erstreckt. § 294 muß daher ferner auch als **Schutzgesetz** im Sinne des § 823 Abs. II BGB **zugunsten der Arbeitnehmer** angesehen werden.

Als **Ergebnis** kann daher festgestellt werden, daß § 294 ein Schutzgesetz i. S. des § 823 Abs. II BGB für die Gesellschaft, die Aktionäre, die Gesellschaftsgläubiger und die Arbeitnehmer ist.

Anm. 89

XI. Aktienrechts- und Strafrechtsreform

Im Entw. eines neuen Aktiengesetzes erscheint die Vorschrift des § 294 nicht mehr. In der amtlichen Begründung heißt es, der gesamte Anwendungsbereich des § 294 AktG dürfte bereits durch den allgemeinen Untreuetatbestand des § 266 mit umfaßt sein, und auch nach § 266 StGB sei eine Bestrafung mit Gefängnis, in besonders schweren Fällen mit Zuchthaus bis zu 10 Jahren möglich, so daß § 294 AktG entbehrlich scheine. Demgegenüber wird im Schrifttum mit unterschiedlicher Begründung die Beibehaltung des § 294 im Aktiengesetz empfohlen. So weisen Eb. Schmidt (Vorauflage zu § 294 Anm. 1) und Schäfer-von Dohnanyi (Die Strafgesetzgebung der Jahre 1931—1935, Nachtrag zu Frank, Das Strafgesetzbuch für das deutsche Reich, Tübingen 1936, zu § 266 Anm. VII) auf die gegenüber § 266 StGB als allgemeiner Vorschrift nachhaltigere generalpräventive Wirkung des § 294 als einer Sonderbestimmung hin. Nach Bockelmann (JZ 53, 235) kann § 294 AktG dazu dienen, „dem konturenlosen Begriff der Untreue einige verdeutlichende Züge zu verleihen". Schließlich tritt Helmut Mayer (Materialien zur Strafrechtsreform, Bd. I S. 350) deshalb für eine Beibehaltung des § 294 ein, weil sich der Anwendungsbereich dieser Bestimmung „aus dem im Aktiengesetz geregelten Pflichtenkreis" der möglichen Täter ergebe. Gegenüber dem Hinweis auf eine generalpräventive Wirkung des § 294 wird im Entwurf des neuen Aktiengesetzes darauf hingewiesen, daß sich allein aus diesem Grunde die Beibehaltung des § 294 nicht rechtfertigen lasse. Im übrigen gelte, so wird weiter ausgeführt, § 266 StGB auch heute schon auf dem Gebiet des Aktienrechts, wenn die Untreuehandlung von einem Täter begangen werde, der nicht Mitglied des Vorstands oder des Aufsichtsrats oder Abwickler sei. Ein Eingehen auf die Frage, ob außer dem Gesichtspunkt der generalpräventiven Wirkung noch andere Gründe für die Beibehaltung des § 294 im Aktiengesetz sprechen, erübrigt sich, denn der E 62 faßt den Tatbestand der Untreue so, daß alle Handlungen, die bislang unter § 294 fielen, nun von § 263 erfaßt werden. § 263 des Entwurfs hat folgenden Wortlaut:

„(1) Wer damit betraut ist,

1. Vermögen eines anderen
   a) als vertretungsberechtigtes Organ einer juristischen Person oder als Mitglied eines solchen Organs,
   b) als Vormund, Pfleger, Testamentsvollstrecker, Nachlaßverwalter, Konkursverwalter oder Treuhänder oder
   c) sonst kraft Gesetzes, behördlichen Auftrags oder Rechtsgeschäfts zu verwalten oder
2. eine solche Vermögensverwaltung zu beaufsichtigen, und dem anderen absichtlich oder wissentlich einen Vermögensnachteil dadurch zufügt, daß er die Verwaltung oder die Aufsicht pflichtwidrig führt, wird mit Gefängnis bis zu drei Jahren oder mit Strafhaft bestraft.

(2) Ebenso wird bestraft, wer sonst damit betraut ist, Vermögensangelegenheiten eines anderen durch Abschluß von Rechtsgeschäften für dessen Rechnung zu besorgen und ihm

1. absichtlich einen Vermögensnachteil dadurch zufügt, daß er über Mittel oder Gegenstände, die er zur Besorgung solcher Angelegenheiten oder bei deren Besorgung erlangt, pflichtwidrig verfügt oder daß er die ihm übertragenen Geschäfte sonst pflichtwidrig führt, oder
2. durch eine solche Handlung wissentlich einen Vermögensnachteil zufügt, um sich oder einen Dritten zu bereichern.

(3) Die Absätze 1 und 2 sind auch dann anzuwenden, wenn die Rechtshandlung, die der Betrauung zugrunde liegt, unwirksam ist.

(4) § 241 gilt entsprechend."

Der in § 263 Abs. 4 genannte § 241 betrifft den Haus- und Familiendiebstahl. Die dort vorgesehenen Milderungen für Angehörige, Vormünder, Lehrherren oder Erzieher sollen bei Untreuehandlungen entsprechende Anwendung finden. Durch die Neufassung des Entwurfs sollen die Sondervorschriften des Nebenstrafrechts über Untreue im Handelsverkehr weitgehend überflüssig werden (vgl. die Begründung zum besonderen Teil, Einleitung I; vgl. aber auch die Begründung zu § 263 am Ende).

In § 264 des Entwurfs ist die schwere Untreue besonders unter Strafe gestellt. § 264 hat folgenden Wortlaut:

„In besonders schweren Fällen wird die Untreue mit Gefängnis nicht unter sechs Monaten bestraft. Ein besonders schwerer Fall liegt in der Regel vor, wenn der Täter

1. aus Gewinnsucht handelt,
2. den Verletzten in wirtschaftliche Bedrängnis bringt oder
3. seine Befugnisse oder seine Stellung als Amtsträger mißbraucht, um sich oder einen anderen zu bereichern."

Anm. 90

XII. **Ausländisches Recht**

Vgl. Vorbem. vor § 294 Anm. 7.

§ 295

Falsche Angaben

(1) Mit Gefängnis werden bestraft:

1. Gründer oder Mitglieder des Vorstands oder des Aufsichtsrats, die zum Zweck der Eintragung der Gesellschaft über die Zeichnung, die Einzahlung auf die Aktien, die Verwendung eingezahlter Beträge, den Ausgabebetrag der Aktien, über Sondervorteile, Gründungsaufwand, Sacheinlagen und Sachübernahmen sowie im Gründungsbericht oder im Prüfungsbericht falsche Angaben machen oder erhebliche Umstände verschweigen;

2. Personen, die in der öffentlichen Ankündigung nach § 40 Nr. 3 falsche Angaben machen oder erhebliche Umstände verschweigen;

3. Mitglieder des Vorstands oder des Aufsichtsrats, die zum Zweck der Eintragung einer Erhöhung des Grundkapitals (§§ 149ff., 169ff.) über die Einbringung des bisherigen, die Zeichnung oder Einbringung des neuen Kapitals, den Ausgabebetrag der Aktien oder über Sacheinlagen falsche Angaben machen oder erhebliche Umstände verschweigen;

4. Vorstandsmitglieder, die zum Zweck der Eintragung einer bedingten Kapitalerhöhung über die Ausgabe der Bezugsaktien falsche Angaben machen oder erhebliche Umstände verschweigen;

5. Abwickler, die zum Zweck der Eintragung der Fortsetzung der Gesellschaft in dem von ihnen nach § 215 Abs. 3 zu führenden Nachweis falsche Angaben machen oder erhebliche Umstände verschweigen.

(2) Zugleich kann auf Verlust der bürgerlichen Ehrenrechte erkannt werden.

Übersicht

Schrifttum:

Vgl. die eingangs erwähnten Kommentare und größeren Gesamtdarstellungen sowie die auf S. 724 angegebenen Schriften.

Anm. 1

I. **Allgemeines**

1. **Die einzelnen Tatbestände des § 295**

Die Bestimmung enthält verschiedene Haupttatbestände, und zwar unter Nr. 1 den **Gründungsschwindel,** unter Nr. 2 den **Begebungsschwindel,** unter Nr. 3 und Nr. 4 den **Kapitalerhöhungsschwindel** sowie unter Nr. 5 den **Abwicklungsschwindel.** Weitere Untertatbestände kennt das Gesetz beim Gründungsschwindel und beim Kapitalerhöhungsschwindel. Im ersten Fall handelt es sich darum, daß sich der Gründungsschwindel entweder auf Äußerungen zum Zweck der Eintragung der Gesellschaft oder auf Äußerungen im Gründungsbericht oder auf Äußerungen im Prüfungsbericht erstreckt. Innerhalb des Kapitalerhöhungsschwindels wird unterschieden zwischen der Begehung dieses Tatbestands bei unbedingter (Nr. 3 des § 295) und bei bedingter (Nr. 4 des § 295) Kapitalerhöhung. Gemeinsam ist allen diesen Tatbeständen, daß der Täter entweder falsche Angaben macht oder erhebliche Umstände verschweigt.

Anm. 2

2. **Entstehungsgeschichte**

In seinen hauptsächlichen Bestimmungen geht § 295 auf § 313 HGB zurück. Vgl. hierzu RGSt. 18, 108; 24, 286; 30, 318. § 313 HGB galt vor allem der Bekämpfung des Gründungsschwindels. Deshalb soll § 295 in erster Linie verhindern, daß Aktiengesellschaften in das Handelsregister eingetragen werden, ohne daß die gesetzlichen Voraussetzungen für ihre Entstehung wirklich vorhanden sind. Insbesondere soll der Rechts- und Wirtschaftsverkehr davor bewahrt werden, daß Aktien, die nur Scheinwerte darstellen, in den Umlauf kommen. Darüber hinaus ist aber der Tatbestand, wie die voranstehende Übersicht über die einzelnen Deliktsformen zeigt, gegenüber der Regelung im § 313 HGB nicht unbeträchtlich erweitert. Im Gegensatz zur früheren Regelung sind seit Inkrafttreten des Aktiengesetzes schwindelhafte Angaben auch bei **bedingten** Kapitalerhöhungen und bei **Fortsetzungen von in Liquidation befindlichen Gesellschaften** unter Strafdrohung genommen. Auf **Nachgründungen** i. S. des § 45 bezieht sich § 295 jedoch **nicht.** Aus Gründen der materialen Gerechtigkeit hat daher Eb. Schmidt in der Vorauflage (Anm. 1) vorgeschlagen, § 295 Nr. 1 in Anwendung der damals in Geltung befindlichen Analogiebestimmung des § 2 StGB auch auf die Fälle des Nachgründungsschwindels zu erstrecken, weil der Grundgedanke des § 295 Nr. 1 auch auf den Nachgründungsschwindel zutreffe. Infolge des heute gültigen Analogieverbots kommt diese Lösung nicht mehr in Betracht, obwohl sie sich, wie man Eb. Schmidt zugeben muß, sinnvoll in das System der hier geregelten Straftatbestände einfügen würde. Ob allerdings ein rechtspolitisches Bedürfnis hierfür besteht, ist eine andere Frage. Gegebenenfalls müßte der Gesetzgeber eingreifen. Im § 385 RegEntw. ist unter Nr. 1 die Nachgründung ausdrücklich einbegriffen. Im übrigen ist im Gegensatz zu § 82 Abs. I Nr. 2 GmbHG eine Strafbarkeit für den **Kapitalherabsetzungsschwindel** im § 295 ebenfalls **nicht** vorgesehen. Dieser Unterschied ist auffällig. Daß ein kriminalpolitisches Bedürfnis nicht besteht, ist kaum anzunehmen, wenn man davon ausgeht, daß ein solches Bedürfnis für die GmbH vom Gesetzgeber bejaht wurde. Es dürfte sich hier wohl um ein gesetzgeberisches Versehen handeln. Ob der hier bestehenden Gesetzeslücke eine nennenswerte Bedeutung zukommt, läßt sich schwer übersehen. Oft wird eine Strafbarkeit aus § 296 in Betracht kommen. § 385 RegEntw. hat den Kapitalherabsetzungsschwindel jedenfalls ebensowenig einbezogen.

Anm. 3

Geschütztes Rechtsgut. Entstehungsgeschichte und Sinnzusammenhang zeigen, daß die Strafvorschriften des § 295 die Verhütung von Täuschungen Dritter bezwecken. Der Schutz der Gesellschafter ist nicht — zumindest nicht in erster Linie — ihr Zweck. Das gilt hier im Aktienrecht ebenso wie für die entsprechende Regelung im § 82 des GmbHG. Vgl. Klug in Hachenburg Anm. 1 zu § 82. Im Hinblick auf die besonderen Risiken, die sich für die Wirtschaft aus der auf das Gesellschaftsvermögen beschränkten Haftung der Aktiengesellschaft ergeben, sollen die Strafdrohungen des § 295 nach Möglichkeit verhindern, daß im Wirtschaftsleben und in der sonstigen Rechtswirklichkeit ein irreführender Anschein über Aktiengesellschaften entsteht. Hieraus folgt, daß als geschütztes Rechtsgut das Vertrauen der Gesellschaftsgläubiger und sonstiger dritter Personen sowie — das allerdings erst in zweiter Linie — das Vertrauen der Allgemeinheit in die Korrektheit der Handelsregistereintragungen und der öffentlichen Ankündigungen anzusehen sind.

Anm. 4

II. Der Gründungsschwindel (§ 295 Nr. 1)

1. Tatbestand

a) Als Täter kommen in Betracht:

aa) **Gründer.** Den Kreis der Gründer einer Aktiengesellschaft bestimmt § 21. Gründer sind danach diejenigen Aktionäre, die die Satzung festgestellt haben, und zwar auch dann, wenn diese Satzungsfeststellung nichtig ist, da die nichtige Gesellschaft jedenfalls nach außen hin besteht. Bei der Stufengründung sind Gründer auch die Aktionäre, die Sacheinlagen machen, ohne sich an der Feststellung der Satzung beteiligt zu haben (§ 21 Satz 2). Bei der Kommanditgesellschaft auf Aktien sind die Gesellschafter, die die Satzung festgestellt haben, die Gründer (§ 221 Abs. II 1). Bei der Stufengründung einer KGaA sind Gründer auch die Kommanditaktionäre, die Sacheinlagen machen, ohne sich an der Feststellung der Satzung beteiligt zu haben. Unbestritten ist, daß **Strohmänner**, d. h. vorgeschobene Personen, die in eigenem Namen, aber für fremde Rechnung Aktien übernehmen (vgl. § 25 Abs. II Nr. 2), als Gründer im Sinne dieses Tatbestands der strafrechtlichen Haftung unterliegen, nicht aber die Hintermänner, die eigentlichen „Drahtzieher". Ebenso Eb. Schmidt Anm. 2 der Vorauflage; Erbs in Kohlhaas Anm. 5A. Jene Hintermänner können aus § 295 Nr. 1 nur als Anstifter oder Gehilfen, nicht als unmittelbare und auch nicht als mittelbare Täter bestraft werden. Ebenso RGSt. 24, 286 (290); 30, 300 (312); Stenglein Anm. 1 zu § 313; v. Godin-Wilhelmi Anm. 2. Da in einem vom Schuldprinzip beherrschten Strafrecht **juristische Personen** als strafrechtlich verantwortliche Täter grundsätzlich nicht in Betracht kommen, haften dort, wo sie Gründer sind, nur ihre gesetzlichen Vertreter strafrechtlich, — sofern diese natürliche Personen und nicht auch wieder juristische Personen sind. RJA 11, 208; ebenso Baumbach-Hueck Anm. 3 A; v. Godin-Wilhelmi Anm. 2 zu § 295 und Schlegelberger-Quassowski Anm. 4 zu § 2. Läßt sich der Gründer als natürliche Person durch eine andere natürliche Person vertreten, so haftet strafrechtlich nur der Vertretene, da nur er Gründer ist. Hier wird in der Regel mittelbare Täterschaft vorliegen. Der Vertreter kann sich allenfalls als Teilnehmer am Gründungsschwindel strafbar machen, und zwar als sogenanntes „qualifikationsloses Werkzeug" wegen Beihilfe nach § 49 StGB oder bei seltenen Fallkonstellationen ev. auch als Anstifter. Zur Lehre von der mittelbaren Täterschaft vgl. die Lehrbücher und Kommentare des allgemeinen Strafrechts. Es gilt hier in den geschilderten Fällen das Übliche.

Anm. 5

bb) **Mitglieder des Vorstands oder des Aufsichtsrats.** Die täterschaftlichen Voraussetzungen sind die gleichen wie beim Tatbestand der aktienrechtlichen Untreue. Vgl. daher oben die Erläuterungen zu § 294, und zwar Anm. 9—20 für die Vorstandsmitglieder und Anm. 20—25 bezüglich der Mitglieder des Aufsichtsrats. Insbesondere ist zu beachten, daß auch die **stellvertretenden** Vorstands- und Aufsichtsratsmitglieder Täter sein können.

Anm. 6

cc) Als Täter des § 295 Nr. 1 kommen auch die **persönlich haftenden Gesellschafter der Kommanditgesellschaft auf Aktien** in Frage, denn § 304 ordnet ausdrücklich an, daß bei ihnen die Vorschriften des IV. Buchs über Vorstandsmitglieder sinngemäß Anwendung finden. Daß § 304 redaktionell mißglückt ist, wurde bereits in Anm. 30 zu § 294 ausgeführt. Das dort Gesagte gilt auch hier, so daß § 295 Nr. 1 auch auf die **Aufsichtsratsmitglieder einer Kommanditgesellschaft auf Aktien** anzuwenden ist.

Anm. 7

dd) Ebenso wie bei § 294 steht auch hier bei § 295 die **Nichtigkeit der Gesellschaft** der strafrechtlichen Haftung derjenigen, die zu den genannten Tätergruppen gehören, nicht entgegen. Insbesondere ist es gleichgültig, ob die Gesellschaft im Handelsregister eingetragen ist oder nicht. RGSt. 43, 414; Eb. Schmidt Anm. 4 der Vorauflage und Erbs in Kohlhaas Anm. 5 D.

Anm. 8

ee) Aus der Beschränkung des Täterkreises in Verbindung mit der Tatsache, daß es kein allgemeines Delikt gibt, dessen Qualifizierung oder Privilegierung § 295 wäre, geht hervor, daß § 295, mit Ausnahme des Tatbestands Nr. 2 (s. unten Anm. 29), ein echtes **Sonderdelikt** ist. Personen, welche nicht zu den gesetzlich festgelegten Gruppen zählen, können weder unmittelbare noch mittelbare Täter oder Mittäter sein. Dagegen kann sich als Anstifter (§ 48 StGB), Gehilfe (§ 49 StGB) und Begünstiger (§ 257 StGB) jeder beliebige im Zusammenhang mit einem Gründungsschwindel strafbar machen.

Anm. 9

b) **Die einzelnen Tatbestandsmerkmale des strafbaren Verhaltens:**

aa) Der Tatbestand des Gründungsschwindels ist ebenso wie die übrigen Tatbestände des § 295 ein sogenanntes Äußerungsdelikt. Vgl. hierzu Kern, Die Äußerungsdelikte, 1919. In allen Fällen des § 295 ist es für die Strafbarkeit erforderlich, daß der Täter **falsche Angaben gemacht** oder **erhebliche Umstände verschwiegen** hat. Falsche Angaben sind Äußerungen, deren Inhalt von der objektiven Wahrheit abweicht. Unbeachtlich ist es für die Tatbestandsmäßigkeit des Verhaltens, ob der Täter wußte, daß seine Angaben objektiv falsch sind. Dies wird erst bei der Prüfung der Voraussetzungen für den Vorsatz relevant. Hat der Täter keine falschen Angaben gemacht, so kann im Gegensatz zu der alten Regelung im § 313 HGB eine Tatbestandsverwirklichung durch Verschweigen erheblicher Tatsachen in Betracht kommen. Hierbei kommt es nicht darauf an, daß das Gesamtbild der Äußerung durch das Verschweigen erheblicher Umstände falsch wird. Es genügt, daß überhaupt wesentliche Umstände verschwiegen worden sind. Erheblich sind die verschwiegenen Umstände nicht nur dann, wenn eine Rechtspflicht besteht, die betreffenden Umstände zu erwähnen, sondern auch dann, wenn im Wirtschaftsleben nach Treu und Glauben und unter Berücksichtigung der Verkehrssitte eine Äußerung über die verschwiegenen Umstände zu erwarten gewesen ist.

Anm. 10

bb) Für den Tatbestand des Gründungsschwindels kommen nur drei Arten von Äußerungen, bei denen entweder falsche Angaben gemacht oder erhebliche Umstände verschwiegen werden, in Betracht, nämlich entweder Äußerungen zum Zweck der Eintragung der Gesellschaft oder Äußerungen im Gründungsbericht oder Äußerungen im Prüfungsbericht. Bei den **Äußerungen zum Zweck der Eintragung der Gesellschaft** müssen die falschen Angaben oder die verschwiegenen Umstände sich auf folgende, im Gesetz ausdrücklich genannte Punkte beziehen:

1. **Zeichnung der Aktien:** Das Nähere regelt § 30 Abs. II und III. Zweifel können sich ergeben, wenn die Äußerungen Angaben über Strohmänner enthalten. Nach dem oben Anm. 4 Ausgeführten sind Strohmänner Gründer im Rechtssinne, Angaben über sie sind deshalb grundsätzlich keine falschen Angaben. Entsprechendes gilt für Angaben über Scheinzeichnungen, sofern sie nur formal korrekt sind, denn der Gesellschaft gegenüber gelten sie als wahre Zeichnungen. RGSt. 30, 312. Das Gesagte gilt jedoch nicht ausnahmslos. So kann z. B. dann, wenn die Heranziehung von Strohmännern oder die Scheinzeichnungen sich als sittenwidrig erweisen oder nur zur Umgehung gesetzlicher Vorschriften erfolgt sind, eine Strafbarkeit mindestens wegen Verschweigens erheblicher Umstände in Frage kommen. Ebenso Eb. Schmidt Anm. 8 der Vorauflage. Vgl. ferner hierzu Schlegelberger Anm. 13 zu § 2.

Anm. 11

2. **Einzahlung auf die Aktien:** Nach § 29 ist in der Anmeldung zur Eintragung in das Handelsregister die Erklärung abzugeben, daß die Voraussetzungen des § 28 Abs. II erfüllt sind. Dabei sind der Betrag, zu dem die Aktien ausgegeben werden, und der darauf eingezahlte Betrag anzugeben. Die hierauf bezüglichen Angaben werden also etwa dann falsch, wenn Einzahlungen behauptet werden, obwohl sie überhaupt nicht oder nicht in dem angegebenen Umfang erfolgt sind. Eine falsche Angabe läge aber auch dann vor, wenn als eingezahlt ein Betrag bezeichnet wird, der lediglich zum Zweck der Einzahlung geliehen wurde und der nach Abgabe der Erklärung für den Eintragungsantrag dem Zeichner alsbald zurückgegeben oder unmittelbar an den Darlehnsgeber weitergeleitet worden ist. RGSt. 24, 286; Rabben S. 33; Goldschmidt AR 272 und AG. Anm. 3 zu § 313; Stenglein § 313 Anm. 3a. Ist zum Zweck der Einzahlung auf die Aktien nur aufgerechnet worden, so wäre es eine falsche Angabe, wenn im Eintragungsantrag behauptet würde, daß eine entsprechende Barzahlung erfolgt sei. RGZ 94, 61; RGSt. 53, 149. Zweifelhaft kann es sein, inwieweit unrichtige Angaben über den Besitz des auf die Aktien eingezahlten Betrages unter den Tatbestand des Gründungsschwindels fallen. Da es sich hierbei um eine Frage der Verwendung eingezahlter Beträge handelt, vgl. das in der nächsten Anm. zu dieser Frage Ausgeführte. In § 49 Abs. 3 hat der Gesetzgeber vorgeschrieben, daß die erforderliche Einzahlung auf die Aktien nur in gesetzlichen Zahlungsmitteln oder durch Gutschrift auf ein Bankkonto im Inland oder Postscheckkonto der Gesellschaft oder des Vorstands zu seiner freien Verfügung erfolgen kann. Unzulässig ist die Einzahlung durch Hingabe von Wechseln, durch Hypothekenabtretung, durch Hingabe eines von der Bundesbank bestätigten Schecks usw. Vgl. oben Anm. 15—18 zu § 49. Wird in dem Eintragungsantrag die erfolgte Einzahlung behauptet, obwohl die Voraussetzungen des § 49 Abs. 3 nicht erfüllt sind, dann liegt eine strafbare falsche Angabe im Sinne des § 295 Nr. 1 vor. Gemäß § 28 Abs. II darf die Gesellschaft bereits dann zur Eintragung in das Handelsregister angemeldet werden, wenn mindestens ¼ des Nennbetrages der Aktien eingezahlt ist. Ist diese Voraussetzung erfüllt, dann liegt gleichwohl eine strafbare falsche Angabe vor, wenn im Eintragungsantrag eine höhere Einzahlung behauptet wird. Die Unrichtigkeit dieser Äußerung ist zwar nicht ursächlich für die Eintragung, weil diese auch erfolgen würde, wenn eine zutreffende Angabe über die 25%ige Einzahlung erfolgt wäre. Gleichwohl liegt ein strafbares Verhalten vor, denn aus § 29 Abs. I Satz 1 geht klar hervor, daß die tatsächlich eingezahlten Beträge in dem Eintragungsantrag wahrheitsgemäß angegeben werden müssen. Ebenso RGSt. 33, 252; 43, 323.

Anm. 12

3. **Verwendung eingezahlter Beträge:** In den §§ 28 Abs. II und 29 hat der Gesetzgeber im einzelnen geregelt, wie die auf die Aktien eingezahlten Beträge verwendet werden dürfen. Vgl. hierzu im einzelnen die Erläuterungen zu den genannten Bestimmungen. Von entscheidender Bedeutung ist die Vorschrift, daß die eingezahlten Beträge grundsätzlich zur freien Verfügung des Vorstands stehen müssen. Zur Bezahlung der bei der Gründung angefallenen Steuern und Gebühren dürfen sie jedoch verwandt werden. Auf diese Art der Verwendung bezieht sich das hier erörterte Tatbestandsmerkmal insbesondere. Aber auch die Frage, inwieweit unrichtige Angaben über den Besitz der eingezahlten Beträge unter den Straftatbestand des Gründungsschwindels nach § 295 fallen, gehört hierher. Nach früherem Recht (§§ 313 Nr. 1, 195 Abs. III HGB) hat die herrschende Meinung diese Frage grundsätzlich bejaht. RGSt. 24, 286; 30, 314; 43, 182; 53, 149; Werneburg ZBH 1927, 219; Rabben 33; Stenglein § 313 Anm. 3a. Wie Eb. Schmidt Anm. 9 der Vorauflage zutreffend ausführt, kann durchaus nicht angenommen werden, daß das Aktiengesetz die strafrechtliche Haftung abschwächen wollte, denn in § 28 wird mit dem Erfordernis der Einzahlung die endgültige freie Verfügungsmöglichkeit des Vorstands über die eingezahlten Beträge verlangt. Eine solche Verfügungsmöglichkeit wird aber in der Regel mindestens die Erlangung des mittelbaren Besitzes voraussetzen. Von einer Einzahlung ohne Übertragung des mittelbaren Besitzes wird mithin kaum gesprochen werden können. Infolgedessen werden falsche An-

gaben über den Besitz stets auch solche über die Einzahlung sein. Es wäre formalistisch, wollte man hier zu trennen versuchen. Es ist auch heute noch richtig, wenn das RG in RGSt. 24, 286 ausführt, daß die Einzahlung zu einem „leeren Formalakt ohne alle reale Basis" werden würde, wenn man Einzahlung und Erlangung der Verfügungsgewalt nicht in engster sinngemäßer Zusammengehörigkeit sehen würde.

Anm. 13

4. **Ausgabebetrag der Aktien:** Bei dieser Tatbestandsvariante will der Gesetzgeber durch die Strafdrohung sicherstellen, daß der Kurswert, zu welchem die Gründer die Aktien in den Verkehr gebracht haben, im Handelsregister in seiner wirklichen Höhe erkennbar gemacht ist, damit sich interessierte Dritte durch Einsichtnahme die für die Bonität der neuen Gesellschaft wichtige Kenntnis des Ausgabekurses verschaffen können. Die nach § 9 Abs. I unzulässige Unterpariausgabe wird durch § 295 nicht unter Strafdrohung gestellt. Gleichwohl wirkt sich der Straftatbestand des Gründungsschwindels mittelbar auf diese Bestimmung aus, denn mindestens erschwert sie eine derartige Manipulation.

Anm. 14

5. **Sondervorteile, Gründungsaufwand, Sacheinlagen** und **Sachübernahmen:** Falsche Angaben oder das Verschweigen erheblicher Umstände kommen in bezug auf diese Angaben nur bei den sogenannten qualifizierten Gründungen in Betracht, vgl. §§ 19, 20 und 29. Der rechtspolitische Grundgedanke ist klar. In diesen Fällen ist die Gefahr der Täuschung Dritter über den wirklichen Wert des Grundkapitals und der Aktien besonders groß. Rabben S. 35. Falsche Angaben oder das Verschweigen erheblicher Umstände lägen insoweit z. B. vor, wenn Gründungsvergütungen als solche verschleiert und etwa in den Einbringungspreis eingerechnet würden (RGSt. 18, 105) oder wenn etwa eine schwindelhafte Überbewertung der Einlagen erfolgt wäre, mag auch das tatsächlich vereinbarte Entgelt richtig angegeben worden sein (RGSt. 40, 286; 49, 340; LZ 1914, 950). Erhebliche Umstände würden verschwiegen sein, wenn eine Bargründung erfolgte und dann, einer nicht verlautbarten Abrede entsprechend, Sacheinlagen von der Gesellschaft erworben würden, um die Regelung des § 20 zu umgehen. Eb. Schmidt in Anm. 12 der Vorauflage. Andererseits können falsche Angaben über den Erwerb von Anlagen oder sonstigen Vermögensgegenständen bei **Nachgründungen** im Sinne des § 45 nicht wegen Gründungsschwindels gemäß § 295 Nr. 1 bestraft werden. Vgl. hierzu oben Anm. 2. Im RegEntw. (§ 385) ist das anders.

Anm. 15

6. **Vollendung:** Die hier in Rede stehenden Äußerungen zum Zweck der Eintragung der Gesellschaft müssen, wie sich aus dieser Zwecksetzung ohne weiteres ergibt, im Zusammenhang mit der Anmeldung zur Eintragung in das Handelsregister dem Registergericht gegenüber erfolgt sein. **Vollendet** ist die Straftat infolgedessen mit dem **Zugehen** des Eintragungsantrags **beim Gericht.** Nicht erforderlich ist für die Vollendung, daß der Registerrichter von dem Antrag Kenntnis genommen hat. Demnach ist weder die Täuschung des Richters noch die erfolgte Eintragung im Handelsregister ein Tatbestandsmerkmal. RGSt. 37, 27; 43, 323; Rabben S. 37; Stenglein Anm. 2 zu § 313. Der Gründungsschwindel ist somit ein sog. kupiertes Erfolgsdelikt. Der Gesetzgeber hat aus kriminalpolitischen Gründen den Zeitpunkt der Deliktsvollendung vorverlegt, obwohl es dem Täter gerade auf die Täuschung des Richters und die Eintragung im Register ankommt. Aus diesem Grunde ist es auch besser, den hier erläuterten Tatbestand nicht, wie dies gelegentlich geschieht, „Gründungstäuschung", sondern „Gründungsschwindel" zu nennen. Es wird damit deutlicher zum Ausdruck gebracht, daß die Täuschung kein Tatbestandsmerkmal ist. Unter diesen Umständen versteht es sich von selbst, daß die nachträgliche Berichtigung die Strafbarkeit nicht mehr beseitigt. Ferner ist es für die Strafbarkeit belanglos, ob der Registerrichter eine Antragsergänzung verlangt oder ob er die Eintragung ablehnt. Vgl. RG JW 04, 2463 und Brodmann Anm. 2e zu § 313.

Anm. 16

cc) **Äußerungen im Gründungsbericht:** Durch die Einführung dieser Tatbestandsvariante hat der Gesetzgeber den Strafbarkeitsbereich beim Gründungsschwindel nicht unerheblich erweitert. Während der Geltung des § 313 HGB waren falsche Angaben im Gründungsbericht nur insoweit aus § 313 HGB strafbar, als es sich um Angaben zum Zweck der Eintragung der Gesellschaft handelte und diese Angaben dem Gericht zugingen. Erst mit der Einreichung des Gründungsberichts beim Registergericht war die Tatbestandsverwirklichung vollendet (§§ 191, 193, 195, 313 Nr. 1 HGB). Nicht unter § 313 HGB fielen folglich solche falschen Angaben im Gründungsbericht, die nicht mit der Registereintragung zusammenhingen und nicht zum Zweck dieser Eintragung gemacht wurden. Außerdem wurde von § 313 HGB auch nicht erfaßt das Verschweigen erheblicher Umstände in einem Gründungsbericht, gleichgültig ob die verschwiegenen erheblichen Umstände für die Registereintragung von Belang waren oder nicht. Diese Regelung wurde der Bedeutung des Gründungsberichts nicht gerecht. Nach § 295 Nr. 1 ist es daher nunmehr strafbar, wenn der Gründungsbericht falsche Angaben enthält oder erhebliche Umstände im Bericht verschwiegen werden, wobei es belanglos ist, ob das eine oder das andere oder beides zum Zweck der Eintragung der Gesellschaft erfolgte. Durch § 295 Nr. 1 soll also der gesamte Gründungsbericht vor falschen Angaben und vor dem Verschweigen erheblicher Umstände geschützt werden. Geschützt ist der Gründungsbericht also auch insoweit, als sein Inhalt für Eintragungszwecke nicht von Bedeutung ist. Unzutreffend daher Schlegelberger Anm. 2 und Teichmann-Köhler Anm. 3. Richtig dagegen von Godin-Wilhelmi Anm. 4. Über den Gründungsbericht vgl. im § 24 sowie in den Erläuterungen hierzu das Nähere. Nach § 25 Abs. I haben die Mitglieder des Vorstands und des Aufsichtsrats den Hergang der Gründung zu prüfen. In der Regel handelt es sich dabei um diejenigen Mitglieder des Aufsichtsrats und des Vorstands, die nach § 23 bestellt worden sind. In besonderen Fällen sieht jedoch § 25 Abs. II die Bestellung anderer Gründungsprüfer durch das Gericht vor. Es handelt sich hierbei in erster Linie um Fälle, in denen sich Interessenkollisionen daraus ergeben können, daß die Vorstands- oder Aufsichtsratsmitglieder mit zu den Gründern gehören oder aus sonstigen in § 25 Abs. II näher angegebenen Umständen eine Konfliktsituation entstehen kann. Der von den Gründern nach § 24 anzufertigende schriftliche Bericht über den Hergang der Gründung ist demgemäß entweder an die Mitglieder des Vorstands und des Aufsichtsrats oder, in dem soeben geschilderten Sonderfall, an die vom Gericht eingesetzten Gründungsprüfer zu richten. Hieraus ergibt sich der Zeitpunkt für die Vollendung des Delikts. Obwohl der Gründungsbericht dem Registergericht zum Zweck der Eintragung der Gesellschaft eingereicht werden muß, kommt es für diese Variante des Gründungsschwindeltatbestands nicht auf den Zeitpunkt des Eingehens beim Gericht an. **Vollendet** ist das Vergehen vielmehr schon durch die Vorlage des Gründungsberichts bei mindestens einem Vorstands- oder Aufsichtsratsmitglied oder bei mindestens einem Gründungsprüfer gemäß § 25 Abs. II, falls solche vom Gericht bestellt worden sind. Unrichtig ist es daher, wenn Baumbach-Hueck Anm. 3C als Vollendungszeitpunkt beim Gründungsschwindel ohne Unterschied für alle drei Begehungsformen den Eingang bei Gericht annehmen. Die dort zitierte Entscheidung RG HRR 38, 1386 betrifft nur die erste Tatbestandsvariante. Wie bei der ersten Begehungsform, so ist es auch hier nicht erforderlich, daß der betreffende Empfänger des Gründungsberichts Kenntnis genommen hat. Es kommt ausschließlich auf das Zugehen des Berichts an. Belanglos ist es ferner für die Strafbarkeit, ob der Empfänger des Berichts durch die falschen Angaben oder durch das Verschweigen erheblicher Umstände getäuscht worden ist. Vgl. hierzu oben Anm. 15. — Falsche Angaben oder das Verschweigen erheblicher Umstände in einem **Nachgründungsbericht** des § 45 Abs. II fallen nicht unter § 295 Nr. 1. Vgl. oben Anm. 2.

Anm. 17

dd) **Äußerungen im Prüfungsbericht:** Zu unterscheiden von dem soeben erörterten Gründungsbericht, den die Gründer über den Hergang der Gründung zu erstatten haben (§ 24), ist der Prüfungsbericht, den die Mitglieder des Vorstands und des

Aufsichtsrats sowie gegebenenfalls die Gründungsprüfer nach § 26 anfertigen müssen. Die den Gegenstand dieses Prüfungsberichts bildende Gründungsprüfung hat sich namentlich darauf zu erstrecken, ob die Angaben der Gründer über die Übernahme der Aktien, über die Einlagen auf das Grundkapital und über die in den §§ 19 und 20 vorgesehenen Festsetzungen richtig und vollständig sind. Außerdem ist zu prüfen, ob die für eingelegte oder übernommene Gegenstände gewährten Leistungen angemessen sind. Über das Ergebnis dieser Prüfung ist unter Darlegung der genannten Umstände schriftlich zu berichten (§ 26 Abs. II). Je ein Exemplar dieses Prüfungsberichts ist dem Gericht, dem Vorstand der Gesellschaft und der Industrie- und Handelskammer als der „amtlichen Vertretung des Handelsstands" einzureichen. Vgl. § 26 Abs. III. Da dieser Bericht, wie das Gesetz in § 26 Abs. III letzter Satz ausdrücklich erklärt, von jedermann bei dem Gericht oder bei der Industrie- und Handelskammer als der amtlichen Vertretung des Handelsstands eingesehen werden kann, kommt ihm im Rechts- und Wirtschaftsleben eine ganz besondere Bedeutung zu. Es war deshalb sinnvoll, wenn der Gesetzgeber im Gegensatz zur Rechtslage nach § 313 HGB den strafrechtlichen Schutz nunmehr auch auf diesen Bericht erstreckt, und zwar unabhängig davon, ob die betreffenden falschen Angaben oder das Verschweigen erheblicher Umstände mit der Handelsregistereintragung der Gesellschaft im Zusammenhang stehen oder ob das nicht der Fall ist. — **Täter** können bei dieser Tatbestandsform nur die Vorstands- und die Aufsichtsratsmitglieder sein. Die Gründer, die bei den ersten beiden Begehungsarten Täter sein konnten, kommen **als solche** hier nicht in Betracht, da sie keinen Prüfungsbericht zu erstatten haben. Die nach § 25 Abs. II und III gerichtlich bestellten Gründungsprüfer im engeren Sinne können nach dem Gesetzeswortlaut keine Täter des § 295 Nr. 1 sein. Berichten sie falsch oder verschweigen sie erhebliche Umstände in dem von ihnen anzufertigenden Bericht, dann machen sie sich nach § 302 Nr. 1 dieses Gesetzes strafbar. Ihre strafrechtliche Haftung ist daher etwas geringer. Das Nähere vgl. in den Erläuterungen zu § 302. Im übrigen gilt für den Prüfungsbericht dasselbe, was in der vorangehenden Anm. über den Gründungsbericht ausgeführt wurde: **Vollendet** ist die Straftat, sobald der Prüfungsbericht, in dem falsche Angaben gemacht oder erhebliche Umstände verschwiegen wurden, dem Gericht oder dem Vorstand oder der Industrie- und Handelskammer zugegangen ist (§ 26 Abs. III). Ist der Bericht, wovon man im Regelfall ausgehen kann, dem Vorstand zuerst zugegangen, dann ist der Tatbestand schon in diesem Augenblick vollendet. Auf den Eingang beim Gericht oder bei der Industrie- und Handelskammer kommt es dann nicht mehr an. Vollendet ist also das Delikt, wenn es auch nur einer der genannten Stellen zugegangen ist. Auf die Kenntnisnahme durch diese Stelle und die Verursachung einer Täuschung kommt es hier ebensowenig an wie in den übrigen Fällen des Gründungsschwindels. — Auf den im Rahmen von **Nachgründungen** gemäß § 45 Abs. III und V zu erstattenden Prüfungsbericht findet § 295 Nr. 1 hier ebenfalls keine Anwendung. Die von Eb. Schmidt in der Vorauflage vertretene entgegengesetzte Auffassung beruhte auf der seit 1945 weggefallenen Analogieerlaubnis des damaligen § 2 StGB.

Anm. 18

ee) **Übergesetzliche Tatbestandsausschließungsgründe (Sozialkongruenz):** Ein bisher soweit ersichtlich noch nirgends erörtertes Problem ergibt sich für die hier behandelten drei Formen der Tatbestandsverwirklichung daraus, daß die Gesetzesanwendung eingeschränkt werden muß. Es leuchtet ein, daß nicht jede falsche Angabe als Erfüllung des Tatbestands angesehen werden darf, selbst wenn alle übrigen Tatbestandsmerkmale durch das betreffende Verhalten verwirklicht sind. Für das Tatbestandsmerkmal des Verschweigens erheblicher Umstände ist das hier auftretende Problem dadurch gelöst, daß schon der Gesetzgeber gesagt hat, ein Verschweigen von Umständen sei nur dann Tatbestandsverwirklichung, wenn es sich um **erhebliche** Umstände handele. Für das Tatbestandsmerkmal der falschen Angaben fehlt eine entsprechende Einschränkung im Gesetz. Aus dem Sinn der Bestimmung kann jedoch der Gedanke abgeleitet werden, daß falsche Angaben den Tatbestand des Gründungsschwindels nur dann zu verwirklichen geeignet sind, wenn es sich bei den betreffenden Angaben um solche handelt, die als wesentlich sowohl für den Gründungsvorgang als solchen wie auch für die weiteren rechtlichen und wirtschaftlichen Konsequenzen angesehen werden müssen. Falsche Angaben zu ganz nebensächlichen und geringfügigen Punkten genügen nicht. Insoweit ist von einer übergesetzlichen Tatbestandseinschränkung auszugehen. Ihr liegt zugrunde der allgemeine übergesetzliche Tatbestandsausschließungsgrund der Sozialkongruenz. Vgl. oben Anm. 45 zu § 294. Nach diesem Prinzip kommt ein Ausschluß des an und für sich formal tatbestandsmäßigen Verhaltens unter zwei Gesichtspunkten in Frage, nämlich einmal dann, wenn das betreffende tatbestandsmäßige Verhalten als sozialethisch geboten erscheint — so etwa die Übernahme eines gebotenen Risikos eines unternehmerischen Vorgehens, das formal den aktienstrafrechtlichen Tatbestand der Untreue verwirklicht —, und zum anderen dann, wenn das betreffende formal tatbestandsmäßige Verhalten sozialethisch völlig irrelevant ist. Vgl. Klug, Sozialkongruenz und Sozialadäquanz im Strafrechtssystem, in: Festschrift für Eb. Schmidt, Göttingen 1961, S. 249ff. Beispiele für diesen zuletzt genannten Aspekt bilden etwa die Tatbestände der einfachen Freiheitsberaubung (§ 239 StGB), des Glücksspiels (§ 284 StGB) und der einfachen passiven Beamtenbestechung (§ 331 StGB). Die geringfügige Freiheitsberaubung ebenso wie das Glücksspiel mit ganz unbeträchtlichen Geldeinsätzen und die Annahme von belanglosen Geschenken (z. B. das Neujahrstrinkgeld für den Postboten) sind wegen ihrer sozialen Harmlosigkeit als sozialkongruent und demgemäß als nicht mehr tatbestandsmäßig anzusehen, obwohl rein formal eine Tatbestandsverwirklichung bejaht werden müßte. Vgl. Klug aaO. S. 263. Es dürfte einleuchtend sein, daß das gleiche für ganz unwesentliche und nebensächliche falsche Angaben im Rahmen des Tatbestands des § 295 Nr. 1 zu gelten hat. Auch hier kann davon ausgegangen werden, daß der Tatbestandsausschließungsgrund der Sozialkongruenz des betreffenden Verhaltens wegen sozialer Irrelevanz eingreift. Nicht jede falsche Angabe löst mithin die Strafrechtsfolge dieser Bestimmung aus. Es muß sich mindestens um nicht ganz unerhebliche Angaben handeln.

Anm. 19

2. Rechtswidrigkeit

Die übliche Folgerung von der Tatbestandsmäßigkeit auf die Rechtswidrigkeit wird hier in der Regel uneingeschränkt zu gelten haben. Wie Eb. Schmidt Anm. 15 der Vorauflage mit Recht bemerkt, läßt es die unbedingte Wahrheitspflicht, die in § 295 Nr. 1 zum Ausdruck gebracht ist, — und man wird hinzufügen müssen, daß das gleiche für die ebenfalls im Gesetz an dieser Stelle zum Ausdruck gebrachte Vollständigkeitspflicht gilt — als kaum denkbar erscheinen, daß für falsche Angaben oder unvollständige Mitteilungen der in Nr. 1 genannten Art jemals ein Rechtfertigungsgrund Platz greifen könnte. Ganz unmöglich ist das allerdings nicht. Die üblichen allgemeinen Rechtfertigungsgründe des Strafrechts sind jedenfalls nicht prinzipiell ausgeschlossen. Insbesondere ist daran zu denken, daß der übergesetzliche Rechtfertigungsgrund der **Sozialadäquanz** (vgl. Welzel § 14 I 3) in den besonderen Formen der **Pflichtenkollision** und der **Rechtsgüterabwägung** zur Anwendung gelangt. Man denke etwa an volkswirtschaftlich besonders wichtige Geheimhaltungsinteressen und ähnliche Konfliktsituationen. Andererseits ist mit Nachdruck darauf hinzuweisen, daß eine derartige Rechtfertigung beim Tatbestand des Gründungsschwindels selbstverständlich nur für ganz extreme Fallkonstellationen in Betracht kommt. — Zur Frage der Bedeutung des **Irrtums über das Vorliegen eines Rechtfertigungsgrundes** vgl. oben Anm. 56 zu § 294.

Anm. 20

3. Schuld

Nach der bekannten Definition ist strafrechtliche Schuld die Vorwerfbarkeit des tatbestandsmäßigen und rechtswidrigen Verhaltens (BGHSt. 2, 194 [200]). Wie stets, so ist auch beim Tatbestand des Gründungsschwindels der Schuldvorwurf nur dann zulässig, wenn der Täter **schuldfähig,** d. h. insbesondere zurechnungsfähig war. Außerdem muß die vom Gesetz vorgeschriebene **Schuldform** beim Täter erfüllt sein, das **Unrechtsbewußtsein** muß vorliegen und schließlich dürfen keine **Schuldausschließungs-**

gründe gegeben sein. Hinsichtlich der Schuldfähigkeit, des Unrechtsbewußtseins und der Schuldausschließungsgründe gilt für den Tatbestand des § 295 Nr. 1 nichts Besonderes. Zur Schuldform äußert sich das Gesetz nicht. Nach der unbestrittenen Sprachregelung im geltenden deutschen Strafrecht ist daraus zu folgern, daß die Schuldform der Fahrlässigkeit für die Begehung nicht hinreichend ist. Der Täter muß vielmehr **vorsätzlich** gehandelt haben. Ebenso Erbs in Kohlhaas Anm. 3 und von Godin-Wilhelmi Anm. 5. Es genügt **bedingter Vorsatz.** Da Fahrlässigkeit in keiner Form ausreicht, kommt der Abgrenzung des bedingten Vorsatzes von der bewußten Fahrlässigkeit erhöhte Bedeutung zu. Eine über den Vorsatz hinausgehende Täuschungsabsicht ist nicht erforderlich. RG JW 31, 204. Es genügt also, daß der Täter weiß, daß er falsche Angaben macht oder erhebliche Umstände verschweigt, und daß er dies auch will (direkter Vorsatz). Für den bedingten Vorsatz genügt es, wenn der Täter weiß, daß seine Angaben möglicherweise falsch sind oder daß er möglicherweise erhebliche Umstände verschweigt, und daß er diese Möglichkeiten billigend in Kauf nimmt. Für weitere Hinweise zur Lehre vom Vorsatz vgl. oben Anm. 59 zu § 294. Für den **Irrtum** gelten die allgemeinen Grundsätze. Irrt sich der Täter über ein Tatbestandsmerkmal — also etwa darüber, daß seine Angaben falsch sind, oder auch darüber, daß die nicht erwähnten Umstände als erheblich angesehen werden müssen —, dann liegt ein nach § 59 StGB den Vorsatz ausschließender **Tatbestandsirrtum** vor. Dagegen wäre es nur ein **Verbotsirrtum,** wenn der Täter genau weiß, was er tut, dieses sein Verhalten jedoch irrig für erlaubt hält. War dieser Verbotsirrtum vermeidbar, dann trifft den Täter der volle oder allenfalls ein geminderter Schuldvorwurf. War der Verbotsirrtum indessen unvermeidbar, dann entfällt der Schuldvorwurf und mit ihm die Strafbarkeit des an sich tatbestandsmäßigen und rechtswidrigen Tuns. Für weitere Einzelheiten der nicht unkomplizierten Irrtumslehre vgl. oben Anm. 63 zu § 294. Der in der Vorauflage unter Bezugnahme auf RGSt. 65, 180 erwähnte Irrtum über den Begriff der Einzahlung muß nach der modernen Irrtumslehre grundsätzlich als ein den Vorsatz ausschließender Tatbestandsirrtum — genauer: Verbotstatbestandsirrtum (Anm. 63 zu § 294) — angesehen werden, denn der Täter glaubt hier irrigerweise, daß er eine wahre Angabe gemacht hat, während seine Angabe in Wirklichkeit wegen der unzulässigen Einzahlungsweise falsch gewesen ist.

Anm. 21

4. **Besondere Begehungsformen (Versuch und Teilnahme)**

a) **Versuch:** Ein strafbarer Versuch ist beim Gründungsschwindel nicht möglich, da es sich hier um ein Vergehen handelt und der Versuch nicht ausdrücklich für strafbar erklärt worden ist (§ 43 Abs. II i. V. m. § 1 Abs. II StGB).

Anm. 22

b) **Teilnahme:** Für Anstiftung (§ 48 StGB) und Beihilfe (§ 49 StGB) gelten die allgemeinen Regeln. Für die Täterschaft, Mit- und Nebentäterschaft und für die mittelbare Täterschaft ist zu beachten, daß § 295 Nr. 1 ein echtes Sonderdelikt ist. Täter, Mittäter, Nebentäter und mittelbare Täter können daher nur Gründer, Mitglieder des Vorstands oder des Aufsichtsrats sein, wobei ferner zu beachten ist, daß Gründer für die Tatbestandsvariante des Gründungsschwindels in bezug auf den Prüfungsbericht nicht in Betracht kommen. Vgl. oben Anm. 4 bis 8. **Versuchte Anstiftung** und **versuchte Beihilfe** sind nicht strafbar, und zwar die erstgenannte, weil der Gründungsschwindel ein Vergehen ist und § 49a StGB nur auf Verbrechen Anwendung findet, und die letztgenannte, weil sie seit dem 3. Strafrechtsänderungsgesetz in allen Fällen für straffrei erklärt wurde. Nicht verwechselt werden darf die versuchte Anstiftung und die versuchte Beihilfe mit der **Anstiftung oder der Beihilfe zur versuchten Tat.** Hier wäre grundsätzlich eine Strafbarkeit bei Vergehen denkbar, jedoch würde sie voraussetzen, daß der Versuch bei den betreffenden Vergehen im Gesetz ausdrücklich für strafbar erklärt worden ist. Gerade diese Voraussetzung ist aber beim Gründungsschwindel, wie in der vorangehenden Anm. bemerkt wurde, nicht erfüllt. Es sind also Anstiftung oder Beihilfe zum versuchten Gründungsschwindel ebenfalls straffrei. — Praktisch von Bedeutung ist dagegen vor allem die Tatsache, daß jemand, der nicht Vorstandsmitglied oder Mitglied des Aufsichtsrats oder Gründer ist, also etwa ein einflußreicher Geldgeber, der einen Strohmann bei der Gesellschaftsgründung eingesetzt hat, selbst dann nicht als Täter aus § 295 Nr. 1 bestraft werden kann, wenn er die volle Tatherrschaft hatte und sich eines fahrlässig handelnden Vorstandsmitglieds oder Aufsichtsratsmitglieds als Werkzeug bediente. Eine Bestrafung wegen mittelbarer Täterschaft ist hier unmöglich, weil es sich bei diesem Tatbestand, wie gesagt, um ein echtes Sonderdelikt handelt und dem Täter die erforderliche Qualifikation als Gründer, Mitglied des Vorstands oder des Aufsichtsrats fehlt. Eine Bestrafung wegen Anstiftung oder Beihilfe ist ebenfalls unmöglich, weil das betreffende als Werkzeug benutzte Vorstandsmitglied usw., dessen sich der Hintermann bediente, nicht vorsätzlich handelte. Allenfalls käme bei dieser Fallkonstellation versuchte Anstiftung oder versuchte Beihilfe in Frage. Beide Teilnahmeformen sind jedoch, wie bereits erwähnt wurde, bei § 295 Nr. 1 nicht strafbar.

Anm. 23

5. Zusammentreffen mit anderen Straftaten

Für die Tateinheit, etwa mit Betrug (§ 263 StGB), Untreue (§ 266 StGB, § 294 AktG), gelten die allgemeinen Regeln des § 73 StGB. Ein tateinheitliches Zusammentreffen mit dem Tatbestand des § 271 StGB (mittelbare Falschbeurkundung) ist nicht möglich, da die Eintragung im Handelsregister für die Richtigkeit des zur Anmeldung und Eintragung Gebrachten keine Beweiskraft für und gegen jedermann hat. RGSt. 18, 179. Ebenso Eb. Schmidt Anm. 17 der Vorauflage. A.M. Werneburg ZBH 1927 S. 217. Die falschen Angaben machen die Handelsregistereintragung als solche nicht zu einer unrichtigen Eintragung. Das gleiche gilt für das Verschweigen erheblicher Umstände. Beweiskraft hat das Handelsregister dagegen hinsichtlich der im Register angegebenen Personen, welche die beurkundete Erklärung abgegeben haben. Für die Verwirklichung des Tatbestands des § 295 Nr. 1 ist es aber bedeutungslos, wer gegenüber dem Handelsregistergericht als Erklärender auftritt. Es braucht also, wenn der Tatbestand des § 271 StGB verwirklicht ist, weil die Eintragungen über die Person des Erklärenden falsch sind, der Tatbestand des § 295 Nr. 1 AktG nicht verwirklicht zu sein. Nur in dem außergewöhnlichen Grenzfall, daß der Täter gleichzeitig falsche Angaben im Sinne des § 295 Nr. 1 macht oder erhebliche Umstände verschweigt und bewirkt, daß im Handelsregister eine falsche Angabe über die Person des Erklärenden beurkundet wird, kann Tateinheit zwischen Gründungsschwindel einerseits und mittelbarer Falschbeurkundung andererseits angenommen werden. — Werden von ein und demselben Täter in kontinuierlichem Zusammenhang mehrere falsche Angaben gemacht oder mehrfach erhebliche Umstände verschwiegen, so scheinen **Tatmehrheit** oder **Fortsetzungszusammenhang** vorzuliegen. Indessen kommt es hier entscheidend auf den Gesamtsinn des Verhaltens des Betreffenden an. Handelt es sich um ein und denselben Gründungsvorgang und sollen das mehrfache Verschweigen oder die mehreren falschen Angaben demselben Eintragungszweck dienen, so ist das Verhalten des Täters mit Rücksicht auf seinen einheitlichen Sinn ganzheitlich zu werten. Es liegt dann nur eine Tat vor, so daß für Tatmehrheit oder Fortsetzungszusammenhang kein Raum bleibt. Dagegen könnte beispielsweise im Rahmen eines **Konzerns** gegenüber verschiedenen Registergerichten in bezug auf denselben Gründungsvorgang Tatmehrheit gegeben sein. Auch Fortsetzungszusammenhang wäre denkbar, falls die Verletzung desselben Rechtsguts, Gleichartigkeit der einzelnen Angriffsakte und ein Gesamtvorsatz angenommen werden können. Für die Voraussetzungen des Fortsetzungszusammenhangs vgl. u. a. Jagusch in LK Vorbem. B III 2f. vor § 73 StGB, Kohlrausch-Lange Anm. II B 1 vor § 73 StGB und Schwarz-Dreher Anm. 3 vor § 73 StGB.

Anm. 24

6. Strafe

Gegenüber § 313 HGB hat § 295 eine Verschärfung des Strafrahmens gebracht, denn es ist nur **Gefängnisstrafe** ohne Berücksichtigung mildernder Umstände angedroht. Der Höchstbetrag der Gefängnisstrafe ist gemäß § 16 Abs. I StGB für die einzelne Tat fünf Jahre, ihr Mindestbetrag ein Tag. Bei Tatmehrheit kann die Gefängnisstrafe bis zu einer Dauer von zehn Jahren gesteigert werden. Vgl. § 74 Abs. III StGB. Gegenüber dem Tatbestand des Gründungsschwindels in § 82 GmbHG besteht im Strafrahmen ein sinnwidriger erheblicher Unterschied, denn dort beträgt die Höchststrafe für die einzelne Tat ein Jahr Gefängnis, neben der allerdings stets zugleich auf eine Geldstrafe erkannt werden muß. Die Berücksichtigung mildernder Umstände ist möglich. Bei ihrem Vorliegen kann nur auf Geldstrafe erkannt werden. Die Regelungen sind also recht uneinheitlich, wenn auch im Endeffekt, wie sich im Nachstehenden erweist, die Unterschiede praktisch nahezu unbedeutend werden. — Bei **Gewinnsucht** kann neben der Gefängnisstrafe auch bei § 295 AktG eine **Geldstrafe** bis zu 100000,— DM verhängt werden. Ist eine Gefängnisstrafe von weniger als drei Monaten verwirkt, so ist stattdessen auf Geldstrafe zu erkennen, wenn der Strafzweck durch eine Geldstrafe erreicht werden kann (§ 27b i. V. m. §§ 27 und 27a StGB). Der **Verlust der bürgerlichen Ehrenrechte** kann nur im Rahmen des § 32 StGB angeordnet werden. Danach muß mindestens eine Gefängnisstrafe von drei Monaten ausgesprochen sein, wenn auf Verlust der bürgerlichen Ehrenrechte erkannt werden soll.

Anm. 25

7. **Verjährung**

Die Strafverfolgung verjährt gemäß § 67 Abs. II StGB in fünf Jahren. Die **Strafvollstreckungsverjährung** ist in den §§ 70ff. StGB im einzelnen geregelt.

Anm. 26

8. **Schutzgesetz gemäß § 823 Abs. II BGB**

Wie bereits oben in Anm. 4 zu § 39 ausgeführt wurde, ist der gesamte § 295 Schutzgesetz i. S. des § 823 Abs. II BGB und kann daher als Grundlage für entsprechende Ersatzansprüche Dritter herangezogen werden (Vgl. RGZ 157, 217; 159, 223; RG JW 35, 3301; JW 38, 3297). Dies gilt also insbesondere auch für den Gründungsschwindel gemäß § 295 Nr. 1. Der Grund hierfür liegt darin, daß dieser Straftatbestand dem berechtigten Schutzbedürfnis der am Wirtschaftsleben Beteiligten vor krimineller Ausnutzung der aktienrechtlichen Haftungsbeschränkung auf das Gesellschaftsvermögen und der Anonymität der Kapitalgeber dient. Vgl. hierzu oben Anm. 3. Ein Schadensersatzanspruch aus § 823 Abs. II BGB über § 295 Nr. 1 steht mithin der Gesellschaft, den Aktionären und den Gesellschaftsgläubigern zu.

Ebenso schon für den GmbH-rechtlichen Gründungsschwindel Klug in Hachenburg Anm. 20 zu § 82 GmbHG. Ferner für § 295 Baumbach-Hueck Einf. 1 B vor § 39.

Wegen der Begrenzung des Kreises der Anspruchsberechtigten vgl. oben Anm. 4 zu § 39.

Anm. 27

III. **Begebungsschwindel** (§ 295 Nr. 2)

1. **Tatbestand**

a) Der Kreis der **Täter** ist nicht begrenzt. Das Gesetz spricht ganz allgemein von Personen. § 295 Nr. 2 ist somit kein **Sonderdelikt.** Vgl. oben Anm. 8. Gemeint sind nach dem das gesamte Strafrecht beherrschenden Schuldgrundsatz nicht Personen jedweder Art, sondern nur **natürliche Personen.** Das bedarf der besonderen Betonung, weil die hier in Betracht kommenden öffentlichen Ankündigungen nach § 40 Nr. 3 hauptsächlich von Banken, also in der Mehrzahl der Fälle von **juristischen Personen,** vorgenommen werden. Die als Bankiers tätigen Einzelkaufleute und persönlich haftenden Gesellschafter sind im modernen Bankwesen immer seltener geworden, zumal im Bereich des hier interessierenden Aktienemissionsgeschäft. Für die Anwendung des § 295 Nr. 2 bedeutet dies, daß als Täter, wenn überhaupt, dann in erster Linie die Vorstandsmitglieder oder Geschäftsführer der als Emissionsbanken tätigen Aktiengesellschaften oder Gesellschaften mit beschränkter Haftung in Betracht kommen. Aber auch an die verantwortlichen Leiter der in Formen des öffentlichen Rechts tätigen Banken, die sich mit der Aktienausgabe befassen, ist zu denken. Im übrigen aber kann nach dem Wortlaut des Gesetzes jedermann, der eine öffentliche Ankündigung nach § 40 Nr. 3 ergehen läßt, Täter des § 295 Nr. 2 sein.

Anm. 28

b) **Die einzelnen Tatbestandsmerkmale**

aa) Der Täter muß **falsche Angaben gemacht** oder **erhebliche Umstände verschwiegen** haben. Vgl. hierzu oben Anm. 9. Es gilt für die Tatbestandsmerkmale weitgehend das gleiche wie beim Gründungsschwindel. Allerdings ist der Gegenstand der falschen Angaben und der verschwiegenen Umstände hier ein anderer. In Betracht kommen beim Begebungsschwindel alle Angaben und Umstände, welche die Gesellschaft betreffen und die für die Bonität des Unternehmens und damit der Aktien, also insbesondere für den Kurs innerhalb und außerhalb der Börse, von Bedeutung sind. Der Gründungsvorgang spielt hierbei eine wichtige, aber keineswegs eine ausschließliche Rolle. Vgl. die Erläuterungen zu § 40 Nr. 3.

Anm. 29

bb) In einer **öffentlichen Ankündigung** müssen die betreffenden falschen Angaben gemacht und die erheblichen Umstände verschwiegen worden sein. Was unter einer solchen öffentlichen Ankündigung zu verstehen sei, schreibt der Gesetzgeber nicht vor. Maßgebend ist die Verkehrsanschauung. Hauptsächlich kommen als Ankündigung dieser Art die Veröffentlichungen in Zeitungen und Zeitschriften, der Aushang in den Schalterräumen oder Schaufenstern der Banken und ähnlicher Institute, Bekanntmachungen in den Organen der Börsen, Kino-, Rundfunk- und Fernseh-Mitteilungen, Reklameanzeigen, Postwurfsendungen usw. in Frage. Schreiben, die sich an einen unbestimmten Personenkreis wenden, können dieses Tatbestandsmerkmal ebenfalls erfüllen. Möglich ist ferner nach dem Gesetzeswortlaut und dem Sinn der Bestimmung die nicht-schriftliche öffentliche Ankündigung. Auf die Rundfunk- und Fernseh-Mitteilungen wurde schon hingewisen. Zu denken wäre außerdem an Werbevorträge u. ä., ja sogar an das Ausrufen etwa im Rahmen der Börse, wobei aber berücksichtigt werden muß, daß in einem solchen Fall den Anforderungen an die Vollständigkeit der Angaben über erhebliche Umstände natürliche und im Verkehr anerkannte Grenzen gesetzt sind; falsche Angaben im eigentlichen Sinne dürfen aber selbstverständlich auch in einem derartigen Fall nicht gemacht werden. — **Gegenstand** der Ankündigung müssen die **Aktien** der Gesellschaft und **Zweck** der Ankündigung muß die **Einführung** dieser Aktien in den Verkehr sein (§ 40 Nr. 3). Um die Einführung in den Börsenverkehr braucht es sich nicht zu handeln. — Ein **Anpreisen** und **Empfehlen** der Aktien ist nach dem Wortlaut des Gesetzes nicht erforderlich. Ebenso Baumbach-Hueck Anm. 4 und Erbs in Kohlhaas Anm. 6. Ein solches Erfordernis wäre sinnwidrig, denn der Rechts- und Wirtschaftsverkehr ist ebenso an einem Strafrechtsschutz vor falschen Angaben und dem Verschweigen erheblicher Umstände bei öffentlichen Ankündigungen interessiert, in denen die Aktien nicht angepriesen werden, zumal ein solches Verfahren besonders gut geeignet sein kann, um die Seriösität der Ankündigung vorzutäuschen.

Anm. 30

cc) Aus dem in § 295 Nr. 2 in Bezug genommenen § 40 Nr. 3 folgt, daß nur solche öffentlichen Ankündigungen den Tatbestand des Begebungsschwindels erfüllen, die innerhalb bestimmter **zeitlicher Grenzen** erfolgt sind. Sie müssen entweder vor Eintragung der Gesellschaft in das Handelsregister oder in den ersten zwei Jahren nach der Eintragung erfolgt sein. Später greifen möglicherweise andere Strafbestimmungen, wie beispielsweise § 88 BörsG, ein. Die Einhaltung der genannten Zeitgrenzen ist jedoch kein Tatbestandsmerkmal des § 295 Nr. 2, sondern lediglich eine **objektive Strafbarkeitsbedingung.** So schon für das frühere Recht Stenglein Anm 9a. zu § 313 HGB und für § 295 Nr. 2 Eb. Schmidt Anm. 20 der Vorauflage sowie Erbs in Kohlhaas Anm. 6. Der Vorsatz braucht sich mithin nicht darauf zu erstrecken, daß die Ankündigung vor der Eintragung oder während der ersten zwei Jahre nach der Eintragung erfolgte. Im übrigen vgl. zum Vorsatz unten Anm. 34.

Anm. 31

dd) Auch bei diesem Tatbestand kann ebenso wie beim Gründungsschwindel nicht jede falsche Angabe tatbestandsmäßig sein. Sie muß vielmehr eine gewisse Relevanz für den Sinn der öffentlichen Ankündigung aufweisen. Die formale Tatbestandsmäßigkeit wird demnach bei § 295 Nr. 2 ebenfalls durch den **übergesetzlichen Tatbestandsausschließungsgrund der Sozialkongruenz** bei sozialethischer Irrelevanz des betreffenden Verhaltens ausgeschlossen. Vgl. oben Anm. 18.

Anm. 32

ee) **Vollendet** ist der Tatbestand des Begebungsschwindels mit erfolgter Ankündigung, also z. B. mit dem Erscheinen der Zeitung, mit dem ersten Aushang, mit der ersten Kinovorführung, mit dem Zugehen des ersten Reklameschreibens, mit dem Ende des ersten Werbevortrags usw. Daß ein Dritter von der Ankündigung Kenntnis genommen hat, ist ebensowenig erforderlich wie die Hervorrufung einer Täuschung. Stenglein Anm. 9a zu § 313 HGB und Eb. Schmidt Anm. 19 der Vorauflage. Auch der Begebungsschwindel ist daher ein sog. kupiertes Erfolgsdelikt, denn auf die Erreichung des für den Täter in der Regel wesentlichen Erfolgs seines Tuns kommt es für die Tatbestandsmäßigkeit des Verhaltens nicht an.

Anm. 33

2. **Rechtswidrigkeit**

Die **allgemeinen Rechtfertigungsgründe** kommen grundsätzlich in Frage. Sie werden jedoch praktisch kaum eine Rolle spielen. Am ehesten wird der aus dem Rechtfertigungsprinzip der **Sozialadäquanz** herzuleitende und auf den Gedanken der **Güterabwägung** sowie der **Pflichtenkollision** beruhende sog. übergesetzliche Notstand gelegentlich und ausnahmsweise zur Anwendung gelangen. Vgl. oben Anm. 19. Dort auch Näheres zur **Irrtumsfrage.**

Anm. 34

3. **Schuld**

Fahrlässigkeit genügt nicht. Erforderlich ist **Vorsatz,** und zwar **direkter oder bedingter** Vorsatz. Vgl. im einzelnen oben Anm. 20. Der Vorsatz muß sich auf alle oben erwähnten Tatbestandsmerkmale erstrecken, jedoch nicht auf die Einhaltung der in § 40 Nr. 3 genannten zeitlichen Grenzen. Sie sind nur objektive Bedingungen der Strafbarkeit. Oben Anm. 32. Für die Irrtumsprobleme vgl. oben Anm. 20 und die dortigen Weiterverweisungen.

Anm. 35

4. **Besondere Begehungsformen (Versuch und Teilnahme)**

a) Der **Versuch** ist nicht strafbar. Vgl. Anm. 21.

b) Die **Teilnahme** regelt sich für den Begebungsschwindel anders als für alle übrigen Tatbestandsformen des § 295, weil § 295 Nr. 2 kein Sonderdelikt ist. Dieses Delikt kann von jedem begangen werden. Es gelten also die allgemeinen Teilnahmegrundsätze ohne Einschränkung. Vor allem ist **mittelbare Täterschaft** hier ohne weiteres denkbar. Sie läge z. B. vor, wenn sich der Leiter einer Bank eines gutgläubigen Börsenvorstands als eines Tatwerkzeugs bedienen würde, selbst wenn der betreffende Börsenvorstand fahrlässig gehandelt hätte. Ebenso Eb. Schmidt Anm. 19 der Vorauflage und Erbs in Kohlhaas Anm. 6. Ein anderer ähnlich gelagerter Fall wäre es, wenn sich etwa ein Aufsichtsratsmitglied und Besitzer eines Aktienpakets eines gutgläubigen Angestellten einer Emissions-Bank für die Infiltrierung falscher Angaben in die öffentliche Ankündigung bedienen würde.

Anm. 36

5. Für das **Zusammentreffen mit anderen Straftaten** (Tateinheit, Tatmehrheit und Fortsetzungszusammenhang) gelten die Grundsätze des allgemeinen Strafrechts (§§ 73ff. StGB). Für **Strafe** und **Verjährung** gilt das gleiche wie beim Gründungsschwindel. Anm. 24 und 25.

Anm. 37

6. Daß der gesamte § 295 ein **Schutzgesetz gemäß § 823 II BGB** ist, war bereits zum Gründungsschwindel in Anm. 26 ausgeführt worden. Auch § 295 Nr. 2 hat daher diese für das Schadensersatzrecht wichtige Schutzgesetzfunktion. Vgl. auch § 40 und die Erläuterungen hierzu.

Anm. 38

IV. **Kapitalerhöhungsschwindel bei gewöhnlicher Kapitalerhöhung und bei genehmigtem Kapital (§ 295 Nr. 3)**

1. **Tatbestand**

a) **Täter**

Das Gesetz nennt nur die **Mitglieder des Vorstands oder des Aufsichtsrats** als mögliche Täter dieser Form des Kapitalerhöhungsschwindels. Vgl. oben Anm. 9—25 zu § 294. Sicher ist, daß Gründer keine Täter im Sinne des § 295 Nr. 3 sein können. Eine Kapital**erhöhung** kommt erst in Betracht, wenn eine Gesellschaft mit einem bestimmten Kapital bereits existiert. Das Gründungsstadium muß also schon vorüber sein. Das Gesetz nennt daher die Gründer an dieser Stelle überhaupt nicht. Anders liegen die Verhältnisse für die Abwickler. Obwohl während der Abwicklung eine Kapitalerhöhung praktisch kaum vorkommen wird, ist sie theoretisch denkbar. Bestritten ist nur, ob sie während der Andauer der Abwicklung zulässig ist. Für den Fall, daß sie vorkommt, wurde vor 1945 die Meinung vertreten, daß Abwickler unter Anwendung des Analogiegedankens strafrechtlich aus § 295 Nr. 3 haften. Man sah es als unbillig an, die Abwickler günstiger zu stellen. So von Godin-Wilhelmi Anm. 8 und Eb. Schmidt Anm. 23 der Vorauflage. Heute ist diese Analogie verboten. Die damit entstehende Lücke könnte nur vom Gesetzgeber ausgefüllt werden. Nach der geltenden Gesetzesfassung können aber die Abwickler ebensowenig wie die Gründer Täter sein, weil im Gesetzestext nur Vorstands- und Aufsichtsratsmitglieder genannt sind.

Anm. 39

b) **Die einzelnen Tatbestandsmerkmale**

Der Tatbestand des Kapitalerhöhungsschwindels gleicht dem des Gründungsschwindels. Auch hier besteht das strafbare Verhalten zunächst einmal darin, daß **zum Zweck der Eintragung** in das Handelsregister — hier der Kapitalerhöhung, dort der Gesellschaft selbst — **falsche Angaben gemacht** oder **erhebliche Umstände verschwiegen** werden. Wegen der Einzelheiten dieser Tatbestandsmerkmale vgl. oben Anm. 9. Die betreffenden Angaben und die verschwiegenen Umstände müssen sich auf **bestimmte Gegenstände** beziehen, und zwar auf die Einbringung des bisherigen Kapitals (§§ 149 Abs. IV, 151 Abs. II und 170 Abs. II), die Zeichnung oder Einbringung des neuen Kapitals (§§ 155 Abs. II i. V. m. 28, 29; § 170 Abs. I), den Ausgabebetrag der Aktien (§§ 152 Nr. 2, 170 Abs. I) und die etwaigen Sacheinlagen (§§ 150, 155 Abs. III Nr. 2, 172, 173). Ebenso wie beim Gründungsschwindel sollen auch hier alle Äußerungen, die für die Bonität der Gesellschaft und ihrer Aktien von Bedeutung sind, strafrechtlich so weit wie möglich geschützt werden. Für die Frage der Tatbestandsmäßigkeit werden in § 295 Nr. 3 die **gewöhnliche Kapitalerhöhung** (§§ 149ff.) und das **genehmigte Kapital** (§§ 169ff.) gleich behandelt. Es versteht sich nahezu von selbst, daß der Tatbestandsausschließungsgrund der **Sozialkongruenz** bei diesem Tatbestand ebenfalls in der Weise einschränkend eingreift, daß unwesentliche falsche Angaben den Tatbestand nicht erfüllen. Näheres vgl. oben Anm. 18. **Vollendet** ist das Delikt ebenso wie der Gründungsschwindel mit dem Zugehen derjenigen Schriftstücke, welche die falschen Angaben enthalten oder in denen die erheblichen Umstände verschwiegen werden, beim Registergericht. Vgl. Anm. 15. Auf die Kenntnisnahme oder gar die Hervorrufung einer Täuschung kommt es nicht an.

Anm. 40

2. Da die Rechtslage bezüglich der weiteren Strafbarkeitsvoraussetzungen und der Rechtsfolgen die gleiche ist wie beim Gründungsschwindel, kann verwiesen werden auf

Anm. 19 für die **Rechtswidrigkeit,** auf Anm. 20 für die **Schuld,** auf Anm. 21 für den **Versuch,** auf Anm. 22 für die **Teilnahme,** auf Anm. 23 für **das Zusammentreffen mit anderen Straftaten,** auf Anm. 24 für **die Strafe,** auf Anm. 25 für die **Verjährung** und auf Anm. 26 für die **Schutzgesetzeigenschaft gemäß § 823 Abs. II BGB.**

Anm. 41

V. **Kapitalerhöhungsschwindel bei bedingter Kapitalerhöhung (§ 295 Nr. 4)**

1. **Tatbestand**

Diese Tatbestandsvariante kannte § 313 HGB nicht, da es eine bedingte Kapitalerhöhung im Aktienrecht des HGB nicht gab.

a) **Täter**

Die strafrechtlichen Folgen knüpfen an die wirtschaftlich besonders wichtige Ausgabe der Bezugsaktien an, also nicht an § 162, sondern an § 168. Infolgedessen können **nur Vorstandsmitglieder** Täter sein, nicht auch Aufsichtsratsmitglieder und erst recht nicht Gründer oder Abwickler. Der Gesetzestext läßt keine andere Auslegung zu.

Anm. 42

b) **Die einzelnen Tatbestandsmerkmale**

Wie bei allen übrigen Tatbeständen des § 295 müssen auch hier **falsche Angaben** gemacht oder **erhebliche Umstände** verschwiegen werden. Näheres zu diesen Begriffen vgl. oben Anm. 9. Zweck der falschen Angaben oder des Verschweigens erheblicher Umstände muß die Bewirkung der Eintragung einer bedingten Kapitalerhöhung sein. Für die bedingte Kapitalerhöhung vgl. die Erläuterungen zu den §§ 159 bis 168. Da die bedingte Kapitalerhöhung nach § 167 mit der Ausgabe der Bezugsaktien wirksam wird, ist es verständlich, daß der Gesetzgeber den strafrechtlichen Schutz bei diesem Tatbestand des Kapitalerhöhungsschwindels auf die Erklärungen über die Ausgabe der Bezugsaktien bezieht. **Gegenstand** der falschen Angaben oder der verschwiegenen erheblichen Umstände muß die Ausgabe der Bezugsaktien sein. Der Anwendungsbereich dieser Bestimmung ist daher verhältnismäßig eng. Im einzelnen muß sich der Vorstand gegenüber dem Registergericht über folgende Punkte erklären: erstens über den Umfang der im abgelaufenen Geschäftsjahr erfolgten Ausgabe von Bezugsaktien und zweitens über die Personen, die das Bezugsrecht ausgeübt haben, wobei die auf jeden Aktionär entfallenden Aktien und die auf sie gemachten Einlagen anzugeben sind (§ 168 Abs. II). Außerdem hat der Vorstand drittens die Erklärung abzugeben, daß die Bezugsaktien nur in Erfüllung des im Beschluß über die bedingte Kapitalerhöhung festgestellten Zwecks und nicht vor der sich aus dem Erhöhungsbeschluß ergebenden vollen Leistung des Gegenwerts ausgegeben worden sind (§ 168 Abs. III). Wegen der auch hier zu berücksichtigenden Einschränkung des Anwendungsbereichs des Tatbestandsmerkmals der falschen Angaben unter dem Gesichtspunkt der **Sozialkongruenz** vgl. oben Anm. 18. **Vollendet** ist der Kapitalerhöhungsschwindel bei bedingter Kapitalerhöhung ebenso wie die im vorangehenden erläuterte Form des Kapitalerhöhungsschwindels bereits durch das Zugehen derjenigen Erklärungen, welche die falschen Angaben enthalten oder in denen erhebliche Umstände verschwiegen werden, beim Registergericht. Vgl. Anm. 15. Gleichgültig ist es, ob irgend jemand Kenntnis genommen hat oder ob eine Täuschung hervorgerufen wurde.

Anm. 43

2. Keine wesentlichen Besonderheiten ergeben sich für **Rechtswidrigkeit, Schuld, Versuch, Teilnahme, Zusammentreffen mit anderen Straftaten, Strafe, Verjährung** und **Schutzgesetzeigenschaft** (§ 823 Abs. II BGB). Vgl. deshalb oben Anm. 40 und die dort angegebenen Weiterverweisungen.

Anm. 44

VI. **Abwicklungsschwindel (§ 295 Nr. 5)**

1. **Tatbestand**

a) **Täter**

Täter nach § 295 Nr. 5 können nur **Abwickler (Liquidatoren)** sein. Weitere Erläuterungen zu diesem Begriff vgl. Anm. 26—29 zu § 294 sowie die Erläuterungen zu § 206. Infolge der Beschränkung des Personenkreises, der für die Täterschaft in Frage kommt, ist auch der Abwicklungsschwindel ein echtes Sonderdelikt mit den für die Teilnahme Dritter sich hieraus ergebenden Rechtsfolgen. Vgl. oben Anm. 8.

Anm. 45

b) **Die einzelnen Tatbestandsmerkmale**

Bezüglich der Merkmale „falsche Angaben" und „Verschweigen erheblicher Umstände" vgl. oben Anm. 9. Die falschen Angaben und die verschwiegenen erheblichen Umstände müssen zum **Gegenstand** den von den Abwicklern nach § 215 Abs. III zu führenden Nachweis haben, daß noch nicht mit der Verteilung des Vermögens der Gesellschaft unter die Aktionäre begonnen worden ist. Vgl. hierzu die Erläuterungen zu § 215 Abs. III. Außerdem muß das tatbestandliche Verhalten zum Zweck der Eintragung der Fortsetzung der Gesellschaft erfolgt sein. Ganz nebensächliche falsche Angaben fallen nicht unter den Tatbestand. Vgl. oben Anm. 18. Da der von den Abwicklern zu führende Nachweis gemäß § 215 Abs. III bei der Anmeldung der Fortsetzung der Gesellschaft zur Eintragung in das Handelsregister erbracht werden muß, kommt es für den Zeitpunkt der **Vollendung** des Delikts auch hier wieder auf das Zugehen des in Rede stehenden Nachweises beim Registergericht an, wobei es irrelevant ist, ob jemand von den unrichtigen Äußerungen Kenntnis genommen hat und ob irgendeine Täuschung bewirkt wurde.

Anm. 46

2. Für **Rechtswidrigkeit, Schuld, Versuch, Teilnahme, Zusammentreffen mit anderen Straftaten, Strafe, Verjährung** und **Schutzgesetzeigenschaft** (§ 823 Abs. II BGB) vgl. oben Anm. 40 und die dortigen Weiterverweisungen. Das Entsprechende gilt auch hier.

Anm. 47

VII. **Aktienrechtsreform**

An die Stelle des geltenden § 295 Abs. I soll nach dem Entwurf eines Aktiengesetzes § 385 treten. § 295 Abs. II, nach dem auf Verlust der bürgerlichen Ehrenrechte erkannt werden kann, ist im RegEntw. ersatzlos gestrichen worden.

§ 385 RegEntw. hat folgenden Wortlaut:

Mit Gefängnis bis zu drei Jahren wird bestraft, wer vorsätzlich

1. als Gründer oder als Miglied des Vorstands oder des Aufsichtsrats zum Zweck der Eintragung der Gesellschaft über die Übernahme der Aktien, die Einzahlung auf Aktien, die Verwendung eingezahlter Beträge, den Ausgabebetrag der Aktien, über Sondervorteile, Gründungsaufwand, Sacheinlagen und Sachübernahmen sowie im Gründungsbericht, im Nachgründungsbericht oder im Prüfungsbericht falsche Angaben macht oder erhebliche Umstände verschweigt,
2. in der öffentlichen Ankündigung nach § 44 Nr. 3 falsche Angaben macht oder erhebliche Umstände verschweigt,
3. als Mitglied des Vorstands oder des Aufsichtsrats zum Zweck der Eintragung einer Erhöhung des Grundkapitals (§§ 170 —194)über die Einbringung des bisherigen, die Zeichnung oder Einbringung des neuen Kapitals, den Ausgabebetrag der Aktien, die Ausgabe der Bezugsaktien oder über Sacheinlagen falsche Angaben macht oder erhebliche Umstände verschweigt,

4. als Mitglied des Vorstands oder des Aufsichtsrats zum Zweck der Eintragung einer Erhöhung des Grundkapitals aus Gesellschaftsmitteln die in § 198 Abs. 1 Satz 2 vorgeschriebene Erklärung der Wahrheit zuwider abgibt,
5. als Abwickler zum Zweck der Eintragung der Fortsetzung der Gesellschaft in dem nach § 263 Abs. 3 zu führenden Nachweis falsche Angaben macht oder erhebliche Umstände verschweigt.

§ 385 Abs. I RegEntw. entspricht in seinen Nummern 1—3 — abgesehen von unwesentlichen redaktionellen Verbesserungen — § 295 Abs. I Nr. 1—3. Eine Neuerung gegenüber dem geltenden Recht enthält dagegen die Nr. 4 des § 385 RegEntw. Sie tritt für den dort genannten Personenkreis an die Stelle des § 20 des **Gesetzes über die Kapitalerhöhung aus Gesellschaftsmitteln und über die Gewinn- und Verlustrechnung** vom 23. 12. 59 (BGBl. I S. 789). Nach dieser Vorschrift werden Mitglieder des Vorstands oder des Aufsichtsrats einer Aktiengesellschaft, persönlich haftende Gesellschafter oder Mitglieder des Aufsichtsrats einer Kommanditgesellschaft auf Aktien sowie Geschäftsführer einer Gesellschaft mit beschränkter Haftung mit Gefängnis bestraft, wenn sie bei der Anmeldung des Beschlusses über die Erhöhung des Nennkapitals zur Eintragung in das Handelsregister dem Registergericht gegenüber vorsätzlich der Wahrheit zuwider erklären, daß nach ihrer Kenntnis seit dem Stichtag der zugrunde gelegten Bilanz bis zum Tag der Anmeldung keine Vermögensminderung eingetreten sei, die der Kapitalerhöhung entgegenstünde, wenn sie am Tag der Anmeldung beschlossen worden wäre (vgl. § 7 Abs. I Satz 1 und 2 des genannten Gesetzes vom 23. 12. 59). § 20 soll durch § 30 des **Entw. eines Einführungsgesetzes zum Aktiengesetz** neu gefaßt werden und dann nur noch für Geschäftsführer einer Gesellschaft mit beschränkter Haftung gelten.

Hinzuweisen ist noch darauf, daß die Strafdrohung gegenüber dem geltenden Recht auf eine Höchststrafe von drei Jahren Gefängnis ermäßigt wurde.

Anm. 48

VIII. **Ausländisches Recht**

Vgl. Vorbem. vor § 294 Anm. 7.

Anm. 49

IX. **Verlust der bürgerlichen Ehrenrechte (§ 295 Abs. II)**

Wegen dieser Nebenstrafe vgl. oben Anm. 24.

§ 296

Unrichtige Darstellung. Verbotene Aktienausgabe

(1) Mitglieder des Vorstands oder des Aufsichtsrats oder Abwickler werden mit Gefängnis bestraft, wenn sie

1. **in ihren Darstellungen, in ihren Übersichten über den Vermögensstand der Gesellschaft, in den den Abschlußprüfern oder sonstigen Prüfern gegebenen Auskünften oder in Vorträgen und Auskünften in der Hauptversammlung die Verhältnisse der Gesellschaft unwahr darstellen oder verschleiern;**
2. **im Geschäftsbericht über die Tatsachen des § 128 Abs. 2 Nr. 1 bis 9 falsche Angaben machen oder erhebliche Umstände verschweigen;**
3. **Namensaktien ausgeben, in denen der Betrag der Teilleistung nicht angegeben ist, oder Inhaberaktien ausgeben, bevor auf sie der Nennbetrag oder der höhere Ausgabebetrag voll geleistet ist (§ 10 Abs. 2);**
4. **Aktien oder Zwischenscheine ausgeben, bevor die Gesellschaft oder im Fall einer Kapitalerhöhung (§§ 149ff., 169ff.) die Durchführung der Erhöhung des Grundkapitals oder im Fall einer bedingten Kapitalerhöhung der Beschluß über die bedingte Kapitalerhöhung eingetragen ist;**

5. Aktien oder Zwischenscheine ausgeben, die auf einen geringeren als den nach § 8 zulässigen Mindestnennbetrag lauten;
6. Wandelschuldverschreibungen ohne Genehmigung ausgeben (§ 174).

(2) In den Fällen der Nr. 1 und 2 kann zugleich auf Verlust der bürgerlichen Ehrenrechte, in besonders schweren Fällen kann auf Zuchthaus bis zu zehn Jahren erkannt werden.

Übersicht

Schrifttum

Vgl. die eingangs erwähnten Kommentare und größeren Gesamtdarstellungen sowie die auf S. 724 angegebenen Schriften; speziell Netter, Grenzen der aktienrechtlichen Offenbarungspflicht (§ 314 Ziff. 1 HGB), in: JW 32, 691.

Anm. 1

I. **Allgemeines**

1. **Zur Entstehungsgeschichte**

§ 296 ist aus § 314 HGB weiter entwickelt. Er stimmt mit den meisten Tatbestandsformen der alten Vorschrift überein. Neu sind jedoch der Strafrechtsschutz der Wahrheit und der Vollständigkeit des Geschäftsberichts (296 Nr. 2) und die Bestrafung der Ausgabe von Wandelschuldverschreibungen ohne die erforderliche Genehmigung (§ 296 Nr. 6). Außerdem ist die Strafdrohung im § 296 gegenüber dem § 314 HGB erheblich verschärft.

Die alte handelsrechtliche Bestimmung kannte keine schweren Fälle mit der Möglichkeit, Zuchthaus bis zu zehn Jahren (!) zu verhängen. Ferner ist der dritte Absatz des § 314 HGB, in dem vorgesehen war, daß bei mildernden Umständen ausschließlich Geldstrafe in Betracht kommt, ersatzlos gestrichen, so daß es im geltenden Aktienrecht für diesen Tatbestand keine mildernden Umstände mehr gibt. Diese Änderungen sind zweifellos typischer Ausdruck nationalsozialistischer Strafrechtsideologie. Man wird deshalb davon ausgehen müssen, daß **die Erweiterung des Strafrahmens auf Zuchthaus verfassungswidrig** und deshalb heute ungültig ist. Die Geltung der gesamten Bestimmung und die Hinzufügung der erwähnten neuen Tatbestandsvarianten wird davon selbstverständlich nicht berührt. Vgl. zu dem verfassungsrechtlichen Problem der Gesetze mit zu weitem Strafrahmen Sax, Grundsätze der Strafrechtspflege, in: Bettermann-Nipperdey-Scheuner, Die Grundrechte, Bd. III/2, S. 909ff. (1014), mit weiteren Literaturnachweisen.

Anm. 2

2. **Systematische Stellung des § 296**

a) Durch die Beschränkung des Täterkreises auf Mitglieder des Vorstands, des Aufsichtsrats sowie auf Abwickler hat der Gesetzgeber § 296 zum **Sonderdelikt** gemacht. Da es keine entsprechende allgemeine Deliktsform gibt, ist § 296 außerdem ein **echtes Sonderdelikt.** Dies hat für die Frage der mittelbaren Täterschaft und der Mittäterschaft wichtige strafrechtliche Konsequenzen. Vgl. hierzu unten Anm. 19.

Anm. 3

b) Einen ähnlichen Tatbestand enthält § 82 GmbHG im Absatz I unter Nr. 3. Einzelne ähnliche Tatbestandsmerkmale finden sich sodann in den §§ 134 und 143 des VersAufG. Die Rechtsprechung und das Schrifttum zu diesen Bestimmungen können daher zur Erläuterung des § 296 mit herangezogen werden. Im einzelnen enthält § 296 folgende Tatbestände: Die **Geschäftslagetäuschung** in Nr. 1, die **Geschäftsberichtsfälschung** in Nr. 2, den **Aktienschwindel** in Nr. 3—5, also in drei Formen, und die **unerlaubte Wandelschuldverschreibungsemission** in Nr. 6.

Anm. 4

3. **Das geschützte Rechtsgut** und **Schutzgesetzcharakter** (§ 823 Abs. II BGB)

§ 296 dient nicht etwa nur dem Schutz der Aktionäre, sondern darüber hinaus dem Schutz aller derjenigen, die mit der Aktiengesellschaft in rechtliche oder wirtschaftliche Beziehung treten oder zu treten beabsichtigen. Die einzelnen Tatbestandsformen — das gilt vor allem für die Nr. 1 und 2 des § 296 — beziehen sich auf Sachverhalte, die für die Beurteilung der Bonität der Gesellschaft sowie insbesondere ihrer Kreditwürdigkeit von erheblicher Bedeutung sind. In diesem Zusammenhang ist es nur einer von vielen möglichen Fällen, wenn Teichmann-Köhler Anm. 4 darauf hinweisen, daß Nr. 1 des § 296 nicht nur dem Aktienkäufer zustatten komme, sondern auch demjenigen, der im Vertrauen auf die Berichte usw. Aktien der betreffenden Gesellschaft zum Pfande hereingenommen habe. Der ganze § 296 ist daher mit allen seinen einzelnen Tatbestandsvarianten **Schutzgesetz** gemäß § 823 Abs. II BGB. Vgl. RG BankArch. 34, 509; RG 157, 213; RGSt. 41, 298; 43, 415; 64, 424; RG JW 35, 2427; Baumbach-Hueck Anm. 1; Teichmann-Köhler Anm. 4.

Anm. 5

II. **Die Tatbestände**

1. **Täter**

Nach dem klaren Wortlaut des Gesetzes kommen als Täter nur Vorstandsmitglieder, Aufsichtsratsmitglieder oder Abwickler in Betracht. Dies gilt uneingeschränkt für sämtliche Tatbestandsformen des § 296. Daß jeweils auch die Stellvertreter mit gemeint sind, ist unstreitig. Vgl. hierzu und zu den übrigen strafrechtlich bedeutsamen Rechtsfragen, die mit dem genannten Personenkreis zusammenhängen, die Erläuterungen in den Anm. 9—29 zu § 294.

Anm. 6

2. Die Tatbestandsmerkmale des § 296 Nr. 1 (Geschäftslagetäuschung)

a) **Unwahre Darstellungen und Verschleierungen**

aa) **Allgemeines**

In zahlreichen Bestimmungen des Aktiengesetzes ist für die verschiedensten Erklärungen des hier in Rede stehenden Personenkreises eine „Pflicht zur Wahrheit und Klarheit" begründet (RGSt. 67, 349). So muß z. B. der vom Vorstand an den Aufsichtsrat zu erstattende regelmäßige Bericht über den Gang der Geschäfte und die Lage des Unternehmens „den Grundsätzen einer gewissenhaften und getreuen Rechenschaft" entsprechen (§§ 81 i. V. m. 95 Abs. II). Das gleiche gilt für den Bericht, den der Aufsichtsrat über die Prüfung des Jahresabschlusses, der Vorstandsvorschläge für die Gewinnverteilung und des Geschäftsberichts der Hauptversammlung zu erstatten hat (§ 96). Für die dem Aktionär in der Hauptversammlung zu erteilenden Auskünfte über die Angelegenheiten der Gesellschaft hat das Gesetz in § 112 Abs. II ausdrücklich angeordnet, daß sie „den Grundsätzen einer gewissenhaften und getreuen Rechenschaft" zu entsprechen hätten. Beim Geschäftsbericht nach den §§ 125—127 ist der Inhalt durch § 128 sogar besonders festgelegt, wobei zu beachten ist, daß für den Tatbestand des § 296 Nr. 1 die Tatsachen des § 128 Abs. II Nr. 1—9 nicht in Betracht kommen, dafür die besondere Strafvorschrift des § 296 Nr. 2 eingreift. Ferner sind für den Inhalt der durch § 296 Nr. 1 strafrechtlich geschützten Äußerungen die Vorschriften über die Jahresbilanz (§§ 131 ff.) und über die Jahresabschlußprüfung (§§ 135 ff.) bedeutungsvoll. Nach § 138 Abs. II können die Abschlußprüfer vom Vorstand alle Aufklärungen und Nachweise verlangen, welche die „sorgfältige Erfüllung ihrer Prüfungspflicht fordert". Für die Abwicklung vgl. die §§ 205 ff., insbesondere § 211. Alle im Aktiengesetz enthaltenen Bestimmungen über die Äußerungen von Vorstands- und Aufsichtsratsmitgliedern sowie von Abwicklern müssen bei der Auslegung und Anwendung des § 296 Nr. 1 berücksichtigt werden. Das gilt vor allem für die an einzelnen Stellen geregelten Grenzen der Äußerungspflichten. Sobald ein **Schweigerecht** wie z. B. bei den §§ 112 Abs. III und 138 Abs. III gegeben ist, beschränkt dies den Anwendungsbereich des § 296 Nr. 1, und zwar so, daß keine **Tatbestandsmäßigkeit** vorliegt. Wie schon Eb. Schmidt in Anm. 3 der Vorauflage zutreffend hervorhob, handelt es sich insoweit nicht etwa erst um ein Rechtfertigungsproblem. Die in Rede stehenden Schweigerechte sind keine Rechtfertigungsgründe, die dem an sich tatbestandsmäßigen Verhalten die Rechtswidrigkeitsindikation nehmen, sie sind vielmehr Rechte, die schon dem Tatbestand den genaueren Gehalt geben. Liegen sie vor, fehlt es also schon an der Tatbestandsmäßigkeit im Sinne des § 296 Nr. 1. Andererseits ist aber zu beachten, daß diese Tatbestandseinschränkung nur wirksam werden kann, wenn der Täter von seinem gesetzlichen Schweigerecht Gebrauch macht. Beruft er sich nicht auf das Recht zum Schweigen und äußert er sich über den Vermögensstand der Gesellschaft und die sonstigen für § 296 Nr. 1 in Frage kommenden Themen, dann greift jene „Pflicht zur Wahrheit und Klarheit" trotz der Freiwilligkeit der Äußerungen wieder ein, und eine Anwendung des § 296 Nr. 1 wird möglich.

Besteht nicht nur ein Schweigerecht, sondern sogar eine **Schweigepflicht**, so wird damit der Bereich einer Tatbestandsverwirklichung (durch Unterlassen) erst recht eingeschränkt. Ein Fall dieser Art kann sich aus § 218 Abs. III i. V. m. den §§ 84, 99 ergeben. Bei einem Konflikt zwischen § 294 und § 296 — falls nämlich ein Verstoß gegen die Schweigepflicht eine Untreuehandlung darstellen würde — geht § 294 vor, so daß derjenige, der schweigt, um nicht wegen Untreue bestraft zu werden, selbstverständlich nicht aus § 296 Nr. 1 bestraft werden kann. Allerdings können sich hier schwierige Rechtsfragen ergeben, wenn der Täter einem Irrtum unterliegt. Vgl. Anm. 63 und 64 zu § 294.

Anm. 7

bb) **Unwahr** ist eine Darstellung im Sinne dieses Tatbestands dann, wenn sie objektiv unrichtig ist, sei es dadurch, daß sie falsche Behauptungen enthält, oder sei es dadurch, daß die mitgeteilten Behauptungen zwar wahr, aber nicht vollständig sind und wesentliche Tatsachen verschweigen. Der Tatbestand kann also sowohl durch ein **Tun** als durch ein **Unterlassen** verwirklicht werden. In dem letztgenannten Fall wirken sich die in Anm. 6 erörterten Pflichten besonders aus, denn nur, wenn eine Rechtspflicht zur Äußerung besteht, kann in dem Schweigen eine Verwirklichung des Tatbestandsmerkmals liegen. Eine unvollständige Darstellung kann somit hinsichtlich des Verschwiegenen nur dann zu einer unwahren Darstellung werden, wenn das Gesetz eine Offenbarungspflicht enthält.

Anm. 8

cc) Durch das Tatbestandsmerkmal der **Verschleierung** wird der Anwendungsbereich des § 296 Nr. 1 erweitert. Tatbestandsmäßig können danach auch solche Äußerungen sein, bei denen das Erklärte an sich objektiv richtig, also **nicht unwahr** ist, die Art und Weise der Äußerung das Erklärte jedoch **undeutlich** macht und hierdurch zu einer unzutreffenden Beurteilung des Inhalts der Äußerung verführt. Zum Beispiel liegt eine Verschleierung der Verhältnisse der Gesellschaft vor, wenn diese so dargestellt werden, daß sie sich „nicht oder doch nur schwer erkennen lassen". RGSt. 68, 346; Klug in Hachenburg Anm. 36 zu § 82 GmbHG. Vgl. ferner RGSt. 37, 434; 41, 239; 68, 346; Erbs in Kohlhaas Anm. 6 B zu § 82 GmbHG. Mit Rücksicht auf die Kriterien der Unwahrheit und der Undeutlichkeit lassen sich begrifflich die Tatbestandsmerkmale der unwahren Darstellung und der Verschleierung mit hinreichender Schärfe trennen. Schwierigkeiten entstehen allerdings bei der praktischen Anwendung in Grenzfällen, weil sich eine äußerste Undeutlichkeit denken läßt, die der Unwahrheit gleichkommt. Indessen ist die Subsumtion unter eines der beiden Merkmale nicht von entscheidender Bedeutung, wenn das betreffende Verhalten nur überhaupt entweder eine unwahre Darstellung oder eine Verschleierung oder beides ist. Das Verschleiern kann sowohl in der Form des **Tuns** als auch durch **Unterlassen** begangen sein. Im zuletzt genannten Fall kommt eine Strafbarkeit nur in Betracht, wenn das Unterlassen der in Anm. 6 erwähnten **Pflicht zur Klarheit** widerspricht.

Anm. 9

dd) **Form und Art der unwahren Darstellungen oder der Verschleierungen**

Gleichgültig ist es für die Tatbestandsmäßigkeit im Sinne des § 296 Nr. 1, ob die betreffenden Äußerungen **mündlich** oder **schriftlich** erfolgt sind. Dies geht einmal daraus hervor, daß der Gesetzeswortlaut nirgends eine besondere Form der unwahren Darstellungen oder Verschleierungen erfordert, und zum anderen daraus, daß Nr. 1 des § 296 Beispiele nennt, für die teils überhaupt nur Mündlichkeit — so bei den Vorträgen in der Hauptversammlung —, teils in der Regel Mündlichkeit — so bei den in der Hauptversammlung erteilten Auskünften usw. — in Frage kommt. Bei schriftlichen Äußerungen ist es gleichgültig, ob die betreffenden Erklärungen, die unwahre Darstellungen oder Verschleierungen enthalten, gezeichnet sind. Auch nichtunterschriebene Darstellungen, Übersichten usw. können den Tatbestand verwirklichen, sofern nur erkennbar ist, daß sie von einem Verwaltungsträger der in § 296 genannten Art herrühren. — Denkbar wäre es ferner, daß eine kombinierte, teils schriftliche, teils mündliche Äußerung das strafbare Verhalten bildet. Ob eine solche Kombination eine Mehrheit von Straftaten oder ein einheitliches einmaliges Begehen des Delikts darstellt, hängt von den Umständen des Einzelfalles und außerdem vom Vorsatz des Täters ab. Grundsätzlich belanglos ist es für die Frage der Tatbestandsmäßigkeit, ob der Täter sich **öffentlich** oder nur **intern,** sei es in einer größeren Sitzung, sei es unter vier Augen äußert. Strafrechtlich ohne Bedeutung ist es ferner, ob die Erklärungen auf Grund einer besonderen rechtlichen Verpflichtung oder freiwillig, wie etwa bei einer Zwischenbilanz oder einem Zwischenbericht, abgegeben wurden. Nicht dagegen ohne Belang ist die Unterscheidung zwischen **privaten** und **dienstlichen** Äußerungen der Vorstandsmitglieder, Mitglieder des Aufsichtsrats und der Abwickler. Aus der genauen Schilderung der in Betracht kommenden einzelnen Verhaltensweisen auch in den Nr. 2—6 des § 296 wird man schließen müssen, daß der Gesetzgeber nur die spezifisch aktienrechtlichen, d. h. also dienstlich abgegebenen Erklärungen strafrechtlich schützen wollte. Das wird erhärtet durch einen Vergleich mit der Vorschrift des § 294. Dort ist es deutlich anders, wie die sehr allgemein gehaltene Ausdrucksweise des Gesetzes zeigt. Vgl. Anm. 8 und 41 zu § 294. — Die Äußerung eines

Vorstandsmitglieds einer Gesellschaft A ist naturgemäß nur dann eine dienstliche, wenn sie in der Eigenschaft als Vorstandsmitglied dieser Gesellschaft getan wird. Ist der Täter z. B. zugleich Mitglied des Aufsichtsrats der Gesellschaft B und hat er sich in dieser zuletzt genannten Eigenschaft geäußert, so reicht das für eine strafrechtliche Haftung aus § 296 Nr. 1 nicht aus, falls es sich um eine Darstellung der Verhältnisse bei der Gesellschaft A handelt. — Daß der Täter bei § 296 Nr. 1 — und das gleiche gilt für den Tatbestand in Nr. 2 — stets in dienstlicher Eigenschaft gehandelt haben muß, ist im übrigen herrschende Meinung. Vgl. RGSt. 45, 210 (211) zu § 147 GenG; Baumbach-Hueck Anm. 3 B; von Godin-Wilhelmi Anm. 3a; Schlegelberger-Quassowski Anm. 6; Eb. Schmidt Anm. 4 der Vorauflage. Anders ist es bei der dem hiesigen Tatbestand ähnlichen Geschäftslagetäuschung des § 82 Nr. 3 GmbHG. Dort ist der Tatbestand wiederum so allgemein formuliert, daß es belanglos ist, ob der Täter seine Äußerungen in seiner dienstlichen Eigenschaft oder privat getan hat. Vgl. Klug in Hachenburg Anm. 34 zu § 82. Im übrigen ist zu beachten, daß der Charakter einer Äußerung als einer nicht dienstlichen, sondern privaten in der Regel davon unabhängig ist, an wen sie sich richtet. Selbstverständlich kann der Tatbestand auch erfüllt werden von einer an eine einzelne Person gerichteten unwahren oder verschleierten Darstellung, sofern diese Äußerung von dem betreffenden Täter in seiner dienstlichen Eigenschaft als Vorstands- oder Aufsichtsratsmitglied oder als Abwickler getan worden ist. Auch bei Erklärungen gegenüber der Presse oder im Rundfunk muß jeweils von Fall zu Fall geprüft werden, ob die betreffende Erklärung privat oder in dienstlicher Eigenschaft abgegeben wurde. Hier kommt es ganz auf den jeweiligen konkreten Zusammenhang an. Schließlich ist hinsichtlich der Art und Weise des unwahren Darstellens und des Verschleierns noch darauf hinzuweisen, daß beides sowohl durch ein **Tun** als auch durch ein **Unterlassen** geschehen kann, im zuletzt genannten Fall jedoch nur unter der Voraussetzung, daß eine Rechtspflicht zum Tun bestand. Hier wirkt sich die vom RG erwähnte Pflicht zur Wahrheit und Klarheit entscheidend aus. Vgl. oben Anm. 7 und 8.

Anm. 10

b) **Gegenstand der unwahren Darstellungen und der Verschleierungen**

Als Tatbestandsmerkmal nennt das Gesetz zunächst einmal ganz allgemein die **Darstellungen.** Eingeschränkt wird dieses weitgefaßte Tatbestandsmerkmal lediglich dadurch, daß das Gesetz die Strafbarkeit nur für den Fall ankündigt, daß der Täter in seinen Darstellungen die **Verhältnisse der Gesellschaft** unwahr darstellt oder verschleiert. Die in § 296 Nr. 1 anschließend genannten **Übersichten über den Vermögensstand der Gesellschaft** bilden nur einen Spezialfall der vorgenannten Darstellungen allgemeiner Art. An und für sich ist die besondere Hervorhebung der Übersichten über den Vermögensstand der Gesellschaft überflüssig. Als Darstellungen und Übersichten in diesem Sinne kommen in erster Linie die Geschäftsberichte (§§ 127, 128 Abs. I; wegen des § 128 Abs. II siehe den besonderen Straftatbestand des § 296 Nr. 2) und die Bilanzen (§§ 131ff.) in Betracht. Das gleiche gilt aber auch für den sogenannten Zwischenbericht sowie für den Status und sonstige vorläufige Vermögensübersichten und für weitere Darstellungen aller Art. Sie müssen sich nicht unbedingt auf die Vermögensverhältnisse beziehen, denn das Gesetz spricht ganz allgemein von einer unwahren Darstellung oder einer Verschleierung der Verhältnisse der Gesellschaft. Es kann sich also auch um eine Darstellung sozialer, möglicherweise sogar politischer und sonstiger Verhältnisse handeln. Erforderlich ist nur, daß sie für die Gesamtinteressenlage der Gesellschaft von Bedeutung ist. Eb. Schmidt Anm. 6 der Vorauflage. Vgl. ferner Rabben S. 44; Stenglein § 314 Anm. 3; RGSt. 38, 197 und 41, 298. Die nach den §§ 81 und 95 Abs. II an den Aufsichtsrat zu erstattenden Berichte des Vorstands gehören ebenfalls hierher, obwohl sie nicht für Dritte und nicht für die Aktionäre bestimmt sind. Das Gesetz kennt insoweit keine Einschränkungen der Tatbestandsmäßigkeit. RGSt. 5, 147 und 64, 424. Die den Abschlußprüfern oder sonstigen Prüfern gegebenen Auskünfte gehören ebenfalls zu den Darstellungen im Sinne dieses Tatbestands. Gleichwohl hat der Gesetzgeber sie ausdrücklich genannt. Es handelt sich hierbei insbesondere um die nach den §§ 121 und 138 zu erteilenden Auskünfte. Sodann sind in § 296 Nr. 1 noch besonders genannt die **Vorträge und die Auskünfte in der Hauptversammlung.** Bei den Vorträgen braucht es sich selbstverständlich nicht um ausgearbeitete Vorträge im engeren Sinne zu handeln, es genügen Stegreif- und Diskussionsäußerungen, selbst wenn es sich nur um kurze Ausführungen handelt. Das „Schlußwort" des Leiters der Hauptversammlung gehört ebenfalls hierher. Aus der gemeinsamen Nennung von Vorträgen und Auskünften in der Hauptversammlung muß gefolgert werden, daß alle in dienstlicher Eigenschaft im Rahmen der Hauptversammlung abgegebenen Erklärungen der Mitglieder des Vorstands und des Aufsichtsrats sowie der Abwickler unter § 296 Nr. 1 fallen. Es ist dies auch durchaus verständlich im Hinblick auf die wichtige Funktion des § 112 im Rahmen des modernen Aktienrechts. Vgl. die Erläuterungen zu § 112. Dem Gesetzgeber war es offenbar ein besonderes Bedürfnis, gerade das Auskunftsrecht des Aktionärs in der Hauptversammlung strafrechtlich zu garantieren. — Werden mehrere Darstellungen usw. im Sinne des § 296 Nr. 1 gegeben, dann müssen sie alle der Wahrheit entsprechen, es genügt nicht, daß eine der Darstellungen richtig ist, es sei denn, daß es sich um eine ausdrückliche, mit klarer Bezugnahme auf die anderen falschen Darstellungen gegebene Richtigkeit handelt. Enthält die Bilanz Unwahrheiten oder Verschleierungen, so genügt es nicht, wenn aus den Erläuterungen im Geschäftsbericht die wahren Verhältnisse erkannt werden können. Vgl. RG in LZ 1915, 384[52].

Anm. 11

c) **Beispiele zu § 296 Nr. 1**

Eine unwahre Darstellung der Verhältnisse der Gesellschaft ist es, wenn in der Bilanz die Außenstände falsch bewertet sind (RGSt. 14, 80). Das gleiche gilt für falsche Bewertungen der Grundstücke und des sonstigen Anlagevermögens, für zu geringe oder zu hohe Abschreibungen, für falsche Schätzungen der Warenvorräte usw. Ganz allgemein hat schon das RG 112, 23 über Bilanzen gesagt: „Zweck der Vorlegung der Bilanz ist die richtige und zuverlässige Darlegung und Feststellung des Vermögens in allen wesentlichen Beziehungen für den Zeitpunkt, auf den sich die Bilanz bezieht." Bei Schätzungen ist jedoch zu beachten, daß nur auffällige, in die Augen springende Fehlschätzungen unwahre Darstellungen der Verhältnisse der Gesellschaft sein können, da die meisten Schätzungen bis zu einem gewissen Grade unsicher sind. Unwahr ist die Darstellung ferner dann, wenn Gegenstände, die der Gesellschaft nicht gehören, in die Bilanz aufgenommen sind (RGSt. 43, 416). Die Unwahrheit der Darstellung kann sodann darin bestehen, daß bestimmte Vermögensstücke überhaupt nicht aufgeführt sind (RGSt. 62, 357). Aufgelöste stille Reserven dürfen nicht als Einnahmen „aus dem laufenden Geschäftsbetriebe" erscheinen (RGSt. 62, 360). Sogenannte „Voraktivierungen" müssen in der Bilanz als solche erkennbar gemacht sein (RGSt. 67, 349). Unwahr ist die Darstellung ferner dann, wenn eingetretene Abnutzungen nicht abgeschrieben sind und wenn überhaupt die Wertansätze den Vorschriften des § 133 widersprechen. Hat der Vorstand, um Verluste zu decken, sich selbst dafür belastet und in die Bilanz entsprechende Aktivposten eingestellt, so wird die Dartsellung der Verhältnisse der Gesellschaft dadurch falsch, es sei denn, daß der Vorstand bereits haftbar gemacht wurde, die Verpflichtungen hieraus anerkannt hat und wirtschaftlich in der Lage ist, die anerkannten Verpflichtungen auch zu erfüllen. Fehlt es jedoch an der zuletzt genannten Voraussetzung, dann dürfen die entsprechenden an sich anerkannten Forderungen der Gesellschaft nicht oder zumindest nicht in voller Höhe als Aktivposten in der Bilanz erscheinen. Werden sie gleichwohl als Außenstände angeführt, so kann die Unwahrheit der Darstellung nur durch entsprechende Gegenmaßnahmen, etwa eine Wertberichtigung auf der Passivseite, vermieden werden. Ist der Vorstand, der sich selbst belastet hat, obwohl er noch nicht haftbar gemacht wurde, in der Lage, die gegen ihn gerichteten Forderungen zu erfüllen, dann kann es an der Unwahrheit der Darstellung der Verhältnisse fehlen, weil in dieser Selbstbelastung mindestens ein bindendes Angebot gesehen werden kann. Vgl. Klug in Hachenburg Anm. 35 zu § 82 GmbHG. Sind bei der Aufstellung der Jahresbilanz die Gliederungsvorschriften des § 131 nicht eingehalten, so ergibt sich daraus nur dann eine strafbare unwahre Darstellung der Verhältnisse der Gesellschaft, wenn neben den Formverstößen — möglicherweise durch sie verursacht — die Bilanz sachliche Unrichtigkeiten enthält. — Auch allgemeine Urteile über die Geschäftslage („erfreuliches Ergebnis" oder „wir sind zufrieden" usw.) müssen objektiv wahr sein

(RGSt. 38, 199). — Um falsche Darstellungen der Verhältnisse der Gesellschaft **durch Unterlassen** handelt es sich vor allem dort, wo auf der Passivseite der Bilanz wichtige Posten unterdrückt werden. Dabei können allerdings Zweifel hinsichtlich der Behandlung von sogenannten **Eventualverbindlichkeiten** (Bürgschaften, Garantien, Verpflichtungen aus der Ausstellung oder Indossierung — nicht der Akzeptierung — von Wechseln usw.) entstehen. Hier kommt es darauf an, ob es wahrscheinlich ist, daß die Gesellschaft in Anspruch genommen wird. Allgemeine Regeln lassen sich insoweit kaum angeben. Entscheidend ist die jeweilige konkrete Fallgestaltung. Meistens wird man jedoch davon auszugehen haben, daß derartige Eventualverpflichtungen in der Bilanz, einem Status oder einer sonstigen Vermögensübersicht, wenn auch nur „unter dem Strich", erwähnt werden. — Durch das Weglassen eines Aktivpostens kann die Darstellung selbstverständlich ebenfalls unwahr werden, denn § 296 Nr. 1 setzt nicht voraus, daß die Unwahrheit der Darstellung zu einer zu günstigen Schilderung der Verhältnisse der Gesellschaft führt. Auch falsche ungünstige Darstellungen, sei es durch Unterlassen, sei es durch Tun, können unter § 296 Nr. 1 fallen. Ebenso schon Eb. Schmidt Anm. 9 der Vorauflage sowie das dort angegebene ältere Schrifttum. Andererseits hat aber schon RG 116, 119 anerkannt, daß Abschreibungen oder Minderbewertungen, die sich im Rahmen der Gepflogenheiten eines ordentlichen Geschäftsmanns halten und durch die der Wert der Aktiven geringer als in Wirklichkeit erscheint, nicht unter den Tatbestand des § 296 Nr. 1 fallen. Die Strafbestimmung soll nicht die Bildung **stiller Reserven** verhindern, soweit sie sich im Rahmen des Vertretbaren halten. Maßgebend hierfür können sowohl die **steuerrechtlichen Bestimmungen** als auch die anerkannten **Grundsätze für die Tätigkeit der Wirtschaftsprüfer** sein. Diese in langjähriger Praxis entwickelten Grundsätze für die Tätigkeit der Wirtschaftsprüfer sind wegen der hohen sachlichen und persönlichen Voraussetzungen für die Bestellung zum Wirtschaftsprüfer auch sonst geeignet, zur Auslegung des § 296 hinzugezogen zu werden. Insoweit ist auf die einschlägigen gesetzlichen Bestimmungen und das Schrifttum zu verweisen. Vgl. Wirtschaftsprüferhandbuch 1959. Historisch bemerkenswert: B. Manasse, Der Sachverständige, 2. Auflage Berlin 1932. — Einem gesetzlichen Verbot, wie z. B. dem des § 131 Abs. V, darf die Bildung der stillen Reserve jedoch nicht widersprechen. Liegt eine Äußerung über stille Reserven vor, so darf sie andererseits nicht falsch sein. Das Bestehen stiller Reserven darf also nicht wahrheitswidrig verneint werden. — Als weitere Fälle der unwahren Darstellungen kommen in Betracht: Das **Verschweigen** von Veruntreuungen eines Vorstandsmitglieds, da derartige Veruntreuungen „in den Augen der Aktionäre nicht ohne Einfluß auf die Frage der Vertrauenswürdigkeit der Gesellschaftsorgane bleiben können" (RGSt. 38, 197); ferner das Verschweigen von Passiva, während die damit in Verbindung stehenden Aktiva mitgeteilt sind (RG JW 1930, 2709); ebenso das Verschweigen von Tatsachen, die nach Ablauf des Geschäftsjahres, aber vor Erstattung des Berichts bekannt geworden sind, wenn sie die Unrichtigkeit eines Bilanzpostens ergeben (RG JW 06, 614[49]; Recht 1928 Nr. 2481). Der Tatbestand des § 296 Nr. 1 kann durch Schweigen ferner dann erfüllt sein, wenn ein Vorstands- oder Aufsichtsratsmitglied oder ein Abwickler die falsche Darstellung eines Verwaltungsträgers oder einer sonstigen Person, die für die Gesellschaft spricht, unwidersprochen passieren läßt. Vgl. hierzu RGSt. 14, 80; 49, 239 auf eine Genossenschaft bezüglich. RGSt. 45, 214 schränkt diese Möglichkeiten ein. Der Entscheidung kann jedoch nicht zugestimmt werden. Richtig ist nur der Hinweis darauf, daß eine strafrechtliche Haftung dann entfällt, wenn eine Berichtigung des anderen in der betreffenden Situation nicht möglich ist.

Daß die unwahre Darstellung **für die Gesellschaft nicht günstig** zu sein braucht, wurde bereits gesagt. Der Straftatbestand soll vor Manipulationen aller Art schützen. Gläubiger oder Aktionäre können auch durch wahrheitswidrige ungünstige Verlautbarungen geschädigt werden. Man denke etwa an Kursbeeinflussungen zugunsten interessierter Kreise, an bewußt niedrig gehaltene Abfindungsangebote u. ä. bei Kapitalumwandlungen usw. — Eine **Verschleierung** ist es, wenn z. B. der Wechselbestand als Wertpapierkonto bezeichnet wird. Da der Wechsel rechtlich ein Wertpapier im weiteren Sinne ist, kann eine solche Darstellung kaum als unwahr gelten. Indessen stellt man sich im Wirtschaftsverkehr unter einem Wertpapierkonto nur ein Effektenkonto im eigentlichen Sinne vor. Andererseits wäre es ebenfalls eine Verschleierung, wenn Effekten unter Debitoren erscheinen. In beiden Fällen handelt es sich um ein Verschleiern durch **aktives Tun.** Indessen kann das Tatbestandsmerkmal auch durch **Unterlassen** verwirklicht werden, sofern aus der Verpflichtung zur Klarheit (vgl. oben Anm. 6) eine Rechtspflicht zum Tun herzuleiten ist. Als Beispiel käme das Weglassen von Vorkommnissen in Frage, die in der Bilanz oder in der Gewinn- und Verlustrechnung erwähnt werden müssen. So, wenn die zur Deckung eines Verlusts erfolgte freiwillige Zuwendung durch ein Vorstandsmitglied, einen Aktionär oder einen sonstigen Dritten verschwiegen wird. Ausführliche Breite ist in der Regel nicht zu fordern. Es muß aber klar erkennbar sein, daß ohne jene Zuwendung ein Verlust vorläge. Vgl. Klug in Hachenburg Anm. 36 zu § 82 GmbHG. Ob das Zusammenziehen von mehreren Bilanzposten zu einem einheitlichen eine Verschleierung ist, kann nur von Fall zu Fall entschieden werden. — Zum **Verhältnis zwischen unwahren Darstellungen und Verschleierungen** ist der Praxis zuzugeben, daß die systematisch exakte Unterscheidung zwischen Unwahrheit und Unklarheit bei der konkreten Anwendung fließend werden kann. So schon RG 74, 296. Da jedes Tatbestandsmerkmal allein hinreichend ist, spielt die Einordnung, wie gesagt, keine Rolle. Das Merkmal der Verschleierung dient vor allem der Ergänzung und soll verhindern, daß sich ein Täter unter Hinweis auf die Wahrheit seiner „geschickten" Darstellung der strafrechtlichen Verantwortung unberechtigt entzieht. Dem wird dadurch, daß auch die Unklarheit der Darstellung genügen kann, ein Riegel vorgeschoben.

Anm. 12

3. **Die Tatbestandsmerkmale des § 296 Nr. 2**

a) Das Gesetz spricht von **falschen Angaben** und vom **Verschweigen erheblicher Umstände.** Das Tatbestandsmerkmal der falschen Angabe fällt unter den Begriff der unwahren Darstellung des § 296 Nr. 1. Für die Auslegung kann also auf das oben in Anm. 6ff. Ausgeführte Bezug genommen werden. Das Verschweigen erheblicher Umstände kann entweder zur Unwahrheit oder nur zur Unklarheit der Darstellung führen.

Im ersten Fall liegt eine Verwirklichung des Merkmals der falschen Angabe durch Unterlassen und im zweiten Fall eine Verwirklichung des in § 296 Nr. 2 nicht genannten Merkmals der Verschleierung vor. Für die zuletzt genannte Möglichkeit ist auf Anm. 8 zu verweisen. — Durch die uneinheitliche Textgestaltung entsteht zunächst der Eindruck der Kompliziertheit. In Wirklichkeit ist die Rechtslage denkbar einfach, da alle unter § 296 Nr. 2 fallenden Sachverhalte stets zugleich unter § 296 Nr. 1 fallen. Nr. 2 ist also überflüssig. Ihre Rechtfertigung enthält diese Bestimmung lediglich aus der Abschreckungswirkung, die sich der Gesetzgeber aus der ausdrücklichen Hervorhebung versprochen haben mag. **Zwischen den Tatbeständen Nr. 1 und Nr. 2 besteht Gesetzeskonkurrenz. Nr. 2 ist lex specialis.** Da es begrifflich denkbar wäre, daß der Täter im Geschäftsbericht Tatsachen des § 128 Abs. II Nr. 1—9 nur verschleiert, — seine Angaben also wahr sind und keine erheblichen Umstände verschwiegen werden — sind Fälle möglich, in denen die lex generalis des § 296 Nr. 1 eingreift, obwohl zunächst Nr. 2 gegeben zu sein schien. Aus dem Spezialitätsverhältnis darf indessen nicht gefolgert werden, daß dort, wo es sich um Angaben im Geschäftsbericht über die Tatsachen des § 128 Abs. II Nr. 1—9 handelt, § 296 Nr. 1 endgültig für die Anwendung ausscheidet. Das wäre eine Minderung der strafrechtlichen Verantwortung bei Geschäftsberichten. Das Gegenteil ist die Absicht des Gesetzgebers. Fällt also § 296 Nr. 2 aus, muß stets geprüft werden, ob nicht eine Strafbarkeit aus Nr. 1 übriggeblieben ist. Allerdings dürfte die praktische Bedeutung dieser Möglichkeit gering sein, denn in den meisten Verschleierungsfällen dürfte es sich zugleich um ein Verschweigen erheblicher Umstände handeln. — Dem Verschweigen erheblicher Umstände steht **das völlige Weglassen der Angaben** über die Tatsachen des § 128 Abs. II Nr. 1—9 gleich (argumentum a minore ad maius).

Anm. 13

b) Der Anwendungsbereich des § 296 Nr. 2 ist eng umgrenzt. Es muß sich um falsche Angaben oder um ein Verschweigen erheblicher Umstände im **Geschäftsbericht** handeln, und zwar über die **Tatsachen des § 128 Abs. II Nr. 1—9.** Zum Geschäftsbericht vgl. vor allem die Erläuterungen zu den §§ 127 und 128. Das gleiche gilt für die besonderen Tatsachen im Sinne dieser Strafbestimmung. Sind die in Rede stehenden Tatsachen außerhalb des Geschäftsberichts — etwa mündlich in der Hauptversammlung — behandelt und wurden dabei falsche Angaben gemacht oder erhebliche Umstände verschwiegen, die sich an und für sich auf Tatsachen beziehen, die § 128 Abs. II unter Nr. 1—9 nennt, dann kommt gleichwohl eine Strafbarkeit nur aus § 296 Nr. 1 in Betracht. Handelt es sich umgekehrt um einen Geschäftsbericht nach den §§ 127, 128, beziehen sich aber die falschen Angaben und die verschwiegenen erheblichen Umstände nicht auf die Tatsachen in § 128 Abs. II Nr. 1—9, so kommt ebenfalls nur § 296 Nr. 1 in Frage.

Anm. 14

c) **Vollendet ist der Tatbestand,** wenn mindestens ein Geschäftsbericht fertiggestellt und mindestens einem derjenigen zugegangen ist, für die er bestimmt ist.

Anm. 15

4. **Die Tatbestände der Nr. 3—6 des § 296** unterscheiden sich hinsichtlich ihrer **Merkmale** von den unter Nr. 1 und 2 geregelten dadurch markant, daß hier nicht unwahre oder verschleierte Darstellungen über die Verhältnisse der Gesellschaft, sondern bestimmte Emissionshandlungen unter Strafdrohung gestellt sind. Hier geht es also nicht um Erklärungen über etwas für die Gesellschaft Wichtiges, sondern um gesellschaftsrechtliche Akte selbst. Das einheitliche in allen vier Tatbeständen vorkommende Tatbestandsmerkmal ist die **Ausgabe.** In der Wirtschaft spricht man meistens von Emission. Der Verkehr hat ein erhebliches Interesse an der Verhinderung der hier geregelten Straftatbestände des **Emissionsschwindels.** Durch § 296 Nr. 3 sollen klare Verhältnisse bezüglich etwaiger Teilleistungen auf Aktien gesichert werden. In Nr. 4 soll die jeweils erforderliche, der Aktienausgabe vorangehende Eintragung geschützt werden. Durch Nr. 5 soll das Entstehen zu kleiner Aktien strafrechtlich verhindert werden, und Nr. 6 bedroht die Emission von Wandelschuldverschreibungen ohne Genehmigung. Die Letztgenannten hat der Gesetzgeber miteinbezogen, weil es sich bei ihnen um Schuldverschreibungen handelt, in denen den Gläubigern ein Umtausch- oder Bezugsrecht auf Aktien eingeräumt wird, sie also wirtschaftlich und rechtlich den Aktien nahestehen. Ausgefüllt werden die Tatbestände jeweils durch die in Bezug genommenen Bestimmungen des Gesetzes. Demnach sind zu vergleichen für **§ 296 Nr. 3** die Erläuterungen zu § 10, für **§ 296 Nr. 4** die Erläuterungen zu den §§ 34, 149ff. (gewöhnliche Kapitalerhöhung), 159ff. (bedingte Kapitalerhöhung), 169ff. (genehmigtes Kapital), für **§ 296 Nr. 5** die Erläuterungen zu § 8 und für **§ 296 Nr. 6** die Erläuterungen zu § 174. — Wenn es auch in den einzelnen Tatbeständen Nr. 3—6 jeweils heißt, daß **Aktien** oder **Zwischenscheine** oder **Wandelschuldverschreibungen** vom Täter ausgegeben sein müssen, so besagt dies doch nicht, daß der Tatbestand nur dann verwirklicht ist, wenn es sich um rechtlich existente Aktien usw. handelt. Das wäre gar nicht möglich, denn z. B. schon § 34 Abs. IV erklärt die im Sinne des § 296 Nr. 4 ausgegebenen Aktien oder Zwischenscheine ausdrücklich für nichtig. Die Tatbestände des Emissionsschwindels setzen also als Merkmal **nur tatsächlich** existente Wertpapiere der in Rede stehenden Art voraus. Demgemäß hatte das RG schon für das alte Aktienrecht erklärt, daß die Strafbarkeit nicht ausgeschlossen wird, wenn der Hauptversammlungsbeschluß auf Ausgabe von Aktien ungültig war. RGSt. 30, 355. — Zum Tatbestandsmerkmal „geleistet" in § 296 Nr. 3 vgl. RGSt. 53, 153. — Für die **Vollendung** genügt jeweils die Begebung eines einzigen der im Gesetz genannten Wertpapiere.

Anm. 16

III) **Der übergesetzliche Tatbestandsausschluß** unter dem Gesichtspunkt der **Sozialkongruenz** (vgl. Anm. 18 zu § 295) kommt grundsätzlich bei allen Tatbeständen des § 296 Nr. 1—6 in Betracht. Praktisch spielt er vor allem bei der Geschäftslagetäuschung (Nr. 1) und bei der Geschäftsberichtsfälschung (Nr. 2) eine Rolle. Wie oben Anm. 6 und 12 bereits ausgeführt wurde, wirken sich Schweigerechte und Schweigepflichten nicht erst als Rechtfertigungs-, sondern bereits als Tatbestandsausschließungsgründe aus. Soweit es sich hier um übergesetzliche Schweigerechte und -pflichten handelt, beruht ihre die Tatbestandsmäßigkeit begrenzende Funktion auf dem allgemeinen Gedanken der Sozialkongruenz. Vgl. vor allem auch Anm. 44 und 45 zu § 294.

Anm. 17

IV) Für die **Rechtswidrigkeit** gelten bei sämtlichen Tatbeständen der Nr. 1—6 keine Besonderheiten. Vgl. das in Anm. 19 zu § 295 sowie hinsichtlich des allgemeinen Rechtfertigungsgrundes der **Sozialadäquanz** das in Anm. 52 zu § 294 Ausgeführte.

Anm. 18

V. **Schuld**

Vgl. zunächst zum Grundsätzlichen Anm. 57—65 zu § 294. Zur Frage der **Schuldfähigkeit** gilt nichts Besonderes. Sie muß stets gegeben sein, wenn das Verhalten des Täters strafbar sein soll. Als Schuldform setzen sämtliche Tatbestände des § 296 Nr. 1—6, obwohl das Gesetz sich ausschweigt, **Vorsatz** voraus. Vgl. Anm. 20 zu § 295. **Bedingter Vorsatz** genügt. Ebenso Baumbach-Hueck Anm. 2; wohl auch Erbs in Kohlhaas Anm. 1; Eb. Schmidt Anm. 16 der Vorauflage. Über den direkten oder bedingten Vorsatz hinaus ist keine besondere subjektive Tendenz erforderlich. Insbesondere ist **keine Täuschungsabsicht** vom Gesetzgeber verlangt. RG JW 31, 203; Schlegelberger-Quassowski Anm. 1; Stenglein Anm. 5 zu 314 HGB; a. M. für das frühere Recht: Neukamp ZHR 48, 459; Rehm, Bilanzen, 2. Aufl., S. 463, 468 und 509. Erst recht ist auch **keine Bereicherungsabsicht** für die Strafbarkeit vorausgesetzt. Man kann daher die Tatbestände des § 296 als Delikte mit kupierter Innentendenz bezeichnen. Der Gesetzgeber hat im Interesse eines wirksamen Schutzes des Wirtschaftslebens den Strafrechtsschutz gewissermaßen vorverlegt. Erfahrungsgemäß dient dies der Praktikabilität der Bestimmungen. Wohl aber ist nach der modernen Schuldauffassung des BGH (Gr. Sen. BGHSt. 2, 194) das **Unrechtsbewußtsein** Voraussetzung des Schuldvorwurfs. Näheres hierzu Anm. 64 zu § 294. Für die strafrechtliche Bedeutung der vor allem für die beiden Tatbestände der Geschäftslagetäuschung (Nr. 1) und der Geschäftsberichtsfälschung (Nr. 2) in Betracht kommenden **Irrtümer** vgl. die grundsätzlichen Ausführungen in Anm. 63 zu § 294. Nimmt der Täter z. B. irrtümlich an, er dürfe oder müsse gemäß § 128 Abs. III bestimmte Umstände verschweigen, so ergeben sich zwei Möglichkeiten: Irrt sich der Täter über das tatsächliche Vorliegen „überwiegender Belange der Gesellschaft", dann liegt ein Erlaubnistatbestandsirrtum vor. Dieser schließt in entsprechender Anwendung des § 59 StGB den Vorsatz aus. Eine Strafbarkeit entfällt. Irrt der Täter dagegen nicht über den Sachverhalt, in dem er die genannten überwiegenden Belange der Gesellschaft erblickt, sondern über die rechtliche Reichweite des Begriffs der überwiegenden Belange der Gesellschaft, so liegt ein Verbotsirrtum vor, der nur das Unrechtsbewußtsein, nicht aber den Vorsatz ausschließt. Denn nach der Formel des BGH „weiß der Täter, was er tut, hält dies aber irrig für erlaubt". Demgegenüber findet im erstgenannten Fall die Formel Anwendung: „Der Täter ist an sich rechtstreu, weiß aber nicht, was er tut". In dem hier in Rede stehenden zweiten Fall, bei dem es sich um einen bloßen Verbotsirrtum handelt, entfällt die Strafbarkeit nicht ohne weiteres. Es kommt vielmehr darauf an, ob dem Täter der Verbotsirrtum vorzuwerfen ist. Nur wenn der Verbotsirrtum unvermeidbar war, entfällt der Schuldvorwurf und mit ihm die Strafbarkeit in vollem Umfang. Ist dagegen der Verbotsirrtum vermeidbar gewesen, hat sich der Täter strafbar gemacht. Hinsichtlich des sich aus der Vermeidbarkeit ergebenden Schuldvorwurfs können jedoch Gradunterschiede gemacht und die Strafe demgemäß nach den Grundsätzen der §§ 44 II, III und 51 II gemildert werden. Für die **Schuldausschließungsgründe** gilt das Übliche. Vgl. Anm. 65 zu § 294.

Anm. 19

VI. **Versuch, Teilnahme**

Der Versuch ist nicht strafbar, da sämtliche Tatbestände des § 296 **Vergehen** sind und demnach der Gesetzgeber die Strafbarkeit hätte ausdrücklich anordnen müssen. § 43 Abs. II StGB. Bei etwaiger **Teilnahme** an der Begehung der Tatbestände des § 296 wirkt es sich aus, daß diese Bestimmung nur **echte Sonderdelikte** enthält. Vgl. oben Anm. 2. Als Mittäter und als mittelbare Täter können sich daher nur Mitglieder des Vorstands oder des Aufsichtsrats oder Abwickler strafbar machen. Als Anstifter (§ 48 StGB) und als Gehilfen (§ 49 StGB) können dagegen auch Dritte bestraft werden. Nicht strafbar dagegen sind die Anstiftung oder Beihilfe zur versuchten Geschäftslagetäuschung, Geschäftsberichtsfälschung usw., weil der Versuch dieser Delikte in keinem Fall strafbar ist. Erst recht ist demgemäß keine versuchte Anstiftung (§ 49a StGB) denkbar.

Anm. 20

VII. **Konkurrenzen**

Für die Konkurrenzen gilt folgendes: Zwischen der Geschäftslagetäuschung (Nr. 1) und der Geschäftsberichtsfälschung (Nr. 2) besteht **Gesetzeskonkurrenz** in der Form der Spezialität. Tateinheit ist daher nicht möglich. Zwischen den Tatbeständen der Nr. 3—6 ist dagegen untereinander und in bezug auf Nr. 1 oder Nr. 2 **Idealkonkurrenz** (§ 73 StGB) möglich. Die Tatsache, daß die genannten Delikte in ein und demselben Paragraphen geregelt sind, steht dem nicht entgegen, denn der Grund für die Zusammenfassung ist lediglich ein gesetzestechnischer. Die Tatbestände als solche haben — abgesehen vom Tatbestand Nr. 2 als lex specialis des Tatbestands Nr. 1 — eigenständigen Rechtscharakter.

Anm. 21

VIII. **Strafe**

Die Strafe ist im Regelfall **Gefängnis** von mindestens einem Tag und höchstens fünf Jahren (§ 16 StGB). Die in § 296 nicht genannte **Geldstrafe** kann nach den §§ 27ff. StGB **neben** der Gefängnisstrafe, falls das Vergehen auf Gewinnsucht beruht (§ 27a StGB), oder **anstelle** von Gefängnisstrafe verhängt werden, falls eine Gefängnisstrafe von weniger als drei Monaten verwirkt ist und der Strafzweck durch eine Geldstrafe erreicht werden kann (§ 27b StGB). In **besonders schweren Fällen** der Geschäftslagetäuschung (Nr. 1) und Geschäftsberichtsfälschung (Nr. 2) — nicht aber des Aktienschwindels (Nr. 3—5) und der unerlaubten Wandelschuldverschreibungsemission (Nr. 6) — kann nach dem Gesetzeswortlaut zugleich auf **Verlust der bürgerlichen Ehrenrechte** und/oder auf **Zuchthaus** bis zu zehn Jahren erkannt werden. Zum Verlust der bürgerlichen Ehrenrechte vgl. §§ 32ff. StGB. Hinsichtlich der Erschwerung der Strafe durch die Anordnung des Verlusts der bürgerlichen Ehrenrechte dürften keine rechtsstaatlichen Bedenken bestehen. Die **Zuchthausstrafdrohung** ist dagegen im Hinblick auf die sozialethische Wertung der Geschäftslagetäuschung und der Geschäftsberichtsfälschung in verfassungswidriger Weise überhöht und daher **rechtswidrig.** Vgl. oben Anm. 1.

Anm. 22

IX. **Verjährung**

Für die **Verjährung** gilt das gleiche wie bei § 294. Vgl. daher Anm. 86 und 87 zu § 294.

Anm. 23

X. **Aktienrechtsreform**

§ 296 Abs. I soll nach der Reform durch § 386 RegEntw. ersetzt werden. Die Regelung des § 296 Abs. II AktG, nach der unter gewissen Voraussetzungen auf Verlust der bürgerlichen Ehrenrechte und in besonders schweren Fällen auf Zuchthaus bis zu zehn

Jahren erkannt werden darf, ist in den RegEntw. nicht übernommen worden. Nach § 386 RegEntw. können nur Gefängnisstrafen bis zu fünf Jahren verhängt werden.

§ 386 RegEntw. hat folgenden Wortlaut:

Mit Gefängnis wird bestraft, wer als Mitglied des Vorstands oder des Aufsichtsrats oder als Abwickler vorsätzlich

1. die Verhältnisse der Gesellschaft einschließlich ihrer Beziehungen zu verbundenen Unternehmen in Darstellungen oder Übersichten über den Vermögensstand, in Vorträgen oder Auskünften in der Hauptversammlung unrichtig wiedergibt oder verschleiert,
2. die Verhältnisse eines Konzerns oder Teilkonzerns, für den die Gesellschaft einen Konzernabschluß oder Teilkonzernabschluß aufzustellen hat, in Darstellungen oder Übersichten über den Vermögensstand des Konzerns oder Teilkonzerns unrichtig wiedergibt oder verschleiert,
3. in Aufklärungen und Nachweisen, die nach den Vorschriften dieses Gesetzes einem Abschlußprüfer oder sonstigen Prüfer der Gesellschaft oder eines verbundenen Unternehmens oder einem Konzernabschlußprüfer zu geben sind, falsche Angaben macht oder die Verhältnisse der Gesellschaft oder des Konzerns unrichtig darstellt oder verschleiert,
4. im Geschäftsbericht die Angaben nach § 148 Abs. II Nr. 1—11, im Konzerngeschäftsbericht oder Teilkonzerngeschäftsbericht die Angaben nach § 322 Abs. III Nr. 1—3 falsch macht oder erhebliche Umstände verschweigt,
5. Namensaktien ausgibt, in denen der Betrag der Teilleistung nicht angegeben ist, oder Inhaberaktien ausgibt, bevor auf sie der Nennbetrag oder der höhere Ausgabebetrag voll geleistet ist,
6. Aktien oder Zwischenscheine ausgibt, bevor die Gesellschaft oder im Fall einer Kapitalerhöhung die Durchführung der Erhöhung des Grundkapitals oder im Fall einer bedingten Kapitalerhöhung oder einer Kapitalerhöhung aus Gesellschaftsmitteln der Beschluß über die bedingte Kapitalerhöhung oder die Kapitalerhöhung aus Gesellschaftsmitteln eingetragen ist,
7. Aktien oder Zwischenscheine ausgibt, die auf einen geringeren als den nach § 8 zulässigen Mindestnennbetrag lauten.

Gegenüber dem jetzt noch geltenden Recht ist auf zweierlei hinzuweisen:

§ 386 RegEntw. enthält in der Nr. 2 einen neuen Tatbestand. Bei Gesellschaften, die die Pflicht haben, einen Konzernabschluß oder Teilkonzernabschluß aufzustellen, wird nicht nur die unrichtige Darstellung oder Verschleierung der Verhältnisse der Gesellschaft, sondern auch die der Verhältnisse des Konzerns oder Teilkonzerns mit Strafe bedroht. Dabei wird allerdings vorausgesetzt, daß die Verhältnisse eines Unternehmens unrichtig dargestellt oder verschleiert werden, das tatsächlich in einem Konzernverhältnis i. S. des § 17 RegEntw. zu der Gesellschaft steht. § 17 RegEntw. hat folgenden Wortlaut:

(1) Sind ein herrschendes und ein oder mehrere abhängige Unternehmen unter der einheitlichen Leitung des herrschenden Unternehmens zusammengefaßt, so bilden sie einen Konzern; die einzelnen Unternehmen sind Konzernunternehmen. Unternehmen, zwischen denen ein Beherrschungsvertrag (§ 280) besteht oder von denen das eine in das andere eingegliedert ist (§ 308), sind als unter einheitlicher Leitung zusammengefaßt anzusehen. Von einem abhängigen Unternehmen wird vermutet, daß es mit dem herrschenden Unternehmen einen Konzern bildet.

(2) Sind rechtlich selbständige Unternehmen, ohne daß das eine Unternehmen von dem anderen abhängig ist, unter einheitlicher Leitung zusammengefaßt, so bilden sie auch einen Konzern; die einzelnen Unternehmen sind Konzernunternehmen.

Die Regelung des § 17 Abs. I letzter Satz, nach der von einem abhängigen Unternehmen vermutet wird, daß es mit dem herrschenden Unternehmen einen Konzern bildet, bedeutet keine Beweisvermutung zuungunsten des Angeklagten im Strafprozeß. Es bedarf vielmehr eines Nachweises, daß ein Konzernverhältnis vorliegt.

Die Strafvorschrift des § 296 Abs. I Nr. 6 AktG, nach der die Ausgabe von Wandelschuldverschreibungen ohne Genehmigung unter Strafe gestellt war, ist im RegEntw. nicht mehr enthalten, da die in § 174 des geltenden Aktiengesetzes vorgesehene Regelung über die Genehmigung der Ausgabe von Wandelschuldverschreibungen im RegEntw. nicht mehr enthalten ist. Sie ist überflüssig. Das Inverkehrbringen von Inhaberwandelschuldverschreibungen und von Orderwandelschuldverschreibungen ohne staatliche Genehmigung (vgl. §§ 795, 808a BGB) ist jetzt bereits nach § 6 des **Gesetzes über die staatliche Genehmigung der Ausgabe von Inhaber- und Orderschuldverschreibungen** vom 26. 6. 54 (BGBl. I S. 147) mit Geldbuße bedroht.

§ 6 des genannten Gesetzes hat folgenden Wortlaut:

(1) Ordnungswidrig handelt, wer

1. vorsätzlich oder fahrlässig Inhaber- oder Orderschuldverschreibungen ohne die nach § 795 oder nach § 808a des Bürgerlichen Gesetzbuchs erforderliche staatliche Genehmigung in Verkehr bringt;
2. unrichtige oder unvollständige Angaben tatsächlicher Art macht oder benutzt, um für sich oder einen anderen eine solche staatliche Genehmigung zu erschleichen;
3. einer an eine solche Genehmigung geknüpften Auflage zuwiderhandelt.

(2) Die Ordnungswidrigkeit kann mit einer Geldbuße bis zu einhunderttausend Deutsche Mark geahndet werden.

(3) Die Verfolgung der Ordnungswidrigkeit verjährt in zwei Jahren.

(4) Verwaltungsbehörde im Sinne des § 73 des Gesetzes über Ordnungswidrigkeiten ist der für die Erteilung der staatlichen Genehmigung zuständige Bundesminister oder die von ihm bestimmte Bundesbehörde. Die Befugnisse der obersten Verwaltungsbehörde (§ 66 Abs. 2 des Gesetzes über Ordnungswidrigkeiten) werden von dem in Satz 1 genannten Bundesminister wahrgenommen.

Anm. 24

XI. Ausländisches Recht

Vgl. Vorbem. vor § 294 Anm. 7.

§ 297

Unterlassen des Konkurs- oder Vergleichsantrags

Mit Gefängnis bis zu drei Monaten wird bestraft:

1. Nr. 1 wurde durch das Gesetz vom 15. 7. 57 (BGBl. I 714) aufgehoben; gleichzeitig wurde die Überschrift neugefaßt;
2. **wer es als Vorstandsmitglied vorsätzlich oder fahrlässig unterläßt, bei Verlust die Hauptversammlung zu berufen und dieser von dem Eintritt des Verlustes Anzeige zu machen (§ 83 Abs. 1) oder bei Zahlungsunfähigkeit oder Überschuldung die Eröffnung des Konkursverfahrens oder des gerichtlichen Vergleichsverfahrens zu beantragen (§ 83 Abs. 2);**
3. **wer es als Abwickler vorsätzlich oder fahrlässig unterläßt, bei Zahlungsunfähigkeit oder Überschuldung die Eröffnung des Konkursverfahrens oder des gerichtlichen Vergleichsverfahrens zu beantragen (§ 209 Abs. 2).**

Übersicht

Schrifttum:

Vgl. die eingangs genannten Veröffentlichungen, insbesondere die Kommentare und größeren Gesamtdarstellungen sowie die auf S. 724 angegebenen Schriften.

Anm. 1

I. **Allgemeines**

1. § 297 ist aus § 315 HGB hervorgegangen. Vor der Streichung von Nr. 1 stimmte der Inhalt im wesentlichen mit der alten Fassung überein. Die dem strafprozeßrechtlichen Grundsatz „in dubio pro reo" widersprechende frühere Schuldbeweislastregelung ist anläßlich der Neufassung beseitigt worden. In anderen strafrechtlichen Nebengesetzen haben sich bei den gleichen Tatbeständen eigenartigerweise bis heute rechtsstaatlich bedenkliche Formulierungen, die eine Schuldvermutung nahe zu legen scheinen, gehalten. Vgl. z. B. § 148 Abs. II GenG und § 84 Abs. III GmbHG. Näheres s. Klug in Hachenburg Anm. 10 zu § 84 GmbHG. Für § 297 besteht jedoch diese Problematik heute nicht mehr.

Anm. 2

2. **Systematische Stellung**

a) Da die Tatbestände des § 297 nur von bestimmten Personen begangen werden können und es keinen allgemeinen Tatbestand gibt, dessen Spezialfälle die Tatbestände des § 297 wären, sind die in dieser Bestimmung enthaltenen Straftaten **echte Sonderdelikte.** Dies hat die bekannten Folgen für die Teilnahme. Vgl. unten Anm. 11. Sämtliche Delikte des § 297 können nicht in der Form aktiven Tuns, sondern nur durch Unterlassen begangen werden. Sie sind daher **echte Unterlassungsdelikte.** Hieraus ergeben sich vor allem für die Frage der Kausalität Besonderheiten. Ursächlich ist eine Unterlassung für den eingetretenen strafbaren Erfolg nur dann, wenn die unterbliebene Handlung nicht hinzu gedacht werden kann, ohne daß der Erfolg entfiele. Vgl. zu dieser Grundsatzfrage u. a. RGSt. 75, 49. Die Ursächlichkeit der Unterlassung entfällt also dort, wo selbst ein Handeln des Täters den strafbaren Erfolg nicht abgewendet hätte.

Anm. 3

b) **§ 84 GmbHG** und **§ 148 GenG** enthalten die entsprechenden Tatbestände für das GmbH- und das Genossenschafts-Recht. Schrifttum und Rechtsprechung zu diesen Bestimmungen können daher für die Auslegung des § 297 herangezogen werden.

Anm. 4

3. **Geschütztes Rechtsgut** sind die Interessen der Gesellschaftsgläubiger, der Aktionäre und sonstiger Dritter, die in rechtlichen oder in wirtschaftlichen Beziehungen zur Aktiengesellschaft stehen. Zur zuletzt genannten Gruppe zählen sowohl die Arbeitnehmer als auch solche Personen, die erst nach dem Eintreten des Verlusts im Sinne von § 83 Abs. I oder erst nach dem Eintritt der Zahlungsunfähigkeit oder der Überschuldung Gesellschaftsgläubiger geworden sind. Dies hängt ebenso wie bei den vorangehenden aktienstrafrechtlichen Tatbeständen damit zusammen, daß die Rechtsfigur der AG zu einer Haftungsbeschränkung führt und die AG infolgedessen bei Nichteinhaltung der gesetzlichen Sicherheitsvorschriften zu einer erheblichen Gefahr für Dritte werden kann. Hieraus folgt, daß § 297 **Schutzgesetz i. S. des § 823 Abs. II BGB** zu-

gunsten der Gesellschaft, der Gesellschaftsgläubiger, der Aktionäre und sonstiger Dritter, die zur Gesellschaft in rechtlichen oder wirtschaftlichen Beziehungen stehen, ist. A. M. Baumbach-Hueck Anm. 1 unter Bezugnahme auf RG 159, 233 und BGH NJW 59, 624.

Anm. 5

II. Die Tatbestände

1. Der früher unter Nr. 1 geregelte Tatbestand der **Nichthinderung der Unvollständigkeit des Aufsichtsrats** wurde durch das Gesetz vom 15. 7. 57 (BGBl. I, 714) gestrichen, durch das § 89 neu gefaßt wurde. Mit Recht setzte sich mit dem Erlaß des genannten Gesetzes die Auffassung durch, daß die ehemals in § 297 Nr. 1 mit Strafe bedrohten Unterlassungen keine Kriminalstraftaten, sondern allenfalls Ordnungswidrigkeiten waren. Die Aufhebung dieser Bestimmung war daher folgerichtig. Näheres über die Vorgeschichte und die Bedeutung des Gesetzes vom 15. 7. 57 s. oben Anm. 1—3 zu § 89. Daß bei dieser Gelegenheit die Tatbestände Nr. 2 und Nr. 3 nicht ebenfalls aufgehoben wurden, hängt damit zusammen, daß die hier unter Strafdrohung gestellten Unterlassungen von wesentlich größerer Tragweite und Gefährlichkeit sind. Sie überschreiten den Rahmen bloßer Ordnungswidrigkeiten.

Anm. 6

2. **Die unter Nr. 2 und 3 geregelten Tatbestände der Unterlassung der Verlustanzeige und des Konkurs- oder Vergleichsantrags** durften — aus kriegswirtschaftlichen Gründen — nach den §§ 8 und 9 der VO vom 4. 9. 39 (RGBl. I 1694) nicht mehr angewandt werden. Die Folge waren weitgehende Befreiungen von denjenigen Pflichten, deren Nichterfüllung die Tatbestände gerade unter Strafdrohung stellten. Die in Rede stehende VO wurde jedoch nach dem Kriege durch das Handelsrechtliche Bereinigungsgesetz vom 18. 4. 50 (BGBl. 90) wieder außer Kraft gesetzt. Die Tatbestände des § 297 Nr. 2 und Nr. 3 gelten daher heute unbeschränkt.

Anm. 7

a) **Täter** des Tatbestandes Nr. 2 können nur **Vorstandsmitglieder** sein. Vgl. Anm. 9—20 zu § 294. Als Täter des Tatbestands Nr. 3 kommen nur **Abwickler** in Frage. Vgl. Anm. 26—29 zu § 294.

Anm. 8

b) Der **Tatbestand Nr. 2** ist verwirklicht, wenn die Pflichten nach **§ 83 Abs. I** oder nach **§ 83 Abs. II,** und der **Tatbestand Nr. 3,** wenn die Pflichten nach **§ 209 Abs. II** nicht erfüllt werden. Nach **§ 83 Abs. I** ist der Vorstand verpflichtet, unverzüglich die Hauptversammlung zu berufen, wenn sich bei Aufstellung der Jahresbilanz oder einer Zwischenbilanz ergibt, daß ein Verlust in Höhe der Hälfte des Grundkapitals der Aktiengesellschaft besteht. Ebenso hat nach der gleichen Bestimmung der Vorstand die Hauptversammlung unverzüglich zu berufen, wenn bei pflichtmäßigem Ermessen, also ohne daß eine Jahres- oder Zwischenbilanz vorliegen muß, anzunehmen ist, daß ein Verlust in der genannten Höhe besteht. In dieser Hauptversammlung hat dann der Vorstand von dem entstandenen Verlust Anzeige zu machen. Die beabsichtigte Anzeige ist auf die Tagesordnung zu setzen und damit in der gesetzlich vorgeschriebenen Weise bekanntzumachen. Die Einberufung der Hauptversammlung muß unverzüglich, d. h. ohne schuldhaftes Zögern (§ 121 BGB) erfolgen. Die Einberufungs- und Anzeigeverpflichtung trifft den gesamten Vorstand. Jedes einzelne Mitglied haftet aber für deren Erfüllung. Stößt ein einzelnes Mitglied bei dem Versuch der Erfüllung seiner Verpflichtung auf Widerstand, so hat es hiervon den Aufsichtsrat zu verständigen und zum Eingreifen zu veranlassen. Dieser kann dann nach § 95 Abs. IV eine Hauptversammlung einberufen. Vgl. oben Anm. 1—7 zu § 83 sowie Anm. 16 und 17 zu § 95. Nach dem ausdrücklichen Wortlaut des Gesetzes kommt eine Strafbarkeit von Aufsichtsratsmitgliedern, die den Vorstand pflichtwidrig nicht zur Einhaltung seiner Verpflichtungen aus § 83 Abs. I anhalten, gemäß § 297 Nr. 2 nicht in Betracht. Eine strafrechtliche Haftung ist dagegen unter den Gesichtspunkten der Anstiftung oder Beihilfe auch bei Aufsichtsratsmitgliedern denkbar. — In **§ 83 Abs. 2** ist die Verpflichtung des Vorstands zur Stellung des Konkurs- oder Vergleichsantrags geregelt. Voraussetzung ist, daß die Aktiengesellschaft entweder zahlungsunfähig geworden ist oder daß das Vermögen der Gesellschaft die Schulden nicht mehr deckt (Überschuldung). Der Antrag muß ohne schuldhaftes Zögern, spätestens aber drei Wochen nach Eintritt der Zahlungsunfähigkeit, gestellt werden. Er ist nicht schuldhaft verzögert, wenn der Vorstand, wie es in § 83 Abs. II ausdrücklich heißt, die Eröffnung des gerichtlichen Vergleichsverfahrens mit der Sorgfalt eines ordentlichen und gewissenhaften Geschäftsleiters betreibt. Weitere Einzelheiten vgl. in den Erläuterungen zu § 83. — **§ 209 Abs. II** entspricht der Regelung des § 83 Abs. II. Was hier für die Vorstandsmitglieder gilt, ist dort den Abwicklern vorgeschrieben. Wird die Gesellschaft zahlungsunfähig, so haben die Abwickler ohne schuldhaftes Zögern, spätestens aber 10 Tage nach dem Eintritt der Zahlungsunfähigkeit, die Eröffnung des Konkursverfahrens oder des gerichtlichen Vergleichsverfahrens zu beantragen. Bei Überschuldung, d. h. dann, wenn das Vermögen der Gesellschaft nicht mehr die Schulden deckt, gilt das gleiche sinngemäß. Ebenso wie bei § 83 Abs. II erklärt der Gesetzgeber auch hier hinsichtlich der Verpflichtungen der Abwickler, daß der Antrag dann nicht schuldhaft verzögert ist, wenn die Abwickler die Eröffnung des gerichtlichen Vergleichsverfahrens mit der Sorgfalt eines ordentlichen und gewissenhaften Geschäftsleiters betreiben. Ein wichtiger Unterschied zwischen § 209 Abs. II und § 83 Abs. II besteht jedoch insofern, als die Höchstfrist bei Abwicklern wesentlich kürzer ist. Sie beträgt nur zehn Tage. Wegen weiterer Einzelheiten vgl. oben die Erläuterungen zu § 209 Abs. II.

Anm. 9

c) Da der Versuch nicht strafbar ist, spielt der Zeitpunkt der **Vollendung** der Delikte eine entscheidende Rolle. Die Schwierigkeiten, die sich bei Unterlassungsdelikten häufig hinsichtlich der Bestimmung des Zeitpunkts der Vollendung ergeben, tauchen hier nicht auf, da der Gesetzgeber in den §§ 83 und 209 Höchstfristen festgesetzt hat, bis zu deren Ablauf die entsprechenden Handlungen vorgenommen sein müssen.

Anm. 10

III. Für die **Rechtswidrigkeit** gelten die allgemeinen Regeln. Vgl. Anm. 52—56 zu § 294. Hinsichtlich der **Schuld** besteht die Besonderheit, daß sowohl **vorsätzliches** als auch **fahrlässiges** Unterlassen strafbar ist. Zum Schuldbegriff im allgemeinen und zur Schuldfähigkeit vgl. Anm. 57 und 58 zu § 294. Für den Vorsatz vgl. Anm. 59—63 zu § 294. Nach der in der höchstrichterlichen Rechtsprechung üblichen Begriffsbestimmung (vgl. z. B. RGSt. 58, 134; 61, 320), die sich auch § 18 E 62 zu eigen gemacht hat, handelt **fahrlässig**, wer die Sorgfalt außer acht läßt, zu der er nach den Umständen und seinen persönlichen Verhältnissen verpflichtet und fähig ist, und deshalb nicht erkennt, daß er den gesetzlichen Tatbestand verwirklicht **(unbewußte Fahrlässigkeit).** Ferner handelt aber auch fahrlässig derjenige, der es für möglich hält, daß er den gesetzlichen Tatbestand verwirklicht, jedoch pflichtwidrig und vorwerfbar im Vertrauen darauf handelt, daß er ihn nicht verwirklichen werde **(bewußte Fahrlässigkeit).** Maßgebend für die Sorgfaltspflichten der Vorstandsmitglieder und der Abwickler ist grundsätzlich § 84 Abs. I, auf den für die Abwickler § 209 Abs. III verweist. Die Vorstandsmitglieder und die Abwickler haben daher bei ihrer Geschäftsführung die Sorgfalt eines ordentlichen und gewissenhaften Geschäftsleiters anzuwenden. Neben diesem allgemeinen Grundsatz ergeben sich im übrigen die Sorgfaltspflichten aus den Sonderregelungen, die für die hier in Rede stehenden Straftatbestände maßgebend sind, d. h. also aus § 83 und § 209 Abs. II. — Für das **Unrechtsbewußtsein** vgl. Anm. 64 zu § 294 und für die **Schuldausschließungsgründe** siehe Anm. 65 zu § 294.

Anm. 11

IV. Hinsichtlich der **Teilnahme** ist zu beachten, daß auch Mittäter, Nebentäter und mittelbare Täter bei § 297 Nr. 2 nur Vorstandsmitglieder und bei § 297 Nr. 3 nur Abwickler sein können. Dies folgt daraus, daß die Tatbestände des § 297 echte Sonderdelikte sind. Vgl. oben Anm. 2. Dagegen kann jeder Dritte wegen Anstiftung oder Beihilfe aus § 297 bestraft werden. Bezüglich der **Konkurrenzen** ist hervorzuheben, daß

Tateinheit zwischen den Tatbeständen Nr. 2 und Nr. 3 nicht möglich ist. Es besteht das Verhältnis der **Alternativität.** Zum Begriff der Alternativität vgl. Klug in ZStW 68 (1956), 409. Da nicht jeder Fall, der unter die Tatbestände des § 297 fällt, zugleich unter § 294 subsumiert werden kann, besteht zwischen beiden Bestimmungen keine Gesetzeskonkurrenz. Es ist also Tateinheit zwischen § 294 und den Tatbeständen des § 297 möglich.

Anm. 12

V. **Als Strafe** droht § 297 **Gefängnis** von einem Tag bis zu drei Monaten an. Obwohl das Gesetz die **Geldstrafe** nicht erwähnt, besteht die Möglichkeit, nach § 27a StGB neben der Freiheitsstrafe auch eine Geldstrafe zu verhängen, sofern die Tat auf Gewinnsucht beruht. Ist im Einzelfall eine Gefängnisstrafe von weniger als drei Monaten verwirkt, so ist nach § 27b StGB an Stelle der Gefängnisstrafe auf eine Geldstrafe zu erkennen, wenn der Strafzweck durch die Geldstrafe erreicht werden kann. Vgl. Anm. 79 zu § 294.

Anm. 13

VI. Die Strafverfolgung **verjährt** gemäß § 67 Abs. II StGB in drei Jahren. Für Einzelheiten der Verjährung vgl. Anm. 86 und 87 zu § 294. Da es sich hier um Unterlassungsdelikte handelt, beginnt die Strafverfolgungsverjährung nicht schon dann, wenn der Straftatbestand verwirklicht ist, sondern erst mit dem Wegfall der Pflicht zum Handeln. RGSt. 65, 362; 73, 129; 75, 34. Wegfallen kann die Pflicht zum Handeln einmal durch nachträgliche Erfüllung der Handlungspflicht oder durch deren Erlöschen bei Ausscheiden aus dem Vorstand oder bei Beendigung des Einsatzes als Abwickler. Ebenso Eb. Schmidt Anm. 14 der Vorauflage.

Anm. 14

VII. **Aktienrechtsreform**

An die Stelle des geltenden § 297 AktG soll § 387 RegEntw. treten, der folgenden Wortlaut hat:

> Mit Gefängnis und mit Geldstrafe oder mit einer dieser Strafen wird bestraft, wer es als Vorstandsmitglied vorsätzlich oder fahrlässig unterläßt, bei Verlust die Hauptversammlung einzuberufen und dieser von dem Eintritt des Verlustes Anzeige zu machen, oder wer es als Vorstandsmitglied oder als Abwickler vorsätzlich oder fahrlässig unterläßt, bei Zahlungsunfähigkeit oder Überschuldung die Eröffnung des Konkursverfahrens oder des gerichtlichen Vergleichsverfahrens zu beantragen.

Die Vorschrift stimmt mit § 297 AktG überein. Die in § 297 enthaltene Verweisung auf die §§ 83, 209 Abs. 2 AktG ist als entbehrlich gestrichen worden.

Auffallend ist, daß der RegEntw. die Strafdrohung des geltenden Rechts von einer Gefängnisstrafe bis zu drei Monaten wesentlich erhöht. Nach § 387 RegEntw. können nunmehr Gefängnisstrafen bis zu fünf Jahren verhängt werden. Außerdem kann an Stelle einer Gefängnisstrafe oder daneben auch auf eine Geldstrafe erkannt werden. Nach der Begründung des RegEntw. ist die Strafdrohung des geltenden Rechts erhöht worden „im Hinblick auf die erheblichen Vermögenswerte, die bei den Größenordnungen des heutigen Wirtschaftslebens gerade bei Aktiengesellschaften auf dem Spiele stehen". Der Strafrahmen des geltenden Rechts erscheine nicht mehr als ausreichend.

Anm. 15

VIII. **Ausländisches Recht**

Vgl. Vorbem. vor § 294 Anm. 7.

§ 298

Fälschung oder Verfälschung von Hinterlegungsbescheinigungen

(1) Mit Gefängnis wird bestraft, wer über die Hinterlegung von Aktien oder Zwischenscheinen Bescheinigungen, die zum Nachweis des Stimmrechts in einer Hauptversammlung dienen sollen, wissentlich falsch ausstellt oder verfälscht oder von einer solchen Bescheinigung wissend, daß sie falsch oder verfälscht ist, zur Ausübung des Stimmrechts Gebrauch macht.

(2) Zugleich kann auf Verlust der bürgerlichen Ehrenrechte, in besonders schweren Fällen kann auf Zuchthaus bis zu zehn Jahren erkannt werden.

Übersicht

Schrifttum:

Vgl. die eingangs genannten Veröffentlichungen, insbesondere die Kommentare und größeren Gesamtdarstellungen sowie die auf S. 724 angegebenen Schriften.

Anm. 1

I. Allgemeines

Der Tatbestand der Fälschung oder Verfälschung von Hinterlegungsbescheinigungen ist aus dem alten § 316 HGB hervorgegangen und stimmt im wesentlichen mit ihm überein. § 298 ist nur dann anwendbar, wenn in der Satzung der betreffenden Aktiengesellschaft gemäß § 107 Abs. II bestimmt ist, daß die Ausübung des Stimmrechts davon abhängig ist, daß die Aktien bis zu einem bestimmten Zeitpunkt vor der Hauptversammlung hinterlegt werden. Vgl. oben Anm. 3—8 zu § 107. Diese Anwendungsvoraussetzung ist strafrechtssystematisch eine **objektive Strafbarkeitsbedingung,** auf die sich der Vorsatz des Täters nicht zu erstrecken braucht. — Im Gegensatz zu den vorangehenden Straftaten ist § 298 **kein Sonderdelikt.** Täter kann jeder beliebige sein. Da § 298 drei verschiedene Tatbestände enthält, die in wesentlichen Beziehungen voneinander abweichen, ist Eb. Schmidt Anm. 2 der Vorauflage darin zuzustimmen, daß § 298 ein sogenanntes **„kumulatives Mischgesetz"** ist. Vgl. Binding, Normen I 2 105. Demgemäß enthält die Bestimmung „mehrere Strafgesetze" im Sinne des § 73 StGB. Dies hat wichtige Folgen für das Verhältnis der einzelnen Deliktsformen untereinander und insbesondere für das Verhältnis zu dem Tatbestand der Urkundenfälschung im Sinne von § 267 StGB. Näheres vgl. unten Anm. 10. — Das **geschützte Rechtsgut** bilden die Interessen der Gesellschaft und der Aktionäre am ordnungsgemäßen Ablauf der Hauptversammlung. Dementsprechend ist § 298 **Schutzgesetz im Sinne des § 823 Abs. II** BGB für die Gesellschaft und die Aktionäre.

Anm. 2

II. Die Tatbestände

1. **Falsches Ausstellen der Hinterlegungsbescheinigung:** Von grundlegender Bedeutung für die Auslegung des § 298 ist die Unterscheidung zwischen Urkundenfälschung im Sinne des § 267 und schriftlicher Lüge, wie sie etwa in den §§ 271, 278 StGB bekämpft wird. Bei der Urkundenfälschung nach § 267 StGB kommt es auf die Wahrheit oder Unwahrheit des Inhalts oder der Angaben über Ort und Zeit der Errichtung der Urkunde nicht an. BGHSt. 9, 44. Wegen Urkundenfälschung wird bestraft, „wer zur Täuschung im Rechtsverkehr eine unechte Urkunde herstellt, eine echte Urkunde verfälscht oder eine unechte oder verfälschte Urkunde gebraucht" (§ 267 Abs. I StGB). Eine **unechte Urkunde** ist **hergestellt,** wenn sie den Anschein erweckt, von einer anderen Person als dem wirklichen Aussteller herzurühren (BGHSt. 1, 121). Vom Täter wird also keine schon vorhandene Urkunde abgeändert, sondern lediglich eine neue hergestellt. Hierbei wird der Rechtsverkehr hinsichtlich der Person des Ausstellers der Urkunde getäuscht. Bei dieser Tatbegehungsform liegt also eine Urkundenfälschung selbst dann vor, wenn der Inhalt der Urkunde wahr ist. **Verfälscht** ist eine **echte Urkunde** im Sinne der 2. Alternative des § 267 Abs. I StGB, wenn diese Urkunde durch unbefugte nachträgliche Änderungen etwas anderes als die ursprüngliche Erklärung des Ausstellers auszusagen scheint. Auch hier kommt es auf die Wahrheit oder Unwahrheit der Urkunde nicht an, denn es könnte z. B. sein, daß die echte Urkunde vor ihrer Verfälschung eine Lüge enthielt, die durch die Verfälschung in eine wahre Erklärung abgeändert worden ist. Von diesen an den Grundtatbestand der Urkundenfälschung anknüpfenden Überlegungen muß bei der Auslegung des § 298 ausgegangen werden. Dabei ergibt sich dann, daß man unter dem falschen Ausstellen der Hinterlegungsbescheinigung dreierlei verstehen kann. Der erste Fall hat wenig praktische Bedeutung. Er liegt vor, wenn die Hinterlegungsbescheinigung von einem anderen herrührt als demjenigen, der sich aus ihr als der Aussteller ergibt. Hier wäre eine unechte Urkunde im Sinne des § 267 StGB hergestellt. Wichtiger ist der zweite denkbare Fall. Bei ihm würde das falsche Ausstellen der Hinterlegungsbescheinigung darin bestehen, daß zwar der wirkliche mit dem sich aus der Bescheinigung ergebenden Aussteller identisch ist, die Bescheinigung selbst jedoch von dem Aussteller einen der Wahrheit widersprechenden Inhalt erhalten hat. In diesem Falle wäre der Tatbestand des § 298 verwirklicht, jedoch könnte aus § 267 StGB nicht bestraft werden, da die Urkunde im Sinne der zuletzt genannten Vorschrift eine echte wäre. Nach § 298 wird also bei einer derartigen Sachlage eine „schriftliche Lüge" bestraft. Offensichtlich entspricht dies auch dem Sinn des Gesetzes, denn es soll ja gerade verhindert werden, daß in den Hinterlegungsbescheinigungen jemand der Wahrheit zuwider als Aktionär und damit als stimmberechtigt bezeichnet wird. Gegenüber dem zuerst genannten, wohl im wesentlichen nur theoretisch bedeutsamen Fall wäre dies gerade für die Praxis der Hauptfall des § 298. Denkbar ist im übrigen noch ein dritter Fall, bei dem sowohl die Voraussetzungen des ersten als auch des zweiten Falles gegeben sind. Er würde also vorliegen, wenn der wahre mit dem in der Bescheinigung angegebenen Aussteller nicht identisch wäre und außerdem der Inhalt der Bescheinigung der Wahrheit widerspräche. Hier würde wieder § 267 StGB mitverwirklicht sein, allerdings nur hinsichtlich der Unechtheit, nicht hinsichtlich der Unwahrheit der Bescheinigung. **Vollendet** ist das Delikt im Augenblick der Herstellung der betreffenden falschen Hinterlegungsbescheinigung. Es ist nicht erforderlich, daß von ihr Gebrauch gemacht wird. Ob irgend jemandem die Bescheinigung vorgelegt, ausgehändigt oder sonst zugänglich gemacht wurde, ist für die Strafbarkeit gleichgültig. Ebenso Eb. Schmidt Anm. 4 der Vorauflage.

Anm. 3

2. **Verfälschen der Hinterlegungsbescheinigung:** Das Tatbestandsmerkmal „verfälschen" stimmt mit dem ebenso bezeichneten Tatbestandsmerkmal der zweiten Alternative des § 267 StGB überein. Eine Hinterlegungsbescheinigung ist daher dann verfälscht i. S. des Gesetzes, wenn sie zwar von demjenigen Aussteller herrührt, der aus der Urkunde ersichtlich ist, ihr Inhalt jedoch nachträglich verändert wurde, so daß

jetzt der Eindruck hervorgerufen wird, als habe der Aussteller die veränderte Erklärung abgegeben, während er in Wirklichkeit bei der Herstellung dieser Urkunde etwas anderes erklärt hatte. Für die Auslegung des Tatbestandsmerkmals „verfälschen" kann somit alles herangezogen werden, was Rechtsprechung und Schrifttum zur Auslegung des gleichen Tatbestandsmerkmals bei § 267 StGB entwickelt haben. Wie bereits oben Anm. 2 ausgeführt wurde, würde sich an der Strafbarkeit des Verhaltens selbst dann nichts ändern, wenn durch die tatbestandsmäßige Verfälschung der echten Urkunde der ursprünglich falsche Inhalt zu einem wahren gemacht worden wäre. Für die **Vollendung** der Verfälschung gilt dasselbe wie für die Vollendung beim Tatbestandsmerkmal des falschen Ausstellens der Hinterlegungsbescheinigung. Vgl. Anm. 2.

Anm. 4

3. **Gebrauchmachen von einer falschen oder verfälschten Hinterlegungsbescheinigung zum Zweck der Stimmrechtsausübung:** Während bei § 267 StGB die dritte Tatbestandsalternative von einem „Gebrauchmachen zur Täuschung im Rechtsverkehr" spricht, hat § 298 das Gebrauchmachen entsprechend der Zweckbestimmung des Paragraphen auf das Gebrauchmachen zum Zweck der Stimmrechtsausübung beschränkt. Andere Verwendungen könnten also nur dann zur Strafbarkeit führen, wenn es sich gleichzeitig um die Verwirklichung des Tatbestandes des § 267 StGB handelte. Aus dem oben in Anm. 2 Gesagten geht jedoch hervor, daß dies beim Gebrauchmachen von einer falsch ausgestellten Hinterlegungsbescheinigung in der Regel nicht der Fall ist. Gebraucht ist die vom Täter oder einem Dritten falsch ausgestellte oder verfälschte Hinterlegungsbescheinigung, wenn sie der Wahrnehmung der zur Legitimationsprüfung bestimmten Person zum Zweck der Legitimierung für die Ausübung des Stimmrechts zugänglich gemacht ist. Ob der zu täuschende Prüfer Kenntnis nimmt, ist für den Tatbestand gleichgültig. Es genügt die Möglichkeit als solche. Es ist also nicht erforderlich, daß die beabsichtigte Täuschung gelingt und das Stimmrecht anerkannt wird. Es gelten hier die gleichen Auslegungsgrundsätze wie bei dem Tatbestandsmerkmal des Gebrauchmachens in § 267 StGB. Ebenso Baumbach-Hueck Anm. 1; von Godin-Wilhelmi Anm. 3; Schlegelberger-Quassowski Anm. 2; für die Rechtsprechung zu § 267 StGB vgl. insbesondere RGSt. 58, 212 und 72, 370. Kein Gebrauchmachen von einer falschen oder verfälschten Hinterlegungsbescheinigung zum Zweck der Stimmrechtsausübung liegt vor, wenn der berechtigte Inhaber einer wahren und echten Hinterlegungsbescheinigung diese einem Dritten übergibt, damit der Dritte das Stimmrecht ausüben kann. Ein solches Verhalten ist nicht strafbar, wenn dafür gesorgt wird, daß § 110 Satz 2 bei der Anfertigung des Teilnehmerverzeichnisses eingehalten wird. Nach dieser Vorschrift muß derjenige, der das Stimmrecht für Aktien, die ihm nicht gehören, im eigenen Namen ausüben will, den Betrag und die Gattung dieser Aktien zur Aufnahme in das Teilnehmerverzeichnis gesondert angeben. Vgl. oben Anm. 2 zu § 110. Werden dagegen die Bestimmungen des § 110 nicht eingehalten, kommt eine Strafbarkeit nach § 300 Nr. 4 in Betracht. Es kann aber auch der Tatbestand des § 271 StGB erfüllt sein. Denn das Protokoll über die Hauptversammlung, dem gemäß § 111 Abs. III das Teilnehmerverzeichnis beigefügt wird, gehört zu den in § 271 StGB genannten Urkunden, und der Täter hat durch sein Verhalten bewirkt, daß Tatsachen, welche für Rechte oder Rechtsverhältnisse von Erheblichkeit sind, in einer öffentlichen Urkunde von dem protokollierenden (gutgläubigen) Notar der Wahrheit zuwider beurkundet werden. Ebenso Eb. Schmidt Anm. 8 der Vorauflage. Entsprechendes gilt vor allem für die bei der Wahrnehmung des sog. **Bankenstimmrechts** benutzte **Legitimationsübertragung.** Sie ist in der Praxis der Hauptfall für die Anwendung des § 110 Satz 2. Ihre Zulässigkeit ergibt sich aus § 114 Abs. IV. Vgl. oben Anm. 23 bis 27 zu § 61, Anm. 2 zu § 110 und Anm. 23—32 zu § 114.

Anm. 5

4. Über Form und Inhalt der **Hinterlegungsbescheinigung** sagt das Gesetz nichts Näheres. Vielfach enthalten die Gesellschaftssatzungen hierüber Bestimmungen. Ist nichts weiter vorgeschrieben, muß der Hinterlegungsschein jedenfalls ergeben, daß die

Aktien für die Zeit bis zum Schluß der Hauptversammlung hinterlegt sind. Die Nummern der Aktien braucht der Hinterlegungsschein nicht anzugeben, sofern dies nicht in der Satzung vorgeschrieben ist. Vgl. Anm. 7 zu § 107.

Anm. 6

5. **Täter** der drei Begehungsformen des Tatbestands des § 298 kann jeder beliebige sein. Das gleiche gilt für Mittäter, Nebentäter und mittelbare Täter.

Anm. 7

6. Der **Versuch** ist nicht strafbar. § 43 Abs. II StGB.

Anm. 8

III. Für die **Rechtswidrigkeit** gelten keine Besonderheiten. Vgl. Anm. 52—56 zu § 294.

Anm. 9

IV. **Schuld**: Zur Schuldfähigkeit vgl. Anm. 58 zu § 294. Als Schuldform verlangt § 298 „wissentliches" Handeln. Dieser Ausdruck bedeutet **Vorsatz.** Darauf, daß die Satzung eine Bestimmung gemäß § 107 Abs. II enthält, braucht sich der Vorsatz nicht zu erstrecken, denn diese Voraussetzung für die Anwendung des § 298 ist lediglich objektive Strafbarkeitsbedingung. Ebenso Baumbach-Hueck Anm. 1; Erbs in Kohlhaas Anm. 2; von Godin-Wilhelmi Anm. 1; Schlegelberger-Quassowski Anm. 3. Zu den Irrtumsfragen, dem Unrechtsbewußtsein und den Schuldausschließungsgründen, für die hier nichts Abweichendes gilt, vgl. Anm. 62—65 zu § 294.

Anm. 10

V. **Teilnehmer** kann jeder beliebige sein. — Bei den **Konkurrenzen** ergeben sich Folgerungen daraus, daß § 298 ein „kumulatives Mischgesetz" ist. Vgl. oben Anm. 1. Da die einzelnen in § 298 zusammengefaßten Tatbestände selbständige strafrechtliche Bedeutung haben, ist Realkonkurrenz anzunehmen, wenn der Täter falsch ausgestellt oder verfälscht und außerdem Gebrauch gemacht hat. Ebenso Schlegelberger-Quassowski Anm. 5; Eb. Schmidt Anm. 9 der Vorauflage. — Schwierigkeiten bereitet das Verhältnis zu § 267 StGB. Die übliche Auffassung, es bestünde Gesetzeskonkurrenz in der Weise, daß § 298 als lex specialis den § 267 StGB ausschlösse (so Baumbach-Hueck Anm. 1; Erbs in Kohlhaas Anm. 1; Schlegelberger-Quassowski Anm. 5; Eb. Schmidt Anm. 10 der Vorauflage), gilt nur mit Einschränkung. Dies folgt einerseits aus der Rechtsnatur des § 298 als eines „kumulativen Mischgesetzes" und andererseits daraus, daß § 298 auch — und in erster Linie — die Wahrheit des Inhalts der Hinterlegungsbescheinigung schützt. Insoweit — und d. h. für die Hauptfälle des § 298! — kommt also das Verhältnis der Spezialität nicht in Betracht, denn diese Begehungsformen sind keine Urkundenfälschungen i. S. des § 267 StGB. Die Tatbestände schließen sich bei dieser Sachlage aus. Es besteht das Verhältnis der Alternativität. Anders ist es nur bei denjenigen Begehungsformen, bei denen gleichzeitig § 298 und § 267 StGB verwirklicht sind. Das ist in erster Linie beim Verfälschen von Hinterlegungsbescheinigungen und beim Gebrauchmachen von verfälschten Bescheinigungen der Fall. Hier schließt § 298 als lex specialis den § 267 StGB aus.

Anm. 11

VI. Die angedrohte **Strafe** ist die gleiche wie bei § 296. Vgl. daher Anm. 21 zu § 296. Die Regelstrafe beträgt mindestens einen Tag und höchstens fünf Jahre **Gefängnis.** Daneben oder stattdessen kann auf Geldstrafe erkannt werden (§§ 27ff.). Zum **Verlust der bürgerlichen Ehrenrechte** vgl. §§ 32ff. StGB und Anm. 81 zu § 294. Gegen die Anordnung von **Zuchthaus** bis zu zehn Jahren in besonders schweren Fällen bestehen hier im Gegensatz zu § 296 (vgl. dort Anm. 1 und 21) keine verfassungsrechtlichen und rechtsstaatlichen Bedenken, da beim Grundtatbestand der Urkundenfälschung in § 267 Abs. III ebenfalls für schwere Fälle Zuchthaus vorgesehen ist, und zwar sogar bis zu einem Höchstbetrag von 15 Jahren (§§ 14, 267 Abs. III StGB).

Anm. 12

VII. Zur **Verjährung** vgl. Anm. 86 und 87 zu § 294. Es gilt hier das gleiche. Die Strafverfolgung verjährt demnach in fünf Jahren.

Anm. 13

VIII. **Aktienrechtsreform**

Nach dem RegEntw. soll an die Stelle des geltenden § 298 Abs. 1 die Vorschrift des § 388 RegEntw. treten. § 298 Abs. 2, nach dem auf Verlust der bürgerlichen Ehrenrechte und in besonders schweren Fällen auf Zuchthaus bis zu zehn Jahren erkannt werden kann, ist in den RegEntw. nicht übernommen. § 388 lautet:

> Mit Gefängnis wird bestraft, wer vorsätzlich über die Hinterlegung von Aktien oder Zwischenscheinen Bescheinigungen, die zum Nachweis des Stimmrechts in einer Hauptversammlung oder in einer gesonderten Versammlung dienen sollen, falsch ausstellt oder verfälscht oder von einer falschen oder verfälschten Bescheinigung dieser Art zur Ausübung des Stimmrechts Gebrauch macht.

§ 388 RegEntw. enthält gegenüber dem geltenden § 298 Abs. 1 AktG eine Erweiterung. Für Sonderbeschlüsse bestimmter Aktionäre sieht der RegEntw. in § 131 auch eine Abstimmung dieser Aktionäre in einer „gesonderten Versammlung" vor. Solche Beschlußfassungen, an denen nur bestimmte Aktionäre teilnehmen dürfen, enthält das geltende Recht in den §§ 117 Abs. 2, § 146 Abs. 2, § 149 Abs. 2 und § 175 Abs. 2. Nur für den Sonderbeschluß nach § 117 Abs. 2 sind Einzelheiten über die Beschlußfassung im Gesetz vorgesehen. Hinsichtlich der rechtlichen Behandlung der anderen Sonderbeschlüsse bestanden Zweifel. Zur Beseitigung dieser Zweifel sieht der RegEntw. in § 131 eine allgemeine Regelung vor, die für alle im Gesetz oder in der Satzung vorgeschriebenen Sonderbeschlüsse gewisser Aktionäre gilt. Danach sind für die Einberufung der gesonderten Versammlung und die Teilnahme an ihr sowie für das Auskunftsrecht die Bestimmungen über die Hauptversammlung, für die Sonderbeschlüsse die Bestimmungen über Hauptversammlungsbeschlüsse sinngemäß anwendbar.

Entsprechend dieser Regelung wird in § 388 auch die Fälschung oder Verfälschung von Hinterlegungsbescheinigungen zum Nachweis des Stimmrechts in einer „gesonderten Versammlung" in die Strafdrohung miteinbezogen.

Anm. 14

IX. **Ausländisches Recht**

Vgl. Vorbem. vor § 294 Anm. 7.

§ 299

Stimmenkauf

Mit Geldstrafe oder Gefängnis bis zu einem Jahr wird bestraft:

1. **wer sich besondere Vorteile dafür gewähren oder versprechen läßt, daß er bei einer Abstimmung in der Hauptversammlung nicht oder in einem gewissen Sinne stimme;**
2. **wer besondere Vorteile dafür gewährt oder verspricht, daß jemand bei einer Abstimmung in der Hauptversammlung nicht oder in einem gewissen Sinne stimme.**

Übersicht

Schrifttum:

Vgl. die eingangs genannten Veröffentlichungen, insbesondere die Kommentare und größeren Gesamtdarstellungen sowie die auf S. 724 angegebenen Schriften; ferner:
Jordan, Die Strafbarkeit des Stimmenkaufs im Aktienrecht, 1897;
Simon in Festschrift für Wilke S. 296 f.

Anm. 1

I. Allgemeines

1. **Entstehungsgeschichte und systematische Stellung:** Der Tatbestand ist im wesentlichen unverändert aus § 317 HGB hervorgegangen. Das Neben-Strafrecht nennt ähnliche Bestimmungen auch in anderen Gesetzen, so in § 151 GenG, § 243 KO und § 123 VerglO. Aber auch das allgemeine Strafrecht kennt für den politischen Bereich in § 108b (Wahlbestechung) eine in wichtigen Tatbestandsmerkmalen mit § 299 übereinstimmende Bestimmung. Ebenso wie das zuletzt genannte Delikt betrifft § 299 die Tatbegehung in passiver und aktiver Form als **Stimmenverkauf** und **Stimmenkauf.** Damit ist in einem weiteren Sinne der Anschluß an das Bestechungsstrafrecht gefunden. Auch hierin stimmt § 299 mit § 108b StGB überein. In den genannten §§ des GenG, der KO und der VerglO ist dagegen der Stimmenkauf, also der Parallelfall zur aktiven Bestechung, nicht strafbar.

Anm. 2

2. § 299 Nr. 1 und Nr. 2 sind sog. **alternative Mischgesetze.** Das besagt, daß die verschiedenen Begehungsformen im Rahmen der beiden Absätze Nr. 1 und 2 jeweils nur gleichbedeutende und vertauschbare Begehungsformen ein und desselben Deliktstypus sind. Insofern steht § 299 im Gegensatz zu § 298, denn bei der letztgenannten Bestimmung handelt es sich um ein sog. kumulatives Mischgesetz. Die sich daraus ergebenden Folgerungen (vgl. Anm. 10 zu § 298) gelten daher hier bei § 299 nicht. —

Bei § 299 ist eine sog. „alternative" Feststellung im Urteil unbedenklich zulässig. Dies bedeutet keine Wahlfeststellung im rechtstechnischen Sinn, denn im Verhältnis zueinander sind die verschiedenen Begehungsformen des Stimmenverkaufs (Nr. 1) und die verschiedenen Begehungsformen innerhalb des Stimmenkaufs (Nr. 2) keine anderen Strafgesetze i. S. des § 265 StPO. Wer sich beim Stimmenverkauf die besonderen Vorteile erst versprechen und dann gewähren läßt, begeht nur **eine** strafbare Handlung. Das gleiche gilt für den Stimmenkäufer, der die besonderen Vorteile erst verspricht und dann gewährt. Konkurrenzfragen können also innerhalb des jeweils in Betracht kommenden Absatzes nicht entstehen. Ebenso Eb. Schmidt Anm. 8 der Vorauflage. Zum Begriff des „anderen Strafgesetzes" vgl. Eb. Schmidt, Lehrkommentar zur StPO, Anm. 8 bis 11 zu § 265. — Im **ganzen** gesehen ist § 299 ein sog. **kumulatives Mischgesetz**, denn die Tatbestände Nr. 1 und Nr. 2 sind im Verhältnis zueinander selbständige Strafgesetze.

Anm. 3

3. Der Stimmenverkauf (Nr. 1) erweckt den Anschein, als wäre er ein echtes Sonderdelikt, das zudem nur eigenhändig begangen werden könnte. Der Eindruck des echten Sonderdelikts entsteht, weil nur Stimmrechtsausübende Täter sein können und weil es keinen allgemeinen Grundtatbestand gibt, dessen besondere Begehungsform der Stimmenverkauf wäre. Ein eigenhändiges Delikt scheint der Stimmenverkauf zu sein, weil nur der Abstimmende selbst sich in der Hauptversammlung in der gewünschten Weise verhalten kann. Beide Argumente gehen jedoch fehl. Da der stimmberechtigte Aktionär sich für die Stimmrechtsausübung eines Bevollmächtigten bedienen darf (§ 114 Abs. III) und dieser dann nach dem Wortlaut des Gesetzes Täter des § 299 Nr. 1 sein kann, ist der Täterkreis dieses Delikts nicht auf einen bestimmten Personenkreis beschränkt. Der Stimmenverkauf ist ferner kein eigenhändiges Delikt. Das tatbestandsmäßige Verhalten besteht nicht in der Stimmrechtsausübung, die im übrigen, wie § 114 Abs. III zeigt, durch Vertreter erfolgen kann, sondern darin, daß der Täter sich etwas gewähren oder versprechen läßt. Das aber braucht nicht eigenhändig zu geschehen. Hierfür kann sich der Täter einer Mittelsperson bedienen. Der Stimmenverkauf (Nr. 1) ist also ebenso wie der Stimmenkauf (Nr. 2) weder ein Sonderdelikt noch eine eigenhändige Straftat.

Anm. 4

4. Für die **Kommanditgesellschaft auf Aktien** gilt § 299 ebenfalls. Unzulässig wäre es, daraus, daß § 304 nur auf die verschiedenen Vorstandsmitglieder verweist, den Umkehrschluß zu ziehen, daß § 299 auf die KGaA keine Anwendung finden dürfe. Ebenso Eb. Schmidt Anm. 1 der Vorauflage.

Anm. 5

5. Der Gesetzessinn des § 299 ist die Verhinderung einer Fälschung des Mehrheitswillens der Hauptversammlung. Die Abstimmungen sollen, soweit dies überhaupt möglich ist, frei sein und die wirkliche Meinung des einzelnen Stimmrechtsausübenden zum Ausdruck bringen. Demgemäß muß man als **geschütztes Rechtsgut** die Echtheit der Willensbildung der Hauptversammlung ansehen. Hieraus folgt, daß § 299 mit den beiden Tatbeständen des Stimmenkaufs und des Stimmenverkaufs ein **Schutzgesetz gemäß § 823 Abs. II BGB** zugunsten sowohl der Aktionäre als auch der Gesellschaft selbst ist.

Anm. 6

6. Abreden, die den § 299 verletzen, sind zivilrechtlich nach den §§ 134 und 138 BGB nichtig. RG 132, 33; OLG Kolmar in OLG Rspr. 6, 503; KG HRR 1936 Nr. 747. Die Rückforderung des Geleisteten ist demgemäß ausgeschlossen. § 817 BGB, Schlegelberger-Quassowski Anm. 4; Eb. Schmidt Anm. 16 der Vorauflage. Andererseits sind **Stimmrechtsverträge**, soweit sie die Voraussetzungen des § 299 nicht erfüllen, selbstverständlich grundsätzlich zulässig. RG HRR 1936 Nr. 747.

Anm. 7.

II. Die Tatbestände

1. **Der Stimmenverkauf** (Nr. 1)

a) **Der Täter**

aa) Allgemeines: Täter, d. h. also Stimmenverkäufer, kann nur derjenige sein, der in der in Betracht kommenden Hauptversammlung **Stimmrechtsausübender** ist. Als solcher kommt nicht nur der stimmberechtigte **Aktionär** in Frage, sondern auch der für die Ausübung des Stimmrechts **Bevollmächtigte.** Der Letztgenannte macht sich allerdings nur dann strafbar, wenn er die von ihm vertretenen Stimmen an einen Dritten verkauft. Auf das Verhältnis zu seinem Auftraggeber findet § 299 selbstverständlich keine Anwendung. Die Straftatbestände dieser Bestimmung wollen ja, wie in Anm. 5 bereits ausgeführt wurde, die Echtheit der Mehrheitswillensbildung in der Hauptversammlung schützen. Wenn der Beauftragte selbst dort, wo er entgeltlich tätig wird, im Sinne seines Auftraggebers stimmt, so wird durch die zwischen diesem und jenen bestehenden vertraglichen Absprachen der Mehrheitswille in keiner Weise verfälscht. Wäre der Auftraggeber selbst in der Hauptversammlung erschienen, hätte sich bei dieser Fallsituation an dem Ergebnis der Abstimmung nichts geändert. Dies ist ja gerade der wirtschaftlich sinnvolle und häufig vorkommende Fall der Stimmrechtsausübung der Banken für ihre Depotkunden. Die Rechtslage ist insoweit unbestritten; vgl. Brodmann Anm. 1 a zu § 317 HGB; von Godin-Wilhelmi Anm. 3; Schlegelberger Anm. 2; Eb. Schmidt Anm. 5 der Vorauflage. Läßt sich aber der Bevollmächtigte von einem Dritten durch die Gewährung oder durch das Versprechen besonderer Vorteile dafür gewinnen, daß er bei einer Abstimmung der Hauptversammlung nicht oder in einem gewissen Sinne stimmt, dann findet § 299 Nr. 1 auf sein Verhalten Anwendung. — Täuscht dagegen jemand einen anderen darüber, daß er angeblich über ein Stimmrecht verfügt, und stellt er dieses vermeintliche Stimmrecht für einen Stimmenverkauf zur Verfügung, so kann ein solches Verhalten den Tatbestand des § 299 Nr. 1 nicht verwirklichen. Möglich wäre hier allerdings eine Strafbarkeit wegen Betrugs gemäß § 263 StGB. Bei dem Getäuschten könnte begrifflich versuchter Stimmenkauf im Sinne des § 299 Nr. 2 in Frage kommen. Im Rahmen des § 299 ist jedoch der Versuch nicht strafbar. — Glaubt der Täter, ihm stünde ein Stimmrecht für den Verkauf zur Verfügung, obwohl dies in Wirklichkeit nicht der Fall ist, dann läge ein Versuch durch ein untaugliches Subjekt vor. Dieser wäre aus den gleichen Gründen nicht strafbar. — Ebenso wie Bevollmächtigte kommen **gesetzliche Vertreter** als Täter nur dann in Frage, wenn sie sich von dritter Seite nach Maßgabe des Tatbestands beeinflussen lassen. Schon in den Motiven zum Aktiengesetz 1884 (Bd. II 256) wurde mit Recht darauf hingewiesen, daß Bevollmächtigte und gesetzliche Vertreter grundsätzlich als Täter ebenso wie Aktionäre in Frage kommen.

Anm. 8

bb) Das für Bevollmächtigte und gesetzliche Vertreter Gesagte gilt grundsätzlich auch für **Strohmänner.** Unter Strohmännern sind in diesem Zusammenhang Personen zu verstehen, die auf Grund einer Scheinübertragung von Aktien nach außen hin in der Lage sind, als freie Stimmrechtsausübende aufzutreten. Auch hier wird die Abstimmung als solche nicht verfälscht, so daß für ein Eingreifen des § 299 kein Raum ist. Daß der Strohmann von einem in Wirklichkeit berechtigten Hintermann gelenkt wird und so abstimmt, wie dieser es wünscht, ändert hieran nichts. Wäre der Hintermann selbst in die Hauptversammlung gekommen und hätte dort sein Stimmrecht ausgeübt, würde sich dasselbe Abstimmungsergebnis herausgestellt haben. Also selbst dann, wenn die Einschaltung eines Strohmannes aus irgendwelchen anderen Gründen in hohem Maße bedenklich ist, kommt jedenfalls eine Strafbarkeit aus § 299 Nr. 1 nicht in Betracht. Ebenso Stenglein Anm. 2 zu § 317 HGB; Schlegelberger-Quassowski Anm. 2; Eb. Schmidt Anm. 4 und 6 der Vorauflage.

Anm. 9

cc) Für die bei der Wahrnehmung der Stimmrechte in der Hauptversammlung besonders wichtige **Legitimationsübertragung** gilt für die Anwendung des § 299 Nr. 1

keine Besonderheit. Die in Anm. 7 dargelegten Grundsätze für die Bevollmächtigten und die gesetzlichen Vertreter finden auf den Fall der Legitimationsübertragung Anwendung. Eine Strafbarkeit kommt also für diejenigen, die auf Grund einer Legitimationsübertragung das Stimmrecht ausüben, erst dann in Betracht, wenn sie sich von Dritten durch das Versprechen oder das Gewähren von besonderen Vorteilen in ihrer Stimmrechtsausübung beeinflussen lassen. Eine Einflußnahme derjenigen, die ihnen das Stimmrecht übertragen haben, führt zu keiner Verfälschung des Abstimmungsbildes in der Hauptversammlung und kann daher auch bei Entgeltlichkeit des zwischen dem Legitimierten und demjenigen, der ihm die Legitimation erteilte, keine Verwirklichung des Straftatbestands nach § 299 Nr. 1 sein. Zur Legitimationsübertragung vgl. das in Anm. 4 zu § 298 am Ende Gesagte und ferner die Anm. 23—27 zu § 61, Anm. 2 zu § 110 und Anm. 23—32 zu § 114.

Anm. 10

dd) Da Verträge über die Stimmrechtsausübung grundsätzlich zulässig sind (vgl. oben Anm. 6), findet § 299, und zwar sowohl hinsichtlich des Tatbestands Nr. 1 als auch bezüglich des Tatbestands Nr. 2, keine Anwendung auf diejenigen Stimmrechtsausübenden, die in der Hauptversammlung nach Maßgabe von **Konsortial-, Pool-, Schutzgemeinschafts-** und sonstigen **Stimmrechtsverträgen** abstimmen. Für die Abgrenzung zwischen einem strafbaren Stimmenkaufvertrag einerseits und einer rechtlich zulässigen Stimmrechtsvereinbarung andererseits sind vor allem folgende Gesichtspunkte maßgebend: Eine Strafbarkeit kommt jedenfalls dann schon nicht in Betracht, wenn bei der Stimmrechtsabsprache keine **besonderen** Vorteile für die Abstimmung gewährt oder versprochen werden. Vgl. unten Anm. 11. Auch eine Strafbarkeit aus § 300 Nr. 2 kommt unter diesen Umständen nicht in Frage, denn das Gewähren oder Versprechen besonderer Vorteile ist dort ebenfalls Tatbestandsmerkmal. Vgl. hierzu die Erläuterungen zu § 300 Nr. 2. Ist die Stimmrechtsvereinbarung nicht strafbar, so bleibt im Einzelfall noch zu prüfen, ob sie vielleicht nichtig ist, weil sie gegen die guten Sitten verstößt. Vereinbarungen über Abstimmungen sind aber jedenfalls nicht ohne weiteres sittenwidrig, es müssen vielmehr besondere Umstände vorliegen, um einen Verstoß gegen die guten Sitten annehmen zu können. RG 107, 67. Konsortial-, Schutzgemeinschafts-, Pool- und sonstige Stimmrechtsverträge sind also grundsätzlich wirksam. Sie dienen häufig der Vermeidung von Machtkämpfen zwischen Aktionärsgruppen und damit der Bewahrung von Ruhe und Stetigkeit der Verwaltung. Nicht selten ist es der Zweck derartiger Absprachen, die Interessen des Unternehmens den Sonderinteressen einzelner Aktionäre oder Aktionärsgruppen voranzustellen. Außerdem können die Stimmrechtsvereinbarungen auch den Sinn haben, die Mitverantwortung von Aktionärsgruppen im Aufsichtsrat sicherzustellen. An der wirtschaftlichen und rechtlichen Bedeutung derartiger Verträge kann nicht gezweifelt werden. Seit langem ist daher ihre Zulässigkeit unbestritten. RG in HRR 1936, Nr. 747. Weitere Einzelheiten vgl. oben Anm. 43 zu § 114. Meistens wird es sich bei Stimmrechtsvereinbarungen um solche zwischen Aktionären oder Aktionärsgruppen der betreffenden Gesellschaft handeln. Erforderlich für die Zulässigkeit dieser Verträge ist das jedoch nicht. Denkbar und zulässig ist es auch, daß sich jemand einem dritten Außenstehenden gegenüber zu einer bestimmten Ausübung des Stimmrechts verpflichtet. Es dürfen nur keine besonderen Vorteile gewährt oder versprochen werden, weil sonst die Strafbarkeit aus den §§ 299, 300 wieder in den Bereich des Möglichen gerückt wird. Die grundsätzliche aktienrechtliche Zulässigkeit dieser und der vorangehend erwähnten Stimmrechtsbindungen ergibt sich daraus, daß es sich in jedem Falle um eine rein schuldrechtliche Bindung handelt, welche die Wirksamkeit einer ihr zuwiderlaufenden Ausübung des Stimmrechts selbst nicht berührt. Vgl. hierzu aus der höchstrichterlichen zivilrechtlichen Rechtsprechung: RG 107, 67; 119, 386; 133, 90; 156, 139; 160, 262; 165, 78; BGH 29, 385.

Anm. 11

b) Strafbar ist der Stimmenverkauf — und das gleiche gilt für den Stimmenkauf — nur dann, wenn **besondere Vorteile** gewährt oder versprochen werden. Als solche kommen auf jeden Fall nur diejenigen Vorteile in Frage, die sich nicht aus der betreffenden Abstimmung selbst ergeben. Sie müssen vielmehr außerhalb ihrer liegen. Das ist unbestritten. Vgl. Eb. Schmidt Anm. 14 der Vorauflage; Baumbach-Hueck Anm. 2; Schlegelberger-Quassowski Anm. 2. Kommt der gleiche Vorteil allen Aktionären zugute, so ist er kein besonderer Vorteil i. S. des § 299. Vgl. RG 132, 33 und 133, 94. Eine allen Aktionären gegebene Dividendengarantie ist demnach kein besonderer Vorteil. RG JW 1929, 642. Dagegen ist es ein besonderer Vorteil, wenn der Stimmenverkäufer oder der Stimmenkäufer als einziger eine Dividendengarantie erhält. OLG Stuttgart HRR 1931 Nr. 526. Ebenso ist es ein besonderer Vorteil, wenn der Täter als Gegenleistung ein gut dotiertes Aufsichtsratsmandat erhält. Andererseits sind aber nicht alle Vorteile, die sich nicht aus der Abstimmung selbst ergeben, ohne weiteres besondere Vorteile. Auch bei solchen Vorteilen, die sich nicht aus der betreffenden Abstimmung selbst ergeben, kommt es entscheidend darauf an, ob der betreffende Vorteil der Gesamtheit zugute kommt oder nur dem betreffenden Stimmenverkäufer oder Stimmenkäufer allein. Nur unter der zuletzt genannten Voraussetzung ist das Tatbestandsmerkmal des besonderen Vorteils verwirklicht. Vgl. Jaeger KO Anm. 6 zu § 243; Eb. Schmidt Anm. 14 der Vorauflage. Stets ist die Charakterisierung der in Betracht kommenden Vorteile als besondere in **qualitativem** Sinne und nicht in quantitativer Bedeutung auszulegen. Es kommt also nicht etwa darauf an, ob die betreffenden Vorteile mehr oder weniger geringfügig sind, ob es sich um hohe oder niedrige Geldbeträge usw. handelt. Entscheidend ist vielmehr die Andersartigkeit der Vorteile in dem geschilderten Sinne. Es kann also sein, daß besondere Vorteile nach Maßgabe des § 299 vorliegen, obwohl sie quantitativ geringfügig sind. Daß sich der Stimmrechtsausübende „billig verkauft" hat, schließt also die Strafbarkeit nicht aus. Andererseits sind besondere Vorteile i. S. des § 299 nicht nur **materielle,** sondern auch **ideelle** Besserstellungen. Vgl. Schönke-Schröder zu § 243 KO Anm. III 1; Böhle-Stamschräder, Konkursordnung, 5. Aufl., München und Berlin 1958, zu § 243 Anm. 2. Bei der zuletzt genannten Art von besonderen Vorteilen ist etwa an zugesagte Protektion, Herstellung von gesellschaftlichen, wirtschaftlichen oder politischen Kontakten usw. zu denken. Vgl. RGSt. 4, 48 und 9, 166; Jordan S. 50; Stenglein Anm. 4 zu § 243 KO; Schlegelberger-Quassowski Anm. 2; Eb. Schmidt Anm. 14 der Vorauflage; a. M. Olshausen, Kommentar zum Strafgesetzbuch für das Deutsche Reich, 11. Aufl., Berlin 1927, Anm. 6 zu § 243 KO (nur materielle Vorteile); Jaeger, Kommentar zur Konkursordnung, 5 Aufl. Berlin 1916, Anm. 6 zu § 243 und Frank, Strafgesetzbuch für das Deutsche Reich, 18. Aufl., Tübingen 1931, Anm. II zu § 243 KO (nur vermögensrechtliche Vorteile). Als Beispiele für materielle besondere Vorteile kommen neben Geldzahlungen u. a. in Betracht: Verkauf von Aktien zu einem überhöhten Kurs (KG OLGR 24, 142), Vereinbarung, gekaufte Aktien unter allen Umständen zum Einkaufspreise abzunehmen (OLG Bamberg LZ 1919, 611[8]). Auch die zugesagte Bewirtung dürfte ein vorwiegend materieller Vorteil sein. Im übrigen kommen als besondere Vorteile i. S. des § 299 nicht nur **unmittelbare,** sondern auch **mittelbare** Besserstellungen in Betracht. So können etwa die Einräumung von **Chancen, Anwartschaften** usw. besondere Vorteile i. S. dieses Tatbestands sein. **Keinen besonderen Vorteil** hat die Rechtsprechung mit Recht **in der bloßen Überlassung der Aktien,** deren Stimmrecht in bestimmter Weise auszuüben ist, gesehen. RG 119, 67.

Anm. 12

c) Das **„Sich-gewähren-lassen"** ist die Inempfangnahme des besonderen Vorteils. Das **„Sich-versprechen-lassen"** ist die zustimmende Entgegennahme der Inaussichtstellung des besonderen Vorteils. Da das Gesetz ausdrücklich von einem Versprechen spricht, kann das bloße Anbieten der künftigen Gewährung eines besonderen Vorteils den Tatbestand nicht erfüllen. Da bei dem Tatbestand der aktiven Bestechung (§ 333 StGB) neben dem Versprechen und Gewähren auch noch das Anbieten genannt wird, ist der Tatbestand des § 299 insoweit enger auszulegen. Ob sich derjenige, der sich besondere Vorteile versprechen oder gewähren läßt, zum Stimmenverkauf **erboten** hat oder ob der Betreffende nur dem Drängen des anderen Teils nachgab, ist für die Anwendung des § 299 Nr. 1 belanglos. RGSt. 12, 122. In beiden Fällen ist sowohl der Stimmenverkäufer als auch der Stimmenkäufer strafbar. Eb. Schmidt Anm. 9 der Vorauflage.

Anm. 13

d) Zweck des Sich-gewähren- oder Versprechen-lassens eines besonderen Vorteils muß die **Stimmenthaltung** oder das **Abstimmen in einem gewissen Sinne** sein. Das allein genügt aber nicht, es muß noch hinzukommen, daß der Stimmenverkäufer das bezweckte Verhalten seinerseits zusagt. Es muß also zu einer Art **„Unrechtsvertrag"** gekommen sein. Gegenstand dieses „Vertrags" muß die Freiheit der Entschließung des Abstimmenden in der betreffenden Hauptversammlung sein. OLG Bamberg LZ 1919, 611[8]; Rabben S. 69, 70. Es versteht sich von selbst, daß derjenige, der sich dafür bezahlen läßt, daß er nur überhaupt der Hauptversammlung beiwohnen und in ihr abstimmen werde, wobei die Art und Weise dieser Abstimmung offengelassen wird, nicht strafbar ist. Das gleiche gilt für denjenigen, der sich Vorteile dafür gewähren läßt, daß er in bestimmtem Sinne in der Hauptversammlung reden werde. In beiden Fällen haben sich die Betreffenden die Freiheit ihrer Entschließung bei der Abstimmung nicht abkaufen lassen, so daß eine Anwendung des § 299 nicht in Betracht kommt. — Wenn sich der Stimmenverkäufer **insgeheim** die Freiheit seiner Entschließung bei der Abstimmung **vorbehält,** so ist der Tatbestand des § 299 Nr. 1 nicht erfüllt, denn es kommt nicht zu der Verfälschung des Mehrheitswillens in der Hauptversammlung, vor der die Strafbestimmung die Aktiengesellschaft und die Aktionäre schützen will. Es fehlt in diesem Falle an dem erforderlichen „Unrechtsvertrag". Ein „Stimmenkaufvertrag" ist nicht zustandegekommen. Demgemäß entfällt zugleich auch die Tatbestandsmäßigkeit für § 299 Nr. 2. Daß hier die reservatio mentalis im Gegensatz zum Zivilrecht durchgreift, hängt damit zusammen, daß das Strafrecht in erster Linie den kriminellen Willen bekämpft, und an dem fehlt es gerade hier. Es treten an dieser Stelle die gleichen Probleme wie bei dem Tatbestand der schweren passiven Bestechung (§ 332 StGB) auf. Es können daher die überzeugenden Ausführungen von Eb. Schmidt, Die Bestechungstatbestände, München und Berlin 1960, Nr. 138—146 für die Auslegung herangezogen werden. Diese Ausführungen unterstützen die obige Auslegung um so mehr, als die Streitfrage, welches bei den §§ 331 ff. StGB das geschützte Rechtsgut sei — nämlich die Reinheit des Amtes oder die Verfälschung des Staatswillens — hier bei den Tatbeständen des Stimmenverkaufs und Stimmenkaufs keine Rolle spielt, denn keinesfalls geht es bei § 299 um irgendeine Art von „Reinheit der Ausübung der Stimmrechte", sondern eindeutig um die Verhinderung einer Verfälschung der Mehrheitswillensbildung in der Hauptversammlung. Eb. Schmidts Argumentation, die auf dem Gedanken aufbaut, daß es bei der schweren passiven Bestechung des § 332 StGB darum gehe, die Verfälschung des Staatswillens zu verhindern, kann daher unbedenklich zur Unterstützung der obigen Auslegung herangezogen werden. Daß der geheime Vorbehalt, sich bei der Abstimmung nicht beeinflussen zu lassen, eine Strafbarkeit verhindert, dürfte im übrigen für § 299 die herrschende Meinung sein. Vgl. abgesehen von Eb. Schmidt in Anm. 10 der Vorauflage: von Godin-Wilhelmi Anm. 8; Olshausen Anm. 4 zu § 243 KO; Schlegelberger-Quassowski Anm. 2. — Andererseits kann die Zusage des Stimmens in einem bestimmten Sinne auch durch verschleierte Formulierungen deutlich genug zum Ausdruck kommen, so daß der sog. „Unrechtsvertrag" zustande gekommen ist. Es genügt daher, wenn sich der Stimmenverkäufer verpflichtet hat, „im Interesse einer bestimmten Person" oder „mit einer bestimmten Person" zu stimmen. Desgleichen genügt es, wenn sich jemand verpflichtet, mit einem anderen in der Hauptversammlung „durch dick und dünn zu gehen" (Jordan S. 41). Auch die Zusage, bedingungslos für alle Vorschläge des Vorstands oder des Aufsichtsrats zu stimmen, gehört hierher, denn bei ihr liegt ebenfalls die Zusage vor, gegebenenfalls bei der Abstimmung gegen die bessere Einsicht zu handeln. Vgl. hierzu RG Bauers Z 21, 227. Ganz allgemein ist zu sagen, daß der auf die Abstimmung bezogene Zweck nicht ausdrücklich ausgesprochen werden muß. Es genügt seine Erkennbarkeit aus konkludentem Verhalten, aus dem Sinn der getroffenen Abreden usw. Vgl. RGSt. 11, 222 (zu § 331 StGB) und RG bei Bauer 21, 54. — Die Zusage des Stimmenverkäufers, daß er bei einer Abstimmung in der Hauptversammlung nicht stimmen werde, kann auch in der Weise gegeben werden, daß sich jemand verpflichtet, von der Hauptversammlung überhaupt fernzubleiben. — **Nicht erfüllt ist der Tatbestand, wenn die Aktien verkauft werden,** und zwar selbst dann, wenn dies in der ausgesprochenen oder unausgesprochenen Absicht geschieht, den bisherigen Aktionär durch den Verkauf vom Stimmen in der Hauptversammlung abzuhalten. Für den **Scheinverkauf** gilt dies allerdings nicht. RG 38, 259. Bei Report- und Deportgeschäften, die an einigen ausländischen Börsen auch für deutsche Aktien und deutsche Täter in Betracht kommen können, geht jeweils das Eigentum an den Aktien über, so daß zugleich die Stimmrechte als solche übertragen werden. § 299 kann daher in diesen Fällen keine Anwendung finden. Dies war schon früher selbst für den Fall anerkannt, daß die Report- bzw. Deportgeschäfte zum Zweck der Wahrnehmung der Stimmrechte in der Hauptversammlung abgeschlossen wurden. Vgl. etwa E. Heilfron, Geld-, Bank- und Börsenwesen, Berlin 1909, S. 326 Anm. 21 (zu § 318 HGB). Ferner Simon S. 297; Flechtheim JW 1925, 570. Auch hier darf es sich aber nicht um bloße Scheingeschäfte zur Umgehung der Stimmrechtsvorschriften handeln. LZ 1907, 139[6].

Anm. 14

e) Für die Anwendung des § 299 kommen nur **Abstimmungen in der Hauptversammlung** in Frage, nicht dagegen solche im Vorstand oder Aufsichtsrat. Eb. Schmidt Anm. 13 der Vorauflage; Schlegelberger-Quassowski Anm. 2. Zur Frage, inwieweit nur Abstimmungen in Hauptversammlungen **deutscher** Gesellschaften unter § 299 fallen, vgl. oben Anm. 6 vor § 294.

Anm. 15

f) Da der Versuch bei § 299 nach § 43 Abs. II StGB nicht strafbar ist, kommt der Frage, wann der Tatbestand **vollendet** ist, besondere Bedeutung zu. Zwei Fälle sind zu unterscheiden. Läßt sich der Täter besondere Vorteile gewähren, so ist das Delikt vollendet im Augenblick der Entgegennahme der betreffenden Vorteile, falls gleichzeitig die Zusage hinsichtlich der Stimmrechtsausübung erfolgt. Wird diese Zusage später gegeben, tritt die Vollendung erst mit diesem Zeitpunkt ein. Anders liegt es im zweiten Fall, wo der Täter sich die besonderen Vorteile versprechen läßt. Hier ist der Tatbestand in dem Augenblick vollendet, in dem die Absprache über die Stimmrechtsausübung einerseits und die versprochenen besonderen Vorteile andererseits perfekt sind. Mit dem Abschluß des „Unrechtsvertrages" ist also der Tatbestand vollendet. Zur Stimmabgabe selbst oder gar zur Stimmenthaltung braucht es nicht gekommen zu sein. Eb. Schmidt Anm. 9 der Vorauflage; Schlegelberger-Quassowski Anm. 2 und 3. Der Stimmenverkauf — und das gleiche gilt für den Stimmenkauf — ist daher ein sog. kupiertes Erfolgsdelikt. Es ist folglich belanglos, ob sich der Stimmenverkäufer später in der Hauptversammlung an die Absprache hält oder nicht. Vgl. Rabben S. 75. Allerdings muß der Täter zum Zeitpunkt der Vollendung des Delikts den Willen gehabt haben, sich absprachegemäß zu verhalten. Bei entgegengesetzten geheimen Vorbehalten entfällt die Tatbestandsmäßigkeit. Vgl. oben Anm. 13.

Anm. 16

2. **Stimmenkauf** (Nr. 2)

a) **Täter** kann bei diesem Tatbestand jeder beliebige sein. Da § 299 die Fälschung der Mehrheitswillensbildung in der Hauptversammlung ganz allgemein schützen soll, wird der Täterkreis vom Gesetz nicht beschränkt. Neben Aktionären oder sonstigen zur Gesellschaft gehörenden Personen können demnach auch irgendwelche Außenstehende Täter sein. § 299 Nr. 2 ist kein Sonderdelikt.

Anm. 17

b) **Gewähren** ist die Hingabe oder das sonstige Zur-Verfügung-Stellen der Vorteile. Ein **Versprechen** liegt vor, wenn die Vorteilsgewährung für die Zukunft in Aussicht gestellt wird. Beide Tatbestandsmerkmale korrespondieren mit dem Sich-Gewähren-Lassen und dem Sich-Versprechen-Lassen beim Stimmenverkauf. Der Begriff der **besonderen Vorteile** ist der gleiche wie beim Tatbestand des § 299 Nr. 1. Vgl. daher das oben Anm. 11 Gesagte.

Anm. 18

c) Ebenso wie beim Stimmenverkauf muß auch hier das Gewähren oder Versprechen besonderer Vorteile mit dem Zweck erfolgen, die Stimmrechtsausübung zu beeinflussen. Für die Tatbestandsmerkmale der **Stimmenthaltung** und des **Abstimmens in einem gewissen Sinn,** und zwar **in der Hauptversammlung,** gilt demnach dasselbe wie bei § 299 Nr. 1. Vgl. daher oben Anm. 13 und 14.

Anm. 19

d) Da kein Stimmenkauf ohne einen Stimmenverkauf denkbar ist, ist der Zeitpunkt der **Vollendung** bei beiden Deliktsformen der gleiche. Siehe oben Anm. 15. Wendet sich der Stimmenkäufer an jemanden, der über keine Stimmrechte verfügt, von dem aber der Täter irrig annimmt, ihm stünden Stimmrechte zu, so ist das ein untauglicher Versuch, der hier, wie jeder andere Versuch, gemäß § 43 Abs. II StGB nicht strafbar ist.

Anm. 20

III. **Rechtswidrigkeit**

Hinsichtlich der Rechtswidrigkeit ist zu beachten, daß die rechtliche Zulässigkeit von Vereinbarungen über die Stimmrechtsausübung sich nicht erst bei der Rechtswidrigkeit auswirkt. Rechtswirksame Absprachen über die Stimmrechtsausübung beseitigen, wie oben Anm. 10 näher ausgeführt wurde, bereits die Tatbestandsmäßigkeit, und zwar sowohl beim Stimmenverkauf (Nr. 1) als auch beim Stimmenkauf (Nr. 2). Im übrigen aber gilt für die Rechtswidrigkeit bei § 299 nichts Besonderes. Es kommen die allgemeinen Rechtfertigungsgründe in Betracht. Vgl. hierzu die grundsätzlichen Ausführungen oben Anm. 52—56 zu § 294.

Anm. 21

IV. **Schuld**

Da § 299 sich bei beiden Tatbeständen zur Schuldform nicht äußert, ist nur die **vorsätzliche** Begehung strafbar. Es genügt aber der **bedingte** Vorsatz. Ebenso von Godin-Wilhelmi Anm. 8; Schlegelberger-Quassowski Anm. 1. Hat sich der Stimmenverkäufer insgeheim seine freie Entscheidung über die Ausübung des Stimmrechts in der Hauptversammlung vorbehalten, so wirkt sich dies nicht erst beim Vorsatz aus, sondern läßt, weil der „Unrechtsvertrag" fehlt, wie in Anm. 12 bereits ausgeführt wurde, schon die Tatbestandsmäßigkeit des Verhaltens entfallen. Für weitere Einzelheiten zur Schuld vgl. Anm. 57—65 zu § 294.

Anm. 22

V. **Teilnahme**

Da der Stimmenverkauf (Nr. 1) und der Stimmenkauf (Nr. 2) keine Sonderdelikte sind, gelten keine Besonderheiten für die Teilnahmeformen. Es finden die allgemeinen Regeln Anwendung. Weil zu jedem Stimmenverkauf ein Stimmenkauf und umgekehrt zu jedem Stimmenkauf ein Stimmenverkauf gehört, stehen die Täter der beiden Deliktsformen zueinander grundsätzlich im Verhältnis der **notwendigen Teilnahme.** Dies hat zur Folge, daß der Stimmenverkäufer in der Regel nicht zugleich Anstifter oder Gehilfe des Stimmenkäufers sein kann und daß andererseits auch für den Stimmenkäufer eine Anstiftung oder Beihilfe am Stimmenverkauf seines Partners grundsätzlich nicht in Frage kommt. Sofern der Täter jedoch mehr, als begriffsnotwendig für die Erfüllung des Tatbestands erforderlich ist, tut, kann eine zusätzliche Strafbarkeit wegen Anstiftung an der Tat des Partners in Betracht kommen. Ein Fall dieser Art läge etwa dann vor, wenn der eine Partner den anderen erst durch besonders dringliche Bitten, durch Ausspielen seiner Autorität usw. zur Tatbegehung bestimmt hat. Unter derartigen Umständen kann ausnahmsweise eine Anstiftung des Stimmenverkäufers durch den Stimmenkäufer oder umgekehrt angenommen werden. Zum Begriff der notwendigen Teilnahme vgl. R. Lange, Notwendige Teilnahme, 1940; ferner Kohlrausch-Lange Vorbemerkung IV vor § 47 StGB.

Anm. 23

VI. Konkurrenzen

Beide Tatbestände des § 299 sind sog. alternative Mischgesetze. Daraus folgt für den Stimmenverkauf (Nr. 1), daß die Tat selbst dann nur einmal begangen ist, wenn der Täter sich besondere Vorteile zunächst versprechen und später gewähren läßt. Ebenso liegt beim Stimmenkauf (Nr. 2) nur eine Tat vor, wenn der Käufer die besonderen Vorteile erst verspricht und später gewährt. Daß die Tat jeweils schon durch das Versprechen vollendet ist, ändert hieran nichts. Konkurrenzfragen können also insoweit nicht entstehen. — Zwischen Nr. 1 und Nr. 2 ist Tateinheit möglich. Man denke etwa an den Fall, daß zwei Aktionäre ein und derselben Aktiengesellschaft sich gegenseitig zur Beeinflussung der Stimmrechtsausübung besondere Vorteile gewähren, ohne daß sich die letztgenannten gegenseitig aufheben. (Derartiges ist möglich, wenn die Vorteilsgewährung z. B. darin besteht, daß der eine Aktionär der Gesellschaft A als Vorstandsmitglied einer Aktiengesellschaft B dem anderen Aktionär der Gesellschaft A einen besonders gewinnbringenden Auftrag der Gesellschaft B vermittelt und der zuletzt genannte Aktionär seinerseits als Vorstandsmitglied einer Gesellschaft C dem erstgenannten ebenfalls einen besonders lukrativen Auftrag, und zwar der Gesellschaft C, verschafft.) — Tateinheit zwischen § 299 und § 300 Nr. 2 ist möglich.

Anm. 24

VII. Strafe

Das Gesetz droht Geldstrafe oder Gefängnis bis zu einem Jahr an. Gemäß § 16 Abs. I StGB beträgt die Mindeststrafe bei Gefängnis einen Tag. Die Geldstrafe beträgt nach § 27 Abs. II Nr. 1 mindestens 5,— und höchstens 10000,— DM. Beruht die Tat auf Gewinnsucht, so kann nach § 27a StGB die Geldstrafe bis zu 100000,— DM erhöht werden. Auf Geld- und Gefängnisstrafe zugleich kann bei § 299 nicht erkannt werden. Da das Gericht schon nach der Strafandrohung des Gesetzes von einer Freiheitsstrafe absehen kann, ist für eine Anwendung des § 27b StGB im Rahmen des § 299 kein Raum.

Anm. 25

VIII. Verjährung

Gemäß § 67 Abs. II StGB verjährt die Strafverfolgung in fünf Jahren. Die Verjährung beginnt mit dem Tag, an welchem die Handlung begangen ist ohne Rücksicht auf den Zeitpunkt des eingetretenen Erfolgs (§ 67 Abs. IV StGB). Da der Zeitpunkt der Vollendung beider Deliktsformen in der Regel vor der Hauptversammlung eingetreten sein wird (vgl. oben Anm. 15 und 19), kommt es auf den Zeitpunkt der Hauptversammlung für die Berechnung der Verjährungszeit nicht an. § 299 wird im allgemeinen ein Fall von der Art sein, wie er im § 67 Abs. IV dem Gesetzgeber vorschwebte, denn der eigentliche Erfolg des Stimmenverkaufs und des Stimmenkaufs wird in den meisten Fällen erst nach der Begehung der Tat, nämlich erst in der Hauptversammlung, eintreten. Hierauf soll es aber nach der ausdrücklichen Anordnung in § 67 Abs. IV gerade nicht ankommen.

Anm. 26

IX. Aktienrechtsreform

§ 299 AktG soll durch § 389 RegEntw. ersetzt werden, der folgenden Wortlaut hat:

Mit Gefängnis bis zu einem Jahr und mit Geldstrafe oder mit einer dieser Strafen wird bestraft, wer

1. besondere Vorteile dafür fordert, sich versprechen läßt oder annimmt, daß er bei einer Abstimmung in der Hauptversammlung oder in einer gesonderten Versammlung nicht oder in einem bestimmten Sinne stimme oder daß er eine Anfechtungsklage nicht erhebe oder einen Antrag nach § 249 Abs. 2, § 250 Abs. 2, § 293 Abs. 3, § 294 Abs. 5, § 309 Abs. 6, § 363 Abs. 2 nicht stelle oder eines dieser Verfahren nicht fortführe,

2. besondere Vorteile dafür anbietet, verspricht oder gewährt, daß jemand bei einer Abstimmung in der Hauptversammlung oder in einer gesonderten Versammlung nicht oder in einem bestimmten Sinne stimme oder daß jemand eine Anfechtungsklage nicht erhebe oder einen der in Nummer 1 bezeichneten Anträge nicht stelle oder eines dieser Verfahren nicht fortführe.

Soweit es sich um den Stimmenkauf handelt, entspricht § 389 RegEntw. dem geltenden § 299. In Anlehnung an die Formulierung der Tatbestände der §§ 331 und 333 StGB ist § 389 so gefaßt worden, daß nunmehr auch das „Fordern" und das „Anbieten" besonderer Vorteile von der Strafdrohung mitumfaßt wird.

Wie in § 388 wird die Abstimmung in einer „gesonderten Versammlung" (§ 131 RegEntw.) in die Strafdrohung mit einbezogen.

In dem nunmehr unter Strafe gestellten sogenannten Abkauf von Anfechtungs- und Antragsrechten enthält die Vorschrift einen neuen, dem geltenden Recht unbekannten Tatbestand.

Dazu ist folgendes zu bemerken: Nach § 233 RegEntw. können Beschlüsse der Hauptversammlung unter den dort näher genannten Voraussetzungen durch Klage angefochten werden. Gemäß § 236 RegEntw. muß die Klageerhebung innerhalb eines Monats nach der Beschlußfassung erfolgen. Das rechtskräftige Urteil wirkt, soweit der Beschluß für nichtig erklärt ist, für und gegen alle Aktionäre sowie die Mitglieder des Vorstands und des Aufsichtsrats, auch wenn sie nicht Partei sind (§ 238 RegEntw.). Nach der Begründung des RegEntw. bestehe ein Bedürfnis, Aktionäre, die im Vertrauen auf eine von einem anderen Aktionär angekündigte oder bereits anhängig gemachte Anfechtungsklage von ihrem eigenen Anfechtungsrecht keinen Gebrauch gemacht haben, davor zu schützen, daß die Durchführung oder Fortführung des Anfechtungsprozesses nicht deshalb unterbleibe, weil dem Anfechtungskläger besondere Vorteile für das Nichterheben oder die Zurücknahme der Anfechtungsklage gewährt worden seien. Es bestehe die Gefahr, daß im Zeitpunkt der Klagerücknahme die in § 236 RegEntw. vorgesehene Anfechtungsfrist von einem Monat für die anderen Aktionäre bereits verstrichen sei. Dann sei ihnen die Klagemöglichkeit genommen. Dies soll mit dem neuen Tatbestand verhindert werden.

Neben der Möglichkeit einer Anfechtungsklage gibt das Gesetz den Aktionären auch das Recht, Anträge auf Feststellung unzulässiger stiller Rücklagen (§ 249 Abs. 2, § 250 Abs. 2 RegEntw.), auf Feststellung des angemessenen Ausgleichs (§ 293 Abs. 3) oder der angemessenen Abfindung (§ 294 Abs. 5, § 309 Abs. 6, § 363 Abs. 2 RegEntw.) zu stellen. Da auch sie nur innerhalb einer bestimmten Frist gestellt werden können und daher für die Aktionäre die gleichen Gefahren wie im Falle der Erhebung einer Anfechtungsklage bestehen, sind die vorstehend genannten Anträge der Anfechtungsklage gleichgestellt worden.

Abschließend ist darauf hinzuweisen, daß die Strafdrohung gegenüber dem geltenden Recht geändert worden ist. Es kann nunmehr neben der Gefängnisstrafe bis zu einem Jahr zugleich auch auf Geldstrafe erkannt werden.

Anm. 27

X. Ausländisches Recht

Vgl. Vorbem. vor § 294 Anm. 7.

§ 300

Stimmrechtsmißbrauch

Mit Geldstrafe bis zu einhunderttausend Deutsche Mark wird bestraft:

1. wer die Aktien eines anderen, zu dessen Vertretung er nicht befugt ist, ohne dessen Einwilligung zur Ausübung des Stimmrechts in der Hauptversammlung oder zur Ausübung eines der Rechte in den §§ 106, 112, 118, 122, 125 Abs. 7, §§ 136, 197, 206, 216, 244 benutzt;

2. wer zur Ausübung des Stimmrechts oder der in Nr. 1 bezeichneten Rechte Aktien eines anderen benutzt, die er sich zu diesem Zweck durch Gewähren oder Versprechen besonderer Vorteile verschafft hat, und wer die Aktien zu dem bezeichneten Zweck gegen Gewähren oder Versprechen besonderer Vorteile überlassen hat;

3. wer Aktien, für die er das Stimmrecht nach § 114 Abs. 4 bis 7, § 118 Abs. 1 Satz 2, § 227 Abs. 1 nicht ausüben darf, einem anderen zum Zweck der Ausübung des Stimmrechts überläßt sowie wer solche Aktien zur Ausübung des Stimmrechts benutzt;

4. wer Angaben nach § 110 nicht oder nicht richtig macht.

Übersicht

Schrifttum:

Vgl. die eingangs genannten Veröffentlichungen, insbesondere die Kommentare und größeren Gesamtdarstellungen sowie die auf S. 274 angegebenen Schriften.

Anm. 1

I. Allgemeines

1. **Entstehungsgeschichte und systematische Stellung:** § 300 Nr. 1 und Nr. 2 entsprechen § 318 HGB. Die Tatbestandsformen Nr. 3 und Nr. 4 sind dagegen neu. Sie

erweitern den Strafbarkeitsbereich und versuchen ein vor dem Erlaß des Gesetzes zulässig gewesenes übertriebenes Strohmännertum einzuschränken. — § 300 ist systematisch ein sog. **kumulatives Mischgesetz.** Die einzelnen Tatbestandsformen der Nr. 1 bis 4 sind nicht alternativ formuliert, sondern stellen jeweils ein „anderes Strafgesetz" i. S. des § 265 Abs. I StPO dar. Dies wirkt sich auf die Konkurrenzmöglichkeiten aus. Vgl. unten Anm. 28. Da Täter der Delikte des § 300 jedermann sein kann, ist diese Bestimmung **kein Sonderdelikt.** Hieraus ergeben sich für die Teilnahme-Möglichkeiten Folgerungen. Vgl. unten Anm. 27. — Der Wortlaut des § 300 ist in RGBl. 1937 I S. 1140 berichtigt worden. Diese Berichtigung, die Nennung des § 136 in § 300 Nr. 1 betreffend, ist oben berücksichtigt.

Anm. 2

2. **Geschütztes Rechtsgut** aller Tatbestände des § 300 ist die Echtheit der aktienrechtlichen Meinungsbildung in der Gesellschaft. Demgemäß sind die Tatbestände des § 300 **Schutzgesetze i. S. des § 823 Abs. II BGB** zugunsten der Gesellschaft als solcher und ihrer Aktionäre. Für die Letztgenannten vgl. OLG Kiel HESt. 2, 88 (89).

Anm. 3

II. **Die Tatbestände**

1. **Allgemeines** für alle vier Tatbestände:

a) Die einzelnen Tatbestände des § 300 sprechen jeweils nur von **Aktien.** Weil aber § 300 die Echtheit der aktienrechtlichen Meinungsbildung schützen soll, sind den Aktien die **Zwischenscheine** gleichzustellen. Brodmann Anm. 1 zu § 318 HGB; Stenglein Anm. 2 zu § 318; Schlegelberger-Quassowski Anm. 2; Baumbach-Hueck Anm. 1; Erbs in Kohlhaas Anm. 1. Da jedoch kein öffentlicher Zwang zur Ausgabe von Aktienurkunden besteht (RGSt. 8, 34) und sowohl der Bestand der Aktiengesellschaft (RGSt. 31, 403) als auch der Bestand des Anteilsrechts selbst nicht von der Ausgabe einer Aktienurkunde abhängig ist (RGZ 31, 22; 34, 115; 41, 13; 49, 25; 52, 423), müssen die Tatbestände des § 300 auch dann Anwendung finden, wenn weder Aktienurkunden noch Zwischenscheine existieren. In diesem Falle treten an die Stelle der in § 300 genannten Aktien die **Stimmrechte** als solche. Zu den Einzelheiten vgl. oben Anm. 2 zu § 10.

Anm. 4

b) Praktisch richtet sich § 300 mit seinen verschiedenen Tatbeständen vor allem gegen einen Mißbrauch der besonderen Stellung der Banken, der sich daraus ergibt, daß die Banken in der Regel die in ihrem Depot befindlichen Aktien zu vertreten pflegen. Dieses sog. **Depotstimmrecht,** das besser **Bankenstimmrecht** genannt werden sollte, weil aus dem Depot als solchem kein Stimmrecht hergeleitet werden darf, ist seit dem Erlaß des Aktiengesetzes in § 114 Abs. IV in seinen wichtigsten Punkten geregelt. Praktisch wird daher § 300 wohl nur noch selten aktuell werden. Immerhin diskutiert man das Bankenstimmrecht heute wieder lebhaft, zumal im Hinblick auf die zu erwartende Aktienrechtsreform. Vgl. u. a. Klug, Die Neuordnung des Bankenstimmrechts, in: Festschrift für W. Schmidt, 1959, S. 39ff. mit Nachweisen. Für die Einzelheiten der gegenwärtigen Rechtslage s. oben Anm. 23—32 zu § 114. Im Vorgriff auf die Reform des Aktienrechts haben die Banken sich heute schon freiwillig gewissen Grundsätzen über die Ausübung des Stimmrechts auf Grund einer ihnen erteilten Ermächtigung unterworfen. Anm. 23a zu § 114. Davon, daß Mißbräuche heute noch üblich seien, kann infolgedessen nicht mehr gesprochen werden. Immerhin ist es rechtspolitisch sinnvoll, daß hinter den einschlägigen aktienrechtlichen Bestimmungen nach wie vor die Strafdrohung der Tatbestände des § 300 steht.

Anm. 5

c) Sämtliche Tatbestände des § 300 haben nach § 1 Abs. II StGB Vergehenscharakter. Der **Versuch** ist daher gemäß § 43 Abs. II StGB in keinem Falle strafbar.

Anm. 6

2. **Unbefugte Benutzung fremder Aktien** (Nr. 1)

a) **Täter:** Jeder beliebige kann Täter sein. § 300 ist nach keinem seiner Tatbestände ein Sonderdelikt.

Anm. 7

b) Das Gesetz verlangt in Nr. 1, daß der Täter **Aktien eines anderen benutzt.** Für die Beantwortung der Frage, wann jemand die Aktien eines anderen benutzt, ist die Rechtslage nach dem bürgerlichen Recht maßgebend. Auf die Eintragung in ein Aktienbuch (§ 61), sofern ein solches existiert, kommt es nicht an. Die bei den Börsen-Prolongationsverträgen im Rahmen eines Report- oder Deportgeschäftes erworbenen Aktien sind eigene Aktien des Erwerbers.

Anm. 8

c) Tatbestandsmerkmal ist ferner die **fehlende Vertretungsbefugnis.** Die Vertretungsbefugnis kann auf allgemeiner Vollmacht, Sondervollmacht, Prokura, Handlungsvollmacht oder auf einem gesetzlichen Vertretungsverhältnis, z. B. als Vormund, Konkursverwalter, Testamentsvollstrecker usw., beruhen. Dagegen gewähren Verwahrung, Pfandrecht und Pfändungspfandrecht an sich kein solches Vertretungsrecht, die Hinterlegung und das Pfandrecht jedoch dann, wenn der Verwahrer oder Pfandnehmer das Recht hat, andere Stücke statt der hinterlegten oder verpfändeten wiederzugeben, und die Aktien bereits in das Eigentum des Verwahrers oder Gläubigers übergegangen sind. Eb. Schmidt Anm. 5 der Vorauflage. Vgl. § 700 Abs. II BGB und §§ 13 und 15 DepGes. vom 4. 2. 37. Banken müssen sich nach § 114 Abs. IV zur Wahrnehmung der Stimmrechte ihrer Kunden eine schriftliche ausdrückliche Ermächtigung erteilen lassen. Da diese Ermächtigung nach § 114 Abs. IV einer **bestimmten** Bank erteilt sein muß, ergeben sich bei einer Weiterübertragung der auf der Ermächtigung beruhenden Rechte Zweifelsfragen. Zur Unterermächtigung ist die Bank nur berechtigt, wenn sie sich diese Befugnis zur Erteilung der Ermächtigung ausdrücklich von ihrem Kunden einräumen ließ. Anm. 24 zu § 114. Ist jedoch der von der Bank Unterermächtigte wiederum eine Bank, so muß auch diese in der von dem Aktionär erteilten Ermächtigungsurkunde bestimmt bezeichnet werden. Schlegelberger-Quassowski Anm. 14 zu § 114. Andererseits kann die ermächtigte Bank einen Dritten durch schriftliche Erklärung gemäß § 114 Abs. III zur Stimmrechtsausübung bevollmächtigen. Dies gilt selbst für den Fall, daß der Bevollmächtigte wiederum eine Bank ist. Anm. 25 zu § 114. Ob die Bank ihrem Kunden, also dem Aktionär gegenüber, zu einer solchen Bevollmächtigung ermächtigt ist, hängt von den internen Vertragsbeziehungen zwischen der Bank und ihrem Kunden ab. Verstöße gegen die Rechtsgrundsätze über die Ermächtigung und die Bevollmächtigung können zur Strafbarkeit aus § 300 Nr. 1 führen.

Anm. 9

d) Weiteres Tatbestandsmerkmal ist die **fehlende Einwilligung.** Wenn nach § 300 Nr. 1 die Benutzung der Aktien, Zwischenscheine oder Stimmrechte eines anderen nur dann strafbar ist, falls dies ohne dessen Einwilligung geschieht, so folgt daraus, daß sich der Benutzer die **vorherige** Zustimmung des anderen verschaffen muß, um nicht strafbar zu werden. Rechtlich wirksam ist diese nicht nur dann, wenn sie schriftlich oder mündlich ausdrücklich erklärt wird, sondern auch dann, wenn es sich um eine **stillschweigende** vorherige Zustimmung handelt. Unter Umständen kommt bei interessewahrendem Verhalten sogar eine **mutmaßliche** Einwilligung in Frage. Vgl. hierzu Welzel § 14 V. In der Regel kommt bei derartigen Fällen in erster Linie die Rechtsfigur der Geschäftsführung ohne Auftrag als Rechtsgrundlage in Betracht. Durch einen unentgeltlichen Aktien-Leihvertrag kann die Einwilligung ebenfalls erteilt werden. Schlegelberger-Quassowski Anm. 4; Eb. Schmidt Anm. 6 der Vorauflage; Stenglein Anm. 4 zu § 318. Darf der Einwilligende selbst das Stimmrecht nicht ausüben, dann macht er sich bei der Übertragung unter Umständen nach § 300 Nr. 3 strafbar. Eine die Strafbarkeit aus § 300 Nr. 1 beseitigende Einwilligung kann unter Umständen auch in einer Verpfändung von Aktien gesehen werden. Hier wird man davon ausgehen können, daß dem Gläubiger und Pfandnehmer das Stimmrecht eingeräumt ist, sofern sich aus den besonderen Umständen nichts Gegenteiliges ergibt. Andererseits darf es sich dabei nicht um einen Versuch zur Umgehung der gesetzlichen Bestimmungen über das Stimmrecht handeln. Vgl. Hachenburg in BankArch. 2, 135. Ein solches Verhalten wäre unter Umständen als Verstoß gegen § 300 Nr. 2 strafbar. RGSt. 38, 259. Fehlt die vorherige Zustimmung, genehmigt der Berechtigte aber nachträglich, so ist dies für die Strafbarkeit als solche unbeachtlich. Ebenso Baumbach-Hueck Anm. 2. Allenfalls bei der Strafzumessung mag sich eine solche nachträgliche Genehmigung auswirken.

Anm. 10

e) Tatbestandsmäßig ist die Benutzung der Aktien eines anderen, zu dessen Vertretung der Täter nicht befugt ist, ohne dessen Einwilligung ferner nur dann, wenn sie **zum Zweck der Ausübung des Stimmrechts in der Hauptversammlung oder der Ausübung eines der Rechte aus den §§ 106, 112, 118, 122, 125 Abs. VII, 136, 197, 206, 216 und 244** erfolgt. Der strafrechtliche Schutz dieses Tatbestands erstreckt sich hinsichtlich der Ausübung des Stimmrechts in der Hauptversammlung auf alle Arten von Stimmrechtsausübung. Außerdem aber ist noch die Ausübung folgender Rechte strafrechtlich geschützt: Hauptversammlungs-Einberufungsrecht der Aktionäre (§ 106), Auskunftsrecht der Aktionäre in der Hauptversammlung (§ 112), Antragsrecht bezüglich der Bestellung von Prüfern (§ 118), Antragsrecht bezüglich der Geltendmachung von Ansprüchen der Gesellschaft aus der Gründung (§ 122), Vertagungsantragsrecht der Aktionäre in der über den Jahresabschluß verhandelnden Hauptversammlung (§ 125 Abs. VII), Antragsrecht der Aktionäre bezüglich der Bestellung der Abschlußprüfer (§ 136), Recht zur Anfechtung eines Hauptversammlungsbeschlusses (§ 197), Antragsrecht bezüglich der Bestellung oder Abberufung von Abwicklern (§ 206), Recht zur Erhebung der Klage auf Nichtigerklärung der Gesellschaft (§ 216) und Antragsrecht im Zusammenhang mit der Geltendmachung von Schadensersatzansprüchen aus Verschmelzung (§ 244). In allen diesen Fällen ist es verboten, die Aktien zur Ausübung der betreffenden Rechte zu benutzen, sofern außerdem die übrigen Tatbestandsmerkmale des § 300 Nr. 1 erfüllt sind. Da der Gesetzestext davon spricht, daß derjenige sich strafbar macht, der die Aktien in der geschilderten Weise „benutzt", ist der Tatbestand nur dann verwirklicht, wenn die Benutzung wirklich erfolgt ist. Der Täter muß also in der Hauptversammlung abgestimmt oder die sonstigen Rechte nach Maßgabe der genannten Bestimmungen ausgeübt haben. Die bloße Anmeldung der Aktien zur Teilnahme an der Hauptversammlung genügt nicht. Ebenso Baumbach-Hueck Anm. 2.

Anm. 11

f) **Vollendet** ist das Delikt dementsprechend erst dann, wenn die in der vorangehenden Anmerkung genannte Benutzung erfolgt ist. Alles, was vor diesem Zeitpunkt liegt, ist lediglich strafloser Versuch, sofern nicht eine Strafbarkeit aus anderen gesetzlichen Bestimmungen zum Zuge kommt. Vgl. oben Anm. 5.

Anm. 12

3. **Aktienmißbrauch bei entgeltlicher Leihe** (Nr. 2)

a) **Täter** kann jeder beliebige sein, und zwar sowohl als **Entleiher** wie auch als **Verleiher,** denn der Tatbestand des § 300 Nr. 2 enthält zwei Begehungsformen. Das Gesetz spricht einmal davon, daß sich der Täter die Aktien in der im Gesetz näher dargestellten Weise „verschafft hat", und zum anderen davon, daß der Täter die Aktien jemandem „überlassen hat". Nicht erforderlich ist es, daß der Verleiher Aktionär ist. Er braucht also nicht Eigentümer der Aktien zu sein, sondern kann sich die Aktien in anderer Weise beschafft haben, um sie nunmehr als Verleiher dem Entleiher zu überlassen. Ebenso Schlegelberger-Quassowski Anm. 4 und Eb. Schmidt Anm. 10 der Vorauflage.

Anm. 13

b) Das Gesetz verlangt weiter, daß es sich um die **Aktien eines anderen** handelt. Es gilt hier dasselbe wie beim Tatbestand der unbefugten Benutzung fremder Aktien nach § 300 Nr. 1. Vgl. daher oben Anm. 7 sowie Anm. 3.

Anm. 14

c) Tatbestandsmerkmal ist ferner sowohl beim Entleihen als auch beim Verleihen **das Gewähren oder Versprechen besonderer Vorteile.** Zum Begriff der besonderen Vorteile vgl. das in Anm. 11 zu § 299 Gesagte. Es gilt hier das gleiche. Für die Tatbestandsmerkmale „Gewähren“ und „Versprechen“ vgl. Anm. 17 zu § 299. Der entscheidende die Strafbarkeit auslösende Gesichtspunkt ist bei diesem Tatbestand die Entgeltlichkeit der Aktienleihe. Bei Unentgeltlichkeit der Verleihung oder Entleihung der Aktien macht sich der Täter nicht strafbar, sofern nicht eine andere Bestimmung, etwa § 300 Nr. 3, eingreift. Das unentgeltliche Ausleihen von Aktien zum Zweck der Stimmrechtsausübung spielt in der Wirtschaftspraxis eine erhebliche Rolle. Vor allem die Banken bemühen sich auf diese Art und Weise um eine Steigerung ihres Stimmrechtseinflusses in der Hauptversammlung. Die Unentgeltlichkeit ist ihnen dabei eine Selbstverständlichkeit, die im Interesse ihres Einflusses bei der betreffenden Aktiengesellschaft gern in Kauf genommen wird. Das wird oft kritisiert. Man sollte indessen bedenken, daß die Banken ihren Einfluß schon im eigenen, erst recht aber im Interesse ihrer Kunden nur für volkswirtschaftlich vernünftige Ziele einzusetzen pflegen. Mindestens aber scheint es sinnvoller zu sein, den Banken, die über große wirtschaftliche Erfahrung verfügen, diese Möglichkeiten zu lassen, als sie anderen undurchsichtigen und schwer kontrollierbaren Gruppen und Interessenten zuzuspielen. Derartige Überlegungen werden bei der Aktienrechtsreform zu diskutieren sein.

Anm. 15

d) Der Tatbestand setzt wiederum eine Zweckrichtung für das Verhalten des Täters voraus. Die Überlassung oder Verschaffung der Aktien muß erfolgt sein, **um das Stimmrecht in der Hauptversammlung oder eines der in § 300 Nr. 1 genannten Rechte auszuüben.** Auch hinsichtlich dieses finalen Tatbestandsmerkmals stimmen die Tatbestandsformen Nr. 1 und Nr. 2 überein. Vgl. daher Anm. 10.

Anm. 16

e) **Vollendet** ist der Tatbestand für den Verleiher mit dem Überlassen der Aktien an den Entleiher. Hier tritt also die Vollendung früher ein als bei § 300 Nr. 1. Bei dem Entleiher ist es dagegen wieder genauso wie bei jenem Tatbestand. Er ist erst strafbar, wenn er die entliehenen Aktien benutzt hat, wobei die erstmalige Ausübung des Stimmrechts oder die erstmalige Geltendmachung der in § 300 Nr. 1 genannten Rechte — in der Regel durch die Stellung des entsprechenden Antrags — genügt. Alle Handlungen, die vorher liegen, sind wiederum nur strafloser Versuch. Ebenso von Godin-Wilhelmi Anm. 3.

Anm. 17

4. **Stimmrechtserschleichung** (Nr. 3)

a) Jedermann kann **Täter** sein. Zwei Tätergruppen sieht das Gesetz vor, einmal denjenigen, der die Aktien überläßt, und zum anderen den Benutzer der Aktien.

Anm. 18

b) Das Gesetz enthält in den §§ 114 Abs. IV bis VII, 118 Abs. I Satz 2 und 227 Abs. I Stimmrechtsausübungsverbote. Eine Umgehung dieser Bestimmungen durch die Einschaltung eines Dritten will das Gesetz durch die Strafdrohung verhindern. Im einzelnen handelt es sich um nachstehende Verbote: Verbot der Ausübung des Bankenstimmrechts, falls die im § 114 Abs. IV angegebenen Voraussetzungen (schriftliche Ermächtigung, genaue Bestimmung der ermächtigten Bank, Beschränkung der Gültigkeitsdauer der Ermächtigung auf längstens 15 Monate usw.) nicht erfüllt sind, Verbot des Mitstimmens eines Aktionärs, der durch die Beschlußfassung entlastet oder von einer Verpflichtung befreit werden soll (§ 114 Abs. V Satz 1), Verbot des Mitstimmens des Aktionärs, wenn darüber Beschluß gefaßt wird, ob die Gesellschaft gegen den betreffenden Aktionär einen Anspruch geltend machen soll (§ 114 Abs. V Satz 2), Verbot der Stimmrechtsausübung für Aktien, die der Gesellschaft oder einem abhängigen Unternehmen oder einem anderen für Rechnung der Gesellschaft oder eines abhängigen Unternehmens gehören (§ 114 Abs. VI), satzungsbedingte Stimmrechtsausübungsverbote (§ 114 Abs. VII), Verbot des Mitstimmens bei der Bestellung von Prüfern, falls der Aktionär zugleich Mitglied des Vorstands oder des Aufsichtsrats ist und die Prüfung sich auf Vorgänge erstrecken soll, die mit der Entlastung des Vorstands oder des Aufsichtsrats oder der Einleitung eines Rechtsstreits zwischen der Gesellschaft und den Mitgliedern des Vorstands oder des Aufsichtsrats zusammenhängen (§ 118 Abs. I Satz 2), und Stimmrechtswegfall bei persönlich haftenden Gesellschaftern einer Kommanditgesellschaft auf Aktien bei besonderen Beschlußfassungen, für die ein Interessenkonflikt naheliegt (§ 227 Abs. I), nämlich: Wahl und Abberufung des Aufsichtsrats, Entlastung der persönlich haftenden Gesellschafter und des Aufsichtsrats, Bestellung von Sonderprüfern, Geltendmachung von Ersatzansprüchen gemäß § 122, Verzicht auf Ersatzansprüche gemäß § 124 und Wahl von Abschlußprüfern. In diesen Fällen könnte der Stimmrechtsberechtigte versucht sein, das Stimmrechtsverbot dadurch zu umgehen, daß er die Stimmrechtsausübung einem anderen überläßt. Genau dies aber will die Strafdrohung des § 300 Nr. 3 nach Möglichkeit verhindern.

Anm. 19

c) Als finales Tatbestandsmerkmal verlangt das Gesetz, daß die **Überlassung oder Benutzung der Aktien zum Zweck der Stimmrechtsausübung erfolgt.** Eine Überlassung oder Benutzung der betreffenden Aktien zu anderen Zwecken wäre nach dieser Bestimmung nicht strafbar. Vgl. auch die Erläuterungen zu den entsprechenden Tatbestandsmerkmalen bei den Tatbeständen Nr. 1 und Nr. 2 in den Anm. 10 und 15. Unbeachtlich für die Strafbarkeit aus diesem Tatbestand ist es, ob die Überlassung oder Benutzung zum Zweck der Stimmrechtsausübung entgeltlich oder unentgeltlich erfolgt.

Anm. 20

d) Hinsichtlich des Zeitpunkts der **Vollendung** der Tatbestandsverwirklichung ist ebenso wie bei dem Tatbestand des § 300 Nr. 2 zu unterscheiden zwischen dem Überlassenden und dem Benutzer. Vgl. oben Anm. 16. Für den Erstgenannten tritt die Vollendung bereits mit dem Überlassen der Aktien, für den anderen — also den Benutzer — erst mit der erstmaligen Ausübung des betreffenden Stimmrechts ein. Ebenso Eb. Schmidt Anm. 12 der Vorauflage.

Anm. 21

5. **Falsche Angaben zum Teilnehmerverzeichnis** (Nr. 4)

a) **Täter** kann auch hier wieder jeder beliebige sein. Er muß nur zu einer entsprechenden Angabe verpflichtet sein. Infolgedessen gehört der das Teilnehmerverzeichnis ausstellende **Notar nicht** zum Täterkreis dieses Tatbestands. Die früher von Baumbach Anm. 4 vertretene andere Meinung wird jetzt bei Baumbach-Hueck nicht mehr aufrecht erhalten. Die Nichtanwendung der Bestimmung auf den das Verzeichnis aufstellenden Notar kann in der Tat nicht zweifelhaft sein, denn der Tatbestand in Nr. 4 ergänzt die Tatbestände Nr. 1—3. Die erstgenannten sollen Abstimmungsmißbräuche verhüten. In diesem Zusammenhang kommt der Richtigkeit des Teilnehmerverzeichnisses naturgemäß erhöhte Bedeutung zu. Es ist deshalb sinnvoll, daß der Gesetzgeber zur Ergänzung der Tatbestände Nr. 1—3 den Tatbestand Nr. 4 angefügt hat. Die ratio legis ist bei Nr. 4 ebenfalls die Verhinderung von Stimmrechtsmißbräuchen. Auch diese Vorschrift knüpft, wie Eb. Schmidt in Anm. 15 der Vorauflage zutreffend bemerkt hat, an die **aktienrechtlichen** Pflichten an, die sich auf die Stimmrechtsausübung selbst beziehen. Die Pflichten des beurkundenden Notars sind dagegen ganz anderer Art. Für ihn mag allenfalls eine Bestrafung aus den §§ 348, 359 StGB in Frage kommen.

Anm. 22

b) Über das strafrechtlich geschützte **Teilnehmerverzeichnis** enthält § 110 nähere Vorschriften. Es ist in der Hauptversammlung aufzustellen und soll die erschienenen oder vertretenen Aktionäre und die Vertreter von Aktionären mit Angabe ihres Namens oder Wohnorts sowie des Betrags der von jedem vertretenen Aktien unter Angabe ihrer Gattung verzeichnen. Will jemand in eigenem Namen das Stimmrecht für Aktien ausüben, die ihm nicht gehören (Legitimationsübertragung), so hat er den Betrag und die Gattung dieser Aktien zur Aufnahme in das Verzeichnis gesondert anzugeben. Das vom Vorsitzer zu unterzeichnende Verzeichnis ist vor der ersten Abstimmung zur Einsicht auszulegen. Näheres vgl. oben in den Erläuterungen zu § 110. Unbeachtlich ist es für die Strafbarkeit aus § 300 Nr. 4, ob das Verzeichnis den gesetzlichen Anforderungen genügt. Ebenso Baumbach-Hueck Anm. 4. Es muß nur überhaupt ein Teilnehmerverzeichnis vorliegen, in bezug auf welches der Täter Angaben nicht oder nicht richtig macht.

Anm. 23

c) Für die Tatbestandsverwirklichung ist es erforderlich, daß der Täter die nach § 110 erforderlichen Angaben **entweder nicht oder nicht richtig macht.** Welche Angaben nicht richtig, d. h. unwahr sind, ergibt § 110. Vgl. OLG Kiel HESt. 2, 88 (90). Bei der Begehungsform durch Unterlassen der Angaben ergibt sich die Rechtspflicht zum Handeln ebenfalls aus den Bestimmungen des § 110. Zu den grundsätzlichen Fragen der Tatbestandsverwirklichung durch Unterlassen vgl. Anm. 39 zu § 294. Die erste Alternative des § 300 Nr. 4 ist ein echtes Unterlassungsdelikt.

Anm. 24

d) **Vollendet** ist das Delikt des § 300 Nr. 4 in dem Augenblick, in dem der Täter gegenüber dem beurkundenden Notar die erste falsche Angabe macht. Bei der Tatbestandsverwirklichung durch Unterlassen ist das Delikt in dem Augenblick vollendet, in dem die erste Angabe spätestens hätte erfolgen müssen.

Anm. 25

III. Rechtswidrigkeit

Die Rechtfertigungsgründe des allgemeinen Strafrechts gelten auch hier. Vgl. zum Grundsätzlichen Anm. 52—56 zu § 294. Bei dem Tatbestand der unbefugten Benutzung fremder Aktien (§ 300 Nr. 1) ist jedoch zu beachten, daß die Einwilligung des Aktionärs, falls sie vorliegt, kein Rechtfertigungsgrund ist, sondern schon die Tatbestandsmäßigkeit entfallen läßt, da das Fehlen der Einwilligung ein Tatbestandsmerkmal ist. Das entsprechende gilt für das etwaige Vorliegen der Vertretungsbefugnis bei Nr. 1. Ermächtigung, Vollmacht, Legitimationsübertragung, Vertretungsbefugnis als gesetzlicher Vertreter usw. beseitigen bereits die Tatbestandsmäßigkeit. Vgl. oben Anm. 8 und 9 sowie Baumbach-Hueck Anm. 2. Die ordnungsmäßig ermächtigte Bank (§ 114 IV) — handelnd durch ihr Vorstandsmitglied, ihren Prokuristen usw. — ist also im strafrechtlichen Sinne nicht nur „gerechtfertigt", sondern verhält sich überhaupt nicht tatbestandsmäßig.

Anm. 26

IV. Schuld

Bei allen vier Deliktsformen ist nur das **vorsätzliche** Tun oder Unterlassen strafbar. **Bedingter** Vorsatz genügt in jedem Falle. Ebenso Eb. Schmidt Anm. 9, 12 und 16. Daß Eb. Schmidt für den Tatbestand § 300 Nr. 3 den dolus eventualis nicht erwähnte, war wohl nur ein redaktionelles Versehen. Baumbach-Hueck Anm. 1 und Erbs in Kohlhaas Anm. 1 und 5 erwähnen den bedingten Vorsatz nicht. Ihren Ausführungen kann indessen nichts dafür entnommen werden, daß als Schuldform etwa nur der dolus directus genügen sollte. — Bei der Begehung durch Unterlassen im Rahmen des § 300 Nr. 4 handelt der Täter vorsätzlich, wenn er weiß, daß ein Teilnehmerverzeichnis angefertigt wird, und er verpflichtet ist, die unterlassenen Angaben zu machen. Ebenso Baumbach-Hueck Anm. 4 (strafrechtlich nicht ganz klar formuliert) und Erbs in Kohlhaas Anm. 5. Bedingter Vorsatz genügt hier ebenfalls. Er liegt vor, wenn es der Täter für möglich hält und billigend in Kauf nimmt, daß ein Teilnehmerverzeichnis aufgestellt wird, und er verpflichtet ist, die unterlassenen Angaben zu machen. — Im übrigen vgl. zu den Fragen der **Schuldfähigkeit**, der **Schuldform**, des **Unrechtsbewußtseins** und der **Schuldausschließungsgründe** oben Anm. 57—65 zu § 294. — Auch für **Irrtumsfragen** ergeben sich hier keine Besonderheiten. Vgl. daher insbesondere Anm. 62, 63 und 64 zu § 294. Der von Eb. Schmidt Anm. 8 der Vorauflage zu § 300 Nr. 1 erwähnte Fall, daß der zur Vertretung nicht befugte Täter die tatsächlich vorhandene Einwilligung nicht kennt, also irrig das Nichtvorhandensein der Einwilligung annimmt, ist ein untauglicher Versuch, der hier bei den Tatbeständen des § 300 wie jeder Versuch straflos bleibt. Vgl. oben Anm. 5.

Anm. 27

V. **Teilnahme**

Für die strafbare Teilnahme gelten die allgemeinen bei Vergehen maßgeblichen Grundsätze. Da kein Tatbestand des § 300 ein Sonderdelikt ist, gibt es keine Ausnahmen. Für den Aktienmißbrauch bei entgeltlicher Leihe (Nr. 2) und für die Stimmrechtserschleichung (Nr. 3) ist zu beachten, daß **notwendige Teilnahme** besteht, und zwar für den erstgenannten Tatbestand zwischen dem Verleiher und dem Entleiher (Anm. 12) und für den zuletzt genannten Tatbestand zwischen dem Überlasser und dem Benutzer (Anm. 17). Infolgedessen ist nach den allgemeinen Teilnahmegrundsätzen Anstiftung (§ 48 StGB) zur Tat des notwendigen Teilnehmers nur möglich, wenn der Anstifter mehr als das für seine Teilnahme Begriffsnotwendige tut. Zur normalen Beteiligung durch Verleihen, Entleihen, Überlassen oder Benutzen muß also noch eine zusätzliche Anstiftungsaktivität gegenüber dem Partner hinzukommen. Unter diesen besonderen Voraussetzungen sind als Fallgestaltungen innerhalb der Tatbestände Nr. 2 und Nr. 3 ausnahmsweise denkbar: Anstiftung des Entleihers durch den Verleiher und Anstiftung des Verleihers durch den Entleiher sowie Anstiftung des Überlassers durch den Benutzer und Anstiftung des Benutzers durch den Überlasser. Bei Anstiftung durch außenstehende Dritte brauchen nur die normalen Anstiftungsvoraussetzungen vorzuliegen.

Anm. 28

VI. **Konkurrenzen**

Da § 300 ein sog. kumulatives Mischgesetz (Anm. 1) ist, kann zwischen den einzelnen Tatbeständen Tateinheit (§ 73 StGB) bestehen. So vor allem zwischen Nr. 1 und Nr. 4, zwischen Nr. 2 und Nr. 4 sowie zwischen Nr. 2 und Nr. 3. — In bezug auf andere aktienstrafrechtliche Tatbestände ist Tateinheit möglich u. a. zwischen § 299 und § 300 Nr. 2. — Für Einzelheiten zu Konkurrenzfragen vgl. Anm. 73—77 zu § 294.

Anm. 29

VII. **Strafe**

Strafe bei allen vier Deliktsformen: Geldstrafe, mindestens 5,— DM, höchstens 100000,— DM (§ 27 II StGB). Für die Bemessung der Geldstrafe vgl. § 27c StGB und hinsichtlich der Ersatzfreiheitsstrafe bei uneinbringlicher Geldstrafe vgl. § 29 StGB.

Anm. 30

VIII. **Verjährung**

Die Strafverfolgung verjährt nach § 67 Abs. II StGB in drei Jahren. Weiteres hierzu s. §§ 68 und 69 StGB. Zur Vollstreckungsverjährung vgl. §§ 70—72 StGB.

Anm. 31

IX. **Aktienrechtsreform**

An die Stelle des geltenden § 300 soll die Vorschrift des § 390 RegEntw. treten, die folgenden Wortlaut hat:

Mit Geldstrafe wird bestraft, wer vorsätzlich

1. Aktien eines anderen, zu dessen Vertretung er nicht befugt ist, ohne dessen Einwilligung zur Ausübung von Rechten in der Hauptversammlung oder in einer gesonderten Versammlung benutzt,

2. zur Ausübung von Rechten in der Hauptversammlung oder in einer gesonderten Versammlung Aktien eines anderen benutzt, die er sich zu diesem Zweck durch Gewähren oder Versprechen besonderer Vorteile verschafft hat,

3. Aktien zu dem in Nummer 2 bezeichneten Zweck gegen Gewähren oder Versprechen besonderer Vorteile einem anderen überlassen hat,

4. Aktien eines anderen, für die er oder der von ihm Vertretene das Stimmrecht nach § 129 nicht ausüben darf, zur Ausübung des Stimmrechts benutzt,

5. Aktien, für die er oder der von ihm Vertretene das Stimmrecht nach § 19 Abs. 3, § 128 Abs. 1, §§ 129, 130, 135 Abs. 1 Satz 2, § 274 Abs. 1 nicht ausüben darf, einem anderen zum Zweck der Ausübung des Stimmrechts überläßt oder solche ihm überlassene Aktien zur Ausübung des Stimmrechts benutzt,

6. als Aktionär oder als Vertreter eines Aktionärs die nach § 123 in das Verzeichnis aufzunehmenden Angaben nicht oder nicht richtig macht.

Bei einem Vergleich des § 390 Nr. 1 RegEntw. mit § 300 Nr. 1 fällt auf, daß nach dem RegEntw. nur noch die unbefugte Benutzung von Aktien zur Ausübung von Rechten in der Hauptversammlung oder in einer gesonderten Versammlung unter Strafe gestellt wird. Nach der Begründung des RegEntw. soll kein Bedürfnis nach einem besonderen Straftatbestand gegen die unbefugte Benutzung fremder Aktien zur Ausübung von Rechten außerhalb einer Hauptversammlung oder gesonderten Versammlung bestehen.

Neu ist der Tatbestand des § 390 Nr. 4 RegEntw. Er wurde geschaffen im Hinblick auf die Vorschrift des § 129 RegEntw., die sich mit der Ausübung des Stimmrechts durch Kreditinstitute und geschäftsmäßig Handelnde befaßt. Nach § 129 RegEntw. können Kreditinstitute das Stimmrecht für Inhaberaktien, die ihnen nicht gehören, nur in fremdem Namen und mit einer für den Einzelfall ausgestellten schriftlichen Vollmacht ausüben. Erklärtes Ziel dieser Regelung ist es vor allem, die Banken von dem immer wieder geäußerten Verdacht zu befreien, daß sie das fremde Stimmrecht im eigenen Interesse ausübten. Die Bedenken, die gegenüber dem Depotstimmrecht immer wieder laut werden, scheinen der Bundesregierung nicht mit dessen fundamentaler Bedeutung für die Verfassung der AG vereinbar zu sein. Daraus erklärt sich die umfangreiche Vorschrift des § 129 RegEntw., deren Einhaltung nun auch mit einer Strafvorschrift erzwungen werden soll.

Gegen die im RegEntw. vorgesehene Strafvorschrift bestehen jedoch Bedenken. Wie die amtliche Begründung zu § 390 Nr. 4 RegEntw. zutreffend hervorhebt, wird die Ausübung des Stimmrechts ohne Einwilligung des Aktionärs bereits durch § 300 Nr. 1 strafrechtlich erfaßt, der vom RegEntw. in § 390 Nr. 1 übernommen werden soll. Für § 390 Nr. 4 bleibt demnach nur der Fall, daß der Aktionär zwar eingewilligt hat, jedoch die gesetzlich vorgeschriebene formgerechte schriftliche Vollmacht fehlt.

Es erscheint fraglich, ob das Fehlen einer formgerechten Vollmacht einen strafwürdigen Tatbestand darstellt. Richtiger dürfte es sein, in dem Abstimmen ohne Vollmachtsurkunde ein bloß ordnungswidriges Verhalten zu sehen, das mit einer Geldbuße ausreichend zu ahnden wäre.

Hinzuweisen ist noch auf die Formulierung „oder der von ihm Vertretene" in den Nr. 4 und 5 des § 390 RegEntw. Mit dieser Wortfassung sollte nach der Begründung des Entwurfs auch derjenige als Täter erfaßt werden, der als gesetzlicher oder rechtsgeschäftlicher Vertreter dessen, den die Stimmrechtsbeschränkung oder der Stimmrechtsausschluß betrifft, den Tatbestand der Nr. 4 oder Nr. 5 erfüllt. Der Bundesregierung erschien diese Regelung schon deswegen notwendig, „weil in den Fällen der Nr. 4 und Nr. 5 häufig ein Handeln für juristische Personen vorliegen wird".

Anm. 32

X. Ausländisches Recht

Vgl. Vorbem. vor § 294 Anm. 7.

§ 301

Unrichtige Wiedergabe des Jahresabschlusses. Unterlassen der Namensangabe

(1) Mitglieder des Vorstands oder des Aufsichtsrats oder Abwickler werden mit Geldstrafe bestraft, wenn sie es vorsätzlich oder fahrlässig unterlassen, für die Einhaltung des § 144 über die Wiedergabe des Jahresabschlusses und der §§ 100, 128 Abs. 4 und des § 209 Abs. 5 über die Angaben der Mitglieder des Vorstands und des Aufsichtsrats und der Abwickler zu sorgen.

(2) Die Strafverfolgung tritt nur auf Antrag der amtlichen Vertretung des Handelsstands ein.

Übersicht

Schrifttum:

Vgl. die eingangs genannten Veröffentlichungen, insbesondere die Kommentare und größeren Gesamtdarstellungen sowie die auf S. 724 angegebenen Schriften.

Anm. 1

I. Allgemeines

1. Dieser Tatbestand hat keinen Vorgänger im alten HGB. Er ist neu und zudem insofern bedenklich, als er ein Verhalten, das zweifellos nichts anderes als eine Ordnungswidrigkeit enthält, zum kriminellen Unrecht, und zwar nicht nur zur Übertretung, sondern sogar zum **Vergehen** (§ 1 Abs. II StGB) erhebt! § 301 ist insofern ein echtes Kind seiner Zeit. Verfassungswidrigkeit braucht für die Bestimmung als ganze wohl nicht angenommen zu werden. Dagegen dürfte eine volle Ausschöpfung der Möglichkeiten des Strafrahmens im oberen Bereich gegen das Grundgesetz verstoßen. — Die Bestimmung enthält zwei selbständige Tatbestände. Sie ist demzufolge ein **kumulatives Mischgesetz.** Jede der beiden Deliktsformen ist in bezug auf die andere im Sinne des § 265 StPO ein „anderes Strafgesetz". — Durch die Beschränkung des Täterkreises enthält § 301 zwei echte **Sonderdelikte** mit den unten Anm. 13 angegebenen Folgen für die Teilnahme. — Der Wortlaut erweckt den Eindruck, als wären die Tatbestände des § 301 echte Unterlassungsdelikte. Bei genauerer Analyse ergibt sich jedoch: Die „Unterlassung" der Einhaltung der Vorschrift des § 144 über die Wiedergabe des Jahresabschlusses ist in zweierlei Weise möglich. Einmal ist es denkbar, daß der Jahresabschluß zwar vollständig, aber unrichtig wiedergegeben wird (§ 144 Abs. I). In diesem Fall wird der Tatbestand durch aktives Tun verwirklicht. § 301 Abs. I 1. Halbsatz ist dann also als **Begehungstat** realisiert. Zum anderen kann der Jahresabschluß unvollständig wiedergegeben sein (§ 144 Abs. I). Hier wäre der

Tatbestand als **unechtes Unterlassungsdelikt** verwirklicht. Dagegen ist die zweite Alternative des § 301, die Unterlassung der Namensangabe, ein Tatbestand, der nur durch ein Nicht-Tun verwirklicht werden kann. Er ist also ein **echtes Unterlassungsdelikt.** Die systematische Stellung des § 301 ist somit recht komplex. Die praktische Bedeutung der Bestimmung ist aber gering. Zu beachten ist, daß § 301 neben der vorsätzlichen auch die **fahrlässige** Begehung unter Strafdrohung gestellt hat und daß § 301 ein **Antragsdelikt** ist. Zur Fahrlässigkeit vgl. Anm. 12 und zum Antragserfordernis Anm. 15.

Anm. 2

2. Der Sinn des § 301 ist die Gewährleistung der Einhaltung bestimmter Publizitätsvorschriften. **Geschütztes Rechtsgut** ist somit das Vertrauen der am Wirtschaftsleben beteiligten Allgemeinheit in die Erfüllung von Publizitätsverpflichtungen und in die Zuverlässigkeit einiger wichtiger Erklärungen und Angaben, die für die Öffentlichkeit bestimmt sind. Dies gilt naturgemäß erst recht gegenüber Gläubigern und Aktionären der Gesellschaft, denn sie sind hier besonders interessiert, und zwar bei beiden Alternativen, obwohl bei der Deliktsform des § 301 Abs. I 2. Halbsatz das Interesse der Gläubiger dasjenige der Aktionäre meist überwiegen wird. Aus dem Gesagten folgt, daß § 301 ein **Schutzgesetz im Sinne des § 823 Abs. II BGB** ist, und zwar zugunsten der Gesellschaft, der Aktionäre und der Gesellschaftsgläubiger.

Anm. 3

II. Tatbestände

1. **Täter** der beiden Deliktsformen des § 301 Abs. I 1. Halbsatz und 2. Halbsatz können nur **Vorstandsmitglieder, Mitglieder des Aufsichtsrats** und **Abwickler** sein. Näheres zu diesen Personengruppen s. oben Anm. 9—34 zu § 294. Für **stellvertretende** Mitglieder des Vorstands oder Aufsichtsrats sowie für stellvertretende Abwickler vgl. insbesondere Anm. 20, 24 und 29 zu § 294. Auch die Stellvertreter können Täter sein. Desgleichen die **persönlich haftenden Gesellschafter der Kommanditgesellschaft auf Aktien** (§ 304).

Anm. 4

2. **Nicht-ordnungsgemäße Wiedergabe des Jahresabschlusses (§ 301 Abs. I 1. Halbsatz):** Das strafbare Verhalten besteht bei dieser ersten Deliktsform des § 301 darin, daß die Vorschriften des § 144 über Form und Inhalt der Bekanntmachung des Jahresabschlusses nicht eingehalten werden, und zwar der Bekanntmachung des Jahresabschlusses, nicht des Jahresabschlusses selbst, denn § 301 Abs. I 1. Halbsatz bezieht sich nur auf die „**Wiedergabe** des Jahresabschlusses"! Dies gilt sowohl hinsichtlich des § 144 Abs. I als auch — was zeitweilig bestritten war — bezüglich des § 144 Abs. II.

a) Nach § 144 Abs. I ist der Jahresabschluß in allen Veröffentlichungen und Vervielfältigungen **vollständig** und **richtig** sowie mit dem vollen Wortlaut des **Bestätigungsvermerks** der Abschlußprüfer wiederzugeben. Falls die Abschlußprüfer die Bestätigung versagt haben oder wenn nach § 142 Nr. 2 keine Jahresabschlußprüfung stattgefunden hat, dann muß hierauf bei der Veröffentlichung oder Vervielfältigung in einem besonderen Vermerk ausdrücklich hingewiesen werden. Ferner sind in den Veröffentlichungen und Vervielfältigungen des Jahresabschlusses sämtliche Mitglieder des Vorstands und des Aufsichtsrats mit dem Familiennamen sowie mindestens einem ausgeschriebenen Vornamen anzugeben, wobei die Vorsitzer des Vorstands und des Aufsichtsrats als solche besonders bezeichnet werden müssen. Näheres hierzu in den Erläuterungen zu § 144 Abs. I. Der Hauptfall derartiger Veröffentlichungen und Vervielfältigungen ist die Bekanntmachung des Jahresabschlusses in den Gesellschaftsblättern nach § 143 Abs. II in Verbindung mit § 18. Vgl. die Erläuterungen hierzu. § 301 schützt aber über § 144 Abs. I „**alle** Veröffentlichungen und Vervielfältigungen" des Jahresabschlusses, also **auch die freiwilligen.** Vgl. Anm. 2 zu § 144. Hier ist an Geschäftsberichte, Anleiheprospekte usw. zu denken, falls sie eine Veröffentlichung des Jahresabschlusses enthalten. Stets wenn die Gesellschaft mit ihrem Jahresabschluß an die

Öffentlichkeit herantritt, müssen die Vorschriften des § 144 Abs. I — und das gleiche gilt für § 144 Abs. II (vgl. die folgende Anm. 5) — eingehalten werden. — **Veröffentlichung** ist die Bekanntgabe an einen mindestens potentiell unbegrenzten Personenkreis. **Vervielfältigung** ist demgegenüber die Verbreitung an bestimmte Personen, wie z. B. Angestellte und Arbeiter des Unternehmens, Aktionäre, Verwaltungsträger, Banken usw. — Eine Tatbestandsverwirklichung im Sinne des § 301 Abs. I 1. Halbsatz liegt nur dann vor, wenn der Jahresabschluß tatsächlich veröffentlicht oder vervielfältigt wird. — Der zum Tatbestand gehörige Mangel kann sich auf die Unvollständigkeit oder Unrichtigkeit der Wiedergabe des Jahresabschlusses beziehen, er kann aber auch darin bestehen, daß die übrigen Erfordernisse des § 144 Abs. I nicht erfüllt sind. Eine Strafbarkeit würde also auch dann in Frage kommen, wenn die Wiedergabe des Jahresabschlusses den Vorschriften entspricht, die Namensangaben aber im Sinne des § 144 Abs. I Satz 2 fehlerhaft sind.

Anm. 5

b) Früher war es fraglich, ob unter den Strafrechtsschutz des § 301 auch die Vorschriften des **§ 144 Abs. II** fallen. § 144 Abs. II enthält Vorschriften, die zunächst rein formal wirken, jedoch im Hinblick auf die Publizität der Veröffentlichung oder Vervielfältigung des Jahresabschlusses von wesentlicher Bedeutung sind. Es geht bei dieser Bestimmung darum, daß bei der Aufstellung und in allen Veröffentlichungen und Vervielfältigungen des Jahresabschlusses die in der Bilanz und in der Gewinn- und Verlustrechnung ausgewiesenen Posten in der Weise untereinandergesetzt werden müssen, daß jeder Posten mit dem dazugehörigen Zahlenbetrag eine besondere Zeile erhält. Außerdem verlangt § 144 Abs. II, daß die Summe der Posten auf der Aktivseite und auf der Passivseite der Bilanz und daß im Rahmen der Gewinn- und Verlustrechnung die Summe der Posten auf der Seite der Aufwendungen und auf der Seite der Erträge jeweils besonders angegeben werden. Es leuchtet ein, daß die Einhaltung dieser Formvorschriften für die Durchsichtigkeit des Zahlenmaterials wesentlich ist. Gleichwohl haben Schlegelberger-Quassowski in Anm. 2 die Auffassung vertreten, daß sich § 301 nur auf § 144 Abs. I, nicht aber auf Abs. II dieser Bestimmung beziehe. Wie Eb. Schmidt in Anm. 3 der Vorauflage zutreffend ausführte, spricht gegen diese Auslegung zunächst einmal der Wortlaut des § 301, denn im 1. Halbsatz des Abs. I bezieht sich diese Bestimmung ohne Unterscheidung der beiden Absätze auf den gesamten § 144 ohne Einschränkung. Hinzu kommt, daß der Gesetzgeber im Text des § 144 Abs. II ausdrücklich darauf hingewiesen hat, daß die in diesem Absatz behandelten Formalien gerade bei der Veröffentlichung oder Vervielfältigung des Jahresabschlusses eingehalten werden müssen. § 144 Abs. II dient ebenso wie der Abs. I dieser Bestimmung der Vermeidung von Irreführungen und Undurchsichtigkeiten bei der Wiedergabe des Zahlenmaterials im Jahresabschluß. Auch dieser Absatz also betrifft die „Wiedergabe des Jahresabschlusses", von der in § 301 uneingeschränkt gesprochen wird. Die Tatsache ferner, daß im Abs. II des § 144, im Gegensatz zum Abs. I, von einer „Aufstellung" des Jahresabschlusses gesprochen wird und nicht von einer Wiedergabe, ändert hieran nichts, denn es heißt im Abs. II ausdrücklich: „bei der Aufstellung **und** in allen Veröffentlichungen und Vervielfältigungen des Jahresabschlusses". § 144 Abs. II bezieht sich daher ebenfalls deutlich auf die Wiedergabe des Jahresabschlusses. § 301 erfaßt somit diesen Teil des § 144 ebenfalls. Es kann angenommen werden, daß diese Auffassung jetzt die herrschende Meinung wiedergibt. Auch Baumbach-Hueck Anm. 1 hat sich jetzt der Ansicht von Eb. Schmidt angeschlossen.

Anm. 6

c) **Vollendet** ist der Tatbestand nicht schon mit der Herstellung oder Vervielfältigung des Jahresabschlusses, sondern erst dann, wenn das erste Exemplar der Kenntnisnahme durch eine Person der Öffentlichkeit oder, falls die Vervielfältigung nur für einen begrenzten Kreis gedacht ist, mindestens einer Person aus dem genannten Kreis zugänglich gemacht ist. Nicht erforderlich ist es dagegen, daß jemand Kenntnis genommen hat, und erst recht nicht, daß jemand durch die vorschriftswidrige Wiedergabe des

Jahresabschlusses in irgendeiner Weise getäuscht und auf Grund dieser Täuschung zu irgendwelchen Dispositionen veranlaßt wurde. — Für die Einhaltung der in § 144 aufgestellten Erfordernisse ist der Vorstand als ganzer verantwortlich. Dies geht aus § 143 hervor, wo von dem Vorstand und nicht von den einzelnen Vorstandsmitgliedern die Rede ist. Die strafrechtliche Haftung trifft daher alle Vorstandsmitglieder, wobei sich aus einer etwaigen Geschäftsverteilung unter den Vorstandsmitgliedern und aus sonstigen Gründen Unterschiede hinsichtlich des Vorsatzes oder der Fahrlässigkeit ergeben können. Vgl. unten Anm. 12. Eine strafrechtliche Verantwortung der Aufsichtsratsmitglieder wird sich nur selten ergeben, denn auf die Einhaltung der Vorschriften des § 144 hat der Aufsichtsrat keinen unmittelbaren Einfluß. Immerhin verpflichtet ihn seine Überwachungsaufgabe, wie sie sich aus den §§ 95, 96 und 99 ergibt, die Wiedergabe des Jahresabschlusses in den Veröffentlichungen und Vervielfältigungen zu kontrollieren und im Rahmen seiner Möglichkeiten auf die Einhaltung der Vorschriften des § 144 hinzuwirken. Eb. Schmidt Anm. 4 der Vorauflage. — § 301 ist ein Vergehen. Der Versuch ist, da das Gesetz über seine Strafbarkeit nichts ausdrücklich anordnet, nicht strafbar. §§ 1 Abs. II und 43 Abs. II StGB.

Anm. 7

3. **Unterlassung der vorgeschriebenen Namensangabe (§ 301 Abs. I 2. Halbsatz)**

Diese zweite in § 301 geregelte Deliktsform bedroht den Verstoß gegen die Vorschriften der §§ 100, 128 Abs. IV und 209 Abs. V über die Angaben der Mitglieder des Vorstands und des Aufsichtsrats sowie der Abwickler.

a) Nach **§ 100** müssen auf allen **Geschäftsbriefen** die sämtlichen Vorstandsmitglieder und der Vorsitzer des Aufsichtsrats mit dem Familiennamen und mindestens einem ausgeschriebenen Vornamen angegeben werden. Der Vorsitzer des Vorstands ist dabei besonders zu bezeichnen. Diese Vorschrift soll die Anonymität der Aktiengesellschaft durch die Publizität der verantwortlichen Unternehmensleitung einschränken. Näheres in den Erläuterungen zu § 100. Eine Anzahl von Befreiungen von der Pflicht zur Namensangabe enthält § 19 der 1. Durchführungsverordnung zum Aktiengesetz vom 29. 9. 37 (RGBl. I 1026). Greifen die dort genannten Ausnahmen ein, wird der Tatbestand des § 301 Abs. I 2. Halbsatz durch die Unterlassung der Namensangabe nicht verwirklicht.

Anm. 8

b) Ähnlich bestimmt **§ 128 Abs. IV** für den **Geschäftsbericht**, daß in ihm die sämtlichen Mitglieder des Vorstands und des Aufsichtsrats einschließlich der im Geschäftsjahr oder nachher Ausgeschiedenen mit dem Familiennamen und mindestens einem ausgeschriebenen Vornamen angegeben werden müssen. Außerdem sind im Geschäftsbericht die Vorsitzer des Vorstands und des Aufsichtsrats besonders als solche zu bezeichnen. Auch diese Vorschrift dient der Publizität der Gesellschaftsleitung.

Anm. 9

c) Über die Abwickler soll sich ebenfalls jeder Außenstehende rasch ins Bild setzen können. Deshalb bestimmt § 209 Abs. V, daß auf allen Geschäftsbriefen einer Aktiengesellschaft, bei der Abwickler eingesetzt sind, die sämtlichen Abwickler und der Vorsitzer des Aufsichtsrats mit dem Familiennamen und mindestens einem ausgeschriebenen Vornamen angegeben werden müssen. Ebenso wie bei § 100 (s. o. Anm. 7) ergeben sich hier aus der 1. Durchführungsverordnung zum Aktiengesetz vom 29. 9. 37 (RGBl. I 1026) gleichfalls Einschränkungen für die Verpflichtung zur Namensangabe. Vgl. Anm. 12 zu § 209.

Anm. 10

d) Der Tatbestand ist **vollendet** in dem Augenblick, in dem der erste Geschäftsbericht oder Geschäftsbrief ohne die erforderlichen Namensangaben in Umlauf gesetzt ist. Die Kenntnisnahme dieses Mangels durch einen Dritten ist hier ebenso wie bei der 1. Alternative des § 301 für die Vollendung des Delikts nicht erforderlich. — Zum **Versuch** vgl. oben Anm. 6.

Anm. 11

III. **Rechtswidrigkeit**

Hinsichtlich der Rechtswidrigkeit gelten die allgemeinen Regeln. Vgl. hierzu die grundsätzlichen Ausführungen in Anm. 52—56 zu § 294. Zu beachten ist, daß die in den Anm. 7 und 9 genannten Befreiungen von der Pflicht zur Namensangabe, falls sie eingreifen, keine Rechtfertigungsgründe darstellen, sondern bereits die Tatbestandsmäßigkeit des Verhaltens entfallen lassen.

Anm. 12

VI. **Schuld**

Für die **Schuldfähigkeit** gelten die allgemeinen Grundsätze. Vgl. Anm. 58 zu § 294. Als Schuldform sieht § 301 nicht nur den **Vorsatz,** sondern auch die **Fahrlässigkeit** vor. Zum Vorsatz vgl. Anm. 59 zu § 294. — Fahrlässig handelt, wer die Sorgfalt, zu der er nach den Umständen und nach seinen persönlichen Fähigkeiten und Kenntnissen verpflichtet und imstande ist, außer acht läßt und infolgedessen den Erfolg nicht voraussieht (so schon RGSt. 58, 134 und 61, 320). Angewandt auf § 301 in seinen zwei Deliktsformen setzt somit der Vorwurf der Fahrlässigkeit voraus, daß der Täter pflichtwidrig gehandelt oder unterlassen hat und daß er den durch seine Handlung oder Unterlassung verursachten strafbaren Erfolg hätte voraussehen können. Dieser doppelte Vorwurf wird bei Vorstandsmitgliedern und Abwicklern eher in Betracht kommen als bei Mitgliedern des Aufsichtsrats. Die Maßstäbe für die jeweils gebotene Sorgfaltspflicht ergeben sich aus § 84 für die Vorstandsmitglieder, aus § 99 für die Mitglieder des Aufsichtsrats und aus § 209 Abs. III für die Abwickler. Danach gilt für alle drei Personengruppen der Grundsatz, daß sie bei ihrer Tätigkeit „die Sorgfalt eines ordentlichen und gewissenhaften Geschäftsleiters" anzuwenden haben. Im einzelnen ergeben sich aber Unterschiede je nach Maßgabe der Funktion des betreffenden Täters. Abstrakte Regeln lassen sich insoweit nicht angeben, entscheidend sind die konkreten Umstände des Falles. — Für die weiteren Schuldvoraussetzungen, das **Unrechtsbewußtsein** und das Nichtvorliegen von **Schuldausschließungsgründen** vgl. Anm. 64 und 65 zu § 294.

Anm. 13

V. **Teilnahme**

Hinsichtlich der Teilnahme ist zu berücksichtigen, daß § 301 echte Sonderdelikte enthält. Demnach können Außenstehende, die nicht zum Täterkreis des § 301 gehören, weder Mittäter, Nebentäter noch mittelbare Täter der Delikte des § 301 sein. Für die Teilnahmeform der Anstiftung und der Beihilfe gelten diese Einschränkungen dagegen nicht. Vgl. ergänzend Anm. 70 zu § 294.

Anm. 14

VI. **Konkurrenzen**

Da nach dem in Anm. 1 Gesagten § 301 ein kumulatives Mischgesetz ist, kommt grundsätzlich zwischen den beiden verschiedenen Tatbestandsformen Tateinheit (§ 73 StGB) in Betracht. Sie wird selten vorkommen, ist jedoch zum Beispiel dann, wenn der Jahresabschluß in einem Geschäftsbericht veröffentlicht wird, ohne weiteres denkbar, denn hier können durch ein und dasselbe Verhalten die Vorschriften der §§ 128 Abs. IV und 144 Abs. I 2. Satz gleichzeitig verwirklicht sein. Für Tatmehrheit und Fortsetzungszusammenhang gilt nichts Besonderes. Vgl. Anm. 75 und 76 zu § 294.

Anm. 15

VII. **Strafantrag und Strafe**

§ 301 ist ein **Antragsdelikt.** Die Strafverfolgung tritt nach § 301 Abs. II nur auf Antrag der amtlichen Vertretung des Handelsstands ein. Das Antragsrecht steht demnach der örtlich zuständigen Industrie- und Handelskammer zu (BGHSt. 11, 345 [352]). Der Strafantrag muß binnen drei Monaten gestellt werden (§ 61 Satz 1 StGB). Diese Frist beginnt mit dem Tage, an dem die Industrie- und Handelskammer von der strafbaren Handlung und der Person des Täters erstmalig Kenntnis erhielt (§ 61 Satz 2 StGB). Da § 301 sich über die Zulässigkeit einer Rücknahme des Strafantrags nicht äußert, ist eine solche **Zurücknahme des Antrags** nach § 64 StGB **nicht zulässig.** Fehlt der Strafantrag, so ist das bereits eingeleitete Verfahren einzustellen. Hat sich dieses Fehlen erst in der Hauptverhandlung herausgestellt, so ist diese Einstellung durch Urteil anzuordnen (§ 260 Abs. III StPO). — Als **Strafe** droht § 301 die Geldstrafe an. Sie beträgt gemäß § 27 Abs. II Nr. 1 StGB mindestens 5,— DM und höchstens 10000,— DM. Beruht die Tat auf Gewinnsucht, kann die Geldstrafe nach § 27a StGB auf 100000,— DM erhöht werden. Gewinnsucht ist Steigerung des Erwerbssinns auf ein ungewöhnliches, ungesundes, sittlich anstößiges Maß (BGHSt. 1, 388 und RGSt. 60, 306).

Anm. 16

VIII. Verjährung

Die Strafverfolgung verjährt gemäß § 67 Abs. II in drei Jahren. Die Unterbrechung und das Ruhen der Verfolgungsverjährung regeln die §§ 68 und 69 StGB. Wegen der Vollstreckungsverjährung vgl. die §§ 70ff. StGB.

Anm. 17

IX. Aktienrechtsreform

§ 301 soll durch § 391 RegEntw. ersetzt werden. Die letztgenannte Vorschrift hat folgenden Wortlaut:

> Wer als Mitglied des Vorstands oder des Aufsichtsrats oder als Abwickler vorsätzlich oder fahrlässig nicht für die Einhaltung der §§ 166, 318 Abs. 1 Satz 2, § 326 Abs. 4 über Form und Inhalt der Bekanntmachung des Jahresabschlusses und des Geschäftsberichts, des Konzernabschlusses und des Konzerngeschäftsberichts und des Teilkonzernabschlusses und des Teilkonzerngeschäftsberichts sorgt, wird mit Geldstrafe bestraft.

Die Änderungen des § 301 zeichnen sich durch zwei Gesichtspunkte aus, die bei den Reformarbeiten am Aktienstrafrecht eine Rolle gespielt haben oder jedenfalls hätten spielen sollen. § 391 RegEntw. trägt dadurch, daß er den Tatbestand des § 301 auf die schuldhaft unrichtige Bekanntmachung des Konzernabschlusses und Geschäftsberichts ausdehnt, der „steigenden wirtschaftlichen Bedeutung des Konzernwesens" (Amtliche Begründung des RegEntw. S. 95) angemessen Rechnung.

Zu begrüßen ist auch, daß ein Zuwiderhandeln gegen die Vorschriften über die Namensangabe in Geschäftsbriefen und im Geschäftsbericht (§§ 100, 128 Abs. 4 und § 209 Abs. 5 AktG) nicht mehr als strafbare Handlung, sondern gemäß § 393 Abs. 1 RegEntw. nur noch als Ordnungswidrigkeit angesehen wird.

Bemerkenswert ist ferner, daß die Strafverfolgung nicht mehr von einem Antrag der amtlichen Vertretung des Handelsstands abhängig ist, wie dies gemäß § 301 Abs. 2 der Fall ist.

Anm. 18

X. Ausländisches Recht

Vgl. Vorbem. vor § 294 Anm. 7.

§ 302

Verletzung der Berichts- und Verschwiegenheitspflicht

Mit Gefängnis oder Geldstrafe wird bestraft:

1. **wer als Prüfer oder als Gehilfe eines Prüfers über das Ergebnis der Prüfung falsch berichtet oder erhebliche Umstände im Bericht verschweigt;**
2. **wer als Prüfer oder als Gehilfe eines Prüfers seine Pflicht zur Verschwiegenheit verletzt oder unbefugt Geschäfts- und Betriebsgeheimnisse, die er bei Wahrnehmung seiner Obliegenheiten erfahren hat, verwertet;**

3. wer als Vorsitzer des Aufsichtsrats einer Prüfungsgesellschaft oder als sein Stellvertreter die durch Einsicht eines Berichts erlangten Kenntnisse verwertet, ohne daß es die Erfüllung der Überwachungspflicht des Aufsichtsrats fordert.

Übersicht

Schrifttum:

Vgl. die eingangs genannten Veröffentlichungen, insbesondere die Kommentare und größeren Gesamtdarstellungen sowie die auf S. 724 angegebenen Schriften.

Anm. 1

I. Allgemeines

1. § 318a HGB enthielt bereits einen entsprechenden Tatbestand. Es wurde lediglich in § 302 Nr. 2 der Täterkreis geringfügig geändert. Statt „Wer als Prüfer oder als Gehilfe eines Prüfers seine Pflicht . . .“ hieß es im § 318a Nr. 2 HGB „Wer entgegen den Vorschriften dieses Abschnitts seine Pflicht . . .“. — § 302 ist ein **kumulatives Mischgesetz**, denn die Bestimmung enthält mehrere selbständige Tatbestände, von denen jeder gegenüber den übrigen ein „anderes Strafgesetz“ i. S. des § 265 StPO ist. Hieraus ergeben sich die unten Anm. 24 behandelten Konkurrenzmöglichkeiten zwischen den einzelnen Deliktsformen. Dabei ist zu beachten, daß die Selbständigkeit der Tatbestände nicht nur das Verhältnis der einzelnen Nummern des § 302 zueinander betrifft. Sogar in sich sind die Nr. 1 und 2 kumulative Tatbestände. Sowohl Nr. 1 als auch Nr. 2 enthalten je zwei Deliktsformen, die zueinander im Verhältnis der „anderen Strafgesetze“ nach § 265 StPO stehen. Der gesamte § 302 enthält somit **fünf verschiedene selb-**

ständige Tatbestände! Durch die Beschränkung des Täterkreises sind diese Tatbestände sämtlich **echte Sonderdelikte.** Dies hat die unten in Anm. 23 erörterten besonderen Folgen für die Teilnahme. Der Tatbestand des **§ 302 Nr. 1 2. Halbsatz** ist zudem noch ein **echtes Unterlassungsdelikt,** die anderen sind **Begehungsdelikte.**

Anm. 2

2. **Geschütztes Rechtsgut** ist bei allen Tatbeständen das Interesse der Gesellschaft, ihrer Aktionäre und ihrer Gläubiger sowie sonstiger Dritter, die in Rechtsbeziehungen zur AG stehen oder treten wollen, an der Einhaltung der Berichts- und Verschwiegenheitspflichten durch die Prüfer, ihre Gehilfen und die Aufsichtsratsvorsitzer einer Prüfungsgesellschaft einschließlich ihrer Stellvertreter. Das ist für die Gesellschaft als solche und für die Aktionäre ohne weiteres klar. Für Gesellschaftsgläubiger und sonstige Dritte folgt das Gesagte daraus, daß insbesondere die strafbare Verwertung von Geschäfts- und Betriebsgeheimnissen — etwa im Wettbewerb — so erhebliche Vermögensschäden herbeiführen kann, daß dadurch die Kreditwürdigkeit des Unternehmens, der Kurswert der Aktien usw. erheblich beeinträchtigt sein können. Aber auch die übrigen Deliktsformen des § 302 können sich mittelbar oder unmittelbar so oder ähnlich für Gläubiger und Dritte auswirken. Der Bereich der geschützten Interessen ist also in dem oben genannten weiten Sinne anzusetzen. In diesem Umfang ist § 302 mit allen seinen Tatbeständen ein **Schutzgesetz nach § 823 Abs. II BGB.** Ebenso Baumbach-Hueck Anm. 1 und von Godin-Wilhelmi Anm. I. Vgl. auch oben Anm. 23 zu § 42.

Anm. 3

II. § 302 enthält folgende fünf **Tatbestände:**

Das falsche Berichten über das Prüfungsergebnis (Nr. 1 1. Halbsatz), das Verschweigen erheblicher Umstände im Bericht (Nr. 1 2. Halbsatz), die Verletzung der Verschwiegenheitspflicht (Nr. 2 1. Halbsatz), das unbefugte Verwerten von Geschäfts- und Betriebsgeheimnissen (Nr. 2 2. Halbsatz) und das pflichtwidrige Verwerten von Kenntnissen aus dem Prüfungsbericht (Nr. 3). Die Täterkreise der ersten vier Deliktsformen sind identisch. Für den fünften Tatbestand — also § 302 Nr. 3 — kommen andere Täter in Frage. Zur Selbständigkeit der fünf Tatbestände vgl. oben Anm. 1.

Anm. 4

1. **Täter** der vier Tatbestände in Nr. 1 und Nr. 2 können nur **Prüfer** oder **Gehilfen eines Prüfers** sein. Als Prüfer im Sinne dieser Bestimmung kennt das Aktiengesetz den **Abschlußprüfer** nach § 135, den **Sonderprüfer** nach § 118 und den **Gründungsprüfer** nach § 25. Die Bestellung des Abschlußprüfers regelt § 136. Er wird grundsätzlich von der Hauptversammlung bestellt (§ 136 Abs. I), kann aber unter bestimmten Voraussetzungen durch das Gericht bestellt werden (§ 136 Abs. III und IV). Der Sonderprüfer wird ebenfalls in der Regel von der Hauptversammlung bestellt (§ 118 Abs. I). Ausnahmsweise sieht indessen § 118 Abs. II und III eine Bestellung durch das Gericht vor. Die Bestellung der Gründungsprüfer obliegt gemäß § 25 Abs. III ausschließlich dem Gericht. Dieses muß vor der Bestellung die amtliche Vertretung des Handelsstands, d. h. also die zuständige Industrie- und Handelskammer, anhören. Wegen weiterer Einzelheiten vgl. die Erläuterungen zu den genannten Bestimmungen. Daß die Gehilfen eines Prüfers der gleichen strafrechtlichen Haftung unterliegen, entspricht auch dem übrigen System des Aktienrechts. Für die Abschlußprüfer hat § 141 Abs. I ausdrücklich angeordnet, daß deren Gehilfen in der gleichen Weise wie die Abschlußprüfer selbst zur gewissenhaften und unparteiischen Prüfung sowie zur Verschwiegenheit verpflichtet sind. Die entsprechende Gleichstellung der Gehilfen bei den Sonder- und bei den Gründungsprüfern versteht sich daher von selbst. **Prüfungsgesellschaften** können keine Täter des Straftatbestands des § 302 sein. Dies folgt aus dem das Strafrecht beherrschenden Schuldprinzip. Einer juristischen Person kann kein strafrechtlicher Schuldvorwurf gemacht werden. Wird also die Prüfung durch eine Prüfungsgesellschaft vorgenommen — eine Möglichkeit, die in § 141 Abs. I für die Abschlußprüfung ausdrücklich erwähnt ist, die aber für die übrigen Prüfungen ebenfalls gilt —, dann haften strafrechtlich die gesetzlichen Vertreter dieser Prüfungsgesellschaft. Sie sind dann

als Prüfer im Sinne des § 302 anzusehen. Ebenso von Godin-Wilhelmi Anm. II 2 und Schlegelberger-Quassowski Anm. 2. Indessen haftet in einem derartigen Falle nicht jeder gesetzliche Vertreter der betreffenden Prüfungsgesellschaft, sondern nur derjenige, der mit der betreffenden Prüfung persönlich zu tun hat. Die Schuldvoraussetzungen bedürfen also bei der strafrechtlichen Inanspruchnahme von gesetzlichen Vertretern einer besonders sorgfältigen Untersuchung. — Die unglückliche Formulierung des § 304 könnte die Vermutung nahelegen, daß § 302 bei einer Kommanditgesellschaft auf Aktien keine Anwendung finden solle, denn dort ist nur von der sinngemäßen Anwendung der Vorschriften über Vorstandsmitglieder die Rede. Da § 304 jedoch den Sinn hat, den Strafrechtsschutz der Aktiengesellschaft auf die Kommanditgesellschaft auf Aktien auszudehnen, muß § 304 so ausgelegt werden, daß zu den Tätern des § 302 auch die Prüfer und Prüfergehilfen zählen, die bei einer Kommanditgesellschaft auf Aktien tätig geworden sind. Vgl. unten die Erläuterungen zu § 304. — Weil die §§ 25 Abs. IV und V, 119 und 137 bestimmte Anforderungen hinsichtlich der Befähigung zum Prüfer stellen, entsteht die Frage, wie sich die fehlende Geeignetheit des betreffenden Prüfers oder seines Gehilfen auf die strafrechtliche Haftung auswirkt. Der von Eb. Schmidt Anm. 4 der Vorauflage vertretenen Auffassung, daß sich jemand, der entgegen diesen Bestimmungen zum Prüfer gewählt oder bestellt wird, durch Berufung auf den Fehlgriff nicht von seiner strafrechtlichen Haftung befreien kann, wenn sein Verhalten im übrigen einen der Tatbestände des § 302 erfüllt, kann zugestimmt werden. Ebenso von Godin-Wilhelmi Anm. II 2. Eine nähere Begründung dieser bisher, soweit ersichtlich, nicht bestrittenen Ansicht wurde bisher nicht vorgetragen, sie läßt sich jedoch ohne weiteres unter Bezugnahme auf die bei den Beamtendelikten zum Beamtenbegriff entwickelten Grundsätze gewinnen. Schon in RGSt. 2, 83 und in JW 22, 1027 wurde anerkannt, daß eine zu Unrecht angestellte Person gleichwohl noch Beamter im strafrechtlichen Sinne (§ 359 StGB) sein kann. Dies gilt selbst für den Fall, daß etwa der angestellten Person die Fähigkeit zur Bekleidung öffentlicher Ämter aberkannt ist (RGSt. 50, 18). In der zuletzt genanntenEntscheidung handelte es sich darum, daß der als Beamter angestellte Täter einige Zeit zuvor infolge strafgerichtlichen Urteils die Fähigkeit zur Bekleidung öffentlicher Ämter verloren hatte. Dies war sogar einem Teil der Mitglieder des ihn anstellenden städtischen Kollegiums bekannt. Gleichwohl hat das RG diese Tatsache als unbeachtlich für die Beamteneigenschaft im strafrechtlichen Sinne angesehen. Vgl. Werner in LK Anm. VII 4 zu § 359 StGB. Ausgehend von dieser seit langem herrschenden Rechtsprechung ergibt sich für die Anwendung des § 302, daß ein Prüfer im Sinne dieses Strafrechtstatbestands auch derjenige ist, dessen Bestellung rechtsunwirksam war.

Anm. 5

2. **Das falsche Berichten über das Ergebnis der Prüfung (Nr. 1 1. Halbsatz):**

a) Ebenso wie sich der Täterkreis bei § 302 nach dem Prüferbegriff des Aktienrechts richtet, sind unter **Prüfungen** nur diejenigen Untersuchungen zu verstehen, die das Aktiengesetz als Prüfungen bezeichnet und im einzelnen näher regelt. Nach § 26 Abs. I soll sich die Prüfung durch die Gründungsprüfer — d. h. die **Gründungsprüfung** — namentlich darauf erstrecken, ob die Angaben der Gründer über die Übernahme der Aktien, über die Einlagen auf das Grundkapital und über die in den §§ 19 und 20 vorgesehenen Festsetzungen richtig und vollständig sind; außerdem sollen die Gründungsprüfer untersuchen, ob die für eingelegte oder übernommene Gegenstände gewährten Leistungen angemessen sind. Über jede Prüfung ist unter Darlegung dieser Umstände schriftlich zu berichten (§ 26 Abs. II). Empfänger dieser Berichte der Gründungsprüfer sind nach § 26 Abs. III das Gericht, der Vorstand und die amtliche Vertretung des Handelsstands, d. h. also die zuständige Industrie- und Handelskammer. — Für die **Sonderprüfung** sind in erster Linie die §§ 118 und 121 maßgebend. Der Inhalt der Sonderprüfungsberichte bestimmt sich im wesentlichen nach dem bei der Bestellung der Prüfer bestimmten Prüfungsgegenstand. Als Gegenstände derartiger Sonderprüfungen kommen vor allem Vorgänge bei der Gründung oder der Geschäftsführung sowie bei

Maßnahmen der Kapitalbeschaffung und Kapitalherabsetzung in Betracht (§ 118 Abs. I). Auch hier ist über das Ergebnis der Prüfung schriftlich zu berichten. Adressaten dieses Berichts sind der Vorstand und das Handelsregistergericht des Sitzes der Gesellschaft (§ 121 Abs. III). — Auch die Abschlußprüfer haben nach § 139 Abs. I über das Ergebnis der Prüfung schriftlich zu berichten. Zum Inhalt des Berichts über die **Abschlußprüfung** vgl. vor allem § 135 Abs. II und § 139 Abs. I. Da sich die Abschlußprüfung zugleich auf die Beachtung der Vorschriften über den Jahresabschluß und den Geschäftsbericht zu erstrecken hat (§ 135 Abs. II), sind ferner die §§ 125ff. über den Jahresabschluß und die §§ 127ff. über den Geschäftsbericht heranzuziehen. Empfänger des Abschlußprüfungsberichts sind gemäß § 139 Abs. II der Vorstand und der Aufsichtsrat.

Anm. 6

b) Da der Tatbestand erst dann verwirklicht ist, wenn der Prüfer oder sein Gehilfe **über das Ergebnis der Prüfung falsch berichtet,** ist auf keinen Fall nach dieser Bestimmung strafbar die Nichterstattung des Berichts. Nur ein dem jeweiligen Adressaten erstatteter Bericht kann falsch sein. Von entscheidender Bedeutung ist es, daß im Gesetz von einem Bericht über ein falsches Ergebnis der Prüfung nicht gesprochen wird, sondern von einem falschen Bericht über das Prüfungsergebnis. Hieraus folgt, daß die objektive Wahrheit oder Falschheit des Prüfungsergebnisses für die Strafbarkeit aus § 302 Nr. 1 1. Halbsatz unbeachtlich ist. Es kommt mithin nicht darauf an, ob der Inhalt des Berichts sich mit dem Berichtsgegenstand objektiv deckt. Der Straftatbestand ist vielmehr erst dann und nur dann verwirklicht, wenn das Ergebnis der Prüfung mit dem Inhalt des Berichts über das Ergebnis der Prüfung nicht übereinstimmt. Ausschlaggebend ist also jeweils das Wissen des Täters von den Verhältnissen bei der Gesellschaft, den Gründungshergängen usw., selbst wenn dieses Wissen fehlerhaft ist. Infolgedessen ist der Bericht **falsch,** wenn er nicht das zum Ausdruck bringt, was der Täter tatsächlich weiß. Sind die in dem Bericht über das Prüfungsergebnis enthaltenen Aussagen über die Verhältnisse der Gesellschaft usw. objektiv wahr, so ändert dies dann nichts daran, daß der Bericht als solcher falsch ist, wenn jene Aussagen nicht das Prüfungsergebnis, über das berichtet wird, darstellen. Ebenso Eb. Schmidt Anm. 7 der Vorauflage sowie Baumbach-Hueck Anm. 2, Erbs in Kohlhaas Anm. 2, von Godin-Wilhelmi Anm. II 3 und Schlegelberger-Quassowski Anm. 2. Zum Beispiel ist ein Bericht über das Prüfungsergebnis falsch, wenn sich bei der Prüfung ein Mangel ergab, obwohl dieser Mangel nicht bestand, und nunmehr der Täter berichtete, es habe sich bei der Prüfung kein Mangel ergeben. Andererseits ist der Bericht nicht falsch, wenn bei der Prüfung ein Mangel übersehen wurde und der Prüfer nun berichtet, es sei kein Mangel festgestellt worden. Strafrechtlich geschützt werden soll hier also nicht die Wahrheit des Prüfungsergebnisses, sondern die Richtigkeit des Berichts über das Ergebnis der Prüfung gleichgültig, ob dieses wahr oder falsch gewesen ist. Dies unterscheidet den hiesigen Tatbestand von den in § 295 geregelten Tatbeständen. Vgl. oben Anm. 9 zu § 295.

Anm. 7

c) **Vollendet** ist der Tatbestand, wenn der Täter **berichtet** hat. Berichtet hat er, wenn der Bericht dem zuständigen Empfänger eingereicht worden ist. Der Zeitpunkt des Zugehens des Berichts ist also identisch mit dem Zeitpunkt der Vollendung des Delikts. Der Empfänger braucht von dem Bericht keine Kenntnis genommen zu haben. Erst recht ist es nicht erforderlich, daß er durch den falschen Bericht getäuscht wurde. Es genügt die bloße Möglichkeit der Kenntnisnahme. Vorher könnte allenfalls ein **Versuch** vorliegen. Dieser ist aber nach § 43 Abs. II i. V. m. § 1 Abs. II StGB nicht strafbar.

Anm. 8

3. **Das Verschweigen erheblicher Umstände im Bericht (Nr. 1 2. Halbsatz)**

a) Dieser Tatbestand ist ein echtes Unterlassungsdelikt, denn **Verschweigen** eines Umstands ist identisch mit dem Nichterwähnen des betreffenden Umstands. Es genügt also das bloße Unterlassen einer Mitteilung entsprechenden Inhalts. Daraus folgt, daß irgendein auf Verdeckung oder Verschleierung gerichtetes aktives Tun für die Tatbestandsmäßigkeit des Verhaltens nicht erforderlich ist. Hat der Täter in seinem Bericht einen erheblichen Umstand nicht erwähnt, so können mündliche oder außerhalb des Berichts erfolgende schriftliche Mitteilungen ihn von der strafrechtlichen Verantwortung nicht befreien, weil solche Mitteilungen die Tatbestandsmäßigkeit des Verschweigens nicht aufheben. Ebenso Eb. Schmidt Anm. 9 der Vorauflage. Anders liegt es, wenn die betreffenden Mitteilungen als Ergänzungen und damit als Bestandteile des Berichts anzusehen sind. Umstände, die nach § 121 Abs. III nicht in den Bericht über das Ergebnis der Prüfung aufgenommen werden durften, sind nicht verschwiegen im Sinne des § 302 Nr. 1. Diese Vorschriften beseitigen nicht erst die Rechtswidrigkeit des Verhaltens, sondern schon seine Tatbestandsmäßigkeit. Zu beachten ist aber, daß unter Umständen eine Strafbarkeit nach § 302 Nr. 1 1. Halbsatz übrig bleibt, denn Schweigegebote wie in § 121 Abs. III berechtigen nur zum Schweigen, nicht aber zum Falschberichten. Daß unter Umständen das eine nicht ohne das andere getan werden kann, ist grundsätzlich nicht zuzugeben, denn in der Regel lassen sich bei gebotenem Schweigen Formulierungen finden, die den Vorwurf des Falschberichtens vermeiden. Sollte dies ganz ausnahmsweise einmal anders sein, dann wäre zu prüfen, ob eine Strafbarkeit aus § 302 Nr. 1 1. Halbsatz wegen eines Rechtfertigungs- oder mindestens wegen eines Entschuldigungsgrunds entfällt. Der anscheinend weitergehenden Auffassung von Baumbach-Hueck in Anm. 2b kann daher insoweit nicht gefolgt werden.

Anm. 9

b) Es versteht sich von selbst, daß eine Strafbarkeit aus diesem Tatbestand nicht schon bei einem Verschweigen von irgendwelchen Umständen in Frage kommt. Es müssen vielmehr **erhebliche Umstände** vom Täter verschwiegen worden sein. Es handelt sich hierbei um ein normatives, nicht ein deskriptives Tatbestandsmerkmal. Dies hat zur Folge, daß im konkreten Einzelfall eine richterliche Bewertung vorzunehmen ist. Eine derartige weitreichende Abhängigkeit der Frage der Strafbarkeit vom richterlichen Ermessen ist im Hinblick auf den verfassungsrechtlichen Grundsatz der gesetzlichen Bestimmtheit der Straftatbestände (Art. 103 Abs. II GG) nicht unbedenklich. Gleichwohl kann der Gesetzgeber nicht ganz ohne derartige ausfüllungsbedürftige normative Tatbestandsmerkmale auskommen. Vgl. etwa den allenthalben im geltenden Strafrecht benutzten Begriff des sogenannten schweren Falles. Im übrigen enthält das Aktienrecht zahlreiche Bestimmungen, aus denen sich entnehmen läßt, was der Gesetzgeber jeweils als einen erheblichen Umstand ansieht. Beim **Gründungsprüfer** kann in diesem Zusammenhang auf § 26 verwiesen werden. Aber auch § 25 ist von Bedeutung, denn wenn eine bestimmte Tatsache, wie sie etwa in § 25 Abs. II erwähnt ist, dazu führt, daß eine Gründungsprüfung durch besondere Gründungsprüfer erforderlich ist, dann kann davon ausgegangen werden, daß die betreffenden Umstände auf jeden Fall erheblich sind. — Für den **Abschlußprüfer** ergeben sich wichtige Hinweise über die Erheblichkeit der zu erwähnenden Umstände aus den Vorschriften der §§ 135 Abs. II, 125, 126, 128 und 129ff. Mit Recht hat Eb. Schmidt Anm. 10 der Vorauflage auf folgendes hingewiesen: Da der Bericht der Abschlußprüfer nur dem Vorstand und dem Aufsichtsrat vorzulegen ist (§ 139 Abs. II), also den für alle Angelegenheiten der Gesellschaft voll verantwortlichen Verwaltungsträgern, über diesen Kreis aber nicht hinausgelangt, so ist ein Verschweigen auch hinsichtlich solcher Umstände nicht statthaft, über die sich gemäß § 128 Abs. III der Geschäftsbericht nicht zu äußern braucht, weil überwiegende Belange der Gesellschaft oder eines beteiligten Unternehmens usw. es erfordern. Diese unterschiedliche Behandlung folgt daraus, daß der Geschäftsbericht nach § 127 Abs. II zusammen mit dem Bericht des Aufsichtsrats der Hauptversammlung zur Verhandlung über die Entlastung, die Gewinnverteilung und die Feststellung des Jahresabschlusses vorzulegen ist, also einem wesentlich größeren Personenkreis, ja sogar der gesamten Öffentlichkeit zugänglich gemacht wird, falls beispielsweise die Presse in der Hauptversammlung vertreten ist. — Für den Bericht der **Sonderprüfer** sind diejenigen Umstände erheblich, die im Hinblick auf die bei der Bestellung der Prüfer nach § 118 festgelegte Prüfungsaufgabe von Bedeutung sind. Maßgeblich ist hier also nicht eine allgemeine Erheblichkeit, sondern eine Erheblichkeit in bezug auf das spezielle Prüfungsthema. § 121 Abs. III wirkt sich hier in der gleichen Weise wie beim Abschlußprüfer aus und verpflichtet den Sonderprüfer unter Umständen zum Verschweigen erheblicher Umstände. Es fragt sich, wie ein solches Schweigegebot sich strafrechtlich auswirkt. Eb. Schmidt nahm in Anm. 10 der Vorauflage übereinstimmend mit Schlegelberger-Quassowski Anm. 3 an, daß es sich hierbei um einen Rechtfertigungsgrund handele. Die Tatbestandsmäßigkeit als solche würde demnach aufrechterhalten bleiben. Dem kann nicht gefolgt werden. Der in Rede stehende Tatbestand Nr. 1 2. Halbsatz ist, wie bereits hervorgehoben wurde, ein echtes Unterlassungsdelikt. Tatbestandsmäßig kann infolgedessen nur die Unterlassung eines solchen Verhaltens sein, das durch eine Rechtspflicht gefordert war. Dementsprechend kann ein Verschweigen nur dann tatbestandsmäßig sein, wenn eine Rechtspflicht zum Erwähnen bestand. In den Fällen des § 121 Abs. III bestand aber nicht nur nicht eine solche Rechtspflicht zum Erwähnen, sondern es war das betreffende Erwähnen sogar verboten. Es besteht also bei einer derartigen Sachlage keine Rechtspflicht zum Nicht-Verschweigen, sondern stattdessen ein Gebot, in dem das Verschweigen gefordert wird. Das Verschweigen kann also gar nicht tatbestandsmäßig sein, wenn die Voraussetzungen des § 121 Abs. III erfüllt sind.

Anm. 10

c) **Vollendet** ist der Tatbestand des Verschweigens erheblicher Umstände im Bericht über das Prüfungsergebnis, wenn dieser Bericht dem Adressaten, d. h. also entweder dem Vorstand oder dem Handelsregistergericht, zugegangen ist. Vgl. hierzu § 121 Abs. III letzter Satz. Es versteht sich von selbst, daß eine später erfolgende Ergänzung des Berichts nicht mehr von der Strafbarkeit befreit. Das vor dem Zugang beim Empfänger liegende Verhalten ist strafrechtlich bedeutungslos, da der **Versuch** auf jeden Fall gemäß § 43 Abs. II StGB **straflos** ist.

Anm. 11

4. **Die Verletzung der Verschwiegenheitspflicht (Nr. 2 1. Halbsatz)**

a) Bei allen drei Prüfergruppen kennt das Gesetz **Verschwiegenheitspflichten.** Vgl. für den Gründungsprüfer § 42 Abs. I, für den Abschlußprüfer § 141 Abs. I und für den Sonderprüfer § 120, in dem auf § 141 verwiesen wird. Über die Grenzen der Verschwiegenheitspflicht äußern sich die gesamten Bestimmungen nicht. Auf jeden Fall bezieht sich die Verschwiegenheitspflicht auf die Geschäfts- und Betriebsgeheimnisse der Aktiengesellschaft. Dies wird schon allein dadurch nahegelegt, daß in den §§ 42 und 141 im unmittelbaren Anschluß an die Erwähnung der Verschwiegenheitspflicht von dem Verbot unbefugter Verwertung von Geschäfts- und Betriebsgeheimnissen die Rede ist. Es wäre aber widerspruchsvoll, die Verwertung zu verbieten und das Verschweigen nicht zu fordern. Die Geschäfts- und Betriebsgeheimnisse sind damit auch gegen Verrat und nicht nur, wie man es zunächst nach dem Wortlaut des § 302 Nr. 2 glauben könnte, gegen unbefugte Verwertung geschützt. Dies ist deshalb von besonderer Bedeutung, weil der in § 17 Abs. I UWG geregelte Tatbestand des Verrats von Geschäftsgeheimnissen nur auf solche Täter Anwendung findet, die als Angestellte, Arbeiter oder Lehrlinge ein Betriebs- oder Geschäftsgeheimnis verraten. Auch § 17 Abs. II UWG kann bei Prüfern oder deren Gehilfen nicht angewandt werden, weil sich diese Bestimmung auf die Empfänger der Mitteilung bezieht. Im übrigen erstreckt sich die hier in Rede stehende Verschwiegenheitspflicht nicht nur auf die Geschäfts- und Betriebsgeheimnisse. Insbesondere erstreckt sie sich nicht nur auf die für die jeweilige Prüfung als solche, sondern auf alle für die Gesellschaft wesentlichen Angelegenheiten überhaupt. Eb. Schmidt Anm. 14 der Vorauflage. Was jeweils wesentlich oder nur unwesentlich ist, läßt sich nicht abstrakt bestimmen, sondern kann nur unter Berücksichtigung der Umstände des Einzelfalles, insbesondere der Interessenlage, ermittelt werden.

Anm. 12

b) **Eine Verletzung der Verschwiegenheit** liegt vor, wenn der Prüfer oder sein Gehilfe eine der Verschwiegenheitspflicht unterliegende Tatsache einem Dritten mitteilt, dem gegenüber er zu dieser Mitteilung nicht befugt ist. Hinsichtlich dieser Befugnis ist zunächst einmal davon auszugehen, daß gegenüber den Adressaten des Prüfungsberichts keinerlei Verschwiegenheitspflicht besteht. Weitere Anhaltspunkte für die Befugnis zur Entgegennahme von Mitteilungen, die der Verschwiegenheitspflicht unterliegen, ergeben sich aus denjenigen Bestimmungen, in denen das Auskunftsrecht der Prüfer und die diesem Recht korrespondierende Auskunftspflicht geregelt sind. Derartige Auskunftspflichten sind für den Vorstand in den §§ 121 Abs. I und II sowie 138 Abs. I und II und für die Gründer im § 27 Abs. II festgelegt. Mit Recht wird hieraus gefolgert, daß nicht jeder beliebige Angestellte der Gesellschaft ohne einen entsprechenden Auftrag vom Vorstand bzw. von den Gründern als Auskunftsperson für den Prüfer in Betracht kommt. Hieraus kann mit Eb. Schmidt Anm. 15 der Vorauflage gefolgert werden, daß auch der Prüfer mit Mitteilungen über die seiner Verschwiegenheitspflicht unterfallenden Angelegenheiten sich nur an den Vorstand bzw. an die Gründer oder an die von jenen namhaft gemachten Personen wenden darf. Anderen gegenüber ist der Prüfer zu Mitteilungen nicht befugt. Daß das Tatbestandsmerkmal der Verschwiegenheitspflicht streng ausgelegt werden muß, zeigt insbesondere die Vorschrift des § 141 Abs. III, wonach die Verpflichtung zur Verschwiegenheit, wenn eine Prüfungsgesellschaft Abschlußprüfer ist, auch gegenüber dem Aufsichtsrat und den Mitgliedern des Aufsichtsrats der Prüfungsgesellschaft besteht.

Anm. 13

c) **Vollendet** ist dieser Tatbestand mit dem Zugehen der Mitteilung an einen Unbefugten. Eine Kenntnisnahme durch den Empfänger der Mitteilung ist nicht erforderlich. — Der **Versuch** ist nach § 43 Abs. II nicht strafbar.

Anm. 14

5. **Das unbefugte Verwerten der bei Wahrnehmung der Obliegenheiten in Erfahrung gebrachten Geschäfts- und Betriebsgeheimnisse** (Nr. 2 2. Halbsatz).

a) Der Tatbestand bezieht sich auf die Verwertung von **Geschäfts- und Betriebsgeheimnissen.** Die beiden Begriffe sind in dieser Zusammenstellung dem Sprachgebrauch der Wirtschaft entnommen. Es besteht kein Unterschied in der Bedeutung der beiden Ausdrücke, es sei denn, man ordnet die zur kaufmännischen Seite des Unternehmens gehörigen Geheimnisse den Geschäfts- und die zur technischen Seite gehörigen den Betriebsgeheimnissen zu. Vgl. RGSt. 29, 426 (430); 31, 90; 33, 62; 48, 12. Für die Auslegung können die Kommentare und das sonstige Schrifttum zu § 17 UWG herangezogen werden. Im einzelnen gehen die Meinungen über die Definition dieses Tatbestandsmerkmals auseinander. In wesentlicher Übereinstimmung mit den genannten Entscheidungen des RG ist davon auszugehen, daß ein Geschäfts- und Betriebsgeheimnis hinsichtlich solcher geheimen Tatsachen besteht, auf deren Geheimhaltung sich der Wille der verantwortlichen Mitarbeiter des Unternehmens richtet und deren Geheimhaltung überdies im Hinblick auf die Eigenart des Betriebs im wettbewerblichen Interesse liegt. Vgl. über die Entwicklung dieser Begriffsbestimmung eingehend Eb. Schmidt in: Verhandlungen des 36. Deutschen Juristentages 1930, Bd. I S. 140. Abgesehen von der Tatsache des Geheimseins kommt es insbesondere nach der Rechtsprechung des RG vor allem auf den zuletzt erwähnten Interessengesichtspunkt entscheidend an. **Geheim** ist eine Tatsache, „die im Zusammenhang mit einem Gewerbebetrieb steht, nur einem eng begrenzten Personenkreis bekannt, also nicht offenkundig ist und nach dem bekundeten Willen des Betriebsinhabers geheim gehalten werden soll" (RG GRUR 1939, 311). Für weitere Einzelheiten vgl. oben Anm. 5 zu § 42. Die dem Geheimsein entgegenstehende Offenkundigkeit der Tatsachen ist nicht schon mit der bloßen Möglichkeit einer Kenntnisnahme durch eine unbegrenzte Vielheit von Menschen, sondern erst dann gegeben, aber auch immer dann anzunehmen, „wenn vom Standpunkt praktischer Erfahrung aus" (Wertung des Richters!) „nicht mehr damit gerechnet werden kann, daß das Wissen um die Tatsachen noch auf einen geschlossenen Kreis gleichmäßig am Geheimbleiben Interessierter beschränkt sei"; so Eb. Schmidt aaO. (dort weitere Literatur). Vgl. ferner RGSt. 40, 406 und 31, 91 sowie RG 65, 335.

Anm. 15

b) Die Geschäfts- und Betriebsgeheimnisse muß der Prüfer oder sein Gehilfe **bei Wahrnehmung seiner Obliegenheiten erfahren** haben. Es ist mithin nicht erforderlich, daß der Täter die Geheimnisse infolge seiner Prüfungstätigkeit erfahren hat, es genügt vielmehr, wenn er seine Kenntnisse „aus Anlaß" oder „bei Gelegenheit" seines Einsatzes erworben hat. Ebenso wie bei dem Tatbestand der Verletzung des Berufsgeheimnisses in § 300 StGB ist es nicht erforderlich, daß der Täter von anderen auf das betreffende Geheimnis ausdrücklich aufmerksam gemacht wurde. Der bei diesem Straftatbestand angestrebte Geheimnisschutz soll sich, wie die Formulierung des Gesetzestextes deutlich erkennen läßt („bei Wahrnehmung"), auch auf solche Geheimnisse beziehen, die der Täter von sich aus vielleicht ganz zufällig in Erfahrung gebracht hat. Andererseits muß ein Zusammenhang zwischen der Wahrnehmung der Obliegenheiten einerseits und der Kenntniserlangung andererseits bestehen. Eb. Schmidt Anm. 19 der Vorauflage.

Anm. 16

c) Unter **unbefugter Verwertung** verstand das RG nur die „praktische Verwendung zu gewerblichen Zwecken". RGSt. 39, 85; 40, 406 (408); 63, 2/5/6; RG MuW 10, 96. Indessen zwingen weder der Wortlaut noch der Zweck des Gesetzes zu einer derartigen einschränkenden Auslegung. Unter unbefugter Verwertung muß vielmehr jede Verwertung, gleichgültig zu welchem Zweck, verstanden werden. Ebenso Baumbach-Hueck Anm. 3 und Eb. Schmidt Anm. 20 der Vorauflage. Ob der Täter den Verwertungszweck erreicht, ist für die strafrechtliche Würdigung unbeachtlich.

Anm. 17

d) **Vollendet** ist der Tatbestand mit dem Beginn der Verwertung, sei es intern, sei es durch Weitergabe des Geheimnisses. Wegen der Straflosigkeit des Versuchs (§ 43 Abs. II StGB) ist die Abgrenzung wichtig.

Anm. 18

6. **Unbefugte Verwertung von durch Einsicht in einen Bericht erlangten Kenntnissen** (Nr. 3)

a) Durch diesen Tatbestand soll der Schutz vor unbefugter Verwertung auch in solchen Fällen sichergestellt werden, in denen die Prüfung durch eine Prüfungsgesellschaft ausgeführt wird und diese über einen Aufsichtsrat verfügt. Als **Täter** kommen nur der Vorsitzer des Aufsichtsrats der betreffenden Prüfungsgesellschaft oder sein Stellvertreter in Betracht. Vgl. Anm. 22—25 zu § 294.

Anm. 19

b) Das tatbestandsmäßige Verhalten besteht in einer Verwertung von Kenntnissen entgegen § 141 Abs. III. Nach dieser Bestimmung besteht die Verpflichtung zur Verschwiegenheit, falls eine Prüfungsgesellschaft Abschlußprüfer ist, auch gegenüber dem Aufsichtsrat und den Mitgliedern des Aufsichtsrats der Prüfungsgesellschaft. Im Hinblick auf die unumgängliche Überwachungspflicht des Aufsichtsrats macht der Gesetzgeber jedoch von dieser Verpflichtung eine eng umgrenzte Ausnahme. Der Vorsitzer des Aufsichtsrats der Prüfungsgesellschaft und sein Stellvertreter dürfen den von ihrer Gesellschaft erstatteten Prüfungsbericht einsehen. Die dabei erlangten Kenntnisse dürfen sie aber nur insoweit verwerten, als dies für die Erfüllung der Überwachungspflicht des Aufsichtsrats erforderlich ist. Sobald die Verwertung diese Grenze überschreitet, liegt ein strafbares Verhalten vor. Das Gesagte gilt nicht nur für den Fall, daß eine Prüfungsgesellschaft als Abschlußprüfer tätig ist, sondern zugleich für die Fälle, in denen eine Prüfungsgesellschaft als Gründungs- oder als Sonderprüfer eingesetzt wird. § 42 Abs. III und § 120 in Verbindung mit § 141. Näheres zu den Rechten und Pflichten des Aufsichtsratsvorsitzers sowie seines Stellvertreters in derartigen Fällen s. Anm. 21—24 zu § 42. — Zum Tatbestandsmerkmal der **Verwertung** vgl. oben Anm. 16.

Anm. 20

c) Für die **Vollendung** und den **Versuch** gilt hier das gleiche wie bei dem Tatbestand Nr. 2 2. Halbsatz. Vgl. daher oben Anm. 17.

Anm. 21

III. **Rechtswidrigkeit**

Für die Rechtswidrigkeit gelten die allgemeinen strafrechtlichen Grundsätze. Vgl. Anm. 52—56 zu § 294. Ein wichtiger Anwendungsfall des Rechtfertigungsgrundes der **Pflichtenkollision** wird sich beim Tatbestand der Verletzung der Verschwiegenheitspflicht (Nr. 2 1. Halbsatz) ergeben können. Hier ist in erster Linie an den Prüfer oder seinen Gehilfen als Zeugen im Zivilprozeß zu denken. Nach § 383 Nr. 5 steht beiden grundsätzlich ein Zeugnisverweigerungsrecht zu. In der Regel kann also der Verschwiegenheitspflicht des Prüfers und des Prüfergehilfen im Prozeß ohne weiteres entsprochen werden. Wie Eb. Schmidt Anm. 16 der Vorauflage jedoch zutreffend bemerkt, sind immerhin Lagen denkbar, in denen durch das Schweigen ein derartiger Schaden angerichtet wird, daß trotz des Zeugnisverweigerungsrechts eine Befolgung der Schweigepflicht ihren Sinn verlieren würde. Unter diesen Umständen ist der Täter, der unter Verzicht auf sein Zeugnisverweigerungsrecht die Schweigepflicht in Erfüllung einer höheren anderen Pflicht bricht, gerechtfertigt. Eine gesetzliche Auswirkung dieses allgemeinen Rechtsgedankens ist in der Tatsache zu erblicken, daß im Strafprozeß eine dem § 383 Nr. 5 ZPO entsprechende Bestimmung fehlt. Der Gesetzgeber geht also davon aus, daß die Zeugnispflicht der Schweigepflicht im Strafprozeß stets vorgeht. Je nach dem Wert der in derartigen Konfliktsituationen einander gegenüberstehenden Rechtsgütern entscheidet sich schon der Gesetzgeber verschieden. Entsprechendes muß folglich für das allgemeine Problem der Pflichtenkollision als Rechtfertigungsgrund anläßlich der Gesetzesanwendung gelten.

Anm. 22

IV. **Schuld**

Schuldform ist bei allen fünf Tatbeständen der **Vorsatz,** wobei **bedingter Vorsatz** stets genügt. — Für **Schuldfähigkeit, Unrechtsbewußtsein** und **Schuldausschließungsgründe** gelten keine Besonderheiten. Vgl. die grundsätzlichen Ausführungen Anm. 57—65 zu § 294. — Die allgemeinen strafrechtlichen Grundsätze über die Auswirkungen des **Irrtums** können bei sämtlichen Tatbeständen des § 302 erhebliche Bedeutung erlangen, zumal bei den normativen Tatbestandsmerkmalen. Als Beispiele seien erwähnt: Zu den Tatbestandsmerkmalen der Deliktsform des § 302 Nr. 1 2. Halbsatz zählt u. a. die Erheblichkeit der verschwiegenen Umstände. Irrt sich der Täter über die Bedeutung der nicht erwähnten Umstände und hält er sie fälschlicherweise für unerheblich, dann ist dieser Irrtum ein den Vorsatz ausschließender Tatbestandsirrtum und nicht etwa ein nur das Unrechtsbewußtsein beseitigender Verbotsirrtum. Bei Anwendung des Tatbestands Nr. 2 1. Halbsatz kann es sich ergeben, daß der Täter sich über die Grenzen der ihm auferlegten Verschwiegenheitspflicht irrt. Da die Verschwiegenheitspflicht Tatbestandsmerkmal ist, stellt ein solcher Irrtum ebenfalls einen den Vorsatz ausschließenden Tatbestandsirrtum dar.

Anm. 23

V. **Teilnahme**

Hinsichtlich der Teilnahme ist stets zu beachten, daß sämtliche Delikte des § 302 echte Sonderdelikte sind. Personen, die nicht zum gesetzlich bestimmten Täterkreis zählen, können daher weder als Mittäter noch als mittelbare Täter strafbar werden. Dagegen können Außenstehende ohne weiteres Anstifter oder Gehilfen sein. §§ 47, 48 und 49 StGB.

Anm. 24

VI. **Konkurrenzen**

Da § 302 ein sogenanntes kumulatives Mischgesetz ist, die einzelnen Deliktsformen also selbständige Strafgesetze i. S. des § 265 StPO sind, ist Tateinheit (§ 73 StGB) zwischen ihnen grundsätzlich denkbar. Dies gilt nicht nur für das Verhältnis der einzelnen Nummern innerhalb des § 302 zueinander, sondern sogar für das Verhältnis der Tatbestände innerhalb einer einzelnen solchen Nummer. So ist es z. B. möglich, daß zwischen Nr. 1 1. Halbsatz und Nr. 1 2. Halbsatz Idealkonkurrenz besteht, falls nämlich in einem schriftlichen Bericht falsch berichtet und außerdem in dem gleichen Bericht ein erheblicher Umstand verschwiegen wird. Da ferner das einzelne Verschweigen zugleich ein falsches Berichten sein kann, nicht aber sein muß, wäre auch in einem solchen Fall Idealkonkurrenz zwischen beiden Tatbestandsformen der Nr. 1 denkbar. Zwischen den beiden Tatbestandsformen der Nr. 2 ist ebenfalls Tateinheit möglich.

Anm. 25

VII. Strafe

Das Gesetz sieht Gefängnis oder Geldstrafe vor. Der Höchstbetrag der Gefängnisstrafe ist fünf Jahre, ihr Mindestbetrag ein Tag (§ 16 Abs. I StGB). Die Geldstrafe beträgt nach § 27 Abs. II Nr. 1 StGB mindestens 5,— und höchstens 10000,— Deutsche Mark. Beruht die Tat auf Gewinnsucht, so kann nach § 27a StGB die Geldstrafe auf 100000,— DM erhöht werden. Für die Bemessung, Beitreibung und die Ersatzfreiheitsstrafe vgl. die §§ 27c—29 StGB.

Anm. 26

VIII. Verjährung

Die Strafverfolgung verjährt gemäß § 67 Abs. II StGB in fünf Jahren. Zur Vollstreckungsverjährung vgl. §§ 70—72 StGB.

Anm. 27

IX. Aktienrechtsreform

§ 302 des geltenden Aktiengesetzes soll durch § 392 RegEntw. ersetzt werden. Die Vorschrift des RegEntw. hat folgenden Wortlaut:

(1) Mit Gefängnis bis zu sechs Monaten und mit Geldstrafe oder mit einer dieser Strafen wird bestraft, wer vorsätzlich

1. als Mitglied des Vorstands oder des Aufsichtsrats oder als Abwickler seine Pflicht zur Verschwiegenheit verletzt,
2. als Prüfer oder als Gehilfe eines Prüfers über das Ergebnis der Prüfung falsch berichtet oder erhebliche Umstände im Bericht verschweigt,
3. als Prüfer oder als Gehilfe eines Prüfers seine Pflicht zur Verschwiegenheit verletzt oder unbefugt Geschäfts- und Betriebsgeheimnisse, die er bei Wahrnehmung seiner Aufgaben erfahren hat, verwertet.

(2) Handelt der Täter gegen Entgelt oder in der Absicht, sich oder einem Dritten einen Vermögensvorteil zu verschaffen oder jemanden zu schädigen, so ist die Strafe Gefängnis. Daneben kann auf Geldstrafe erkannt werden.

(3) Die Strafverfolgung tritt in den Fällen des Absatzes 1 Nr. 1 und Nr. 3 nur auf Antrag der Gesellschaft ein. Der Antrag kann zurückgenommen werden. Verletzt ein Mitglied des Vorstands oder ein Abwickler seine Pflicht zur Verschwiegenheit, so ist der Aufsichtsrat zum Antrag berechtigt. Verletzt ein Mitglied des Aufsichtsrats seine Pflicht zur Verschwiegenheit, so sind der Vorstand oder die Abwickler zum Antrag berechtigt.

§ 392 RegEntw. bringt gegenüber dem geltenden Recht folgende Neuerungen: Eingefügt wurde § 392 Abs. 1 Nr. 1 RegEntw. Danach werden die Mitglieder des Vorstands oder des Aufsichtsrats oder Abwickler mit Strafe bedroht, wenn sie ihre aus den §§ 90 Abs. 1 Satz 2, 112, 257 Abs. 2 RegEntw. sich ergebende Verschwiegenheitspflicht verletzten.

Nicht in den Entwurf aufgenommen wurde § 302 Nr. 3. Diese Vorschrift setzt voraus, daß der Aufsichtsratsvorsitzer einer Prüfungsgesellschaft ein Einsichtsrecht in den Prüfungsbericht hat. Dieses Recht ist gegenwärtig in § 141 Abs. 3 Satz 2 verankert. Nach dem Entwurf sind auch der Vorsitzer des Aufsichtsrats einer Prüfungsgesellschaft und dessen Stellvertreter nicht mehr befugt, die von der Prüfungsgesellschaft erstatteten Berichte einzusehen. Das ergibt sich aus § 156 Abs. 3 RegEntw. Damit ist die Strafvorschrift des § 302 Nr. 3 gegenstandslos geworden. Hinzuweisen ist auf Abs. 2 des § 392 RegEntw., der in Anlehnung an die Formulierung des § 300 Abs. 3 StGB für die Fälle, in denen der Täter gegen Entgelt oder in der Absicht handelt, sich oder einem Dritten einen Vermögensvorteil zu verschaffen oder jemanden zu schädigen, eine Gefängnisstrafe bis zu fünf Jahren androht, neben der auf Geldstrafe erkannt werden kann.

Zu begrüßen ist es, daß die Strafverfolgung in den Fällen des Abs. 1 Nr. 1 und Nr. 3 einen Antrag der Gesellschaft voraussetzt. Die nach Abs. 3 zur Antragstellung befugten Organe der Gesellschaft werden am besten beurteilen können, ob es sich um eine Verletzung der Verschwiegenheitspflicht bzw. um eine Verwertung von Geschäfts- und Betriebsgeheimnissen handelt. Außerdem bleibt es auf diese Weise den zuständigen Organen der Gesellschaft überlassen zu entscheiden, ob eine Strafverfolgung dem Interesse der Gesellschaft entspricht. Das wird in vielen Fällen gerade nicht der Fall sein, weil die Wahrung des Prinzips der Öffentlichkeit im Strafverfahren den eingetretenen Schaden nicht selten vergrößert.

Anm. 28

X. Ausländisches Recht

Vgl. Vorb. vor § 294 Anm. 7.

§ 303

Ordnungsstrafen

I. Die Vorstandsmitglieder oder die Abwickler sind außer den im § 14 des Handelsgesetzbuchs bezeichneten Fällen zur Befolgung der §§ 81, 89 Abs. 2, § 95 Abs. 2 und 3, § 104 Abs. 2, § 121 Abs. 1 bis 3, § 125 Abs. 1, 4 bis 6, §§ 126, 127, 136 Abs. 1 und 4, §§ 138, 199 Abs. 5, § 211 Abs. 1 und 2, § 214 Abs. 2 vom Gericht durch Ordnungsstrafen anzuhalten.

II. Die Anmeldungen zum Handelsregister nach den §§ 28, 38, 45, 148 Abs. 1, §§ 151, 155, 162, 176, 192 Abs. 4, §§ 215, 239 Abs. 1, § 247 Abs. 5, §§ 258, 261, 264, 272, 284 werden durch Ordnungsstrafen nicht erzwungen. Für die Einreichung der der Zahl der Zweigniederlassungen entsprechenden Stückzahl der Anmeldungen verbleibt es bei § 14 des Handelsgesetzbuchs.

Übersicht

Schrifttum:

Vgl. die eingangs genannten Veröffentlichungen, insbesondere die Kommentare und größeren Gesamtdarstellungen sowie die auf S. 724 angegebenen Schriften.

Anm. 1

I. Allgemeines

Die Bestimmung gibt dem Handelsregistergericht die Möglichkeit, Vorstandsmitglieder und Abwickler durch eine sog. Ordnungsstrafe zur Befolgung bestimmter aktienrechtlicher Vorschriften anzuhalten. § 303 enthält **keinen Straftatbestand** wie die vorangegangenen §§ 294—302. Die im Gesetz als Ordnungsstrafe bezeichnete Sanktion ist weder eine Kriminalstrafe noch eine eigentliche Ordnungsstrafe. Sie ist überhaupt **keine echte Strafe,** sondern eine **Zwangs- und Beugemaßnahme,** denn sie dient nicht der Ahndung eines Ungehorsams gegenüber bestimmten gesetzlichen Anordnungen. Sie soll vielmehr ausschließlich das von den betreffenden Vorschriften geforderte Verhalten erzwingen. Das zeigt sich u. a. daran besonders deutlich, daß die sog. Ordnungsstrafe zunächst nur unter Fristsetzung für die herbeizuführende Handlung **angedroht** wird und daß sie nicht mehr verhängt werden darf, wenn das verlangte Tun pflichtgemäß erfolgt ist, und zwar selbst dann nicht mehr, wenn die gesetzte Frist schon abgelaufen war. Vgl. unten Anm. 11. Das ist bei den echten Ordnungsstrafen durchaus anders. Sie werden, wie z. B. bei der Bestrafung eines unentschuldigt dem Gericht ferngebliebenen Zeugen (§ 51 StPO), wegen des vom Täter bewiesenen Ungehorsams verhängt und „dienen in erster Linie der Wahrung der durch Ungehorsam oder Ungebühr verletzten Staatsautorität" (Maurach AT § 1 II B 2). Davon kann bei § 303 keine Rede sein. Die dort genannte Ordnungsstrafe ist eine reine Zwangs- und Beugemaßnahme, die von manchen „Erzwingungsstrafe" genannt wird. Indessen sollte diese Terminologie als irreführend besser ganz vermieden werden, denn sie ist eben überhaupt keine Strafe. Besonders wichtige Folgen ergeben sich aus dieser ihrer Rechtsnatur bei der Schuldfrage. Näheres unten Anm. 9.

Anm. 2

II. Der **Zweck der Vorschrift** ist ein doppelter:

§ 303 soll erstens die Befolgung der im Abs. I genannten aktienrechtlichen Bestimmungen erzwingen helfen und zweitens zusammen mit § 14 HGB erschöpfend regeln, inwieweit dem Registergericht im Bereich des Aktienwesens ein Zwangs- und Beugemittelrecht — ein sog. Ordnungsstrafrecht — zusteht. Eb. Schmidt Anm. 1 der Vorauflage; ebenso Baumbach-Hueck Anm. 1 und von Godin-Wilhelmi Anm. 1.

Anm. 3

III. **Die Pflichten, zu deren Erfüllung anzuhalten ist:**

1. § 303 tritt ergänzend neben den **§ 14 HGB.** Dieser lautet: „Wer verpflichtet ist, eine Anmeldung, eine Zeichnung der Unterschrift oder eine Einreichung von Schriftstücken zum Handelsregister vorzunehmen, ist hierzu von dem Registergerichte durch Ordnungsstrafen anzuhalten." Hierunter fallen zahlreiche aktienrechtliche Anmeldungs-, Unterzeichungs- und Einreichungspflichten, von denen als Beispiel hier nur diejenigen in § 35 genannt seien, wo alle drei Arten jener Pflichten vorkommen, nämlich: die Anmeldung einer Zweigniederlassung (§ 35 Abs. I^1), die Zeichnung der Unterschriften der Vorstandsmitglieder (§ 35 Abs. II) und die Einreichung einer Satzungsabschrift (§ 35 Abs. I^2).

Anm. 4

2. Diesen Pflichten, auf die sich § 14 HGB bezieht, fügt **§ 303 Abs. I** weitere aktienrechtliche Pflichten hinzu, deren Einbeziehung in das Zwangs- und Beugemittelrecht erforderlich war, weil es sich bei ihnen um keine Anmeldungs-, Unterzeichnungs- oder Einreichungspflichten handelt, sie also nicht von § 14 HGB erfaßt werden. Es geht hier um sonstige, die Verwaltung der AG betreffende Pflichten der Vorstandsmitglieder und der Abwickler, und zwar um folgende: Regelmäßige Berichterstattung des Vorstands an den Aufsichtsrat (§ 81), Verpflichtung des Vorstands zur Stellung eines Antrags auf Ergänzung des beschlußunfähigen Aufsichtsrats durch das Gericht (§ 89 Abs. II) — wobei bemerkenswert ist, daß der in § 89 Abs. III geregelte Antrag nicht unter § 303 Abs. I fällt —, Befolgung des Verlangens eines Vorstandsberichts an den Aufsichtsrat (§ 95 Abs. II), Gewährung von Einsicht und Prüfung durch den Aufsichts-

rat (§ 95 Abs. III), Verpflichtung des Vorstands zur Vorlage des Jahresabschlusses nebst dem Aufsichtsratsbericht in der Hauptversammlung (§ 104 Abs. II), Verpflichtung, den Sonderprüfern zu gestatten, die Bücher und Schriften der Gesellschaft sowie die Vermögensgegenstände, namentlich die Gesellschaftskasse und die Bestände an Wertpapieren sowie Waren zu prüfen (§ 121 Abs. I), Verpflichtung, den Sonderprüfern Aufklärungen und Nachweise zu geben (§ 121 Abs. II), Verpflichtung des Vorstands, den Sonderprüfungsbericht bei der Einberufung der nächsten Hauptversammlung als Gegenstand der Beschlußfassung anzukündigen (§ 121 Abs. III), Aufstellung und Vorlage des Jahresabschlusses (§ 125 Abs. I), Einberufung der Hauptversammlung zur Vorlage und Feststellung des Jahresabschlusses (§ 125 Abs. IV und V), Zugänglichmachen des Jahresabschlusses für die Aktionäre (§ 125 Abs. VI), Vorlage des Vorschlags für die Gewinnverteilung (§ 126), Aufstellung und Vorlage des Geschäftsberichts (§ 127), Erteilung des Prüfungsauftrags an die Abschlußprüfer (§ 136 Abs. I), Antrag an das Gericht auf Bestellung eines Abschlußprüfers (§ 136 Abs. IV), Vorlagen, Auskunftserteilungen, Ermöglichung von Einsichtnahmen usw. für die Abschlußprüfer (§ 138), Bekanntgabe der Erhebung der Anfechtungsklage und des Termins zur mündlichen Verhandlung (§ 199 Abs. V), Erstellung der Abwicklungs-Eröffnungsbilanz, Aufstellung der Jahresschlußbilanz, Einberufung der Hauptversammlung, Auslegung der Eröffnungs- und Jahresschlußbilanz usw. (§ 211 Abs. I und II) und Hinterlegung der Bücher und Schriften der Gesellschaft für zehn Jahre nach der Abwicklung (§ 214 Abs. II).

Anm. 5

3. Dem Wesen des Aktienrechts, das weitgehend auf dem Grundsatz der Vertragsfreiheit beruht, würde es widersprechen, wenn die Zwangs- und Beugemittel dem Gericht auch für die Herbeiführung von rechtsgestaltenden Handlungen seitens der Vorstandsmitglieder oder der Abwickler zur Verfügung stünden. In den Fällen, in denen der Rechtserfolg von der gerichtlichen Eintragung abhängig ist, muß deshalb die Initiative bei den Vorstandsmitgliedern oder Abwicklern bleiben. Der Gesetzgeber hat deshalb im **§ 303 Abs. II 1. Satz** solche Anmeldungspflichten der Erzwingung durch die sog. Ordnungsstrafe entzogen. Es handelt sich hierbei um die Anmeldung der Aktiengesellschaft (§ 28), der Sitzverlegung (§ 38), der Nachgründung (§ 45), der Satzungsänderung (§ 148 Abs. I), des Kapitalerhöhungsbeschlusses (§ 151), der Durchführung der gewöhnlichen Kapitalerhöhung (§ 155), des Beschlusses über die bedingte Kapitalerhöhung (§ 162), des Beschlusses über die Kapitalherabsetzung (§ 176), des Beschlusses über die Kapitalherabsetzung durch Einziehung (§ 192 Abs. IV), des Fortsetzungsbeschlusses nach Auflösung (§ 215), der Verschmelzung der Gesellschaft durch Aufnahme (§ 239 Abs. I), der Verschmelzung durch Neubildung (§ 247 Abs. V), des Beschlusses über die Umwandlung einer Aktiengesellschaft in eine Kommanditgesellschaft auf Aktien (§ 258), des Beschlusses einer Umwandlung einer Kommanditgesellschaft auf Aktien in eine Aktiengesellschaft (§ 261), des Beschlusses einer Umwandlung einer Aktiengesellschaft in eine GmbH (§ 264), des Beschlusses einer Umwandlung einer GmbH in eine Aktiengesellschaft (§ 272) sowie des Beschlusses über die Umwandlung einer GmbH in eine Kommanditgesellschaft auf Aktien (§ 284).

Anm. 6

4. Von den in der vorstehenden Anm. behandelten Einschränkungen für die Anwendung der sog. Ordnungsstrafe macht **§ 303 Abs. II Satz 2** eine Ausnahme. Diese bezieht sich auf § 36 Abs. I Satz 2. Danach müssen bei Anmeldungen, die eine Gesellschaft mit Zweigniederlassungen betreffen, so viele Ausfertigungen der betreffenden Anmeldungen eingereicht werden, wie Niederlassungen bestehen. Zur Einhaltung dieser Bestimmung darf über § 14 HGB mit Hilfe von sog. Ordnungsstrafen angehalten werden.

Anm. 7

IV. **Die Betroffenen**

Die von dem Erzwingungsverfahren Betroffenen sind nur die Vorstandsmitglieder und die Abwickler sowie gemäß § 304 die persönlich haftenden Gesellschafter der

Kommanditgesellschaft auf Aktien. Dagegen dürfen weder Aufsichtsratsmitglieder noch die betreffende Gesellschaft selbst oder auch nur das Vorstandsgremium als ganzes mit sog. Ordnungsstrafen belegt werden. KG OLG 4, 463 und KGJ 42 A 167. Daß nur gegen das **einzelne** Vorstandsmitglied oder den **einzelnen** Abwickler eine sog. Ordnungsstrafe verhängt werden kann, gilt selbst dann, wenn der Abwickler eine juristische Person ist. Die ausdrückliche Erwähnung der Aktiengesellschaft in diesem Zusammenhang war wegen der Rechtsnatur der sog. Ordnungsstrafe erforderlich. Da die sog. Ordnungsstrafe, wie oben in Anm. 1 ausgeführt wurde, keine Strafe ist und deshalb dem strafrechtlichen Schuldprinzip nicht untersteht, könnte sie an und für sich auch gegen die Gesellschaft als solche verhängt werden. Nur deshalb, weil der Gesetzgeber den § 303 ausdrücklich auf die vorgenannten Betroffenen beschränkt hat, ist dies ausgeschlossen. — Daß gegen **Aufsichtsratsmitglieder** ein Erzwingungsverfahren nicht möglich ist, gilt nur für die in § 303 geregelten Fälle. Aus § 14 HGB kann dagegen mit der sog. Ordnungsstrafe auch gegen Aufsichtsratsmitglieder vorgegangen werden. Voraussetzung hierfür ist es jedoch, daß die Aufsichtsratsmitglieder verpflichtet sind, an einer Anmeldung, einer Zeichnung der Unterschrift oder einer Einreichung von Schriftstücken zum Handelsregister mitzuwirken, was im allgemeinen nur für den Aufsichtsratsvorsitzer und seinen Stellvertreter in Betracht kommt. Das gilt z. B. nach §§ 180, 194 für die Anmeldung der Durchführung der Kapitalherabsetzung. So jetzt ebenfalls von Godin-Wilhelmi Anm. 1. — Sind nur **einzelne** Vorstandsmitglieder oder Abwickler oder persönlich haftende Gesellschafter säumig, so kann das Erzwingungsverfahren nur gegen sie stattfinden. LG Hamburg bei Holdheim 13, 198.

Anm. 8

V. **Rechtswidrigkeit**

Das Erzwingungsverfahren setzt stets ein pflichtwidriges und damit rechtswidriges Verhalten des Nicht-Handelnden voraus. Daraus folgt, daß dort kein Raum für die Androhung der sog. Ordnungsstrafe ist, wo dem Betroffenen ein Rechtfertigungsgrund zur Seite steht. Vor allem Pflichtenkollision und übergesetzlicher Notstand können in Frage kommen. Die strafrechtlichen Grundsätze (vgl. Anm. 52—56 zu § 294) finden insoweit entsprechende Anwendung.

Anm. 9

VI. **Verschulden**

Ein Verschulden setzt die Androhung der sog. Ordnungsstrafe **nicht** voraus. Das gilt aber nur für die Androhung, nicht dagegen für die Festsetzung der sog. Ordnungsstrafe nach dem Fristablauf bei fortdauernder Säumigkeit des Verpflichteten. Die Nichtbefolgung der betreffenden Pflicht muß **vorsätzlich** oder **fahrlässig** erfolgt sein. Insbesondere müssen hier in entsprechender Anwendung des Strafrechts etwaige Entschuldigungsgründe, wie z. B. ein Notstand, berücksichtigt werden. Daß die Festsetzung der sog. Ordnungsstrafe ein solches Verschulden voraussetzt, hängt damit zusammen, daß nur eine schuldhafte Säumigkeit sinnvoller Anlaß für den Einsatz eines Zwangs- oder Beugemittels sein kann.

Anm. 10

VII. Das **Verfahren** regeln die §§ 132ff. FGG.

Zuständig für die Androhung und die Verhängung der sog. Ordnungsstrafe ist das Amtsgericht des Sitzes der Gesellschaft.

Anm. 11

VIII. Die sog. **Ordnungsstrafe**

1. Sind die Voraussetzungen des § 303 gegeben, so ist dem Verpflichteten die Verhängung der sog. Ordnungsstrafe zunächst unter Setzung einer angemessenen Frist **anzudrohen.** Dabei muß das von ihm verlangte Tun eindeutig bezeichnet werden. Außerdem muß die Frist angemessen sein. Erst nach ergebnislosem Verlauf der Frist darf dann die angedrohte sog. Ordnungsstrafe **verhängt** werden. Wird dagegen die

verlangte Handlung pflichtgemäß vorgenommen, darf die sog. Ordnungsstrafe nicht mehr verhängt werden, und zwar selbst dann nicht, wenn die verlangte Handlung erst nach Ablauf der gesetzten Frist, aber noch vor der Verhängung pflichtgemäß erfolgt (RG in BauersZ 18, 42[2]). Für die Verhängung ist jetzt kein Raum mehr, weil das Ziel der Androhung erreicht worden ist. Hier zeigt sich deutlich, daß die sog. Ordnungsstrafe keine Ungehorsamsahndung, sondern lediglich ein Erzwingungsmittel ist.

Anm. 12

2. Für die **Höhe** der in Anwendung des § 303 anzudrohenden und zu verhängenden sog. Ordnungsstrafe gilt Art. II Abs. II Nr. 3 der VO vom 6. 2. 24, RGBl. I S. 44 und § 2 der VO vom 12. 12. 24, RGBl. I S. 775. Eb. Schmidt Anm. 7 der Vorauflage; Baumbach-Hueck Anm. 1; v. Godin-Wilhelmi Anm. 4. Diese VO gilt auch heute noch. Vgl. BGBl. III 450—9. Danach kommt eine Androhung oder Verhängung in Höhe von 1,— bis 1000,— DM in Betracht. Für § 14 HGB ist die gleiche Höhe im letzten Satz des § 14 HGB festgesetzt.

Anm. 13

3. Bei Nichtbeitreibbarkeit des Geldes darf nicht in eine Ersatzfreiheitsstrafe umgewandelt werden. § 29 StGB kann nicht herangezogen werden. Vgl. Maurach AT § 1 II A 2. Ebenso schon Eb. Schmidt Anm. 7 der Vorauflage. Eine Anwendung des § 29 StGB ist unmöglich, weil diese Bestimmung nur bei Geldstrafen — also echten Kriminalstrafen —, nicht aber bei Zwangs- und Beugemitteln eingreift.

Anm. 14

IX. Aktienrechtsreform

Eine Ergänzung gegenüber dem jetzt geltenden Recht enthält § 393 RegEntw., der an die Stelle des § 303 treten soll. § 393 hat folgenden Wortlaut:

(1) Die Vorstandsmitglieder oder die Abwickler sind außer in den im § 14 des Handelsgesetzbuchs bezeichneten Fällen zur Befolgung der § 70 Abs. 3 Satz 2, §§ 77, 87, 101 Abs. 1, § 108 Abs. 2, § 116 Abs. 3, §§ 138, 141, 148 Abs. 4, § 151 Abs. 1, 3 und 5, §§ 153, 158, 163, 164 Abs. 1, § 202 Abs. 1, § 236 Abs. 4, § 257 Abs. 4, § 259 Abs. 1, § 262 Abs. 2, § 295 Abs. 6, § 301 Abs. 1, § 302 Abs. 1, § 303 Abs. 1, §§ 317, 318, 324 Abs. 4, § 325 Abs. 1 und 2 vom Gericht durch Ordnungsstrafen anzuhalten.

(2) Die Anmeldungen zum Handelsregister nach den §§ 33, 42, 49, 169 Abs. 1, §§ 172, 176, 183, 198, 212, 227 Abs. 4, §§ 263, 283 Abs. 1, § 308 Abs. 3, § 333 Abs. 1, § 341 Abs. 5, §§ 352, 355, 359, 367, 378 werden durch Ordnungsstrafen nicht erzwungen. Für die Einreichung der der Zahl der Zweigniederlassungen entsprechenden Stückzahl der Anmeldungen verbleibt es bei § 14 des Handelsgesetzbuchs.

Neu aufgenommen wurden die Pflichten nach § 70 Abs. 3 Satz 2, § 202 Abs. 1, § 295 Abs. 6, § 301 Abs. 1, § 302 Abs. 1, § 303 Abs. 1, §§ 317, 318, 324 Abs. 4 und § 325 Abs. 1 und 2. Es ist zu begrüßen, daß der Gesetzgeber diese Tatbestände als Ordnungswidrigkeiten ansieht, da sie tatsächlich jeder „kriminellen Substanz entbehren" (Lange GA 53, 3). Leider läßt der RegEntw. erkennen, daß man es versäumt hat, die geltenden aktienstrafrechtlichen Bestimmungen daraufhin zu überprüfen, inwieweit sie kriminelles Unrecht oder nur schlichte Unbotmäßigkeiten gegen die gesetzlich festgelegte Ordnung enthalten. Andernfalls wäre der Katalog der Strafvorschriften zugunsten einer größeren Zahl von Ordnungswidrigkeiten verringert worden.

Anm. 15

X. Ausländisches Recht

Vgl. Vorbem. vor § 294 Anm. 7.

§ 304

Strafbarkeit persönlich haftender Gesellschafter einer Kommanditgesellschaft auf Aktien

Die Vorschriften dieses Buchs über Vorstandsmitglieder gelten sinngemäß für die persönlich haftenden Gesellschafter der Kommanditgesellschaft auf Aktien.

Übersicht

Schrifttum:

Vgl. die eingangs genannten Veröffentlichungen, insbesondere die Kommentare und größeren Gesamtdarstellungen sowie die auf S. 724 angegebenen Schriften.

Anm. 1

I. Allgemeines

§ 304 ist eine mißglückte Vorschrift. Sie erweckt den Eindruck, als würde sie die §§ 294—303 nur insoweit zur Anwendung auf die Kommanditgesellschaft auf Aktien ausdehnen, als es sich um solche Vorschriften handelt, die für die Vorstandsmitglieder der gewöhnlichen Aktiengesellschaft gelten und die sich daher auf die persönlich haftenden Gesellschafter der Kommanditgesellschaft auf Aktien ohne weiteres übertragen lassen. Das würde zu der sinnwidrigen Folge führen, daß z. B. die Tatbestände des Stimmenkaufs und Stimmenverkaufs (§ 299) sowie der Verletzung der Berichts- und Verschwiegenheitspflicht von Prüfern, Prüfergehilfen usw. (§ 302) sich bei der Kommanditgesellschaft auf Aktien nicht anwenden ließen. Es kann jedoch nicht angenommen werden, daß der Gesetzgeber eine solche Einschränkung des Strafrechtsschutzes für die Kommanditgesellschaft auf Aktien gewollt hat. Hierfür gäbe es keinen erkennbaren Grund. § 304 muß daher berichtigend ausgelegt werden und zwar in der Weise, daß nach dieser Bestimmung sämtliche aktienrechtlichen Strafvorschriften auf die Kommanditgesellschaft auf Aktien entsprechend angewendet werden. Wenn der Gesetzgeber die Kommanditgesellschaft auf Aktien nicht in der gleichen Weise wie im ersten Teil dieses Buches (Aktiengesellschaft und Staat, §§ 288—293) bei den einzelnen Vorschriften berücksichtigt hat, so gibt es hierfür einen einfachen gesetzestechnischen Grund. Die Ausdrucksweise wäre in den einzelnen Tatbeständen sehr umständlich geworden, und außerdem hätten sich lästige Wiederholungen kaum vermeiden lassen. Für die berichtigende Auslegung schon Eb. Schmidt Erläuterungen zu § 304 in der Vorauflage, Schlegelberger-Quassowski zu § 304 und von Godin-Wilhelmi zu § 304.

Anm. 2

II. Einzelfragen

1. Die daher von Godin-Wilhelmi früher vertretene Meinung, daß § 304 sich nur für eine entsprechende Anwendung des sog. Ordnungsstrafrechts des § 303 heranziehen läßt, ist inzwischen zugunsten der oben stehenden Ansicht, die damit die unbestritten herrschende Auffassung geworden ist, aufgegeben worden. Vgl. von Godin-Wilhelmi Erläuterungen zu § 304. — Aus dem Gesagten folgt natürlich nicht, daß § 303 auf den persönlich haftenden Gesellschafter der Kommanditgesellschaft auf Aktien nicht angewendet werden soll, vielmehr ist die oben formulierte berichtigende Auslegung dahingehend zu modifizieren, daß nicht nur alle aktienrechtlichen **Straf**vorschriften, sondern zugleich die **Ordnungs**vorschrift des § 303 für den persönlich haftenden Gesellschafter der Kommanditgesellschaft auf Aktien sinngemäß gilt.

Anm. 3

2. Im Rahmen der allgemeinen Anwendung der aktienrechtlichen Strafvorschriften auf die Kommanditgesellschaft auf Aktien bedeutet die Verweisung in § 304 insbesondere, daß überall dort, wo sich die Straftatbestände auf die Vorstandsmitglieder beziehen, jeweils auch der persönlich haftende Gesellschafter der Kommanditgesellschaft auf Aktien mit gemeint ist. Das gilt also für die §§ 294, 295, 296, 297, 301 und 303. Bei den §§ 298, 299 und 300 ist eine entsprechende Anwendung nicht nötig, weil diese Tatbestände von jedermann, also auch vom persönlich haftenden Gesellschafter einer Kommanditgesellschaft auf Aktien begangen werden können. Vgl. Anm. 6 zu § 298, Anm. 3 und 16 zu § 299 und Anm. 6, 12, 17 und 21 zu § 300. Der Tatbestand des § 302 findet nur auf Prüfer, Prüfergehilfen, Vorsitzer des Aufsichtsrats einer Prüfungsgesellschaft und stellvertretende Vorsitzer des Aufsichtsrats einer Prüfungsgesellschaft Anwendung. § 302 ist also weder in unmittelbarer noch entsprechender Anwendung für den persönlich haftenden Gesellschafter einer Kommanditgesellschaft auf Aktien heranzuziehen. Zu den Auswirkungen bei denjenigen Delikten, die sich auf ein Verhalten von Vorstandsmitgliedern beziehen und die daher zugleich für den persönlich haftenden Gesellschafter einer Kommanditgesellschaft auf Aktien gelten, vgl. Anm. 30 und 31 zu § 294, Anm. 6 zu § 295, Anm. 3 zu § 301 sowie Anm. 7 zu § 303. — Im übrigen bewirkt die berichtigende Auslegung des § 304, daß die aktienrechtlichen Strafvorschriften, die für die Aufsichtsratsmitglieder, Abwickler, Prüfer und Prüfergehilfen der normalen Aktiengesellschaft gelten, zugleich auf die Aufsichtsratsmitglieder, Abwickler usw. der Kommanditgesellschaft auf Aktien anzuwenden sind.

Anm. 4

III. Aktienrechtsreform

An die Stelle des geltenden § 304 soll § 394 RegEntw. mit folgendem Wortlaut treten:

> Die Vorschriften dieses Buches über Vorstandsmitglieder gelten auch für die persönlich haftenden Gesellschafter der Kommanditgesellschaft auf Aktien.

§ 394 RegEntw. bringt gegenüber dem geltenden Recht keine sachliche Änderung. Ersetzt wurde das Wort „sinngemäß“ durch das Wort „auch“. Diese redaktionelle Änderung war deswegen angezeigt, weil man sonst aus § 304 AktG herauslesen könnte, „daß die Vorschrift auch auf solche Fälle der KG auf Aktien anwendbar sein soll, die von den Strafnormen nur noch sinngemäß erfaßt werden“ (Kohlmann in „Die Aktiengesellschaft“ 61, 309 (317)). Da ein solches Verfahren wegen Artikel 103 Abs. 2 GG unzulässig wäre, ist die Änderung des § 304 zu begrüßen.

Sachverzeichnis

(Die ohne Zusatz angegebenen Zahlen weisen auf die Seiten des Kommentars hin)

FSC
www.fsc.org
MIX
Papier | Fördert gute Waldnutzung
FSC® C083411

Kolibri 360 GmbH
Ferdinand-Jühlke-Straße 7
99095 Erfurt, Deutschland
produktsicherheit@kolibri360.de